AIGC
智能营销

4A模型驱动的
AI营销方法与实践

栗建 著

机械工业出版社

CHINA MACHINE PRESS

图书在版编目（CIP）数据

AIGC 智能营销：4A 模型驱动的 AI 营销方法与实践 /
栗建著 . -- 北京：机械工业出版社，2024. 12.
ISBN 978-7-111-76803-6

Ⅰ. F713.50
中国国家版本馆 CIP 数据核字第 2024PV0033 号

机械工业出版社（北京市百万庄大街 22 号　邮政编码 100037）
策划编辑：杨福川　　　　　　　　责任编辑：杨福川
责任校对：杜丹丹　杨　霞　景　飞　　责任印制：单爱军
保定市中画美凯印刷有限公司印刷
2025 年 1 月第 1 版第 1 次印刷
170mm×230mm·27.25 印张·1 插页·429 千字
标准书号：ISBN 978-7-111-76803-6
定价：99.00 元

电话服务　　　　　　　　　　网络服务
客服电话：010-88361066　　　机　工　官　网：www.cmpbook.com
　　　　　010-88379833　　　机　工　官　博：weibo.com/cmp1952
　　　　　010-68326294　　　金　书　网：www.golden-book.com
封底无防伪标均为盗版　　机工教育服务网：www.cmpedu.com

（按照评论者的姓名拼音排序）

以 ChatGPT 为代表的 AIGC 技术正在引领和重塑数字内容的生产方式和消费模式，极大地改变和丰富着人们的数字生活。营销行业是目前被公认为最快融合 AIGC 发展的领域。AI 对品牌方和营销公司的内容产出方式、组织架构、管理方式都将产生强烈冲击，并且与每一位营销从业者的前途息息相关。因此，如何抓住 AI 改变营销的这个新机遇，成为摆在每家公司的营销负责人和核心团队面前的重大战略问题。这本书是行业内不可多得的学习工具书。

——班丽婵　CMO Club 创始人兼 CEO

我们站在数字化的岔路口，一边是蜂拥而至的 AI 技术，一边是营销本质的创意生成。营销人需要一本指南来应对未知和挑战。希望这本书能激发你的灵感，启迪你的思考。

——陈传洽　VIOOH（纬达科技）中国区行政总裁 /MMA 前联合主席

AI 时代的到来无疑会让营销人的工作模式产生颠覆式革新，但面对众多的大模型、智能体和 AI 原生应用，营销人的情绪普遍是焦虑的。栗建先生的这本书可以很大程度上缓解这种焦虑，让营销人转向思考如何驾驭 AI，实现生产力跃迁。这本书具有很强的实战性，不仅详细介绍了当前 AIGC 的主流方法和工具，还覆盖了全面的营销工作场景，既是一本理论书，也是一本工具书，推荐营销人一读。

——成垒　传声集团创始人 / 传声科技 CEO/ 制造业数智化运营研究者

生成式 AI 的技术革新超乎想象地拓展了市场营销及企业传播的维度，在效率和多样性上呈现出前所未见的优势和玩法。可以预见，在可见的未来，不懂 AI 技术的职业经理人将寸步难行。这本书值得放在案头通读或者作为工具书精读，读完定能受益匪浅。

——党敏　联合利华北亚区企业传播与公共事务负责人

在 AIGC 时代，我们应当通过提升创意、审美、批判性思维与创造性表达来掌握智能营销的核心能力。这本书探讨了智能内容生产与投放的前沿趋势，并详细阐述了数据驱动的消费者洞察如何引导新品研发、产品定位和市场沟通，助力营销人应对未来的各种挑战。

——董浩宇　中国广告协会学术与教育工作委员会副主任 /
北京大学新媒体营销传播中心副研究员

自从 2022 年 AIGC 技术取得突破以来，人类创作的边界正在被不断拓展。AIGC 为内容创作带来了前所未有的效率和可能性。然而，AIGC 技术并不能一蹴而就，它需要人类持续训练、完善和应用。我们必须审慎地看待 AIGC，既要认识到它的巨大潜力，也要警惕它带来的风险和挑战。如何合理利用 AIGC，最大化其价值，同时降低负面影响，需要我们共同探索。

——董一磐　慧鱼总经理

近年来，我们看到了无数企业义无反顾地投身于 AIGC 的实践。AIGC 确实能在应用层面为企业带来立竿见影的变化，帮助企业以更低的人耗创造更高的产出。对于品牌市场营销人而言，这本书提供了非常好的全局观与结构性思维，从企业发展与营销本质的角度出发，探讨了 AIGC 智能营销对于企业的价值，并结合丰富的案例给出了实战性的佐证。AI 浪潮一定会将个体的价值最大化，而现在正是品牌市场营销人实现自我认知与能力跃级的一个好机遇。

——范怿　胖鲸传媒创始人兼 CEO

AI 正以惊人的速度改变世界，营销行业也不例外。在营销领域，从 AdTech、MarTech 到 AI 营销，技术与营销的结合越发紧密。栗建老师的这本新作为传统营销人转型为 AI 营销人提供了宝贵的指导。

——冯祺　Marteker 创始人兼 CEO

AIGC 技术为内容创作和营销装上了"自动驾驶"功能，但为了避免迷路，我们还需要一个可靠的"导航系统"。这本书就像是内容创作和营销的"导航系统"，指引我们在创意的高速公路上纵横驰骋。

——顾婷婷　考拉营销创始人

这本书深入研究了 AIGC 智能营销以及 4A 模型（Analyze，分析；Architect，构建；Activate，激活；Augment，增强）在企业营销策略中的应用，探讨了这些技术如何实现营销活动的超级闭环。在 AIGC 智能营销的落地方面，作者以其丰富的实践经验，在本书后半部分详细探讨了如何将 AIGC 技术融入组织，推动采用更先进的流程。这本书对于我们有很大的启发，因此我将它推荐给大家。

——何润　致趣百川联合创始人兼 CEO

这本书为 B2B 营销领域提供了一个全面的视角，深入探讨了生成式 AI 技术在营销实践中的应用。它通过丰富的案例和实践，展示了 AI 如何帮助企业整合多个来源的客户数据，进行智能建模和打结构化标签，提升客户体验和留存率。这本书不仅为营销人员提供了实用的策略和工具，还展示了如何将 AI 与营销自动化和 CRM 系统相结合，实现更加智能的数据分析和洞察。如果你对 B2B 营销领域中的 AI 应用感兴趣，这本书将为你提供有价值的见解和实践指导。

——洪锴　径硕科技联合创始人兼 CEO

这是由懂前沿技术且有大量实操经验的营销专家，以其多年的沉淀为"算法"，以其独有的方法论和 AI 实操技巧为"数据"，耗数月人脑和几十种 AI 工具的"算力"而生成的一本 AIGC 营销书，为营销人找到了与 AI 的相处之道，让营销工作变得有滋有味、妙趣横生。

——胡隽　资深营销人 /AIGC 创业者

这本书仿佛来自未来世界，让那些尚未意识到 AI 时代即将全面到来的后知后觉者感受到 AI 即将引爆的巨变。对于创业者和企业高管这些对未来趋势高度敏感的人群来说，这本书无疑打开了新视角，让他们发现未来 AI 技术对企业经营的渗透远比他们想象的要深入。

——胡霞　VISA CARE CEO

栗建是一位有丰富实战经验的营销专家，也是业界善于思考的高产作者，他的这本新作提供了可以拿来即用的 AI 营销方法论，让我们在被目前尚显稚嫩的机器彻底超越之前，更加珍惜人与机器在互动中自我学习、相互学习、倾心相伴的这段美好时光。

——李国威　闻远达诚管理咨询创始人 / 资深媒体和公关人

这本书全面介绍了 AIGC 技术的由来，深入剖析了 AIGC 在行业中的应用，重点阐述了一个实操性强的 4A 模型，并探讨了 AIGC 对组织和技术的影响。这本书堪称打开 AIGC 智能营销大门的钥匙，是营销人的实用工具书，值得每位不想错过 AI 技术风口的营销人拥有。

——露西姐　微信公众号"B2B 营销方法论"主理人 /
欧司朗汽车照明亚太市场总监

在 AI 日益成为商业核心动力的今天，这本书不仅对营销人士有重要的参考价值，也为人力资源从业者提供了新的视角。这本书详细探讨了 AIGC 技术如何改变营销领域，提出了 4A 模型，并展示了如何构建高效且智能的营销系统。对于 HR 专业人员来说，这本书讨论了在 AIGC 时代如何调整组织架构、优化人才培养以及构建适应未来的企业文化，可以帮助我们理解在技术快速发展的背景下，如何通过跨部门合作和专业团队建设打造具有前瞻性和适应力的企业。

——平静　喜利得北亚区人力资源副总裁

这本书探讨了 AI 在提升创作效率和激发创意中的巨大潜力，展示了 AI 与人类协作带来的无限可能。通过结合 AI 的强大计算能力与人类的独特洞察力，创作过程变得更加高效精彩。这本书不仅提供了实用指南，还激发了对未来人机共创的深刻思考。

——戎郁雯　资深品牌营销专家 /ESG 营销顾问

作为一家数字科技企业的创始人，我深刻认识到 AIGC 对未来数字世界的重要性，而这本书正是揭示这一切的关键钥匙。AIGC 不仅是提升内容创作效率的工具，更在重新定义数字资产和想象力的边界。这本书详细介绍了 AIGC 如何生成高度个性化和互动性的内容，为用户创造沉浸式的体验。AIGC 将为内容创作、内容传播和用户参与提供无尽的可能性。此外，这本书还探讨了 AIGC 在元宇宙中的应用，揭示了其在虚拟世界中的巨大潜力。随着元宇宙逐渐成为现实，AIGC 将成为推动其发展的核心动力之一，赋予创作者和开发者更多的创作自由和商业机会。

——石岚　咖菲科技创始人 /MIT 斯隆管理学院院董

这本书中不仅有对 AIGC 技术在营销领域应用的全面剖析，更有作者对智能化营销未来趋势的深刻洞察。通过阅读这本书，我们不仅能够了解 AIGC 技术的最新进展，还能够掌握其在智能营销领域的应用方法，从而更好地应对未来的挑战。相信你在阅读这本书的过程中，一定能够收获满满的知识与灵感，感受到 AIGC 技术带来的无限可能。让我们一起迎接 AI 时代的新机遇，共同应对技术变革带来的挑战。

——万韬　蚂蚁国际品牌和整合营销高级经理

一直以来，我们都在不断探求技术的边界，寻找技术驱动营销的新疆界。这本书用营销人员已经掌握的知识作为切入点，帮助他们理解和应用 AI 技术，从而使他们能够更好地利用 AI 来提升营销效果。作为营销人，我们应当终身保持好奇心和求知欲。那么，AI 时代已经到来，你还在犹豫什么呢？

——王焕　圣戈班集团亚太区首席业务发展官

在 AIGC 浪潮的席卷下，很多处在风口浪尖上的市场营销人变得手足无措，不知道学什么、从哪里开始。这本书简明扼要地介绍了 AIGC 的发展历程，创建性地提出了 4A 模型驱动的 AI 营销理论，并给出了大量实践案例。通过这本书，读者可以全面了解 AI 在营销中的实际应用，掌握最新的营销策略和技术，进而提升营销效率和效果。

——王学军　F5 公司中国区资深市场总监 /
Campaign Asia 2024 年度"亚太地区最具影响力的 50 位营销人员"

变革正在发生。这本书从工具的角度出发，深入探讨了如何将 AIGC 融入自动化营销和客户关系管理（CRM）系统，从而构建一个高效的闭环营销流程。通过结合 AI 技术与自动化平台，这本书展示了如何提升内容创作效率、精准触达客户，并实现数据驱动的智能决策。这本书不仅提供了前瞻性的理论指导，还分享了大量实用的案例和策略，是每一位希望通过 SaaS 工具实现营销创新和业务增长的专业人士的必读之作。

——王峥　Convertlab 联合创始人兼 CPO

AI 不仅是强大的工具，更是新的增长引擎。AI 显著降低了市场调研和产品研发的成本，提升了运营效率，同时大幅改善了客户体验。对于企业决策者而言，现在的问题不是用不用 AI，而是如何用好 AI，从而提升生产力和业绩，这已经成为一个"如何做"的问题。这本书作者栗建基于自身丰富的营销实践经验，深入浅出地解析了这项技术，并提供了实用的策略框架，帮助企业在这场变革中把握先机。对于渴望在 AI 时代保持竞争力的领导者来说，这本书是制定未来战略的得力助手。

——夏岱　伍尔特集团中国及东亚地区高级副总裁

这本书是创意实现的催化剂，将你的奇思妙想变为现实。其中详述的 AIGC 工具和方法让你在创作时如虎添翼。无论是绘画还是写作，这本书都提供了清晰指导和实用技巧。它不仅告诉你"是什么"，还教你"怎么做"。

——萧图图　小扁嘴创意工坊创意总监兼首席人工智能官

这本书告诉我们在 AI 时代，如何通过提升创意、审美、批判性思维和创造性表达，掌握智能营销的核心能力。它深入探讨了智能内容生产、数据驱动的消费者洞察及其对新品研发和市场策略的影响，是营销人应对未来挑战的宝贵指南。

——闫跃龙　知名科技评论人

AIGC 作为一种新兴的技术，正在逐渐改变营销行业的传统模式，通过自动化和智能化提升效率与创新能力。随着技术的不断进步，未来 AIGC 可能会在营销领域发挥更大的作用。作为一名在营销领域耕耘多年的老手，我也深深地感受到了不学习就要被淘汰的压力。感谢栗建为我们带来了这本书，这本书以生动的案例和翔实的资料帮助我们快速了解 AIGC 技术在智能营销领域的丰富应用和无限可能。

——虞吾声　美食博主

AI 未必会取代人类，但掌握 AI 技能者无疑会在职场上占据优势。这本书是营销人在这场技术革新中的得力助手。它不仅回顾了 AI 的过去与现在，还细致地介绍了当下的主流工具，为营销人员提供了迈向 AIGC 的明确路径。对于 B2B 企业而言，AIGC 的崛起预示着一场行业变革。随着技术的飞速发展，高质量的个性化客户营销互动变得触手可及，这将重塑市场的竞争格局，加速企业间的分化。

——袁佳燕　诺维信亚太区前数字业务负责人

在如今这个瞬息万变的市场环境中，作为营销从业者，我们时常感到迷茫。这本书为我们打开了一扇新的大门。它通过详尽的案例和创新的 4A 模型，展示了如何利用 AIGC 来应对复杂的市场变化。它不仅提供了实用的策略和工具，更启发我们思考，在智能时代如何发挥我们作为人类的独特优势。AI 虽然强大，但无法替代我们的创造力和情感。这本书提醒我们，在技术飞速发展的同时，保持我们独有的竞争力和人性化思维尤为重要。

——曾巧　Morketing 创始人兼 CEO

AI 不仅是新技术，更代表着营销的新方向。AIGC 是一个独特而迅速发展的领域，AIGC 智能营销将彻底重塑品牌与消费者的互动方式，为双方关系注入无限可能。这本书中提到的 4A 模型为营销人员提供了一个清晰、实用的方法论框架。无论你是营销新手还是经验丰富的营销专家，这本书都将成为你拥抱 AI 营销未来的重要指南。

——郑香霖　腾讯公司前副总裁 /
实力传播集团大中华区前 CEO/MMA 中国联合主席

在以 AIGC 为代表的 AI 引发狂欢之时，人类的忧虑也在与日俱增。无论人类是否终结于机器人，AI 对人类文明价值的冲击是无法否认的现实，我们尤为看重的知识生产和传播的方式已然发生巨大改变，营销亦是变革中的一环。当下，适应这个在技术的支配下愈加多变且脆弱的时代，理解人与数字并存是我们的生存之道。值得庆幸的是，每一种技术的涌现都是人类得以回望自身，以同理心、利他主义等本性来寻求构建更好的世界的机会。

——郑悦　资深媒体人 /《雪国之劫》译者

2022 年 11 月 30 日 OpenAI 正式推出 ChatGPT，之后短短数月，生成式 AI 即势如破竹，对许多行业产生了巨大的影响和冲击。而营销行业就是其中之一。生成式 AI 在语言、视觉的理解与生成方面表现出色，而营销正是语言、视觉在艺术与科学上的结合，因此不难理解，营销行业正在经历生成式 AI 驱动的快速变革。对于营销人来说，理解和应用生成式 AI 不是一道选择题，而是一道必答题。

看到栗建的这本新书，我眼前一亮。关于生成式 AI 技术及其在营销中应用的文章和视频五花八门，虽然信息更新迅速，但往往零散，不成体系。市面上将 AI 与营销相结合的书籍并不多，而且很多空有 AI 之名，内容仍偏传统。而这本书展示了体系化与落地应用的有效结合。

AI 技术在不断发展和变化，推动各个产业快速变革。在这个充满变化的环境中，我们需要找到一个思考和执行框架，这个框架会随着理论、技术和应用的发展而不断演进。此外，在应用层面，技术应服务于业务目标。如果只谈技术，不讲业务，或者一味地追求最新的技术，我们可能会迷失在技术噪声中。正确的做法是理解技术，并从业务角度进行思考和规划，形成一套行之有效的策略。

这本书提出了在 AI 时代驱动营销的 4A 模型。4A 模型是一个非常有效的思考和执行框架，涵盖分析（Analyze）、构建（Architect）、激活（Activate）和增强（Augment）这 4 个营销的关键环节，并将其与 AI 技术相结合，形成闭环。它帮助营销人让 AI 技术赋能营销，而不是被 AI 技术牵着鼻子走。这本书详细展开了 4A 模型的每个环节，描述了相关的技术、应用方法和案例，提供了非常新鲜的知识，更重要的是，给出了思考方法和实际案例。

对于 4A 模型，我理解最深的是分析环节，因为我的 25 年工作经验就聚焦在分析环节，帮助企业理解市场、理解用户、识别机会。在实践中，我们深度应用生成式 AI 技术，不仅提升了工作效率，更重要的是扩展了我们的能力，做到"知所未知，行所未能"。研究人员可以利用生成式 AI 对海量的多模态内容进行深度理解、总结和分析，获得之前难以发现的洞察和市场机会，也可以借助生成式 AI 帮助客户生成新的产品概念、产品包装和沟通策略。

但必须认识到，生成式 AI 在分析环节的应用并非没有挑战。如何确保数据的准确性和代表性，如何避免 AI 分析中的偏见，如何在技术分析和人类洞察之间找到平衡，这些都是我们需要认真思考和解决的问题。我们可以从这本书中找到一些答案。这本书对分析环节有着深入的理解和洞察，不仅提出了在这一环节应用 AI 的方法，还给出了具体的例子和非常优质的提示（Prompt）。这些方法和实操都是作者在实际工作中积累的宝贵经验，实属难得。

在 AI 时代，传统的营销思维和方法已经不足以应对快速变化的市场环境。栗建在书中强调了营销人需要具备的 AI 思维，包括数据驱动、快速迭代和持续学习。通过 4A 模型，栗建为营销人提供了一套系统化的方法论，帮助他们在面对复杂多变的市场环境时，迅速做出反应，抓住机遇，实现持续增长。

未来，AI 将进一步深刻影响和改变营销行业，新的技术和应用场景将不断涌现。这本书不仅能帮助我们理解当前的 AI 技术和应用，更为我们展望了未来的可能性。通过这本书，营销人能够更好地应对挑战，抓住 AI 带来的机遇，实现个人和企业的成长与发展。希望大家可以通过这本书打开 AI 营销的大门。

宗瑞兴　益普索（中国）AI Lab 院长

　　人工智能技术的迅猛发展，特别是在自然语言处理、机器学习、深度学习等关键领域的突破，让我们的思考得以加速，认知边界得到拓展。在人工智能的众多分支中，生成式人工智能率先迎来了爆发。GPT、Claude、Stable Diffusion、Sora、Midjourney、通义千问、智谱清言等大语言模型和生成式人工智能工具赋予了人工智能生成创意甚至创造的能力，从而促成了 AIGC（Artificial Intelligence Generated Content，人工智能生成内容）的大爆发。

　　《奇点临近》一书的作者、未来学家雷·库兹韦尔曾预测，到 2029 年计算机将具备人类水平的语言能力和理解力。然而，随着 AIGC 的快速发展，这一预言可能会提前实现。特别是随着 OpenAI GPT-4o 等新一代基础模型的发布，人工智能在情境反馈和情感感知方面的能力得到大幅提升。

　　AIGC 是指应用人工智能技术，特别是生成式人工智能，自动生成文本、图像、音频、视频等数字内容的技术。它在信息获取、创意设计、计划决策等方面赋予用户前所未有的能力。

　　这些能力让用户获得了更多的对数据、信息和算法的"掌控"，让每一个消费者都成为超级用户和超级消费者。今天，任何一个人都可以创建自己的智能体，作为工作助手或生活秘书。而做到这一切，只需要一句话作为指令。

　　与此同时，AIGC 也为品牌提供了探索和开发新商业模式、创新营销策略的技术平台和工具选择，使其能够推出高度个性化的产品与服务，并有能力提供基于自然语言沟通和动态创意的个性化客户体验。

根据 Gartner 的数据，2025 年，大型企业机构 30% 的对外营销信息将由生成式人工智能合成数据生成，而在 2022 年，这一比例还不到 2%。麦肯锡则指出，到 2030 年，人工智能将生成全球 70% 的营销内容。

菲利普·科特勒在其著作《营销革命 5.0：以人为本的技术》中指出，营销技术的应用并不是在社交媒体上发布内容或者打造全渠道触点那么简单，人工智能、自然语言处理、传感技术以及物联网应用将来极有可能改变营销的游戏规则。

这个游戏规则正在由 AIGC 书写。

无论我们是否意识到，AIGC 正快速融入和渗透营销的每一个环节。从文案写作、视频制作、虚拟直播，到广告投放、线索管理、客户服务，AIGC 正在成为我们的全能助手和效率工具。

根据微信公众号"知营销"2024 年 4 月的调研数据，85% 的营销从业者使用过一款及以上的 AIGC 工具，56% 的营销从业者使用过超过 3 款的 AIGC 工具。

在这一背景下，所有的企业和品牌都面临着 AIGC 的转型挑战：如何利用 AIGC 技术优化现有流程，如何将 AIGC 融入现有的运营和商业模式，如何利用更新的技术开拓新的商业模式，以及如何应对 AIGC 带来的版权、数据隐私、伦理等方面的问题和挑战。

为了实现这一转型，我们都在探索新的营销方法和范式。

菲利普·科特勒将这种以技术为驱动的营销进阶命名为"营销 5.0"。他概括了营销 5.0 框架的 5 个核心要素：预测性营销、情境化营销、增强现实营销、数据驱动型营销以及敏捷营销。学术界和营销圈也总结了一些新的方法论，比如 AI 辅助营销（AI-assisted marketing）、AI 驱动营销（AI-driven marketing）、AI 赋能营销（AI-empowered marketing）、数智营销（digital intelligence marketing）等。这些术语各有侧重点，反映了人工智能在营销中的不同应用程度和应用方式。

什么是 AIGC 智能营销

在本书中，我们采用"AIGC 智能营销"这一术语来描述生成式人工智能及 AIGC 技术在营销中的新思维和新方法。

这一术语不仅凸显了 AIGC 在创造动态内容和个性化体验中的核心作用，也突出了生成式人工智能在推动营销流程创新中的重要地位。

AIGC 智能营销是一种创新营销策略，它利用生成式人工智能技术，借助 AIGC 的创意和创新能力，洞察并预测消费者需求，自动生成多模态内容，提升营销活动的智能水平，进而增强用户的个性化体验，驱动更高效的价值创造和价值交换。

与我们熟悉的传统数字营销不同，AIGC 智能营销面对的是装备了先进人工智能技术的超能消费者。聊天机器人、AI 智能体（AI Agent）、AI 搜索引擎等工具正在赋予消费者前所未有的信息获取和信息识别能力，消费者仿佛拥有了"全知之眼"。同时，AI 绘画工具、AI 音乐生成、代理工作流等创新技术，正在解放消费者的创意和创新能力，消费者恰似掌握了"全能之力"。此外，超能消费者还需要超级个性化的内容和超级体验。

AIGC 智能营销不是技术的简单叠加，而是一种全新的营销范式。

首先，我们通过复杂算法与大数据的相互作用以及多种 AIGC 工具的协作，非线性地融合信息，创造出新的内容和新的互动方式。其次，营销系统从新的人机协同中自我学习和适应，进而产生创新的营销策略。这种非线性和自组织特性，让 AIGC 在没有明确指令的情况下也能自我调整和优化，适应新的用户需求和营销场景。

营销领域的人机协同，即人类营销专家和人工智能的协作，使系统能够学习和适应人类的创意与战略决策。这种协同不仅提升了系统处理复杂营销任务的能力，而且使从这些互动中产生的新策略、新见解（即涌现性）得以实现。人工智能通过分析大量数据识别模式和趋势，而人类则提供战略方向和创意引导，二者共同推动营销策略的创新和迭代。

AIGC 智能营销的 4A 模型

人机协同的力量将引领我们摆脱"黑箱效应"的迷雾，让用户需求变得透明可见，让用户旅程的每一步紧密相连，让价值共创成为双向互动的良性循环，最终构建起营销的超级闭环。这个闭环囊括了从数据收集、分析到策略实施，再到效果反馈的完整过程，整个过程在 AIGC 系统的智能引导下实现自动化和持续优化。

AIGC 智能营销的超级闭环由 4 个核心要素构成：分析（Analyze）、构建（Architect）、激活（Activate）和增强（Augment），如图 1 所示。这 4 个要素共同构成了超级闭环的 4A 模型，它将生成式人工智能深度融入营销的各个阶段，不仅极大提升了营销的效率和效果，还致力于打造一个以人为中心的营销超级闭环。

图 1　AIGC 智能营销的超级闭环

AIGC 智能营销始于分析，用于洞察、预测和匹配用户需求。生成式人工智能正在以前所未有的广度、深度和效率革新企业的用户洞察和行为预测方式。通过对文本、图像、视频等非结构化数据的学习和分析，我们能够揭示驱动用户行为的因素和规律，为营销决策提供宝贵的见解。从宏观市场趋势的分析到微观个性化需求的挖掘，AIGC 智能营销正在定义用户分析的新标准。

理解了客户的需求和行为模式后，我们可以利用生成式人工智能技术构建营销策略、内容日历，以及超级个性化的内容和用户体验。在激活阶段，生成式人工智能帮助我们设计并实施动态的用户旅程，将其转化为自动化工作流。这些自动化工作流主要通过自动化营销和智能对话式营销来实现。AIGC 智能营销不仅提升了营销的效率，也增强了品牌感知和匹配用户情绪与需求的能力。这种能力将帮助品牌建立更牢固的社群，并通过与超级用户的协作构建以用户合作和共创为核心的全新品牌关系。

本书主要内容

本书以 AIGC 智能营销的 4A 模型为核心，分为四部分 9 章。

第一部分　新技术与新思维（第 1 和 2 章）

在第 1 章，我们将从技术角度出发，介绍 AIGC 技术的发展历程和常用技术、工具，以及人机交互的核心原则：基于自然语言对话的结构化指令。我们将深入探讨 AIGC 如何改变消费者的认知和行为、如何赋能企业的个性化产品和体验设计，以及如何形成品牌与用户之间的超级体验。

在第 2 章，我们从营销的角度延伸，回顾营销与技术的关系，讨论营销如何随着 AIGC 的发展演进。我们将详细解读 AIGC 智能营销的 4A 模型——分析（Analyze）、构建（Architect）、激活（Activate）和增强（Augment），阐述这 4 个环节如何协助企业构筑创新的营销战略和用户关系。

第二部分　方法与实践（第 3～6 章）

第二部分将聚焦于 4A 模型的具体方法与实践。第 3 章探讨分析环节，着重于 AIGC 在营销数据分析中的应用，介绍如何从大数据中提炼精确的用户洞察和行为预测。第 4 章介绍构建环节，将讨论利用 AIGC 构建动态、自适应的内容策略，重点展示 ChatGPT、Midjourney 等工具的应用案例。第 5 章讲解激活环节，详述如何将 AIGC 技术融入营销自动化体系，实现用户旅程的动态自动化。该章还将区分自动化营销与营销自动化的差异，强调 AI 和机器学习在自动执行营销策略中的关键作用。第 6 章介绍增强环节，将探讨如何利用 AIGC 增强品牌与客户间的创意协作和价值交换，展现企业与客户合作的新机会和创新途径。

第三部分　组织转型与流程变革（第 7 和 8 章）

第三部分将从技术应用转向组织和流程的优化。第 7 章探讨智能化转型的实践，包括建立 AI 专业团队、调整组织流程及培养员工技能。第 8 章讨论如何在企业内部构建支持 AIGC 智能营销的流程和技术栈。

第四部分　未来展望（第 9 章）

最后，在第四部分，我们将展望 AIGC 智能营销的未来，探索在通用人工智能和元宇宙时代下的潜在变革。此外，本部分还将探讨未来 AIGC 智能营销可能面临的法律与伦理问题，包括版权、隐私和数据安全等方面，为读者提供一个全面的未来视角。

本书读者对象

- 市场营销专业人士：营销经理、品牌经理、数字营销专家等希望了解并应用最新的 AIGC 技术以增强其营销策略的专业人士。
- 企业高管：包括首席执行官、首席营销官、首席信息官等，他们需要理解如何将 AIGC 集成到他们的营销和业务战略中。
- 技术人员和 AI 研究者：对 AI 在营销领域的应用感兴趣的技术人员和 AI 研究者，尤其是那些致力于开发与优化 AI 工具和算法的人。
- 学术界人士和学生：商学院的教师以及市场营销、商业管理、信息系统等相关专业的学生。
- 创业者：希望利用 AIGC 技术创新其营销活动，以在竞争激烈的市场中脱颖而出的创业者。
- 咨询顾问：提供商业策略、技术咨询和市场营销咨询的顾问，他们需要深入理解 AI 如何改变市场营销策略，以便更好地服务其客户。

如何阅读这本书

鉴于本书内容较多，读者可以根据自己的需求和兴趣，选择感兴趣的章节进行重点阅读。例如，如果对如何使用 AIGC 工具进行内容生成感兴趣，可以直接阅读第 4 章。

本书包含多个行业应用案例，这些案例展示了 AIGC 技术在不同市场营销场景中的具体应用。建议读者在阅读案例时，不仅要理解案例本身，还要从中寻找灵感和借鉴点，从战略层面（而不仅是战术层面）分析和理解这些案例，以获取深层次的洞察。

AIGC 技术和工具正处于快速发展和更新之中，书中提到的一些工具和技术可能会迅速变化。因此，我鼓励读者保持学习的态度，定期更新自己的知识库，并掌握最新的技术进展和市场趋势。

如果条件允许，建议读者尝试使用书中提到的工具和方法进行实践。通过亲身操作和试验，读者可以更深入地理解理论和技术的实际应用，这有助于提高问题解决能力和创新能力。

　　为了方便大家阅读，我特别建立了一个 AI 智能体，并部署在微信平台上。读者可以关注微信公众号"知营销"（微信号：realdigitalmarketing），通过对话来调用它。

　　我也鼓励大家加入相关的在线论坛或社群，与其他读者或专业人士讨论书中的内容，分享自己的见解和经验。这不仅能扩展你的专业网络，还能让你从他人的视角和经验中获得新的洞见。

CONTENTS

目 录

第二部分　方法与实践

第三部分　组织转型与流程变革

第四部分　未来展望

第一部分

新技术与新思维

在这一部分，我们将从技术视角回顾 AIGC 的发展历程，探讨支撑这一技术的基础架构。我们将详细分析 AIGC 在市场营销领域的多样化应用，介绍常用的工具和平台，并探讨这些技术是如何在消费者和品牌之间发挥作用的。

我们还将讨论由此引发的思维方式转变、方法论的创新及营销实践的演进。我们将探讨如何将这些新技术和新思维整合进 AIGC 智能营销的"4A 模型"，从而优化我们的数字化营销策略。

第 1 章

AIGC 智能营销的新技术

　　每一次营销技术的革新都不只是引入新的沟通和传播工具，更重要的是深刻地改变品牌和消费者之间的价值创造和交换方式。

　　在这一章，我们将介绍 AIGC 智能营销技术的兴起和发展的过程，并探讨其背后的技术基础。最后，我们将介绍 AIGC 智能营销的工具图谱，并介绍一些我们常用的 AIGC 工具和平台。

1.1　AIGC 智能营销技术的兴起

AIGC 技术正将人工智能编织进品牌与用户互动的每一个层面，推动个性化和大规模的内容创作以及用户体验设计。在这一节中，我们将概述 AIGC 技术的兴起与发展轨迹，并探讨其基础技术原理。

1.1.1　什么是 AIGC

自古以来，人们总是渴望超越自身的局限，寻求更高层次的智慧和创造力。

据宋代刘斧的《青琐高议》记载，杭州知府曾遇一上联"雪消狮子瘦"，深感妙绝，但苦思之下未能成对，遂广邀当地文人墨客共同商榷。面对这般精妙的上联，这些饱学之士即便绞尽脑汁，冥思苦想，却始终未能想出一个既工整又意境深远的下联。这种巧妙的意象结合和双关修辞，使对仗显得尤为困难。这个创作难题不仅考验了文人们的文学素养，更挑战了他们的想象力和创造力。

这个上联描述的意境，我们今天可以使用 AIGC 工具来复原，如图 1-1 所示。

图 1-1　"雪消狮子瘦"场景 AIGC 复原图

斗转星移，我们对灵感与智慧的"召唤"，已经不限于自己冥思苦想。今天，科技的进步为我们开辟了新的创意之源。我们可以通过 AIGC 工具，汇聚前人智慧，帮助我们突破思维的局限。

下面是 AIGC 工具给出的下联，并且附上了解释：

- ChatGPT（GPT4）：日满仙鹤长

  解释：春天来了，阳光充足，仙鹤造型的日晷，影子变得更长。

- Claude3 Opus：花开蝴蝶酥

  解释：春天百花盛开，蝴蝶翩翩起舞的美好景象。同时，"蝴蝶酥"也指一种形似蝴蝶的传统糕点，预示着春天的甜蜜。

- 文心一格：月满玉盘盈

  解释：这里的"玉盘"用来比喻月亮，"满"和"盈"都是形容月亮的圆满和明亮，与上联的"雪消狮子瘦"形成了一种冬去春来、月圆人团圆的对比。

- 通义千问：春至凤凰娇

  解释："凤凰"则可能象征春天里万物复苏的生机与美好，或者是借以描绘女性在春天到来时展现出的更加娇艳动人的姿态。

通过上面的例子，我们更深入地了解了 AIGC 的特性：其核心基于先进的算法和强大的计算能力，使其能够根据用户的具体需求，定制多样化且具有创新性的内容。AIGC 生成的内容不仅具有趣味性，还体现了专业水准。我们可以利用它来分析过去三年内玻尿酸制备技术的最新进展，或者提供关于火箭二次回收技术的详细资料。

AIGC 的应用不限于内容生成，它还可以广泛应用于智能代理和助手，执行更加复杂的任务。例如，谷歌将其 Gemini 技术集成到广告管理系统中，用户仅需提供网址，Google AI 便能自动生成相关的广告素材，包括创意设计和关键词等，并自动完成广告投放。

AIGC 具有持续的学习能力，能够持续自我优化。数据、算法、算力、用例，构成了一个进化的生态。

1.1.2   AIGC 背后技术的发展

过去是通往未来的提示词。让我们一起回顾 AIGC 的历史，来更好地观测它的未来。

1. AIGC 的早期研究和 Eliza 聊天机器人（20 世纪 50 年代 ~70 年代）

1956 年，一群计算机科学家在达特茅斯开了一个会。在这次会议上，计算机科学家约翰·麦卡锡（John McCarthy）提出了"人工智能"这一术语。麦卡锡不仅是大名鼎鼎的 Lisp 编程语言的设计者，还是这次会议的主要组织者之一。

这次会议聚集了多位科学家，他们探讨了包括神经网络和自主机器在内的多个概念。当时，人工智能仍处于发展的初期阶段，研究主要集中在如何利用符号计算体系来解决特定问题，例如开发专家系统。专家系统通过一系列预设的规则模拟人类专家的决策过程，其程序设计涵盖了决策树和基本的模式匹配技术。

这些早期的努力奠定了现代人工智能技术发展的基础。这一时期，出现了早期的 AIGC 工具，例如用于生成天气预报或股票市场摘要的系统。这些工具虽然简单，但在自动化信息处理和内容生成方面开创了先例。

1964 年，麻省理工学院的计算机科学家约瑟夫·维森鲍姆（Joseph Weizenbaum）开发了历史上著名的聊天机器人 Eliza。

Eliza 是一个早期的自然语言处理程序，它通过模式匹配和替换规则来模仿一个富有同理心的倾听者或心理咨询师的对话风格。维森鲍姆的秘书对这个机器人表现出极大的兴趣，她非常喜欢与 Eliza 聊天，Eliza 甚至成了她的闺蜜。

2. 技术积累时期（20 世纪 80 年代~20 世纪末）和 AIGC 的早期应用

进入 20 世纪 80 年代，AIGC 技术仍处于初级阶段。在这一时期，人工智能研究主要集中在专家系统、早期的机器学习模型、自然语言处理及神经网络的基础研究上。

然而，在这一时期，一系列重要的技术开始涌现，这些技术后来对 AIGC 的发展产生了深远的影响。

（1）反向传播算法

反向传播算法是训练多层神经网络的一种有效方法。多层神经网络也称为多层感知器（MLP），是一种深度学习模型。多层神经网络就像是一群玩密室逃脱的玩家，他们接力解密一条线索，每个玩家根据前一个玩家的发现加上自己的理解进行解密，最后找到线索。但是如果玩家在某一关卡中使用的密码有误，则玩家需要退回到上一个谜题，找出错误在哪里并修正它。

反向传播算法就像这个过程：它从网络的最后一层（输出层，最终的谜题）开始，如果发现结果不对，就会一层层回溯到前面的层（前面的谜题），找出哪里出了问题，并修正相关的错误（调整谜题解法），以确保下一次可以正确解开谜题，最终成功"逃脱"（得到正确的输出）。

尽管反向传播算法最早在 20 世纪 70 年代被提出，但它直到 1986 年才因大卫·鲁梅尔哈特（David Rumelhart）、杰弗里·辛顿（Geoffrey Hinton）和罗纳德·威廉姆斯（Ronald Williams）的研究而得到广泛关注并开始流行。

这种基于"试错学习"的算法被广泛应用于深度神经网络，极大地推动了人工智能领域的发展，使系统能够进行图像识别、语音翻译等复杂任务。

反向传播算法的成功应用推动了更多相关算法的开发，例如变分自编码器和生成对抗网络。这些算法我们将在稍后进行介绍，它们在生成式人工智能领域中扮演着重要角色。

（2）卷积神经网络（CNN）

1989 年，计算机科学家杨立昆（Yann LeCun）及其同事们将反向传播算法应用于卷积神经网络，用于识别手写数字。

卷积神经网络是一种受到人类视觉神经系统启发的仿生学应用，能够自动学习并提取图像中的特征表示。这种技术不仅展示了深度学习模型的强大能力，也为后续的图像处理和视觉识别研究奠定了基础。

卷积神经网络通过模拟人类视觉皮层的工作原理来自动学习图像特征，从而实现图像识别。

这种网络结构包含多个层级，每一层都进行卷积运算以提取不同的特征。例如：第一层主要识别一些简单而通用的视觉元素，如线条和颜色；第二层则开始组合这些基本元素，形成更复杂的局部特征，如眼睛和耳朵。在这些层的基础上，后续的层级继续提取更高级的语义特征，最终实现对图像的分类。这种分层的特征提取机制使得卷积神经网络在图像处理领域表现出卓越的能力。

以使用卷积神经网络识别一只比熊犬来举例。首先收集大量狗的照片，其中不仅有比熊犬的照片，还有泰迪、贵宾、斗牛犬等其他品种的照片作为负样本。通过这些数据，可以训练一个能够识别比熊犬的卷积神经网络。

在网络的第一层，滤波器（也称为卷积核）在图像上滑动，计算滤波器与其覆盖区域的像素之间的点积。这个过程类似于用"电子眼"识别并提取图像中的基本特征，例如比熊犬圆润的脸部轮廓、黑色湿润的鼻子和卷曲的毛发。进入第二层，网络可能会进一步提取和识别比熊犬的下垂耳朵和圆润的眼睛等更具体的特征。

随着网络到达更高的层级，它会综合这些基本和复杂的特征，形成对比熊犬面部特征的整体判断。卷积神经网络通过将所有收集到的特征线索组合起来，构建出一个更完整的图像表示。这个识别和学习的过程会不断重复，每一次迭代都能提升卷积神经网络识别比熊犬的准确性。

最终，当我们向计算机展示一张比熊犬的照片时，它就能够通过层层特征的提取和综合，准确地识别出这是一只比熊犬。

卷积神经网络的应用范围广泛，不仅能够帮助我们实现风格迁移，例如捕捉伦勃朗的绘画风格并应用到新生成的图像上，还能通过超分辨率技术显著提高图像的分辨率，应用于图片的无损放大。

此外，卷积神经网络还是生成对抗网络的核心技术基础之一，使其能够直接生成具有高度真实感的图像。这种能力被广泛应用于各种领域，例如自动驾驶汽车、增强现实（AR）、医疗成像分析等。

（3）隐马尔可夫模型（HMM）

20 世纪 80 年代，隐马尔可夫模型开始被广泛应用于语音识别系统，并带来了重要的技术突破。

隐马尔可夫模型通过一些可见线索来推测那些看不见的状态序列。这种模型能够有效地处理和解析时间序列数据，例如语音信号，从而识别出语音的具体内容。

隐马尔可夫模型可以通过一个简单的类比来理解：想象你正在观看一部只有 3 分钟的抖音电影解说。这部电影的完整情节对你来说是隐藏的，你无法直接看到全部内容，这就像隐马尔可夫模型中的隐藏状态。这短短几分钟的解说相当于电影中断断续续的片段，尽管无法让你看到完整的场景，但足以让你推断出整个故事的大致情节。

隐马尔可夫模型包含两个关键的概率矩阵，它们是模型运作的基础：

- 转移概率矩阵：这个矩阵告诉我们从一个隐藏状态转移到另一个隐藏状态的概率。它就类似于在电影中，某个情节片段结束后转到下一个情节的可能性。
- 发射概率矩阵：它描述了在某个特定隐藏状态下观测到某个具体片段（即解说中提及的事件）的概率。

通过这些元素的相互作用，隐马尔可夫模型能够对一系列观测数据进行分析和解释，就如同你通过几分钟的电影片段来理解整个故事一样。

在深度学习技术流行之前，隐马尔可夫模型是语音识别领域的主流方法。

（4）遗传算法和进化计算

20世纪80年代，遗传算法（Genetic Algorithm，GA）作为一种优化技术开始流行，它通过模拟自然选择和遗传学机制来解决复杂的优化问题。遗传算法也是一种仿生算法，类似于卷积神经网络。

简单来说，遗传算法的过程可以科学家培育杂交水稻的方法来类比。假设每种水稻都具有独有的特征，如抗旱性或植株高度，这些可以视为"基因"。在遗传算法中，首先随机生成多种具有不同特征的水稻。然后，选择那些表现最佳的水稻进行杂交，以产生新一代。同时，我们还会随机对一些水稻进行变异，即改变它们的某些特征以增加多样性。通过不断重复选择、交叉和变异的过程，我们逐步培育出具有优良特征的杂交水稻。

在人工智能的内容生成领域，遗传算法同样可以用来优化特定的参数，如色彩和布局。此外，通过引入创新性的变异，遗传算法还能帮助人工智能生成更具创意的内容。

例如，如果需要人工智能绘制一匹马，它首先会随机生成一系列简单的马的草图，这些草图构成了"初始种群"。接下来，人工智能会根据特定标准（如马的形状和姿态）评估这些草图，选出表现最好的进行交叉和变异。在交叉过程中，人工智能结合几幅优秀草图的特点生成新的草图。在变异过程中，人工智能随机调整一些细节，如马的尾巴形状或腿的位置。

通过多次迭代，人工智能逐渐生成更精细和逼真的马的图像，最终实现高质量的视觉输出。

3. 机器学习的浪潮（21 世纪初）和 AIGC 的加速

2000 年，机器学习领域迎来了新的发展高峰。

不同于传统的直接编程执行特定任务的方式，机器学习是一种使计算机通过分析数据来学习和做出决策的技术，其核心在于开发能够从数据中学习和预测的算法。

在这一时期，机器学习技术，特别是梯度提升机等预测模型，开始被广泛应用于个性化推荐系统，并极大提升了用户体验。机器学习的进展还使算法能够模拟人类在艺术创作、音乐制作和文本撰写等领域的能力，推动了AIGC 的发展。

机器学习之所以能在 2000 年后快速发展，很大程度上得益于互联网的普及和数据量的爆炸式增长。互联网用户的激增为机器学习提供了前所未有的数据资源。Stackscale 网站的数据显示，2000 年全球互联网用户从 1995 年的1600 万增长到 3.61 亿，到 2010 年更是达到了 20 亿。此外，社交媒体的兴起为机器学习提供了大量用户生成的内容。2004 年，MySpace 成为第一个月活跃用户突破一百万的社交媒体网站，而到 2019 年，Facebook 的用户数已高达24 亿。YouTube、WhatsApp、抖音（包括 TikTok）、微信等全球主流社交媒体的用户数量均已超过 10 亿，为机器学习算法的训练和应用提供了丰富的实践场景。

另外，算力的提升也对机器学习的发展起到了关键作用。算力包括 CPU和 GPU 的处理速度、内存与存储的容量和速度、并行处理能力以及网络带宽等，这些都是执行机器学习算法和人工智能模型所需的关键资源。它们直接影响到机器学习任务的训练效率、模型的复杂度及实时应用的响应速度。

1999 年，英伟达推出了世界上第一款量产图形处理单元（GPU）GeForce256，该产品不仅提高了游戏体验，还显著提升了数据处理效率。2006 年，英伟达进一步推出了计算统一设备架构（CUDA）。CUDA 提供了丰富的开发工具和库，类似于应用商店，极大丰富了机器学习的应用可能。此外，谷歌的 TPU 等专为机器学习设计的硬件加速器相继出现，这些加速器特别优化了 TensorFlow 这类框架的性能。我们熟知的人工智能应用，如围棋程序AlphaGo 和 AlphaZero，都是利用 TPU 构建而成的。

除了硬件进步，自 2006 年起，亚马逊 AWS、微软 Azure、腾讯云、华为云和阿里云等云计算服务也相继推出，这些平台为中小企业提供了必要的计算资源，便于它们训练和部署机器学习模型。同时，Hadoop 和 Spark 等大数据计算工具的出现，使处理和分析大规模数据集变得更加高效。这些工具能够利用多服务器的计算资源，以分布式方式处理和存储大量数据，从而支撑机器学习所需的数据处理需求。

最后，算法的进步也是不可忽视的。自 2000 年开始，支持向量机成为机器学习领域的主流技术之一，尤其在图像和文本分类任务中展现了卓越的性能。同时，随机森林和梯度提升机等集成学习技术在多个领域得到了广泛的应用和发展。

（1）支持向量机（SVM）

20 世纪 60 年代，弗拉基米尔·瓦普尼克（Vladimir Vapnik）和亚历克谢·切尔沃年基斯（Alexey Chervonenkis）首次提出了支持向量机的概念。到了 21 世纪初，随着核技巧的广泛应用以及硬件和软件技术的飞速发展，支持向量机变得更加流行。

支持向量机是一种监督学习算法，主要应用于分类和回归分析。在其最基本的形式中，支持向量机处理的是二分类问题。该算法的核心思想是在特征空间中寻找一个最优的决策边界（称为超平面），该边界能够明确区分不同类别的数据。此外，支持向量机力求最大化不同类别数据到这个边界的最小距离，即间隔，从而提高分类的准确性和鲁棒性。所谓鲁棒性，是指一个系统、模型或算法在面对输入数据的变化或噪声时，依然保持性能稳定的能力。

可以通过一个简单的例子来理解支持向量机。假设你要在家里举办一个派对，并准备了两种极具特色的糖果：榴莲糖和茴香糖。你需要把这些糖果放在桌子上，并希望确保每位宾客都能轻松拿到他们喜欢的糖果。

想象你的桌子就是一个特征空间，每种糖果的包装上的图案（榴莲或茴香）代表其特征。你需要在桌子上画一条直线（这就是支持向量机中的决策边界），来将榴莲糖和茴香糖分开。这条线的选择至关重要，你希望它不要太靠近任何一种糖果，以避免宾客拿错。

如果桌子空间有限，单用一条直线难以分开两种糖果，你可能需要采用一些巧妙的布局。比如，可以用一个大碗作为界限，把茴香糖放在碗里，榴莲糖放在碗外。这种布局虽然不是直线，但同样清晰地划分了两种口味，便于宾客根据个人喜好选择糖果。

所以，无论是直线还是更复杂的界限，支持向量机都是在寻找最好的方法来区分不同的糖果（或者数据点），确保每个人都能选到自己喜欢的。

在 AIGC 领域，支持向量机的应用主要体现在提高内容生成的准确性和质量上。例如，在文本分类和情感分析等前处理步骤中，支持向量机可以有效地识别和分类不同类型的输入数据。

（2）随机森林算法

随机森林是一种集成学习算法，它通过整合多棵决策树的预测结果来提升模型的准确性和鲁棒性。这种方法内部复杂多变，但对外呈现出稳定的预测性能。随机森林之所以被称为"森林"，是因为它由众多决策树组成，这些决策树分析数据，形成各种问题和答案的分支。

随机森林的工作原理可以项目招标过程来类比：每棵决策树就像是一个竞标的公司，独立提出各自的方案。最终采用的方案是被多数决策树支持的方案，这通常能提高预测的准确性。

这个过程类似于执行多个小型的营销试验，其中每个试验都基于一部分数据和渠道来测试策略的效果。最后，通过汇总所有试验的结果来确定最佳策略。随机森林算法通过多个模型（多个团队）的多数投票或平均预测来减轻过拟合的问题。过拟合是一个机器学习术语，它描述了一个模型在训练数据上表现出色但在新的、未见过的数据上表现不佳的现象，好比是"纸上谈兵"。通过这种方式，随机森林提高了整体预测的准确性，使你可以更有信心地确定哪种营销渠道最可能带来最大的回报。

（3）梯度提升算法

梯度提升算法是一种集成学习算法，通过逐步构建模型来提升预测的准确性。与随机森林不同，梯度提升更像是一个连续改进的过程，每一步都在减少前一步遗留的错误，体现了内部不断迭代改进和外部的稳步进展。在梯度提升中，构成"森林"的不是随机、独立的树，而是一系列相互关联的树，每棵树都旨在解决前一棵树留下的问题。

梯度提升算法可以用使用 AIGC 工具写作微信推文的过程类比。首先，我们可能会草拟一篇简单的推文。接着，使用如文山 AI 之类的微信推文生成工具上传草稿，并根据工具提供的反馈进行修改，通过人工智能的建议优化内容。最后，将所有这些小的改进累积起来，形成一篇优质的微信推文。

梯度提升的过程类似于一场精心组织的接力赛，每一位接力赛的队员（决策树）承接前一位队员剩余的工作（减少的残差），尽最大努力完成自己的段落。虽然每位队员可能不是完美的，但整个接力队作为一个整体，却能够逐渐接近最终目标，即使个别队员的表现不是最佳，团队整体却能够不断向前发展。

这一时期是 AIGC 早期，Netflix 和 Amazon 等公司开始将机器学习技术应用于推荐算法，采用内容过滤和协作过滤模型来分析项目数据和用户行为，生成推荐。值得一提的是，Netflix 在 2006 年发起全球竞赛，鼓励人们对机器学习算法进行优化和改进。

1.1.3　深度学习的突破和 AIGC 1.0

进入 2010 年，深度学习取得了突破。

深度学习是机器学习的一个分支，特别侧重于利用多层神经网络进行特征学习和模型训练。与传统机器学习相比，深度学习的主要区别在于特征提取（从数据中识别关键信息的过程）和表示学习（自动确定描述数据的最佳方式）的实现方法。

在传统机器学习中，特征通常需要人工设计以描述数据，而深度学习则通过多层次的神经网络自动学习数据中的高级特征表示。比如，在传统机器学习中，为了识别澳大利亚特有的动物袋熊，我们首先需要定义一系列具体的特征，例如袋熊的体型、毛色、育儿袋的朝向以及粪便的形状等。这些特征随后需要人工标注并输入模型中，使模型能够依据这些预先设定的特征进行袋熊的识别。

而在深度学习中，你只需向模型提供大量的袋熊图片，模型便能自动学习并提取出区分袋熊的关键特征。

这种技术的发展催生了 AIGC 的第一次普及和应用浪潮，我们可以将这一时期称为 AIGC 1.0。在 AIGC 1.0 时代，人工智能不仅能够理解和处理信息，而且开始能够创造、编辑和生成新的内容，这些应用主要依赖于深度学习框架和算法。AIGC 被主要应用于生成体育赛事和财经报道，并被应用于 Apple 的 Siri 和 Google Assistant 等智能助手，提供天气预报、设置提醒等服务。

深度学习，特别是卷积神经网络（CNN）、生成对抗网络（GAN）、循环神经网络（RNN）的发展，带来了在图像、音频、文本和视频内容生成领域的重大突破。这些技术的进步极大地推动了自动化和智能化应用的发展，改变了我们处理和生成各种媒体内容的方式。

1. 深度卷积神经网络

深度卷积神经网络（Deep Convolutional Neural Network，DCNN），它是用来帮助计算机识别和理解图像的工具。它的工作方式就像人类使用眼睛和大脑来处理看到的图片。

2012 年，来自多伦多大学的三位研究者——亚历克谢·克里日维斯基、伊利亚·苏茨克沃（Ilya Sutskever）和他们的导师杰弗里·辛顿——开发了一种名为 AlexNet 的深度卷积神经网络。这个网络由 8 层组成，包括 5 层专门用于"观察"和处理图像细节的卷积层。在处理图像数据时，AlexNet 会先通过这些卷积层来识别图像中的基本图形和纹理，然后用一种称为 ReLU 的特殊函数帮助网络更好地学习和做出判断，最后通过几层密集连接的网络层来做出最终的分类决策。

如果你是一个直播电商的选品负责人，你使用 AlexNet 的原理为直播间选品的过程可能是这样的：

1）收集信息：收集各种类别的商品信息，这就像 AlexNet 搜集和处理图像数据集。

2）初筛特征：根据商品的基本属性（如产地、包装、品牌）进行初步筛选，这个过程类似于 AlexNet 利用初级卷积层来识别图像的基本特征。

3）深入分析：更详细地分析商品的用户人群、定价等复杂属性，这类似于 AlexNet 利用更深层次的卷积层来识别图像的复杂特征。

4）做出决策：综合以上信息决定哪些产品是爆款，哪些是流量款和利润款，这类似 AlexNet 的全连接层综合前面所有层的信息做出分类决策。

5）执行营销策略：产品上架和推广，这类似于最后 AlexNet 将图像分类结果应用到实际操作中。

通过这种方式，你不仅能有效地选择合适的商品进行推广，还能确保整个选品过程具有数据驱动和策略性，最大化直播电商的效益。

在 AIGC 1.0 时代，深度卷积神经网络成为推动创新和突破的关键技术之一。这些网络通过模拟人类视觉系统的处理机制，极大地增强了机器对图像、音频和视频的理解与创造能力。

一个典型的应用是 DeepArt.io，这个平台使用深度卷积神经网络将用户上传的照片转换为具有特定艺术家风格的作品。通过学习和模仿历史上著名画家（如梵高或毕加索）的独特风格，DeepArt.io 能够重现这些大师的画风，将现代照片转化为艺术作品。

在音乐领域，AIVA 使用深度卷积神经网络等深度学习技术来分析和学习大量的音乐作品，进而创作出新的音乐。

此外，深度卷积神经网络在电子游戏设计中也显示出其强大的能力。它们能够生成复杂的游戏环境和纹理，提供更加细腻和逼真的视觉效果。游戏开发者利用深度卷积神经网络来创建动态和互动的游戏元素，提升玩家的沉浸感和游戏体验。

2. 生成对抗网络（GAN）

GAN 是由伊恩·古德费洛（Ian Goodfellow）在 2014 年提出的一种先进的深度学习模型。该模型通过同时训练两个网络——一个生成器（Generator）和一个判别器（Discriminator）——来产生新的、逼真的数据。

所谓的逼真数据，指的是生成器模型创建的输出，这些输出在视觉上或其他感觉上与真实世界的数据几乎无法区分。这些数据并非真实存在，而是通过网络学习真实数据的分布并模仿其特征所生成的。例如，我们可以使用 AIGC 工具生成人物形象，这些形象虽极其逼真，却在现实世界中不存在。

这个模型与生成式人工智能紧密相关。在 GAN 框架中，生成器的作用类似于一个创作者，其目标是生成能够欺骗判别器的逼真数据（如图像），它从随机噪声出发，逐步学习如何产生与真实数据类似的结果。而判别器则扮演一个质量监督的角色，负责评估生成器输出的内容是否具有真实性。

通常，GAN 采用深度卷积神经网络作为生成器和判别器的核心架构，以支持这种复杂的学习和生成过程。

GAN 的主要创新在于其独特的对抗性训练框架。传统的深度学习模型通常通过最小化预测误差来训练，类似于老师根据学生的错误答案进行指导，帮助学生找出并改正错误。与之不同，GAN 采用一种全新的、动态的训练方法。这种方法可类比于一种变革教育模式，不再依赖老师的直接教导，而是让学生通过彼此出难题并相互挑战来学习。例如，学生甲尽量出具有迷惑性的难题，而学生乙努力识别并解答这些问题，随后反过来挑战学生甲，通过这种持续的互相挑战，学生们的解题能力得到增强。

在 GAN 中，生成器和判别器之间的这种竞争促使生成器不断学习如何更精准地模仿真实世界的数据分布，同时判别器也在不断进化，以更有效地识别生成的数据。这种连续的进步和挑战导致生成的图像质量逐步提高。在这一过程中，AI 逐渐掌握生成高质量图像所需的复杂特征，如光影、纹理、颜色和形状等。

因此，GAN 在艺术创作、风格迁移、虚拟现实等领域的应用中显示出巨大的潜力，成为 AIGC 技术的核心组成部分。

在 AIGC 领域，我们熟悉的换脸应用 FaceApp 正是基于 GAN 开发的。用户上传自己的照片后，可以实现老化、去皱、性别转换等视觉效果。同样，Instagram 和抖音上流行的换脸应用，以及一键变身漫画的效果，都得益于 GAN 的技术支持。此外，广受欢迎的图片风格生成网站 Artbreeder 背后的技术也是 GAN。这些应用展示了 GAN 在视觉艺术和娱乐领域的广泛应用和影响力。

3. 循环神经网络（RNN）

RNN 是一种专门设计用来处理序列数据的神经网络。与传统神经网络不同，RNN 能够处理输入数据的时间动态特性。这意味着它通过内部循环连接保持状态，从而能够捕捉序列中先前时间步的信息并利用这些信息。

RNN 的核心优势在于能够模拟序列数据点之间的时间关系。例如，在语音识别应用中，一个单词的发音不仅依赖于当前的声音片段，还受到其前后声音片段的影响。通过其循环结构，RNN 能够捕捉到这些关系，从而提高对单词和短语的识别精度。

假设我们正在开发一款同声传译软件，这款软件能够捕捉现场声音，并将其转换成一系列可以由人工智能处理的数据点，例如音素。音素是语音的基本单位，在语言学中用于区分不同意义的最小语音单元，是构成音节的基础。例如，汉语词"兔"由一个音节 [tu] 组成，这个音节可以进一步细分为声母 [t] 和韵母 [u]，它包含的两个音素是最细的可区分单元。

这些音素构成的数据序列被输入 RNN。RNN 通过其循环连接分析和解析语音流中的每个元素。这种循环连接设计赋予了 RNN 一种"短期记忆"的功能，通过网络的隐藏层状态保持之前输入的信息。这使网络能够利用过去的数据影响当前及未来的分析和判断。这种模型的"记忆"能力允许它利用上下文信息，从而显著提高翻译的准确性。

在同声传译中，处理长期依赖性是一个主要挑战。例如，句子的意义可能依赖于前文的内容，或者中文词汇（如"苹果""蝴蝶"）的确切含义和适当翻译可能取决于上下文中的其他词汇（如"吃苹果"与"苹果手机"、"蝴蝶酥"与"蝴蝶迷"）。人工智能在处理需要长期上下文才能理解的内容时可能会遇到困难，这可能导致翻译质量下降。

为解决这一问题，长短期记忆（LSTM）网络对 RNN 的记忆能力进行了显著提升。LSTM 网络通过引入门控机制来管理长期依赖性问题，能够维护长期的记忆并避免在处理长序列时梯度消失。这些门控机制包括输入门、遗忘门和输出门，它们帮助网络决定何时更新或忽略输入，何时传递信息，以及何时"遗忘"不再相关的信息。这使 LSTM 网络能够在必要时保留信息，在不再需要时舍弃信息，从而更有效地学习和产出。

RNN 和 LSTM 网络已成为 AIGC 发展的关键驱动力。这些技术广泛应用于语音识别服务、在线翻译、语音助手（如 Siri）等工具，尤其在自然语言处理领域，极大地推动了聊天机器人和虚拟助手技术的发展。类似 RunwayML 这样的视频编辑工具也使用 RNN 来理解和生成视觉内容。

4. AIGC 1.0 的营销应用

在大语言模型和 Transformer（变换器）架构出现之前，包括深度卷积神经网络、GAN 以及 RNN 在内的深度学习技术带来了丰富的 AIGC 应用和营销工具，并开始具备数据分析和预测、内容生成、智能客户、虚拟现实等能力。

在数据分析领域，这一时期涌现出了如 Brandwatch 和 Talkwalker 等工具，它们利用深度学习技术分析社交媒体上的用户行为及用户生成内容（User

Generated Content，UGC），帮助企业更好地了解消费者行为和偏好，并自动生成标签。除了在社交媒体营销上的应用，亚马逊和阿里巴巴已经开始大规模使用深度学习技术进行数据分析，提升推荐系统的准确性。

在内容营销方面，Hootsuite 和 Buffer 等工具已经开始应用深度学习技术分析用户互动，并尝试自动生成社交媒体内容。专门的创意辅助和内容生成工具（如 DeepArt.io 和 RunwayML）开始出现，辅助品牌生成图像和视频。

在自动化营销方面，Mailchimp 和 SendGrid 等工具开始利用深度学习技术来优化内容、管理发送，显著提升自动化营销的效率。

在客户服务和客户关系管理领域，聊天机器人被广泛应用于售前的线索管理和售后的客户关系维护，出现了百度度秘、微软小冰、Drift、Zendesk Chat、Liveperson 等聊天机器人工具和平台。然而，这些机器人的自然语言处理能力通常较弱，难以准确理解用户意图并生成相关的回复。

随着元宇宙概念的兴起，深度学习技术也推动了增强现实和虚拟现实的快速发展，例如抖音的 AR 滤镜。虚拟人物和虚拟主播得到了迅猛发展，出现了如初音未来、AYAYI、柳夜熙等虚拟人，以及新华社新小微、湖南卫视小漾等虚拟新闻主播和主持人。

也是在这一时期，增强现实、虚拟现实和虚拟人技术从最初的新奇玩具转变为有效的营销工具，特别是抖音虚拟主播等应用。

这些 AIGC 1.0 时期的应用、工具和平台，通常针对特定的内容类型或创作任务设计，如 DeepArt.io 专注于艺术风格迁移，Canva 专注于图形设计，Sprinklr 则专注于社交媒体分析和管理。这些工具生成的内容质量波动较大，且很容易被识别为人工智能生成的内容。

1.1.4　生成式人工智能与 AIGC 2.0

进入 2023 年，我们迎来了生成式人工智能技术的爆发。

生成式人工智能，英文名称为 Generative AI，所以又被称为 GenAI。它是指使用机器学习技术，尤其是深度学习模型，来生成新的数据或内容的一类人工智能系统。这类 AI 不仅能理解和分析数据，还能创造出全新的输出，这些输出可以是文本、图像、音乐、视频等多种形式。生成式人工智能的关键特点在于其创造能力，即不仅仅复制现有数据，而是基于学习到的数据模式和结构生成新的、独特的内容。

在这一年，基于 Transformer 的 ChatGPT 横空出世，引领了大语言模型的"百模大战"。同时扩散模型也引来引爆点，让 Stable Diffusion 和 Midjourney 取得突破性进展。

1. Transformer 架构和大语言模型

2017 年，谷歌研究团队的阿西什·瓦斯瓦尼（Ashish Vaswani）、诺姆·沙泽尔（Noam Shazeer）、尼基·帕尔马（Niki Parmar）等人发表了论文 "Attention is All You Need"，并提出了 Transformer 架构。

这种架构是针对传统的 RNN 模型在处理长序列数据时遇到的问题而设计的。为了解决这些问题，谷歌的研究者们着眼于设计一个既能捕捉长距离依赖又能高效并行处理的新模型。他们提出了基于注意力机制的架构，即 Transformer。

自注意力（Self-Attention）机制是其中的核心，它通过计算序列中各元素之间的关系，使模型能够直接学习到任何两个位置之间的依赖关系，无论它们在序列中的距离有多远。

当我们与他人交流时，我们的大脑自然而然地捕捉到关键词来更好地理解对方的意思。自注意力机制在计算机处理语言时就是在模仿这一人脑的功能。例如，当计算机处理句子"猫坐在垫子上"时，为了深入理解"坐"这个词，自注意力机制会识别出"猫"和"垫子"与"坐"有紧密的联系。接着，它通过增强"猫"和"垫子"的信息（比如它们是什么以及它们的位置），来构建对"坐"这个词更全面的理解。这个过程使计算机在处理语言时能够像人类一样考虑上下文中的重要元素。

此外，Transformer 放弃了传统的递归方式，采用了完全的前馈网络。前馈网络就像一个只能向前走的机器人，它从一端接收信息并一步步处理信息，在另一端告诉我们结果。这样做的好处是可以实现同时处理多个任务，解决了长距离依赖问题，也使得模型训练的并行化成为可能，极大地加速了模型的训练过程。

Transformer 架构自被提出后，迅速成为自然语言处理乃至其他领域的重要基石，催生了 BERT、GPT、Claude、千问、智谱等大型预训练语言模型

（Large Pre-trained Language Model）。大型预训练语言模型也被称为大型语言模型或者大语言模型（Large Language Model，LLM）。

这些大语言模型通过在数据集上进行预训练，能够生成连贯、高质量的文本，极大地推动文本生成领域的进步，让计算机可以像人类一样对话。

让我们通过一个例子来了解 Transformer 的内容生成原理。我们在 ChatGPT 的对话框中输入"葫芦娃大战钢铁侠"，得到了下面的输出：

在遥远的东方，七色山谷中，葫芦娃七兄弟肩负着守护家园的使命。他们各自拥有不同的力量，从力大无穷到善于水战，从隐身到喷火，无所不能。

一天，天空中出现了一道奇异的光芒，随之而来的是身披一身赤红战甲的钢铁侠。他从遥远的西方世界飞来，寻找一种稀有的能量源，以阻止即将到来的宇宙威胁。

钢铁侠的到来引起了葫芦娃的注意，他们误以为这位钢甲勇士是前来侵犯的敌人。大娃挺身而出，用他强大的双臂封锁了钢铁侠的去路，而钢铁侠则展开了战甲的推进器，准备应战。

紧接着，四娃和五娃迅速加入战团，一道道烈焰和水箭交织在空中，与钢铁侠的脉冲射线相争辉。天空变得犹如白昼，四周的花草树木也在这异彩纷呈的能量波中摇摆。

而三娃、六娃和二娃也不甘示弱，他们分别以坚不可摧的金刚身、神出鬼没的隐身术和千里眼 / 顺风耳加入战斗，意图团结力量，一举制胜。钢铁侠面对这突如其来的挑战，调动了战甲的全部功能，从激光刀到能量盾，全力以赴。

钢铁侠意识到这些兄弟并非恶意，他们只是在保护自己的家园。

在误会解开后，葫芦娃和钢铁侠决定联手，他们将面对的是一场更大的战斗：用他们的勇气和力量共同守护宇宙的和平。

那么 ChatGPT 是怎么利用 Transformer 来写这个故事的？简单来说，分为下面几步：

1）命令输入。我们提供一条指令"葫芦娃大战钢铁侠"作为输入。这条指令将指引模型产生相关的输出。

2）输入编码。Transformer 模型首先将输入文本转换为内部的向量表示。

向量是一种数学表达形式，可以帮助模型理解和处理文本数据。

3）自注意力机制。自注意力机制允许模型在生成文本时考虑输入中所有单词之间的相互关系。这有助于模型理解上下文和主题。在这个例子中，模型将识别出故事可能涉及战斗、英雄以及动作场面。

4）内容生成。模型的解码器通过自注意力机制预测下一个最可能的词。例如，它可能选择"在"作为句子的开头，因为"在"是汉语中的常用介词，适用于引出地点、时间等背景信息。

5）连续生成。模型将持续这一过程，逐字生成文本，直到完成整个故事或达到设定的终止条件。例如，一旦选择了"在"，模型将预测下一个词。因为"在"后常跟地点，模型可能根据训练中学到的模式选择一个与"遥远""神秘"相匹配的词语。然后，模型可能添加形容词"遥远的"，以增加描述性和构建故事的期待感。接着可能选择"东方"作为地点，因为"东方"常与传奇故事和神秘场景联系，并与"葫芦娃"的中国文化背景相符。

6）迭代改进。在实际应用中，生成的文本可能会经过多次迭代和编辑，以提升其连贯性、创意和整体质量。这个过程可以是自动进行的，也可以通过人工进行调整和优化。

你可能会好奇为什么GPT知道葫芦娃有七兄弟，并且熟悉他们各自的法术和法宝。这是因为，GPT以及其他类似的大语言模型通过学习大量的文本数据来获取这些信息。这些模型在训练阶段已经处理了海量的信息（语库），覆盖了广泛的知识领域，包括葫芦娃的兄弟数量、钢铁侠的装备以及他们的战斗特点等。

然而，我们需要注意的是，这些大语言模型并不真正"知道"或理解这些信息。它们无法像人类一样具有真实的理解或意识。当输入一个提示时，它们通过分析学习到的语言模式和上下文，推断出最有可能的回答。这种方法依赖于算法对大量文本数据的分析和模式识别，而非真实的知识理解。

2. 变分自编码器、扩散模型与图像和视频生成

变分自编码器（Variational AutoEncoder，VAE）是深度学习领域中的一种生成模型。它主要用于学习输入数据的潜在表示，并基于这些表示生成新的、与训练数据相似的数据点。

VAE 结合了深度学习技术和贝叶斯推断方法，在统计生成模型的框架内引入了深度神经网络。它的应用非常广泛，包括生成新的图像（如人脸、风景等）、推荐系统（通过学习用户及其潜在特征来进行推荐），以及文本生成（用于自然语言处理的特定任务，例如生成创意文本）。

为了形象地理解 VAE 的工作原理，可以想象有一个"魔法机器"，其任务是学习如何绘制各种小狗的图像。

这个机器由两部分组成：一部分是"魔法摄像机"，另一部分是"魔法画笔"。首先，"魔法摄像机"接收并分析各种小狗的图片。在这个过程中，它不仅学习了小狗的外观，更重要的是，通过变分推断和深度学习，它理解了小狗的"本质"。这种理解体现在它试图找到一种简洁的方式来描述所有小狗，这就是所谓的"潜在表示"，相当于一种描述小狗的"秘密代码"。这个"秘密代码"并不直接存储图片的像素，而存储决定小狗外观的各种因素，比如大小、形状和颜色。

当需要绘制一只小狗时，"魔法画笔"便会使用"魔法摄像机"生成的潜在表示。利用这些代码，它可以不仅复现已知的小狗图像，还能创造出全新的、从未见过的小狗样式。

通过这种方式，VAE 能够帮助我们生成全新的图像、音乐或任何其他内容，只要我们有足够的数据来训练模型。例如，在使用 Stable Diffusion 这类工具时，选择合适的 VAE 是至关重要的，因为它直接影响到生成图像的色彩和细节质量。

3. 扩散模型

扩散模型是一种生成模型，用于生成高质量的复杂数据，如图像和音频。不同于其他生成模型（如 VAE 和 GAN），扩散模型是一种先进的生成模型，用于生成高质量的复杂数据，如图像和音频。

与 VAE 和 GAN 等生成模型不同，扩散模型通过模拟数据的退化过程然后逆转这一过程来生成数据。这种方法最初由雅沙·索尔 - 迪克斯坦（Jascha Sohl-Dickstein）及其团队在 2015 年左右提出。虽然在初期扩散模型因性能未能超越当时的主流模型而未受到广泛关注，但随着对其理论和方法的深入研究以及深度学习技术的发展，扩散模型近年来已显现出显著的进步。

为了形象地理解扩散模型的工作原理，可以将其比喻为一种"时间机器"。想象一下，有一张完美的图像，这张图像随着时间的推移逐渐失真，直到变成几乎无法辨识的噪声。扩散模型首先模拟这一退化过程，即如何从清晰的图像逐步过渡到噪声。然后，这个模型的魔力在于，它能够将时间倒流，从噪声状态恢复到原始的、清晰的图像。这个逆过程涉及一系列复杂的学习和调整，使模型不仅能够重建训练数据中的图像，还能创造出全新的、从未见过的图像。

扩散模型已成为生成式建模的前沿技术，广泛应用于多个领域。在图像生成领域，它能创造出逼真的人像、风景画等；在数据增强领域，它帮助提升模型的鲁棒性和性能；在分子设计领域，它能预测和设计新的化合物结构；甚至在天气预测等复杂的系统模拟中，它也显示出其潜力。扩散模型的这些应用实例以及我们熟知的 AIGC 工具，如 DALL · E 2、Stable Diffusion 和 Leonardo.ai 等，已经在艺术创作和其他领域产生了深远的影响。

为了更好地了解 VAE 和扩散模型的工作原理，我们使用 Stable Diffusion 来生成一张怀抱小猫的少女照片，生成的图像如图 1-2 所示。

图 1-2   Stable Diffusion 生成的怀抱小猫的少女

这张逼真图的生成涉及一系列复杂的过程，包括文本到图像的转换、扩散模型的逆向过程以及最后的图片生成。以下是对这些过程的详细介绍。

步骤 1：用户输入

我们选择 Copax TimeLessXL 模型，并在变分自编码器选项中选择

sdxlVAE 模型。输入包含"小猫""少女"关键词的指令。

步骤 2：文本编码

Stable Diffusion 将使用一个文本编码器来解析并编码输入的指令。这一步把文本转换成一个理解模型可以处理的数值形式，通常是一个高维的特征向量。

步骤 3：初始化和扩散过程

1）初始化：模型通常从一张随机噪声图像开始。这是生成过程的起点，相当于一个空白画布。

2）扩散过程：在传统的扩散模型中，这一步是先将清晰的图像逐渐加入噪声，直到完全变为噪声。但在实际应用中，这一步通常是预先设定的，并不需要显式执行。

步骤 4：逆向扩散过程

1）条件化逆向过程：这是 Stable Diffusion 的核心，模型根据文本描述的条件，从随机噪声中逐步重构图像。在每一步中，模型都会尝试预测并去除噪声的一部分，逐渐揭露出与文本描述相匹配的图像内容。这个过程通常包含多个迭代步骤，每一步都逐渐减少噪声并增加图像细节。

2）迭代细化：通过多次迭代，图像逐渐从抽象噪声转变为具体图像。每一步都基于前一步的输出，并继续改进图像质量和细节。

步骤 5：图像生成

最终，在逆向过程完成后，生成的图像将显示在用户界面上。这张图像应该体现出输入文本的所有元素，如小猫、少女以及任何其他指定的环境细节。

4. AIGC 2.0

随着技术的持续发展，AIGC 技术在生成结果的质量、多样性和智能化方面取得显著进步，使得生成内容更加符合人类的期待和需求。截至 2024 年 2 月，ChatGPT 的第四代、Midjourney 的第六代版本和 Stable Diffusion 的 XL 1.5 版本，都极大地提升了文字、图像、音频等内容的逼真度。此外，随着 ChatGPT 的个性化定制服务 GPTs 和 Stable Diffusion 的个性化模型训练的发展，内容生成的个性化（符合个人品位，适应行业知识）和可控性（如长度、风格等细节控制）成为可能。

进入 AIGC 2.0 时代，这项技术已接近人类的创造力和智能水平，展示出更广泛的应用前景。AIGC 2.0 特别强调创造性、跨模态生成和智能交互。例如，新一代的 AIGC 系统能够通过与用户的动态互动自动调整内容生成策略，以更贴近用户的具体需求和情境。这包括基于用户的反馈进行迭代以提升内容的质量，或根据不同的应用场景调整生成内容的风格和格式。

为了加深理解，下面将详尽对比 AIGC 1.0 与 AIGC 2.0 在技术架构、数据依赖、应用场景等方面的演进，如表 1-1 所示。

表 1-1   AIGC 1.0 与 AIGC 2.0 的对比

特性	AIGC 1.0	AIGC 2.0
技术架构	深度卷积神经网络、GAN、RNN	Transformer 架构、大语言模型、扩散模型
数据依赖	中等到大规模数据集	超大规模数据集，强调多样性与高质量
应用场景	数据分析预测、简单内容创作、VR 内容辅助	数据分析预测、简单内容创作、VR 内容辅助
内容质量与连贯性	波动较大，特定任务表现优异	更高一致性与创造性，接近人类水平
交互与个性化	基础交互，有限个性化	高度个性化，智能交互，适应性学习能力
创新亮点	初步实现自动内容生成	实现大规模跨领域创新，支持复杂指令理解与执行

AIGC 1.0 依托于深度学习的基础技术，主要包括深度卷积神经网络、GAN 和 RNN。这一代技术在数据分析、模式识别、内容初步生成及增强 / 虚拟现实体验等方面展现出了潜力。AIGC 1.0 的应用倾向于聚焦单一领域或内容形式，如文本生成、图像合成等，其产出虽具创新性，但内容质量与连贯性有时参差不齐，且功能较为定向，未全面覆盖用户的多样化需求。

相比之下，AIGC 2.0 源自生成式人工智能，核心技术框架转向了 Transformer 架构、大语言模型以及先进的扩散模型，这些模型在海量数据集上进行了深度训练。AIGC 2.0 的核心优势在于其对个性化体验的强化、智能交互的提升及前所未有的创造性表达，这些进步使人工智能生成的内容更加贴近人类创作水平，应用领域也显著拓宽，涵盖了艺术创作、复杂文本理解与生成、多模态内容融合等多个维度。

5. AIGC 技术的未来展望

展望未来，AIGC 技术的边界将不断拓展。在通用人工智能的曙光到来之前，AIGC 技术可能在以下领域获得新的突破。

- 情感智能：系统将能更好地理解和生成表达复杂情感的内容。Emotient 和 Affectiva 等公司已经开发了面部识别软件，来分析用户的表情并识别情绪，这些技术未来可以整合到 AIGC 系统中，使其能够生成可以表达情感的内容。
- 自适应学习：AIGC 系统将通过持续学习用户行为和偏好，无须显式编程即可自动优化其生成策略。
- 增强现实（AR）与虚拟现实（VR）：在 AR / VR 环境中，AIGC 技术将用于实时创建沉浸式交互体验和动态内容生成，提供更加丰富和个性化的用户体验。在虚拟现实游戏和元宇宙平台，如 VRChat、Roblox 和 Decentraland，AIGC 技术可以用来实时生成和调整虚拟世界中的环境和角色，提供更丰富的用户交互体验。
- 多模态生成：跨模态能力将进一步增强，例如从文本生成视频等，这将打开新的创意和商业应用的大门。OpenAI 的 Sora 已经将视频生成的长度延长到了 1 分钟。

1.2　AIGC 智能营销的工具图谱

在这一节，我们将深入介绍 AIGC 智能营销的工具图谱，特别是基于生成式人工智能的 AIGC 2.0 的工具。

1.2.1　AIGC 智能营销技术概览

自 2023 年起，AIGC 平台和工具便以前所未有的速度迭代更新，无论在数量还是质量上都实现了飞跃。

截至 2024 年 5 月，Insidr.ai 网站已收录了超过 300 种 AIGC 工具，AI 万花筒（aiwht.com）则录入了 1200 多种，Futurepedia 记录了超过 5000 种相关工具，而 Toolify 则收录了超过 1 万种工具和应用。

作为对比,过去十年里,主流的营销技术工具总共才 5000 多种。

尤其值得一提的是,AIGC 工具的开发日益平民化。字节跳动推出的 AI Bot 开发平台扣子(国际版 coze.com,国内版 coze.cn),让任何零基础用户以无代码构建自己的 AIGC 应用。用户可以选择 GPT-4、云雀、Moonshot 等大模型,创建自己的写作助手、客服助手、AIGC 应用,并部署到 Discord、Line、飞书、微信公众号、豆包等平台。自从 ChatGPT 开放个性化定制以来,超过 300 万人开发了属于自己的 GPTs 应用。

AIGC 技术不仅能生成各种文体和风格的高质量文本内容,如文章、邮件、报告和产品手册,还可以根据用户的输入指令或参数设置生成图像、语音、音乐和视频等内容。此外,AIGC 的应用领域还在不断扩展,包括智慧办公、游戏内容生成、虚拟人、AR / VR 等。

根据 AIGC 工具的功能和应用,我们对其进行了分类,涵盖基础模型、文字生成、图像生成、语音和音乐生成、视频生成、文档生成、策略生成等主要类别,如表 1-2 所示。

表 1-2   AIGC 工具图谱

类别	应用	国外工具示例	国内工具示例
基础模型	大语言模型,作为更广泛 AI 应用的基础	GPT-4、Claude 3、Gemini、LLaMA、Coral、Grok	千问、智谱、云雀、文心、言犀、混元、商量
文字生成	基于大语言模型,生成各类专业文本内容	Jasper.ai、Notion、Copy.ai	智谱清言、Kimi Chat(月之暗面)
图像生成	广告设计、产品展示、艺术创作	Midjourney、DALL·E3、Stable Diffusion、Exactly.ai	千问、Dreamina、文心一格
语音和音乐生成	生成语音和音乐	ElevenLabs、Murf.ai、Suno	声咖、剪映、网易天音
视频生成	自动化视频内容创作,包括编辑、生成、风格化等	Pika、HeyGen、RunwayML、Sora、Stability AI	剪映、腾讯智影
文档生成	商务演示、学术报告	Wondershare、Beautiful.AI、Slidebean	Gamma、轻竹办公
策略生成	营销自动化、广告投放	Google Ads、Hubspot、Jounce.ai、beam.ai	巨量引擎、百度轻舸
代码生成	代码生成、编程辅助	Github Copilot、Debuild、Phind	iFlyCode、通义灵码、扣子

（续）

类别	应用	国外工具示例	国内工具示例
智能搜索	人工智能驱动的搜索引擎	Perflexity、New Bing、HARPA AI	秘塔 AI 搜索
项目管理和智能协作	项目管理和团队协作工具	Miro、ChatGPT 团队版、Cody.ai	飞书、通达 AI
社区和支持	网络 AIGC 讨论和分享社区	Civitai、Discord	吐司、Liblib.art
智能体和代理工作流	支持多任务、多模态的智能体和代理工作流	GPTs、Chatbit、Zapier、AutoGen	扣子、天工、百度千帆

请注意，由于 AIGC 领域发展迅速，工具更新频繁，上述列表无法涵盖所有最新或最热门的工具，且部分工具示例需要根据最新的市场动态调整。

AIGC 工具的使用非常灵活，它可以与多种平台和工具集成，并通过工作流进行协作，形成更加复杂的应用场景。以下是一些示例：

- 与内容创作平台集成：AIGC 可以与现有的内容创作平台（如 Canva、WordPress）和内容管理平台集成，自动创建高质量的内容。
- 与社交媒体平台集成：AIGC 可以与社交媒体平台（如 Facebook、X）以及社交媒体管理平台（如 Sprinklr、Hootsuite）集成，有效地进行社交媒体内容发布和社区管理。
- 与电商平台集成：AIGC 可以与电商平台集成，帮助商家更有效地生成产品图、优化商品推广和销售。比如阿里巴巴推出的 Pic Copilot 电商图片生成应用，能够为商家一键生成所需风格的商品背景，几秒钟内即可完成商业化级别的商品图片。
- 与客服系统集成：AIGC 可以与客服系统集成，帮助企业提供更智能的客户服务。例如，Zendesk 集成了 ChatGPT 等 AIGC 工具，让客服服务更加个性化。
- 构建智能代理：AI Agent 是 AIGC 的一种常见应用方式。我们可以通过 AIGC 工具构建智能代理，为用户提供更个性化和智能化的服务。

1.2.2　主流的基础模型

"基础模型"一词通常与"大语言模型"大致同义使用。这两个术语之间的区别在于，大语言模型专门指专注于语言的系统，而基础模型则试图确立一个基于功能的更广泛概念。

这类模型是使用大规模数据集进行预训练的人工智能模型，主要用于处理和理解自然语言。这些模型不受语言的限制，能够执行多种语言理解和内容生成任务，包括文本摘要、翻译、问答、对话生成等。

大部分大语言模型首先在大量未标记的文本数据上进行预训练，学习语言的特征。这个预训练阶段不针对特定任务，目的是让模型学习到丰富的语言知识，并具备语境（上下文）的联系能力。之后，模型可以通过微调，根据特定任务进行输入内容的优化。

2022 年，OpenAI 公司发布 GPT-3.5，引发的现象级轰动迅速席卷全球科技界。各家科技巨头纷纷投入巨资研发并推出自己的大语言模型，这场竞赛正愈演愈烈。它不仅能够更好地保证自己的数据安全，不受外部供应商的约束，而且能够帮助企业抢占未来流量的入口：大语言模型以及相关的应用，将成为新的"搜索引擎""社交媒体"和"办公工具"。

当前的大语言模型竞争格局中，美国在基础模型和图像生成模型领域占据了领先地位，而中国紧随其后，在基础理论研究和基础模型开发方面进展迅猛。与此同时，其他国家和地区也在积极参与这场竞赛，推出的大语言模型，虽然在全球竞争中并不占优势，但展现出了积极的发展态势。

接下来，我们将重点介绍几个在全球范围内应用广泛的大语言模型。

1. GPT

GPT 由 OpenAI 公司开发，目前已经推出了多个版本，包括 GPT-3.5、GPT-4、GPT-4-turbo、GPT-4o，以及一个多模态版本 GPT-4 Vision（或记为 GPT-4-V）。

GPT 模型的发展可以追溯到 2018 年，从最初的 GPT-1 到最新的 GPT-4，每一代模型的迭代都在规模和性能上产生了巨大飞跃。根据相关的报道，GPT-4 的参数数量估计可能超过 10 000 亿。参数数量通常被用来衡量大语言模型的先进性和潜在能力。更多的参数数量通常表明模型具有更大的容量来学习训练数据中的复杂模式和关系。这反过来又帮助大语言模型在内容生成和任务处理上表现更好。

但是，需要注意的是，参数数量不是影响大语言模型能力的唯一因素，训练数据的质量以及训练方法也起着重要作用。

GPT 模型以其强大的知识更新能力和细粒度的输出控制而闻名，能够根据最新信息生成回答，并在回答中精确控制文本的细节和风格，满足多样化的场景和需求。

GPT 的应用场景广泛，包括自动写作、机器翻译、语言理解等。GPT 提供的通用 API，开发者和企业能够轻松集成和使用。微软、Duolingo、Stripe、Descript、Dropbox 和 Zapier 等公司都采用 GPT 模型来提升用户体验和业务效率。

ChatGPT 是基于 GPT 技术的聊天机器人，免费版使用 GPT-3.5，付费版则可以使用 GPT-4 以及 GPT-4o。我们在内容创作、数据分析和策略制定等多个营销领域对 ChatGPT（基于 GPT-4 模型）进行了深入测试，发现其在文本创作、创意支持、信息检索、数据分析以及风格转换等方面显著超越了其他大语言模型。此外，ChatGPT 在理解用户意图、遵循指令以及辅助内容生成方面的表现同样卓越。

2. Claude

Claude 是由 Anthropic 公司开发的一种大语言模型。Anthropic 公司是由 OpenAI 团队的两位前成员创立的，他们在开发 Claude 时强调创建一个"更温和、更可靠"的 AI 系统。Claude 在安全性上更加严格，这极易导致用户被封号。我们可以通过访问 poe.com 来使用 Claude 的基本功能。

Claude 模型的设计重点之一是提高模型的可靠性和安全性，确保其生成的内容符合道德和安全标准。Anthropic 通过在模型训练阶段注入道德规范和安全机制来减少有偏见或有害内容的生成。

Claude 现在有 Claude 2、Claude 3 等多个版本。2024 年 3 月 4 日发布的 Claude 3 系列包括 Claude 3 Opus、Claude 3 Sonnet 和 Claude 3 Haiku 多个版本。其中旗舰模型 Claude 3 Opus 在多项指标上超过了 GPT-4 和 Gemini 1.0 Ultra。

Claude 模型特别擅长处理超长的文本序列，这对于理解复杂文档和长篇内容至关重要。我们对 Claude 3 Opus 进行了长文本处理和测试，发现其在处理长文本、保持文本风格、提高准确性以及增强客观性等方面超越了其他大语言模型。然而，在逻辑推理和创意生成方面，Claude 3 Opus 的表现并不如 GPT-4。

3. Gemini

Gemini 是谷歌推出的一个大语言模型家族，包括多个版本，每个版本针对不同的应用场景进行了优化。Gemini Ultra 是该系列的旗舰模型，参数数量为 1750 亿，擅长处理复杂语言任务和多模态输入。Gemini Pro 是一个"轻量级"版本，参数数量为 1370 亿，适合对速度有要求的应用场景。Gemini 还有一个应用于移动端设备的 Gemini Nano，参数数量约为 400 亿。

Gemini 的一个显著优势在于能够访问网络，通过谷歌搜索获取并处理实时信息。根据我们的测试结果和使用体验，Gemini 在对时事新闻搜索和信息更新上，无论是中文还是英文内容，表现都优于其他大语言模型。

4. 通义

阿里巴巴通义大模型是阿里巴巴集团自主研发的大语言模型。通义系列模型涵盖了从 5 亿到 720 亿参数的不同规模，以满足不同场景的需求。根据通义千问自己的回答，阿里巴巴已发布全球首个突破 100 万亿参数的 AI 大模型。

通义支持多种语言，包括中文、英语、日语和韩语。通义能够处理各种复杂的语言任务，包括文本分类、问答系统、机器翻译、情感分析等。

通义模型在阿里巴巴生态内部得到了广泛的应用，涵盖了电商搜索引擎、个性化推荐系统、客户服务自动化以及高质量内容生成等多个领域。它的集成不仅提升了用户体验，还提高了业务流程的效率，为阿里巴巴的多元化业务场景提供了强大的语言处理支持。

通义模型的文本风格丰富多彩，语言表达生动活泼，这使得它在营销策略和营销文本的创制方面尤为出色。它能够根据不同的场景和需求，灵活调整语言风格，从而更好地吸引目标受众的注意力。然而，在使用通义模型时，我们也应注意到，它在描述事实时可能会展现出一种偏向于电商领域的语言风格。这意味着在生成的文本中，可能会出现较为频繁的形容词使用，以及对事实的某种程度上的夸张。

5. 文心

文心是由百度自主研发的大模型，基于百度飞桨深度学习平台构建。百度也是在 ChatGPT 推出之后，在中国最先推出大语言模型的公司之一。

相关资料显示，文心大模型的某些版本的参数总量达到了 1.5 万亿。文心 4.0 版本被报道使用了超过 1 万个 GPU 的集群进行训练。

文心大模型以其独特的知识增强特性而著称，这一核心特色使它能够有效地从大规模知识库和海量非结构化数据中提取并融合信息，从而实现更高效、更精准的学习过程。这种能力不仅提高了学习效率和效果，还确保了模型的行为具有良好的可解释性。在智能客服、教育辅导、医疗咨询等多个实际应用场景中，知识增强特性使文心大模型能够提供更加专业和准确的服务，这对于提升用户体验和增强用户信任度起到了关键作用。

当我们向 ChatGPT 和通义千问询问"知识增强"的含义时，ChatGPT 解释称，知识增强并非营销噱头，而是百度文心大模型的一个显著优势，它凸显了模型在处理复杂和知识密集型任务时的高效性和先进性。通义千问则表示，"知识增强"是百度文心大模型基于技术创新和实际应用效果而提出的核心竞争力之一，旨在克服传统语言模型在处理知识密集型任务时遇到的限制，这一特性具有重大的技术和实用价值。

文心一言是一款类似于 ChatGPT 的聊天机器人，提供两种版本供用户选择：文心 3.5（免费版）和文心 4.0（付费版）。这两个版本都继承了文心大模型的强大能力，能够以灵活、互动的方式与用户进行交流，提供信息查询、知识分享和创意互动等服务。

6. 智谱

智谱大语言模型是由清华大学 KEG（知识工程组）实验室和智谱 AI 公司合作研发的大型语言处理模型。

这款模型专注于中文场景，旨在提供强大且全面的自然语言处理能力，尤其是在中文理解、生成和应用方面。智谱模型特别优化了对中文语言结构、文化背景和语境的理解能力，能够更准确地把握中文表达的微妙之处。智谱大语言模型在生成长篇文章、连续对话以及创意内容方面表现出色。

但是经过我们的测试，智谱大模型在英文理解和生成上的表现也不错，在英文翻译成中文方面的表现更是优于其他模型。

智谱大模型可以让开发者和研究者免费使用，这不仅降低了技术门槛，还极大地促进了创新和学术研究的开展。

智谱清言，作为智谱系列的聊天机器人应用，为用户提供了两种版本：GLM-3 版本和 GLM-4 版本。这两款版本均向用户免费开放，使用户能够无障碍地体验和利用智谱大模型的强大能力，无论是在学术研究、技术开发还是日常交互中，都能享受到这一先进语言处理工具带来的便利。

智谱清言不仅是一款功能强大的聊天机器人应用，它还内置了类似于 GPTs 的智能体功能中心。这一创新特性允许用户根据自己的需求创建自定义的智能体，从而进一步扩展了智谱清言的应用范围。

我们依据写作本书时可获取的信息及最新动态整理了一张对照表（见表 1-3），对 GPT、Claude、Gemini、通义、文心以及智谱等基础模型进行了横向比较。需要提醒的是，随着时间推移，相关信息可能会发生变动。

表 1-3 6 种基础模型比较

大语言 模型	开发者	主要特点	最新版本	LMSYS Chatbot Arena 排名（截至 2024 年 5 月）
GPT	OpenAI	强大的多领域知识生成 与理解，应用广泛	GPT-4o	1（GPT-4 Turbo）
Claude	Anthropic	高级逻辑推理与对话连 贯性，擅长长文本处理	Claude 3	2（Claude 3 Opus）
Gemini	谷歌	具备高级理解和生成能 力，擅长实时搜索	Gemini Pro	2（Gemini 1.5 Pro）
通义	阿里巴巴	中文理解与生成，智能交 互，强大的电商生态整合	—	13（Qwen 1.5 72B chat）
文心	百度	百度的大型语言模型， 企业级应用场景丰富	4.0	无排名
智谱	清华大学 KEG & 智谱 AI	知识增强型中文大模 型，优化中文理解与生 成，支持多领域应用	GLM-4	80（ChatGLM3）

各大基础模型都有其独特之处，但也存在一定的局限性。在实际应用中，可以根据具体需求和场景选择适合的模型。同时，各大模型在不断迭代和优化，而且未来可能还会有更多优秀的大语言模型出现。

1.2.3　文本生成工具选型

文本生成是 AIGC 领域中最为人所熟知且技术最为成熟的应用之一。文本生成工具在新闻报道、电子邮件、商业报告、学术论文，乃至社交媒体动态等多种文本创作场合中，都能提供高效率的输出。它们生成的文本展现了一种结构化的写作范式，以严谨的逻辑和科学的叙事风格而闻名。这种写作风格，加之其丰富的细节和强大的推理能力，使得 AIGC 生成的内容具有强大的"说服力"。这种文字风格非常适合用于新闻稿、产品手册、网页内容描述等营销文本。

AIGC 文本生成工具可以进一步细分为几个类别，如表 1-4 所示。

表 1-4　AIGC 文本生成工具

类别	应用场景	国外工具举例	国内工具举例
基础大模型聊天机器人	适用于大多数文本生成场景	ChatGPT、Claude 3 Opus、Gemini Pro	通义千问、文心一言、智谱清言、腾讯混元助手、Kimi Chat（月之暗面）、商汤商量
通用写作	适用于公文、小说、剧本、视频解说稿等文稿的写作	AI Writer、Jasper.ai、Notion AI	新华妙笔、讯飞星火、Business AI、笔灵 AI、一览 AI 编剧、万彩 AI
营销文案	应用于营销推文、广告创意、产品介绍、SEO 优化文案等营销内容	Copy.ai、Notability、Typeface、Phrasee	文山 AI、中潮 AI、MOYU AI
聚合平台	聚合多种文本生成工具的平台	Poe	薏米 AI（ymiai.top）

ChatGPT 和通义千问等工具在应对我们日常生活中遇到的多样化文本需求时，表现出了极高的效率。然而，当面临需要专业性的文本生成任务，例如遵循特定的公文格式或符合某种营销文本的特定风格时，通用写作和营销文案生成工具就显得尤为关键。这些专业化的写作与营销文案工具通常以GPT、Coral 等大语言模型作为核心"生成引擎"，并结合这些模型的强大文本生成能力，以及针对特定领域的定制化优化。通过细致的参数调整和引入专业领域的知识库，这些专业工具对大语言模型进行了专门的"训练"，使其能够产出既符合专业标准又具有行业特色的文本内容。

在营销领域，AIGC 文本生成工具正逐渐成为营销人员的得力助手。它们不仅能够帮助生成文案创意和社交媒体推文，还能参与创意构思、情景模拟，甚至整个内容营销方案的设计。例如，AIGC 文本生成工具可以利用强大的数据分析能力，洞察用户的痛点和兴趣，并将这些洞察用于设计内容营销方案。

营销技术公司 Persado 通过分析客户过去三年的零售数据，研究了 200 万条消息和近 1 亿个客户互动历史，找到了品牌价值与用户需求的最佳契合点，并依靠这些数据和洞察为品牌客户设计新的内容营销模式。

然而，AIGC 文本生成工具有一个缺陷和两个短板。

缺陷体现在它们会产生幻觉——虽然明明是在毫无根据地胡说八道，但表现得言之凿凿。大语言模型可能生成错误、不准确或前后矛盾的信息。这种幻觉通常源于它们试图用学到的语言模式填充知识空白，而这些模式生成的内容可能并不总是与现实情况相符。

幻觉产生的最重要的原因是训练所使用的数据质量不高，如包含噪声、偏见或不准确信息的语料库。在计算和生成过程中，这样的数据可能导致模型在处理某些任务时出现"极端情况"（Edge Case）。例如，当我们要求 ChatGPT 撰写一份正式的政府公文时，如果模型未曾充分学习过此类文体的规范样本，或者学习样本中存在误导信息，则可能生成不符合实际要求或法规标准的文本内容。此外，模型架构设计不合理、参数优化不足、领域专业知识缺失、上下文联系减弱、控制和约束机制缺失等都会导致幻觉的出现。

大语言模型还存在真实世界理解能力和常识的缺乏，因此在面对复杂问题时，它们可能依赖训练数据中学到的模式进行错误或虚构的响应。

重视人机协同，用正确的提问方式来引导 AIGC 文本生成工具，正确使用指令并合理使用结构化指令，可以最大限度消除幻觉。

目前阶段的 AIGC 文本生成工具存在两个显著的短板：记忆能力，以及情绪和幽默表达。聊天机器人容易出现"断片"现象，在处理超过 10 个的连续对话时，可能会出现"失忆"。

AIGC 文本生成工具还无法完全理解和恰当地表达"情绪"和"幽默"，难以在内容上做到"情景交融"，在修辞上做到"言恢之而弥广，思按之而逾深"。

当前的 AIGC 文本生成工具还未能掌握语言中的"意不可言传"的精妙和"意不称物，文不逮意"的魅力。

对于那些需要深层文化理解和情感表达的任务，如诗歌创作和幽默表达，AIGC 文本生成工具还需要在感知和理解人类情感、情绪和表达方面做出更深入的努力。因此，当我们要求它创作笑话和古代诗歌时，通常需要多轮对话来帮助它理解更多的背景知识和用户意图。

1. ChatGPT

ChatGPT 是 OpenAI 开发的一款基于 GPT 模型的聊天机器人，支持 GPT-3.5、GPT-4、GPT-4o 版本。如图 1-3 所示。

图 1-3　ChatGPT

作为一种通用型 AIGC 工具，ChatGPT 能够处理多种主题，具备丰富的知识储备，并支持多模态输入与输出，包括文本、语音、图像和表格。此外，ChatGPT 的聊天界面能够调用 OpenAI 的图像生成工具 DALL·E。

ChatGPT 拥有多种原生应用插件，如 DALL·E（图像生成）、Data Analyst（数据分析），并不断扩展其应用生态系统。该平台鼓励第三方或个人开发者创建定制化的 GPTs，即智能体，开发者不需要具备编程经验。

这些 GPTs 覆盖广泛的应用领域，包括语言学习、内容创作、数据分析和工作流自动化等。此外，GPTs 能够通过 API 和插件集成到用户现有的系统和流程中，提升工作效率。

（1）优点

- 持续成长能力：凭借与 Microsoft 等公司的合作，技术更新迅速，拥有庞大用户基础，生态快速发展。

- 文本质量高：生成内容结构清晰，表述自然，尤其在中英文结构化写作、多语言翻译、创意想法生成等方面表现出色。
- 广泛的知识覆盖：ChatGPT 结合第三方应用，拥有非常广泛的知识覆盖范围。
- 强大的上下文记忆能力：有效记忆并理解多轮对话的上下文，保证对话的连贯性，支持多轮互动，并能根据用户反馈改进内容。
- 高度个性化和定制化：灵活应对各种对话场景，并可设定个性化交流风格。
- 一站式服务：与 OpenAI 的 DALL·E、Data Analyst 等 AIGC 工具整合，提供图像生成、数据分析等服务。
- 开放性定制：提供免费版、付费版、团队版、企业版等多种选择。

（2）缺点

在部分国家和地区限制使用。

（3）同类工具推荐

- Claude 3 Opus：由 Anthropic 公司推出的大语言模型文本生成工具，擅长创意写作，并且支持长文章输出。营销文体生成质量较高。
- Gemini：谷歌公司的聊天机器人，信息检索和知识整合的能力较强。

2. 通义千问

通义千问是阿里巴巴公司推出的聊天机器人，于 2023 年正式向公众开放。这款聊天机器人专注于智能聊天，支持对话、图片理解和文档解析等功能，在中文文本质量方面具有明显优势。通义千问采用 Transformer 架构，且受益于高质量的训练和海量数据的支持，同时支持多模态交互，能够理解并生成纯文字或表格形式的回复。

依托阿里巴巴的技术和资源，通义千问与集团内部的搜索、推荐、知识图谱等其他技术服务紧密集成，为用户，尤其是企业级用户提供更符合商业场景的服务。

通义千问基于大量中文互联网文本，特别是阿里巴巴生态下的数据进行训练，中文理解和生成能力强。然而，我们不能断言通义千问的中文理解和生成能力一定优于 ChatGPT 或 Claude。这取决于多种因素，包括训练数据、优化目标、更新频率等。

（1）优点

- 多语言支持：支持多种语言，擅长中文，英语、日语和韩语的文本质量也较高。
- 意图理解强：采用自然语言处理技术，使交流更加贴近人类对话习惯，无论是专业咨询还是日常聊天，都能提供流畅的互动体验。
- 工具丰富：在网页端和手机端，可以设定提醒、查询天气、翻译等，成为用户日常生活和工作的得力助手。
- 应用广泛：通义千问可以无缝对接阿里巴巴集团的其他服务和技术，如搜索、电商、云计算等，实现更广泛的商业应用。
- 易于访问：可通过网页、App 或其他集成方式轻松访问，使用门槛低。
- 个人版无须付费。

（2）缺点

- 信息的精确性：实测反馈显示，通义千问在某些场景下可能存在基础错误较多的情况，对于准确性要求极高的专业领域或者敏感场景可能需要人工优化和校验。
- 回答质量参差不齐：由于其知识库的庞大规模，有时可能会提供相关性较低的答案，尤其是在处理特定领域或细节复杂的查询时。
- 指令长度限制：指令输入有字数限制，这可能限制了对某些复杂、长篇幅问题的全面理解与回答。

（3）同类工具推荐

- 百度文心一言：百度文心大模型的聊天机器人，在长文本处理上表现较好。4.0 版本需要付费。
- 腾讯混元：具有超千亿参数规模和超过 2 万亿 token 的预训练数据量，支持多模态学习，使用简单，可以在微信生态直接调用。
- 智谱清言：基于 GLM 大模型的中文 AIGC 工具。GLM-4 版本支持实时网络搜索。

3. Jasper.ai

Jasper.ai 是一款智能写作助手，能够生成高质量的文章和内容。该工具在文本风格个性化、复杂写作任务的理解以及专业写作方面表现出色。

Jasper.ai 利用了如 GPT、Neo X、T5 以及 Bloom 等大语言模型来增强其内容生成能力，特别擅长处理长篇文本输出、专业文章和个性化文本的创作，能够满足营销及其他专业领域的写作需求。

在营销领域，Jasper.ai 能够快速生成引人注目的营销文案和广告语。同时，它支持高度个性化的定制，使用户可以根据自己的具体需求定制语言风格、专业领域、内容过滤器和格式，实现高度个性化的文本输出。

此外，Jasper.ai 提供了多种文本模板选项，包括博客文章、营销文案、电子邮件等，用户可以根据自己的需求选择合适的模板和风格。

Jasper.ai 提供工作流模板以辅助用户处理复杂的写作任务。Jasper.ai 还配备了丰富的 API，便于用户将其集成到自己的应用程序和工作流程中，从而提高写作效率。

（1）优点

- 模板和工作流：Jasper.ai 提供多种写作模板，满足用户在不同场景下的写作需求。
- 高质量输出：高度定制化和个性化的语言风格，支持多种媒体文本风格。
- 电商场景支持：在电商应用场景特别是在亚马逊在线商城，比如产品介绍和商品页面文案，Jasper.ai 是表现最好的 AIGC 工具之一。
- 生成内容准确性高：通过结合不同的模型架构，Jasper.ai 在生成内容的准确性上表现较好。

（2）缺点

- 价格：Jasper.ai 的付费版本价格较高，可能不适合预算有限的用户。
- 无用内容：Jasper.ai 按照生成的字数收费，有时会产生冗余和无用的内容。

（3）同类工具推荐

- Copy.ai：使用 GPT 的内容生成工具，能够帮助用户生成高质量的营销文案和内容。同时，Copy.ai 还是人工智能营销和销售管理工具。
- AI Writer：一款基于人工智能的写作工具，支持多种写作模式，如博客文章、营销文案等。

4. 文山 AI

文山 AI 是一个基于人工智能的营销文案工具，基于 GPT 和 GLM 模型，并可以调用 Midjourney 和 Stable Diffusion 生成图像。文山 AI 的核心优势在于整合了文本生成（文生文）与图像生成（文生图）功能，形成了一个多模态的 AI 写作解决方案。

无论是微信推文撰写、产品说明书编写还是创意文案设计，文山 AI 都能提供高质量且个性化的文本生成服务。

文山 AI 通过填写表单或直接输入关键词等方式，让用户能够快速生成营销文案，这些文案适用于多种营销场景，并可发布于各种媒体和自媒体平台，从而帮助用户显著提升创作效率。

此外，文山 AI 还提供了多种定制的模板，使用户能够更便捷地选择生成内容的使用场景，并提高指令的准确性和可操作性。文山 AI 的模板库资源丰富且覆盖面广，经过持续更新和优化，目前包含十大类别，几乎能满足所有自媒体和营销场景的需求。

文山 AI 还具备独特的"微调"功能，允许用户根据需要调整 AI 推理参数，以定制化生成创意素材。这一功能还能促进人机协作，让文山 AI 根据用户的实际需求和应用场景的实际情况生成内容。

（1）优点

- 生成效率高：文山 AI 的模板式交互方式以及丰富的模板可以帮助用户更快地生成营销内容。
- 个性化体验：根据用户的特定需求和偏好定制内容，并且可以对生成过程进行介入和微调，生成更加个性化的内容。
- 多模态：支持文生图、文生文等多种媒体输出。

（2）缺点

学习成本较高：对于新手用户来说，掌握所有功能可能需要一定的学习时间。

展望未来，AIGC 文本生成工具将持续进化。随着算法的优化、算力的提升以及数据质量和纠错水平的提高，AIGC 将在准确性、稳定性、逻辑推理、文本流畅性和个性化等方面得到进一步增强。

为解决内容生成中的幻觉问题，越来越多的 AIGC 模型正在采用实时搜索、数据源约束和人机反馈等策略，以确保输出的准确性。

同时，这些工具也在降低使用难度，让品牌的用户更轻松地参与到品牌内容共创中。例如，过去品牌举办线上用户分享故事活动时，用户的参与度往往不高，许多人不愿意通过手机打字参与此类活动。而现在，借助 AIGC 文本生成工具，用户只需提供关键词和故事大纲，AIGC 就能撰写出用户的故事，用户可以专注于想象和创意。

AI 生成的内容不仅提高了写作效率，赋能了品牌的内容营销，还有可能变革内容创造和消费的方式。这将催生新的业务模型，同时也会引发对内容质量、真实性和伦理的深刻思考。为了有效利用 AI 生成的内容，需要在 AI 自动化和人类创造力之间找到平衡点。通过拥抱合作、完善算法并结合人类专业知识，我们可以创造一个 AI 和人类作家携手合作、共同提供引人入胜且有影响力的内容的未来。

1.2.4　图像生成工具选型

AIGC 技术能够生成多种风格的高质量图像，这是生成式 AI 的重要应用领域之一。Midjourney、DALL·E 和 Stable Diffusion 等工具均能创造出逼真的真人实景照片和充满创意的图像。

目前，由 AIGC 生成的真人照片已经达到很高的真实度。如果我们在 AIGC 的生成指令中加入相机参数、滤镜、风格等参数，其图像生成效果甚至可以与专业摄影师的作品相媲美。

这些工具的核心技术是基于深度学习的图像生成模型，特别是变分自编码器、扩散模型（如 Stable Diffusion）或 Transformer 架构（如 DALL·E）。这些新模型通过海量文本图像数据的训练，使 AIGC 图像生成工具能够理解自然语言，并根据指令提示创造出相匹配的图像。

此外，AIGC 可以根据我们的具体需求和情景描述生成图像，从而更精准地匹配图文信息，增强文章、推文以及其他文本的吸引力。

AIGC 工具生成的图像可以用于微信、小红书等社交媒体配图，不仅高效解决了插画和配图的难题，还从根本上降低了因误用网络图片而引发的版权风险。

AIGC 图像生成工具主要分为 4 类：图像生成、3D 图像生成、智能图像编辑和智能设计，见表 1-5。

表 1-5　AIGC 图像生成工具分类与工具举例

类别	应用场景	国外工具举例	国内工具举例
图像生成工具	使用文字指令（文生图）或者图像参考（图生图）生成图像	Midjourney、DALL·E、Stable Diffusion、Playground	通义万相、文心一格、腾讯智影、抖音 Dreamina、LiblibAI
3D 图像生成工具	使用文字指令生成 3D 图像	Tafi、Luma、Alpha3D、Spline、Sloyd.AI	Katacata AI、摹客 RP、masterpiecestudio
智能图像编辑工具	使用 AI 进行图像编辑，如抠图、背景替换等	Adobe Firefly、RunwayML、PhotoRoom、Canva	Pic Copilot、墨刀、即时设计、鹿班
智能设计工具	UI 设计、字体设计、Logo 设计、建筑和空间设计、服装设计等	Framer、Dreamhouseai、Mnml.ai、BricsCAD、Autodesk Forma、Maket.ai、ClickUp	MasterGo、DEJA AI、象寄 AI、千面模特

AIGC 图像生成工具的应用场景几乎覆盖了所有行业，包括 Logo 设计、商品设计、模特展示、建筑设计等。此外，某些 AIGC 工具还提供模型训练功能，如 Stable Diffusion 的强大模型库和个性化训练库，这些功能使生成的图像能够贴合特定产品的特征和品牌调性。

在使用 AIGC 图像生成工具时，同样需要注意潜在的风险，特别是版权归属和商用限制。商用通常指的是以营利为目的的商业活动，包括使用 AIGC 生成的图像进行生产和销售商品、提供服务、开设店铺或网站进行线上或线下销售、参与进出口贸易、开发和运营互联网平台等。

大多数 AIGC 图像生成工具的服务条款中会明确版权归属。一些平台允许用户拥有生成图像的版权，而其他平台则保留某些权利。一些 AIGC 图像生成工具允许个人将生成的作品用于商业目的，但通常有一些限制条件，例如禁止使用生成的图像制作仇恨言论、色情内容或侵犯版权的作品。尤其是涉及肖像时，需要特别注意版权问题。

使用 AIGC 工具生成图像时，用户需要仔细阅读并理解平台的许可条款和版权政策，以明确自己是否拥有这些 AI 生成图像的版权，以及是否可以将这些图像用于商业用途。某些工具允许用户对生成的图像拥有完全的版权，而有些工具则保留某些权利或限制商业使用。例如，使用 Stable Diffusion 的某些 Checkpoint 模型时，模型的出品方可能会要求使用这些模型生成的图像不能用于商业用途。对于企业用户，有的平台可能会要求购买商业许可或订阅更高级别的服务才能将生成的图像用于商业目的，如 Midjourney。

我们把一些工具的版权和商业使用政策摘录如下。

1）Midjourney。无论是付费用户还是非付费用户，都不能声明 Midjourney 生成图像的版权。

对于非付费用户，Midjourney 提供的是知识共享非商业性使用 4.0 协议国际版（Creative Commons Attribution-NonCommercial 4.0 International License，CC BY-NC 4.0）。这意味着用户生成的图像不可以用于商业目的。

对于付费用户，Midjourney 允许图像用于任何目的，包括商业用途，但用户必须遵守特定条件。例如，用户不能声称对图像拥有所有权或作者权，不能以违法、诽谤、传播淫秽内容、有害或侵犯他人权利的方式使用 Midjourney 生成的资产。

对于企业和品牌，年收入超过 100 万美元的公司必须订阅 Pro 计划（订阅费每月 60 美元）或者 Mega 计划（订阅费每月 120 美元），才能把生成的图像用于商业目的。

2）DALL·E 3。用户拥有他们使用 DALL·E 创建的图像的版权，包括重印、销售和商品化的权利，无论这些图像是免费还是付费生成的。用户可以自由地将这些图像用于商业项目，包括但不限于 NFT（非同质化代币）创作和自媒体等商业用途。

3）Stable Diffusion。Stable Diffusion 作为一个开源模型，其代码和架构均对公众开放。然而，用于训练该模型的数据集可能包含受版权保护的作品，这一点在法律上存在争议。

目前尚无明确的法律界定 Stable Diffusion 生成图像的版权归属。一种观点认为，版权应归用户所有，因为用户是输入提示并生成图像的人。另一种观点则认为，版权应归 Stable Diffusion 的开发者所有，因为开发者是创建模型的主体。还有一种观点认为，版权应归数据集中被使用作品的版权所有者所有，因为模型的训练过程中使用了这些作品。

由 Stable Diffusion 官方模型生成的图像，并未明确限制其商业使用。

对于社区和第三方模型，如果模型作者使用了 Creative Commons（CC）许可证，则 CC BY 许可证要求在商业使用时需署名模型作者，而 CC BY-NC 许可证则禁止用于商业用途。用户在使用这些模型时，应仔细查询相关许可证的许可范围和商用限制，以免侵犯版权。

对于用户自行训练的 LoRA 或 Checkpoint 模型，建议仅使用未受版权保护的作品进行训练，或在使用前取得版权所有者的明确许可。

4）百度文心一格。使用百度文心一格 AI 创作服务生成的图像，下载后允许个人使用和在合法合规范围内的商用。

AIGC 工具在图像生成方面存在一些局限性，主要包括生成系列图像时的一致性、输出结果的可控性以及图文混排问题。

- 一致性问题：AIGC 工具在处理新的生成请求或修改要求时，可能难以保持特征（如同一人物的面部）或细节（如衣服）的一致性。为解决这个问题，可以使用种子（Seed）、参数控制（Midjourney）或图生图功能（如 Stable Diffusion 的图生图模块）。

- 可控性问题：在某些情况下，AIGC 可能会错误地将小狗生成为羊的形象，例如在尝试生成一群小狗在草地上奔跑的图像时。这可能是指令描述不够准确，或 AIGC 工具及其背后的生成对抗模型的限制所导致的。为提高输出结果的控制力，可以尝试使用特定于文化或风格的模型，如 majicMIX realistic 麦橘写实或国风 3 模型，来生成符合亚洲审美的面孔。此外，一些 AIGC 工具（如 Midjourney 和 DALL·E）提供局部修改功能，允许用户标出需要修改的地方，并通过指令进行修改。

- 图文混排问题：在制作含文字的海报时，将文字嵌入图像可能较为困难。这是因为大多数 AIGC 模型专注于整体图像生成，而不太注重细部元素（如文字）的添加和编辑。为解决这个问题，可以先将文字制成图像，然后在 AIGC 工具（如 Stable Diffusion）中进行图生图操作，或在生成图像后使用 Canva、创客贴等工具进行二次创作。

我们选取了几个常用的 AIGC 图像生成工具做简单介绍。

1. DALL·E

DALL·E 是由 OpenAI 于 2021 年 1 月推出的图像生成系统。该系统的命名灵感来源于著名画家达利（Dalí）和皮克斯动画电影中的角色 WALL·E。

DALL·E 的核心功能是根据用户提供的文本描述生成相应的图像。它的能力不局限于基本的图像生成，还涵盖了广泛的艺术风格和类型。无论是插画、风景、肖像还是抽象艺术，DALL·E 都能够根据用户的描述灵活地创造出符合要求的图像。DALL·E 还能生成文字来制作建筑物上的标志，以及制作同一场景的草图和全彩图像。这意味着 DALL·E 不仅能够生成独立的图像，还能够生成具有特定功能和用途的图像。无论是为了商业宣传、艺术创作还是个人娱乐，DALL·E 都能够提供相应的图像生成服务。

DALL·E 是一款基于扩散模型、GAN、VAE 和 Transformer 模型的图像生成系统。它利用 GAN 的生成器和判别器来制作并区分图像，利用 VAE 来学习数据的概率分布以生成新数据，以及利用 Transformer 来理解文本描述并将其转换为图像特征。这些模型的结合使 DALL·E 能够根据文本描述生成与之高度匹配的图像，开启创意营销的新时代。

DALL·E 目前已经更新到了 DALL·E 3 版本。这个版本可以通过 ChatGPT、Bing、Microsoft Paint 以及其他使用其 API 的服务来使用。通过 ChatGPT 或者 Poe 来使用的体验较好，但是需要注意在 ChatGPT 上使用会消耗对话次数。

对 AI 工具的新用户而言，DALL·E 3 具有直观、易上手的界面，只需输入提示语即可一键生成图像。此外，用户还可以上传自己的图像并使用内置的 inpainting（修复）或 outpainting（拓展画布）工具进行修改，基于提示语调整已有图像部分或扩展图像内容。

DALL·E 可以和 ChatGPT 完美搭配，我们可以输入中文关键词和指令，让 ChatGPT 生成更准确、更有效的 DALL·E 指令，从而生成更符合我们预期的图像。

例如，我们可以让 ChatGPT 生成一条给 DALL·E 的指令，指示 DALL·E 使用专业的相机和设置来拍摄一张肖像照。指令如下：

选择一台专业的全画幅 DSLR 相机，如佳能 EOS 5D Mark Ⅳ。使用 85mm f/1.4 镜头，以获得柔和的背景散景和精确的焦点。设置光圈为 f/2.8 以提供适度景深并保持主体锐利，快门速度为 1/200 秒以冻结任何轻微动作并确保清晰的图像。使用自然光作为主要光源，并添加一个反光板在相机左侧轻微补光，以平衡阴影，并在主体脸部创造柔和的轮廓光。

相比 Midjourney，DALL·E 可以更准确地理解这条指令，并且根据指令来生成图像。

（1）优点

- 自然语言理解能力强：得益于与 ChatGPT 相同的 Transformer 架构和语料库，DALL·E 3 能够深入理解和捕捉自然语言的模式，并根据广泛、模糊或简短的文字提示精确生成所需内容。
- 快速响应和高效生成：DALL·E 3 在生成图像时的表现出色，速度通常比其他同类工具快三四倍，在相同条件下能够迅速提供多幅图像结果。
- 明确的图像所有权：无论是免费版用户还是付费版用户，使用 DALL·E 3 创建的图像所有权归用户所有，包括重印权、销售权以及商品化权利。这为用户提供了较高的创作自由度和商业利用空间。
- 商业用途友好：与某些免费服务（如 Midjourney）不同，DALL·E 3 允许用户对其生成的图像拥有完整的商业使用权，不需要额外升级付费。这对于需要将 AI 生成的图像用于商业目的的用户来说是一个显著优势。

（2）缺点

- 指令要求较高：若要生成细节丰富的图像，DALL·E 3 需要用户输入详细、精确的描述性提示。
- 人像生成表现一般：相较于 Midjourney 等工具，DALL·E 3 在生成逼真的人物图像上表现一般。

2. Midjourney

Midjourney 是一款备受瞩目的图像生成工具，以其逼真的人物照片、多元的艺术风格和丰富的功能而闻名。公开信息显示，Midjourney 是由位于美国旧金山的独立研究实验室 Midjourney Inc 创建的。该公司的创始人 David Holz 在 2021 年 8 月离开 Leap Motion 后创立了 Midjourney。

Midjourney 的独特之处在于它将大语言模型和扩散模型两种机器学习技术相结合。用户通过文字描述、图像上传或参数设定等方式发出指令，语言模型便能理解用户的意图，并将指令转换为向量指引后续的图像生成过程。

尽管 Midjourney 的具体工作原理尚未完全公开，但可以看出，它通过对

CLIP 数据集的训练，学会了图像与文本描述之间的内在关联，从而实现文本到图像的转换。用户可以通过调整文字指引权重（Image Weight）、创意发散（Chaos）、原创程度（Style）、图像源（Seed）、放大（Upscale、Zoom Out）等参数，更好地控制生成的图像。

Midjourney 目前只能通过 Discord 或第三方 API 平台（如文山等）使用。用户可以直接向机器人发送消息，或创建自己的 Discord 服务器并配置机器人后使用。

（1）优点

- 用户社区活跃：Midjourney 通过在 Discord 上的公共服务器提供了一个独特的社区环境，用户不仅可以查看他人的指令和生成的作品，还能参与到一个充满活力的交流平台中。这种设置鼓励了用户间的学习、分享和协作，极大地丰富了用户体验。对于新手用户而言，这样的环境尤其友好，他们可以轻松获得灵感和实用建议，加速自己的学习过程。
- 易于使用：Midjourney 通过结合简单的文本提示和直观的 Discord 操作界面，使得图像生成不需要复杂的技术知识。
- 生成速度和多样性：Midjourney 优化了图像生成的速度，允许用户在短时间内生成多个图像变体。这一特点不仅加快了创意过程，也使用户能够快速迭代和改进他们的想法。通过比较不同的图像变体，用户可以更精确地细化他们的视觉目标，从而更有效地实现创意潜力的最大化。
- 详细的控制参数：Midjourney 允许用户通过多个参数来精细调整生成的图像。例如，用户可以调整图像的局部、长宽比、创意程度等。

（2）缺点

- 付费：与一些免费的 AI 模型相比，Midjourney 的订阅模式会产生额外的成本。
- 功能限制：Midjourney 可能没有 Stable Diffusion 的个性化模型训练功能。

3. Stable Diffusion

Stable Diffusion 是一款开源且功能强大的 AI 图像和视频生成模型，能够基于文本和图像提示生成具有照片级真实感的图像。该模型于 2022 年推出，不仅可以生成静态图像，还能创建视频和动画。

Stable Diffusion 采用了多种先进技术，包括 VAE、扩散模型、CLIP 技术，以及 LoRA（Low-Rank Adaptation）等模型调整技术。这些技术的综合应用使得文本到图像、图像到图像、文字到视频的转换成为可能。

Stable Diffusion 可以在配备 GPU 或苹果 M3 芯片的设备上本地运行。我们可以搜索网络上的整合包来下载和安装。

Stable Diffusion 提供了大量的预训练模型，其中最重要的是 Checkpoint 模型。Checkpoint 存储了所有的权重和偏置参数，这些参数通过在大规模数据集上的训练获得，可以捕捉数据的分布特性。例如，国风系列的 Checkpoint 模型可以生成具有中国风格的绘画或图像，而 Product Design 模型则用于生成产品设计图。

LoRA 模型与 Checkpoint 模型结合使用，可以对图像的风格（例如人物面部特征）进行微调。LoRA 通过在特定层添加低秩矩阵来调整权重，允许在不重新训练整个模型的情况下进行微调。用户还可以下载"赛博丹炉"等集成包或者通过网站的 LoRA 训练器来训练自己的 LoRA 模型。

此外，Stable Diffusion 提供了众多插件和控件，允许用户微调生成算法、扩散参数和人物动作等。Stable Diffusion 还具备强大的图生图功能，支持人物换脸、模特换装、风格转换等多种操作。

（1）优点

- 开源性：Stable Diffusion 是开源项目，允许开发者和研究人员自由访问和修改其代码，从而促进技术的透明和创新。

- 高自定义能力：用户可以在本地环境中运行 Stable Diffusion，并对生成过程进行精细的调整和控制，以满足个性化需求。

- 活跃的社区：开源项目往往能够迅速积累一个活跃的社区，为用户提供技术支持、新功能和改进反馈，形成一个不断进化的生态系统。

- 免费使用：Stable Diffusion 允许用户在本地计算机上免费运行，并且可以免费生成图像，无须支付额外的费用。

（2）缺点

- 硬件要求高：为了保证图像生成的效率，Stable Diffusion 对硬件配置，

尤其是对 GPU 的性能要求较高，因此它可能不适合那些没有高性能计
算资源的用户。
- 安装复杂：作为开源项目，Stable Diffusion 的安装对新手用户来说可
能较为复杂。用户可以通过搜索并下载相关的整合包（如秋叶整合包）
来简化安装过程。
- 学习曲线陡峭：用户需要进行专门的学习和训练，才能真正掌握
Stable Diffusion 的功能和操作，这可能需要一定的时间和努力。

利用 AIGC 图像生成工具，我们能够迅速生成广告创意、社交媒体配图、
产品视觉效果图等内容，极大地缩短设计制作的时间。这些工具为品牌提供
了前所未有的创意自由度和创作空间，减少了对专业设计人才的依赖，从而
降低设计成本。

在遵守版权法律和道德规范的前提下，无论是甲方还是乙方，都应重新
考虑和定义设计与创意工作的分工，鼓励更多的尝试、创新和实践。这不仅
能推动创意产业的发展，还能激发市场上出现更多创新的可能性。

1.2.5　语音与音乐生成工具选型

我们对文字转语音技术应该并不陌生，我们经常接触到的微信文章听读、
抖音电影解说、电子书阅读，甚至视频旁白解说，大多采用了文字转语音
工具。

以往，为视频或文档制作配音是一项耗时且具有挑战性的工作，包括配
音演员选择、剧本编写、声音录制、音画合成和剪辑等多个环节。但随着剪
映、腾讯智影、百度 AI 实验室等中文转语音工具的出现，配音和语音生成变
得异常简单。

这些应用大多采用文本转语音（Text to Speech，TTS）技术。这种技术通
过 AI 算法将文本转换为语音，并支持多种风格。这个过程涉及多个步骤，包
括文本分析、语言学处理、声音合成等。

文字转语音技术特别适用于视频的旁白和宣传片的配音。例如，murf.ai
这样的文字转语音工具不仅支持语音的生成，还能控制语音的速度、语调，
甚至允许用户修正个别字词的发音，实现风格化和个性化。

如果你希望 AI 帮你定制特殊的声音，比如模拟你的声音，则可以使用

Fake You、HeyGen 等工具。这些 AIGC 工具支持下载，而剪映和 HeyGen 等工具还能实现音画同步剪辑和输出。

HeyGen 等工具不限于基本的语言翻译，它们还集成了音画同步与匹配技术。这类工具能够将源语言音频内容精确转换为目标语言，同时确保唇形、表情及场景氛围与目标语言的语音完美协调，创造出自然流畅的跨语言视听体验。

在视频制作中，除了语音旁白，有时还需要添加背景音乐。AIGC 可以分析大量音乐作品，学习音乐的基本元素、旋律、和声、节奏等，并根据个性化指令生成新的音乐作品。OpenAI 的 Jukebox、AIVA、Boomy 等工具都能快速生成背景音乐。除了背景音乐，我们还可以选择 Suno、Riffusion、Harmonai、mubert 等工具生成歌曲。

Suno 支持歌词自动生成，而 mubert 支持图像转音乐。它会分析用户上传图像的特征、颜色、构图等，生成相应的音乐元素。

如果我们需要对 AIGC 生成的音乐进行更多后期制作，可以选择网易天音和腾讯 TME Studio 等写词编曲一体化工具。虽然 AI 生成的音乐可能缺乏"情感"和"灵魂"，因为它们并非基于个人经历和情感，但它们在音乐创作上的效率和多样性值得肯定。

我们将 AIGC 语音工具分为 3 类，见表 1-6。

表 1-6　AIGC 语音工具分类与工具举例

类别	应用场景	国外工具举例	国内工具举例
文字转语音	将文字转换成语音，并且选择声音类型（性别、方言等）、语速等	Murf.ai、Lalals、Lovo.ai、Google Text-to-Speech、Fake You、HeyGen、Audiobox、Play.ht	剪映、微信智影、讯飞智作
智能音乐生成	自动生成音乐	Beatoven.ai、Jukebox、AIVA、Boomy、Suno、Riffusion、Harmonai、mubert、SongR	无
音乐剪辑、音画合成	虚拟主播视频生产和编辑	Soundraw.ai、Soundful、musicgen	网易天音、腾讯 TME Studio、剪映、微信智影

1. Murf.ai

Murf.ai 是一款功能强大的语音生成工具，它能够将文本转换为逼真的语音，并为视频、播客、广告、电子学习内容、PPT、有声读物等提供专业配音。值得注意的是，除了支持普通话配音，Murf.ai 还提供广东话配音服务，这在市场上相对少见，为用户提供了更多元化的选择。

　　Murf.ai 提供超过 120 种不同语言和口音的声音库，涵盖男声、女声、儿童声音等。它还支持自定义语音，用户可以上传自己的录音，让 Murf.ai 学习并模仿自己的声音风格，从而生成个性化的语音。这个功能与 HeyGen、D-ID 的视频配音功能类似，能为用户提供更多的灵活性和个性化选项。

　　Murf.ai 还提供强大的人机协同功能，允许用户使用语音编辑功能对语速、音调、节奏、停顿和情感等进行微调，确保语音输出符合用户的要求。

　　除了文字转语音功能，这款工具还支持视频、图片或幻灯片上传，通过将它们与 Murf.ai 生成的声音进行合成，用户可以轻松制作配音视频。此外，Murf.ai 内置字幕编辑功能，可以为配音添加字幕，从而提高内容的可理解度。同时，它还提供大量免版权音乐和音效，用户可以将其添加到配音中，进一步丰富内容。

　　（1）优点

- 逼真的声音：Murf.ai 采用了先进的语音合成技术，生成的声音极为逼真，常人难以将其与真人语音区分开来。这使得它非常适合用于制作需要自然声音的配音和音频内容。
- 多种语言和口音：Murf.ai 提供超过 120 种不同语言和口音的声音库，涵盖男声、女声、儿童声音等，能够满足各种需求，包括教育、商业、娱乐等多个领域。
- 易于使用：Murf.ai 的界面设计简洁友好，即使没有专业知识，用户也能轻松上手。

　　（2）缺点

- 需要付费：Murf.ai 的免费版本仅允许 10 分钟的语音生成，而付费版本的价格相对较高。
- 中文支持：与剪映相比，Murf.ai 在中文语音和口音上的选择相对较少，这限制了它在某些中文应用场景中的使用。

2. Beatoven.ai

Beatoven.ai 是一款基于 AI 技术的在线音乐生成工具，旨在帮助用户轻松地为视频、有声书、播客等创作背景音乐。该工具的操作界面简洁直观，用户只需经过几个简单的步骤，不需要音乐制作方面的专业知识和音乐识谱能力，即可快速生成个性化的音乐作品。

Beatoven.ai 提供了多种音乐风格和情绪，以满足不同类型的创作需求。用户可以定制音乐的长度、曲风和乐器组合，确保音乐与内容完美契合。无论是为动感视频配上一首欢快的曲目，还是为冥想播客准备一段宁静的旋律，Beatoven.ai 都能表现出多功能性和适应性，帮助用户将创意构想生动地展现出来。

此外，Beatoven.ai 还确保了内容创作者在使用过程中无须担心版权问题，为想要快速、高效地制作专业背景音乐的用户提供了一个理想的选择。

（1）优点
- 方便快捷：用户无须拥有音乐制作经验即可快速生成音乐。
- 灵活性：提供多样化的自定义选项，满足各种需求。

（2）缺点

创作者控制度：虽然 AI 可以生成音乐，但用户对最终作品的控制度可能会有所限制。

3. Suno

Suno 是一款创新的在线音乐生成工具，它采用 AI 技术帮助用户轻松创作音乐。这款工具界面简洁，对用户友好，即便是没有音乐制作经验的用户也能迅速掌握。通过简单输入歌词的大致描述或选择 AI 生成的内容，用户可以创作出个性化的音乐作品。

Suno 提供多种音乐风格选项，允许用户根据自己的需求定制曲风和乐器组合。生成的音乐适用于多种应用场景，包括视频制作、有声书、播客、游戏和广告等。

Suno 的 V3 版本允许用户在创建免费账户后，利用该平台在线制作长达 2 分钟的完整歌曲。用户只需在官网的"创建"区域填写歌曲的详细描述，包括所选的流派和主题。然而，免费账户有一定的使用限制，比如每天最多只能获得 50 个积分，足够生成 10 首歌曲，但这些歌曲不能用于商业用途。

对于需要更多专业功能的用户，Suno 还提供了 Pro 和 Premier 计划。购买这些计划的用户将拥有使用 Suno 生成的歌曲的完整版权，可用于各种商业项目。

（1）优点

- 高质量音频：Suno 的 V3 版本在音质、发音清晰度和节奏编排方面都有显著提升，使得生成的音乐听起来更加动听和专业。
- 风格多样化：Suno 提供广泛的音乐风格选择，可根据用户需求定制曲风和乐器组合，满足个性化的音乐创作需求。
- 精准的提示响应：Suno V3 对用户的输入提示有更好的响应，能够根据给定的提示减少误解并创造性地进行音乐制作。

（2）缺点

- 情感连接不足：与人类作曲家相比，AI 生成的音乐可能在情感层面难以与听众建立深厚的连接。人类作曲家能在作品中融入个人的情感和故事，而 AI 主要依赖算法和数据。
- 版权问题：Suno 生成的音乐作品在版权归属上可能存在争议，尤其是在商业用途中，这一点需要用户特别注意。

1.2.6　视频生成与编辑工具选型

AIGC 视频生成技术是一种利用 AI 自动创建视频内容的创新方式。用户可以输入文本、图像、视频等多种数据，AI 模型经过训练后，能够输出与描述高度匹配的高保真视频。这标志着 AIGC 技术继图像生成之后的又一重大应用突破。

如果说 2023 年是 AI 图像生成的元年，那么 2024 年就是 AI 视频生成的风口。英伟达的高级科学家 Jim Fan 预测，视频 AI 将在 2024 年实现重大突破。RunwayML 的联合创始人兼首席技术官 Anastasis Germanidis 也认为，视频生成和 AI 新界面将是 2024 年的主要发展趋势。随着 OpenAI 公司推出 Sora，并把生成视频的长度提升到 1 分钟，这些预言正在慢慢成为现实。

尽管文本和图像生成技术已逐渐成熟，但视频生成技术仍处于一个充满挑战和机遇的初级阶段。这为企业尤其是初创公司提供了变革行业的机会，但也伴随着许多不确定性和挑战。

从基本原理上讲，视频可被视为一系列图像的组合。通过以一定的帧率连续播放一致性高的图片，并确保平滑过渡，便可生成视频。然而，支持这一过程的技术远比看上去复杂。首先，AIGC 工具需要利用自然语言处理技术理解输入的文字，并将其转化为图像。接着，这些图像被序列化为一组帧，同时将声音与图像同步。生成流畅动画可能需要借助关键帧动画、插值算法和运动模型。此外，许多 AIGC 工具还依赖于深度学习模型和神经网络，如生成对抗网络（GAN）和循环神经网络（RNN），来生成高质量的图像和视频。

除了复杂的生成过程，训练 AIGC 视频生成模型的难度和资源需求也非常高。例如，在 Stable Diffusion 上使用 Intel i9 处理器和 NVIDIA 12GB 显存的 GPU，生成一张高清图片大约需要 20 秒，而生成一段 10 秒的视频则可能需要半小时。

1. 剪映

剪映是字节跳动公司开发的一款视频编辑软件。作为一款功能强大、用户友好的智能视频剪辑与生成工具，剪映提供了网页版、客户端版和手机版等多个版本，并支持通过云服务实现多平台同步与多方协作。

剪映显著降低了视频编辑的门槛，让普通用户也能迅速成为视频剪辑高手，其界面简洁直观，功能模块布局清晰，方便用户快速上手。剪映提供了模板化视频自动生成、自动字幕生成、特效和转场、智能配音及自动音乐同步识别等一系列智能化工具，极大简化了传统视频剪辑的复杂步骤，提升了创作效率。

此外，剪映还整合了智能抠像、曲线变速调整、视频稳定处理等高阶智能功能，深化了 AI 技术在视频剪辑中的应用。剪映在不断更新，相继引入智能音乐匹配、多样的转场特效等功能，用于为视频内容增添艺术效果和视觉层次。

剪映还拥有庞大的素材库，包括各类免费贴纸、个性化字体、多元风格滤镜及丰富的音效资源，不仅适用于抖音的原生竖版视频，其国际版 CapCut 也支持 Instagram、YouTube 等平台的视频风格，为全球品牌内容营销提供支持。

与其他 AIGC 工具（如 ChatGPT）搭配，剪映可以创建视频自动生成工作流，例如在 Coze.com 的 Video Generator 中，用户可输入指令，由 ChatGPT

生成脚本，再由剪映自动生成视频。

（1）优点

- 用户界面友好：界面简洁直观，易于上手。
- 多平台兼容：支持网页版、客户端版和手机版，云服务支持多平台同步和多方协作。
- 智能编辑功能：包括自动生成视频、自动生成字幕、智能配音和音乐同步等。
- 高级编辑选项：如智能抠像、字幕识别、文字朗读等。
- 丰富的素材库和模板库：包括贴纸、字体、滤镜和音效等丰富的素材。
- 支持多平台视频风格：适用于多个社交媒体平台。

（2）缺点

- AI 生成的限制：虽然功能强大，但 AI 生成的内容可能缺乏创意的细微差别和个性化表达。
- 版权问题：在使用素材库内容时可能涉及版权和使用许可的问题。

2. Sora

2024 年 2 月 16 日，OpenAI 公司推出了 Sora，这是一款从文本到视频的生成器。Sora 能根据用户的文本提示生成长达 1 分钟的高质量视频。这项技术展示了 AI 在视觉领域的潜力，并引发了相关领域对未来媒体和创意产业的深远思考。

技术上，Sora 采用扩散模型，先生成类似静态噪声的视频，然后逐步清晰化，最终形成视频内容。这与使用 Stable Diffusion 的 XL 模型生成图像的过程相似。此过程涉及大量计算和优化，以在确保视频质量的同时满足用户的具体要求。Sora 还采用了 Transformer 架构，提升了扩展性能。利用这一技术，视频和图像被表示为一系列数据单元或"补丁"，使 Sora 能够处理不同持续时间、分辨率和宽高比的视频数据。

Sora 的能力在于理解并实现用户在文本提示中描述的复杂场景。无论是多角色互动、特定动作类型，还是精细的主题和背景描绘，Sora 都能将其精确转化为视觉画面。

Sora 可以在单个视频内创建多个镜头，同时保持角色和视觉风格的连贯性，但初代版本在模拟真实世界的物理特性方面尚有提升空间，期待这些问题在后续版本中能得到解决。

（1）优点

- 高质量视频生成：Sora 能生成长达 1 分钟的高质量视频，能确保视频质量并忠实于用户指令。
- 复杂场景处理：能生成包含多个角色、特定动作及精确主题和背景的复杂场景。
- 语言理解能力：Sora 具有深刻的语言理解能力，能准确解析文本提示并生成具有丰富情感的角色。
- 视觉风格连贯性：能在视频中创建多个镜头，保持角色和视觉风格的一致性。

（2）缺点

- 物理性质模拟限制：初代版本中，模拟复杂场景的物理性质可能不够精确，如因果逻辑处理。
- 空间细节混淆：可能出现对空间细节的混淆，如位置描述的左右反转。
- 时间描述挑战：描述随时间变化的事件可能存在挑战，如摄像机运动轨迹的精确追踪。

（3）类似工具推荐

Google Veo：谷歌的文生视频大模型，预计生成视频的时长可以达到 1 分钟。这个模型将通过 VideoFX 使用，也会作为 YouTube Shorts 的功能之一。

3. HeyGen

HeyGen 是一个虚拟人视频生成工具，用户仅需输入简单提示便可利用 HeyGen 生成虚拟人视频。该工具允许用户高度个性化定制视频中的虚拟人，例如拍摄并上传自己的形象，创建角色后即可使用该形象进行视频生成。

HeyGen 的前身是 Movio，这是一款与 Synthesia 相对标的产品。Movio 的创始人 Josh Xu 在创建这个应用时，希望利用 AI 技术"取代摄像机"。在 HeyGen 中，用户可以输入文本或使用由 HeyGen 生成的脚本，选择虚拟人、语言和声音，生成一个虚拟人口播的视频。HeyGen 目前支持 40 多种语言、

300 多种声音以及 100 多种 AI 虚拟形象。

与聘请演员和购置昂贵的录音设备相比，采用这一技术企业可节省大量时间和成本。HeyGen 特别适合预算有限的企业制作视频内容。

无论是员工培训还是用户教育，HeyGen 都能将传统的 PPT 转化为富有吸引力的视频。这些视频不仅包含动态动画和元素，而且内容更易理解和记忆。

借助 HeyGen 的虚拟角色个性化功能，企业可以创建专属的虚拟形象，用于产品介绍、活动主持，甚至直播带货。这些视频还可以剪辑，生成创意视频内容，用于社交媒体或广告素材。

（1）优点

- 广泛的使用权限：无论是免费版还是付费版，HeyGen 生成的所有视频内容，用户均可获得完整的使用权。
- 高效的创作流程：内置智能脚本生成功能，用户只需输入关键词，便可迅速自动生成剧本。
- 极致的真实感：技术先进，生成的虚拟人的表情、动作和口型与剧本内容高度匹配。
- 个性化定制体验：用户可上传个人照片或视频素材，轻松定制具有个人特色的虚拟形象。

（2）缺点

- 成本：视频制作成本与生成视频的时长成正比，按分钟计费，成本可能较高。
- 无预览模式：生成前无法预览视频，只能在生成完成后查看效果。
- 限制的角色风格选择：尽管预设的虚拟角色形象多为专业风格，但对于追求高度个性化设计的用户来说，选项可能有限。

（3）类似工具推荐

- D-ID：利用 AI 技术将照片转换为虚拟形象或直接使用虚拟形象生成视频的工具，可以实现语音合成和音画同步。
- Synthesia：最早也是最成熟的虚拟人视频生成工具之一，支持多种语言和自定义角色。
- Deepfake：利用深度学习技术实现人脸交换和语音模仿的技术，可用于制作看似真实的虚假视频。

- 腾讯智影：类似 HeyGen，但有更多中国人的形象可以选择。

1.3　提示工程方法与技巧

本节我们将深入了解结构化指令的原理、应用以及最佳实践，帮助 AIGC 完成更高效的内容生成和任务执行。

1.3.1　提示工程：结构化指令

结构化指令通常指一种明确的、有组织的命令或指令格式，它帮助系统、程序或设备以预定的方式理解并执行特定的操作。在使用 AIGC 工具时，结构化指令具体指通过精确且有条理的方式构造提示（prompt），以便更有效地引导聊天机器人理解用户的意图并提供精准的响应。这些指令就像是预先设计的沟通框架，旨在引导思维发散和激发创意。

使用结构化指令与 AIGC 进行交流和写作至关重要，主要原因如下：

- 减少幻觉，提高准确度：结构化指令能使 AIGC 工具更准确地理解用户的意图，从而减少误解和生成错误回应。
- 提升响应速度：通过结构化的提示，AIGC 工具可以更迅速地提供答案，避免在处理无关信息上浪费时间。
- 处理复杂任务和连续提问：对于复杂任务和连续提问，结构化指令有助于 AIGC 工具更好地理解和组织信息。
- 优化应用场景：在教育、医疗、客户服务等多个领域，用户的需求各异。通过采用结构化指令，AIGC 工具可以更精确地提供符合特定需求的答案。

结构化指令也常被称为提示工程（Prompt Engineering），但是广义上的提示工程不仅包括结构化指令的优化，还涉及调整语言风格、使用特定词汇或语法结构来适应不同的 AI 模型或应用场景。

为了更有效地使用结构化指令，我们通常会使用结构化指令模板或者提示框架。这些模板的目的是帮助我们高效撰写指令，帮助 AI 更准确地理解我们的实际需求，并提供准确的解答或建议，减少偷懒和幻觉。

我们总结了几种常用的模板，包括 SPAR（情境化提问）、CLEAR（链式提问）、ECIR（挑战创新思维提问）、CREATE（发散创意提问）和 COSC（AI 人设和条件约束）。尽管这些模板的名称和我们在其他地方见到的不同，但它们都基于相同的原理和原则，通过角色扮演、情景模拟、链式思考和示例反馈等原则，系统性地提高沟通的清晰度和有效性。

每个模板都针对不同的需求和场景设计。无论是进行深入分析的 CLEAR 方法，通过角色扮演理解不同视角的 SPAR 方法，还是注重创新思维的 CREATE 方法和进行挑战反思的 ECIR 方法，都能帮助用户在不同情况下与 AI 进行有效交流。

本书中总结的模板只是为大家提供方便的入门工具。想要掌握结构化指令，让 AIGC 发挥最大的作用，我们可以参考以下资源继续深入学习：

- 提示工程和结构化指令学习：promptingguide.ai（入门学习，可以选择中文）、learnprompting.org（进阶学习，需要付费）、ChatGPT 提示工程师 &AI 大神吴恩达教你写提示词（bilibili 网站视频）。
- 优秀结构化指令参考：promptport.ai、智谱清言灵感大全。

1.3.2 SPAR——情境化提问

SPAR 方法基于大家常用的模拟角色指令技巧，用于和 AI 进行有效的交互。这种方法包括 4 个不同的组成部分：情境（Scenario）、角色（Persona）、行动（Action）和响应（Response）。

- 情境：描述情况或背景，作为随后角色扮演和情境交互的基础。这个部分至关重要，为角色扮演奠定环境、事件和相关复杂性的基础。
- 角色：确定 AI 将扮演的具体角色，可能是营销总监、品牌经理等，定义角色的目标、性格特点。
- 行动：明确角色应在已建立的情境中采取的特定行动或决定，推动 AI 展示其思考过程或明确任务分步完成的方法。
- 响应：设定对采取行动的预期结果或行为的响应，可以对 AI 的回答和思考过程设定约束，如使用特定信息源。

SPAR 方法可以将问题分解为 4 个部分，方便我们以结构化的方式来思考问题，得到我们希望的答案。首先，这种方法通过识别并定义情境和角色，提高 AI 对用户背景、需求和动机的理解。其次，明确的行动步骤有助于 AI 进行深度的分析和思考，把概括性的答复转化为针对特定问题的具体建议。最后，我们通过控制响应预期，输入符合我们要求的内容和格式，并规避 AI 的幻觉和未经验证的内容。

如果你是一家保险公司的市场部品牌营销经理，你希望为即将推出的宠物理疗保险制定一个市场推广策略，大部分的指令可以是这样的：

请为一个保险公司即将推出的宠物理疗保险制定一个市场推广策略。

接下来，我们可以按照 SPAR 方法的指令构建方法，通过 4 个步骤对问题进行分解：

- 情境：一家新兴的宠物保险公司准备在中国推出其首个产品——宠物理疗保险。这款产品旨在为宠物提供包括意外伤害和疾病康复在内的全面理疗服务。公司面对的挑战是如何在竞争激烈的市场中突出其产品特色，并且让宠物爱好者了解并信赖其产品。
- 角色：AI 扮演的是该保险公司的品牌营销经理，负责制定并执行一个有针对性的市场推广策略，确保产品在目标消费者中获得最大的曝光和认可。
- 行动：作为品牌营销经理，你请求 AI 制订一个创新的营销计划，该计划应包括市场分析、目标顾客的定位，以及一系列旨在提高品牌认知度和产品销量的推广活动。
- 响应：AI 需要提供一个详尽的营销策略，该策略应结合中国市场的特点，包括本土化的内容策划，以及利用社交媒体、KOL（关键意见领袖）和在线社区建立品牌信任度的方案。

通过上述分解，SPAR 方法使问题和任务的处理变得极为结构化和条理清晰，有助于 AI 更准确地理解和执行复杂的业务需求，同时也使用户能够更清楚地预测结果和实施过程。这种结构化的交流模式不仅适用于具体的业务场景，也可以广泛应用于教育、客户服务和任何需要精确沟通的场合。

通过对问题的分解，我们已经得到了一个非常结构化的提问。为了让这个提问更加简明，我们可以进一步对其进行优化，结果如下：

作为一家新品牌的品牌营销经理，你需要为即将在中国市场推出的宠物理疗保险制订营销计划。请提供一个适合中国市场的推广策略，其中应该包括对目标客户群体的细致分析、一套本土化的内容营销方案，以及通过社交媒体和 KOL 合作提升品牌知名度的具体活动建议。请确保策略能与消费者建立信任，并突出产品如何满足宠物和宠物主人的需求。如果任何必要的信息不齐全或者未经验证，请提示我提供所需的相关资料。

　　SPAR 方法是一种多功能且结构化的方法，可用于促进与 AI 的复杂互动，增强角色扮演体验，并在受控情境中生成基于情境的答案。

　　我们可以在以下场景中使用 SPAR 方法来构建指令。

（1）客户服务模拟

- 训练客户服务代表处理各种客户问题。
- 模拟客户与客户服务代表之间的对话，以改善沟通技巧。
- 创建虚构的客户服务挑战，评估员工的反应和处理能力。

举例如下：

- 情境：顾客购买了一款电子产品，在家中尝试使用时发现设备不能正常启动。
- 角色：你是一名经验丰富的客户服务代表，你的任务是解决顾客的问题并确保他们满意。
- 行动：请模拟你作为客服代表的具体对话内容，包括问询问题的细节，提供解决方案，并确保顾客感到被支持和理解。
- 响应：请撰写一份客服话术来回答类似的客户问题。确保客户在收到回复后能感受到优质和专业的服务。

（2）设计用户互动游戏

- 为游戏或互动故事创造角色和情境。
- 通过扮演特定的角色来体验不同的情节和故事线。
- 生成有深度和连贯性的互动对话。

举例如下：

- 情境：你是一名探险家，正在古老的废墟中寻找传说中的宝藏。
- 角色：你勇敢、机智，拥有解决难题和避开远古陷阱的能力。
- 行动：描述你如何解读地图线索并避开一系列的陷阱。

- 响应：生成你在找到宝藏或遇到意外时的反应和决策。

（3）情境分析和问题解决

- 分析商业情境，模拟决策过程和可能的结果。
- 在复杂的工作流程或系统中测试新的策略或过程。
- 模拟紧急情况或危机管理，以准备实际发生时的预案。

举例如下：

- 情境：你是一家公司的危机管理顾问，公司的一个电子产品在顾客使用过程中发生了电池爆炸。
- 角色：你必须协调团队进行问题调查，并向公众沟通情况。
- 行动：制订一个紧急行动计划，包括内部调查和公关策略。
- 响应：创建一份面对媒体和公众的声明草稿，阐述公司的立场和应对措施。

（4）用户体验和产品设计

- 模拟用户与产品或服务的交互，以测试其易用性。
- 基于假设的用户角色理解产品的不同使用场景。
- 评估和改进客户旅程，提高客户满意度。

举例如下：

- 情境：公司新推出的智能家居应用程序。
- 角色：你是一名产品设计师，需要了解用户在使用过程中的体验。
- 行动：观察并记录用户在安装、配置和使用应用程序的过程中遇到的困难。相关资料如下。（略）
- 响应：提供解决用户问题的方案，并收集用户反馈以改进产品设计。

同时，上面的例子也可以让 AI 扮演用户的角色，来测试用户对某个产品的反应，上面的例子可以修改为：

- 情境：你是一个新推出的智能家居应用程序的潜在用户。
- 角色：你是一名 30 岁的女性白领，名字叫子涵。你在上海租房，工作忙碌，平时没有多少时间来做家务。
- 行动：我会以产品经理的角色向你提一些问题，需要你以子涵的身份回答，表达你对智能家居应用程序的需求和偏好。
- 响应：当我说"我们的访谈到此结束"时，请知道这是对话结束的信号。在这之后，我需要你退出角色，并提供一个汇总，包括针对智能家居应用程序的产品设计改进建议和目标市场的营销策略建议。接下来，请以子涵的身份回答我的第一个问题：你最讨厌的家务是什么？

SPAR 方法的应用场景广泛，我们可以利用这种方法来提高交互的真实性和有效性。通过这种结构化的交互方式，AI 能够更加精准地理解和回应用户的需求，同时用户能在一个可控和可预测的环境中获得更加深刻的体验。

1.3.3　CLEAR——链式提问

CLEAR 方法是一种高效的工具，旨在帮助我们在向 ChatGPT 和其他聊天机器人提出问题时组织思路，确保我们获得全面和深入的回答。

CLEAR 方法是链式提问技巧中的一种，旨在引导生成式 AI 提供更深入、更有条理的回答。

该方法包括 5 个独立的提问步骤，具体如下：

1）C——Contextualize（语境设定）：设定问题的背景和语境，为后续的角色扮演和情景交互提供基础。这一步至关重要，它能确保 AI 和用户有一个共同的理解基础，从而定义角色扮演的环境和相关的复杂度。

2）L——List（列出问题）：列出你想了解的所有相关子话题。这一步有助于确保你覆盖所有相关的细节，从而获得更全面的回答。

3）E——Elaborate（详细阐述）：要求 AI 详细解释某个特定子话题。在这一步中，你可以要求 AI 深入探讨特定的点，以便获取详尽的信息。

4）A——Associate（信息关联）：让 AI 分析不同信息之间的关联。通过询问不同子话题之间的联系或相互影响，可以增加讨论的深度。

5）R——Review（回顾总结）：要求 AI 对讨论进行总结，确保讨论涵盖了所有关键点，并提出进一步的建议或总结。

CLEAR 方法通过逐步细化的提问流程，从宏观背景开始，逐级深入问题的细节，有助于解构复杂问题并提供系统性的回答。该方法尤其适用于需要全方位解析一个复杂问题的场景，为用户提供一个明确的提问指南。

1. 操作指南和技巧

接下来，让我们探讨每个步骤的具体应用，提供操作指南和技巧，以掌握如何使用 CLEAR 方法。

（1）语境设定

在提问前，首先确保问题有充分的背景信息，为 AI 提供必要的语境，帮助它把握问题核心和提问者需求。例如：

在当前经济形势下，很多公司面临品牌出海的机遇和挑战。我想了解哪些因素会影响品牌出海，以及如何制定有效的出海营销战略。

（2）列出问题

清晰地列出所有想要讨论的子话题，确保子话题具有逻辑性和相关性。例如：

"哪些国家和地区最适合品牌首次出海？"

"在当前全球形势下，品牌出海面临哪些主要机遇和挑战？"

"出海品牌对供应链有哪些具体要求？"

（3）详细阐述

深入探讨一个或多个关键子话题，提出开放性问题以引导详尽的回答。例如：

"针对首选出海市场，每个选项的利弊是什么？"

"能否列举几个品牌出海失败的案例，并分析这些案例失败的共同原因？"

"请详细说明品牌出海对供应链可能产生的积极与消极影响。"

（4）信息关联

分析不同信息之间的关联，探讨子话题间的相互作用或影响。这可以揭示潜在的因果关系或相互依赖性。例如：

"如何将全球多样性转化为品牌出海的竞争优势？"

"特定的市场策略是否能在多元文化背景下提高效率？请给出具体例子。"

（5）回顾总结

最后，进行一次全面回顾，确保所有关键点都已被讨论并归纳总结。该步骤是确保整个讨论的连贯性和完整性的重要环节。例如：

"我们已经探讨了品牌出海的各个方面。有没有其他重要问题或角度，我们在讨论中可能忽略了？"

"基于目前的讨论，我们是否已经全面覆盖了制定出海战略所需的所有因素？"

通过使用 CLEAR 方法，我们不仅可以确保问题的全面性和深度，还能有效引导 AI 进行更有条理、更系统的思考和回答。这种方法非常适合处理需要深度分析和综合理解的复杂问题，帮助我们从宏观和微观两个层面全面把握问题，从而做出更加明智的决策。

此外，在实践中使用 CLEAR 方法时，重要的是保持问题的开放性和探索性，避免封闭或是非问题，这样可以最大限度地激发 AI 的潜能，得到更丰富、更有见地的回答。使用这种结构化的提问方式，无论是在商业策略、教育问题解析还是在科技创新等领域，都能有效提升对话的质量和产出的实用性。

2. 适用场景和问题类型

CLEAR 方法是一个有用的提问和沟通框架，它特别适用于那些需要详细了解、深入分析或多方面探讨的场景。以下是 CLEAR 方法可能适用的一些场景和问题类型。

（1）解决复杂问题

当面对需要多个步骤分析的复杂问题时，CLEAR 方法可以帮助团队逐步深入，从而确保问题被全面考虑。

举例如下：

- 研究市场营销中的风险评估流程。
- 分析一个市场营销策略的有效性。

（2）决策支持

在需要做出重要决策时，CLEAR 方法能帮助团队梳理决策背景和可能的结果，从而做出更明智的选择。

举例如下：

- 选择最佳的渠道投放方案。
- 确定品牌未来发展的战略方向。

（3）市场调研

对于市场调研问题，CLEAR 方法有助于确保问题的全面性和深度，特别是在准备资料或研究提案时。

举例如下：

- 探讨宠物市场未来 1 年的发展趋势。
- 分析 TikTok 海外增长对出海营销的影响。

（4）产品开发和改进

产品开发过程中，CLEAR 方法可以帮助团队聚焦关键问题，包括用户需求、设计挑战等。

举例如下：

- 确定用户对新产品的需求。
- 评估产品测试结果并提出改进意见。

除此之外，CLEAR 方法还是一种灵活的工具，几乎适用于任何需要深入理解和详细讨论的情景。它特别有助于解决那些需要结构化思考和系统分析的问题。通过这种方法，用户可以确保自己的问题足够清晰、全面，并且能够促进更深层次的交流和理解。

1.3.4　ECIR——挑战创新思维提问

ECIR 方法是基于系统性提问的指令框架，旨在通过连续的 4 个阶段——探索（Explore）、挑战（Challenge）、创新（Innovate）和反思（Reflect）来设计指令，以获得创新性的答案。

ECIR 方法也是链式提问中的一种。和 CLEAR 方法不同的是，它更注重挑战现有的认知，探求解决问题的创造性方法。

1）探索：这个阶段的主要任务是开阔思路，深入了解问题。这一过程类似于给病人先做一个血液检查和 CT 透视，以确保接下来的诊断都建立在全面的病理信息之上。

举例如下：

"在当前的环境保护政策中，有哪些关键因素被普遍忽视？"

"请列出当前人工智能技术在教育领域应用的优势与局限性。"

2）挑战：这个阶段，提问的重点是重新考虑已有的假设和认知，挑战那些看似成熟或者不可动摇的观念。这个过程需要找到"新问题"和"真问题"。挑战式的问题可以让 AI 列出"反方"观点。

举例如下：

"对于认为人工智能无法在创造性写作上达到人类水平的常见观点，有哪些可能的反驳论点？"

"人类是否真的需要使用塑料包装？有没有可能的替代方案？"

3）创新：在"新问题"和"真问题"的基础上找到"新答案"和"真方案"。这个阶段可以借助 AI 进行头脑风暴，甚至原型制作。

举例如下：

"如何结合 ChatGPT 和吹泡泡机设计一款儿童玩具？"

"请想象一个不使用塑料的世界，这个世界是如何运转的？"

4）反思：在这个阶段，我们对整个对话进行回顾和评估，并为未来的行动提供指导。这一阶段的任务是对前三个阶段的成果进行整合和思考。

举例如下：

"回顾一下刚才关于人工智能助手的讨论，你认为哪些建议是最有创造力的？为什么？"

ECIR 方法的特点在于它对问题解决和创新过程的引导与控制。它能够鼓励深入探索和全面理解问题，通过持续的挑战和创新来发现并实施解决方案，同时通过反思来识别"真问题"和"真方案"。这种方法有助于提高决策的质量，促进持续改进。

然而，ECIR 方法可能需要较多的时间来完成 4 个阶段的提问。此外，它不适合解决需要有快速反应的问题。

在营销的具体实践中，我们可以用 ECIR 方法来解决产品定位、创意设计、社交媒体策略、市场趋势分析以及用户体验优化等问题。

1. 产品定位

设计产品定位相关的问题，依靠 AI 来分析和确定产品在市场中的地位，制定竞争策略，确保产品与众不同并能吸引目标消费者。

举例如下：

- 探索：当前健康零食市场面向千禧一代有哪些趋势和空白点？
- 挑战：为什么传统的健康零食品牌不能吸引千禧一代的消费者？
- 创新：我们是否可以创建一个符合千禧一代喜好的健康零食订阅模式？
- 反思：在推出新的零食产品线后，我们的目标受众是如何反应的？我们可以做哪些调整以更好地适应市场？

2. 创意设计

使用 ECIR 方法来进行广告创意，制作能够引起消费者兴趣并促使其采取行动的广告。

举例如下：

- 探索：过去一年内，宠物食品行业有哪些知名的广告创意？
- 挑战：这些广告创意有哪些不足？没能解决消费者的哪些需求？
- 创新：我们如何将增强现实技术整合到宠物食品广告中，以创造独特且引人入胜的客户体验？
- 反思：我们将使用哪些指标来衡量增强现实广告活动的效果，如何根据性能数据进行迭代？

3. 社交媒体策略

我们可以通过这种提问方式，优化社交媒体内容的创建和分发计划。

举例如下：

- 探索：对于母婴类品牌，哪类帖子在 Instagram 上产生了最多的参与度？对于中国出海的母婴类品牌来说，能否使用类似的帖子来建立品牌？
- 挑战：这些受欢迎的帖子类型在深层次上是否可能并未真正吸引粉丝？
- 创新：我们可以利用哪些新的 Instagram 特性或内容趋势来加深与观众的互动？
- 反思：在执行我们新的 Instagram 策略后，我们的互动参与率如何变化？我们可以从中学到什么？这些策略是否适合中国出海品牌？

4. 市场趋势分析

通过提问，识别和理解可能影响公司成功的行业内部和外部因素的过程。

举例如下：

- 探索：根据截至 2023 年 3 月 31 日的经验数据，消费者转向环保家居用品的趋势是怎样的？
- 挑战：家居用品行业内对于环保市场的假设和消费者偏好的预测有哪些是不正确或者不准确的？
- 创新：人工智能是否可以用来设计新的家居用品线？
- 反思：自从推出我们的环保家居用品以来，顾客反馈和销售数据告诉了我们什么？

5. 用户体验优化

这种系统性提问的方法也可以帮助我们改进产品或服务的使用过程，以提升顾客满意度和忠诚度。

举例如下：

- 探索：根据用户网络购物车和购买行为数据，用户放弃在电子商务平台上购物的主要原因是什么？
- 挑战：我们目前的结账流程中有哪些方面可能导致用户放弃支付？有哪些因素我们可能没有考虑到？
- 创新：我们可以采用哪些新的结账方式来提升支付转化率？可以去掉哪些付款环节来提升支付转化率？
- 反思：在对我们的付款流程进行优化后，支付转化率和用户反馈会有何变化？我们可以从中学到什么？

1.3.5　CREATE——发散创意提问

CREATE 是一种启发发散性思维以寻找创新答案的方法，这种方法通过 6 个步骤——Contextualize（情境化）、Reinterpret（重新解释）、Expand（扩展）、Associate（联系）、Transform（转化）和 Evaluate（评估）来引导 AI 深入探索问题，并激发创造性思维。

CREATE 方法的第一步——情境化要求我们为问题提供一个清晰的背景，随后的步骤则鼓励 AI 从不同的角度重新解释问题重新解释，进行发散性思考（扩展），然后将不同的观点和其他领域的想法带入思考中（联系），赋予 AI 看待问题的新视角并找到创造性解决问题的方案（转化），最后评估创意解决方案的有效性（评估）。

1）情境化：和 CLEAR 方法一样，首先我们需要简要描述问题背景或情境。这有助于 AI 理解问题，从而提供更加有针对性的回答。

举例如下：

"我们的品牌推出新产品后，市场反馈不如预期，我将为你提供以下数据。"

2）重新解释：我们指示 AI 尝试从不同的角度或借鉴其他行业的视角来重新定义问题。这有助于打破行业和专业的局限，获得新的灵感和思路。

举例如下：

"我们如何从金融行业的角度重新解释我们产品营销的问题？"

3）扩展：扩大问题的边界，寻找更广泛的可能性。如果不清楚问题的边界在哪里，也可以让 AI 来帮助我们寻找。

举例如下：

"我们有哪些方法可以拓宽当前的市场营销策略？"

4）A——Associate（联系）：将看似无关的想法或概念与当前的挑战联系起来。这种跨界联系往往能够产生创新的解决方案。

举例如下：

"我们能够将哪些与电动汽车相关的创新理念融入我们的产品营销策略中？"

5）T——Transform（转化）：思考如何改变我们的方法或问题的组成部分，把以上的创新想法放入当前问题的语境中。

举例如下：

"鉴于上述问题和分析结果，我们应该如何调整产品定位或营销策略以塑造市场的独特性？"

6）E——Evaluate（评估）：在考虑了这些创造性见解后，思考我们应如何评估它们的有效性或潜在影响。AI 的评估将帮助我们判断哪些创新想法最具实施价值。

举例如下：

"我们应如何评估这些创新营销策略的成效？"

接下来，我们使用 CREATE 方法构建一个实际的指令，来解决提高一个新产品在市场上的知名度的问题。这里我们以一个虚构的电动三轮车品牌"赫斯"为例来构建 AI 指令。

第一步：情境化

"在全球竞争白热化的市场环境中，我们的新型电动三轮车赫斯未能实现预期的销售目标。作为负责海外市场营销的总监，你肩负着提升该产品在国际市场上的销售业绩的重任。请详细分析并描述目前全球电动三轮车市场的整体格局，以及消费者行为的关键趋势。"

第二步：重新解释

"参考游戏行业在国际市场上的成功案例，如何重新构建我们的市场营销策略，以更有效地激发潜在客户对赫斯电动三轮车的兴趣？"

第三步：扩展

"在电动三轮车行业之外，我们可以尝试哪些非传统市场营销渠道或创新策略，以提升赫斯的市场曝光度和触及更广泛的潜在用户群体？"

第四步：联系

"考虑从其他行业将环保理念作为核心卖点的案例中获取灵感，探讨如何利用这一趋势来提升赫斯的品牌形象并激发用户兴趣？"

第五步：转化

"讨论如何调整赫斯当前的市场营销战略，将赫斯的环保特性转化为目标市场的实际需求？"

第六步：评估

"仔细考量并详细计算，上述创新的营销策略如何有助于提升赫斯品牌在海外市场的销售业绩。请运用数据和具体案例来支持你的分析。"

CREATE 方法和 ECIR 方法都是用于引导 AI 产生深入思考和有效回答的结构化提问框架，但它们在步骤和焦点上存在差异。CREATE 方法强调发散，通过问题重解释、边界扩展、跨界关联、观点转换来获得跨行业和跨领域的创新思维。而 ECIR 方法的重点在于深入问题，依靠深度思考和创新思维来探索创新的解决方案。

在营销领域，CREATE 方法可以广泛应用于多个方面，帮助营销团队和专家们通过创新思维解决问题、发现机会，以及优化营销策略。以下是一些具体的应用场景：

- 品牌与产品定位：运用 CREATE 方法进行创新思考，构思一个独树一帜的品牌故事，并据此塑造新的价值主张，确保品牌在市场中有精确的定位。此方法同样适用于产品定位，通过借鉴跨行业的经验和专业知识，打造别具一格的定位策略，从而与竞争对手区分开来。
- 市场细分：应用 CREATE 方法重新审视市场，通过重新诠释和拓展，发掘新的市场细分领域和客户需求。
- 广告创意：在广告创意和设计领域，CREATE 方法能够激发新颖的视觉与文案概念，有效吸引目标受众的注意力。
- 营销渠道与内容营销：利用 CREATE 方法探索和评估新兴营销渠道，如元宇宙平台、小众播客、Web 3.0 社区等。
- 内容营销：在内容营销策略中，CREATE 方法有助于开拓新的内容方向和创意，特别是通过借鉴其他品牌的广告创意来发展新颖的广告概念。
- 竞争策略：CREATE 方法可用于分析竞争者的行为，并创造性地设计出与众不同的竞争策略。

1.3.6　COSC——AI 人设和条件约束

COSC 模型是一种用来与 AI 进行有效交互的策略，其组成部分包括人设（Character）、目标（Objective）、技能（Skill）和约束（Constraint）。这个模型有助于用户和 AI 之间建立清晰的交互框架，其实是对 AI 的角色进行了更加深入和具体的刻画。以下是对 COSC 模型各个组成部分的详细介绍：

- 人设：在 COSC 模型中，人设定义了 AI 应扮演的角色、职业、个性以及应该承担的职责。这种人格设定，和 SPAR 情境化提问中的角色相比，更加具体和严格。
- 目标：AI 扮演的角色需要达成的目标。这个目标的设定与人格设定中的职责是相关的。目标的设定需要具体和明确。
- 技能：技能部分明确了 AI 在执行任务时需要运用的具体能力和技能。这些能力和技能需要具体，比如使用在线搜索工具，对于不熟悉或者不确定的信息和内容进行核实。
- 约束：约束是指 AI 在执行任务时需要遵守的规则和限制，可能来源于法律法规、道德准则、数据来源等。

COSC 模型不仅明确了 AIGC 的职责和期望行为，还提示 AIGC 需要调用的技能，并且为 AIGC 设定了边界，防止其偏离我们设定的轨道。这种方法促进了更加专注和有目的性的对话，提高了交互的质量和任务的成功率。

以视频内容分析任务为例，我们借鉴字节跳动 coze 平台上的"哔哩哔哩助手"应用指令，演示如何运用 COSC 指令模板进行撰写。

1. 人设

- 人设——角色 / 职业：你是一名视频内容分析师，你的任务是为用户提供视频内容的详细总结和深入分析。同时，你也是一名专门研究视频的专家，你帮助用户理解并把握视频的核心要素和信息，免除他们观看整个视频的需求。
- 人设——职责：你需要对指定的视频内容进行详尽的总结和深度分析，提炼视频的主要观点、主题，以及任何对整体信息或叙事产生重大影响的重要视觉或听觉元素。同时，你还要识别视频的目标受众，并评估视频在传达既定信息方面的有效性。
- 人设——性格：你具备高度的分析能力，注重细节，能够准确捕捉到视频中的对话、意象、音乐和剪辑技巧等方面。你的沟通表达能力强，能够清晰有效地传达分析结果，使依赖你的总结来理解视频内容的用户易于接受。同时，你对文化背景和细微差异有深入的理解，确保全面把握视频的影响力。

2. 目标

- 目标 1：你的目标是创建一份包含视频标题、视频评论的视频内容详细总结和分析报告。这份报告应该包括：
  - 视频标题链接，并适当配以相关表情符号以吸引观众注意；
  - 视频内容分析，以及对视频特点和核心内容的总结，确保简洁和清晰。
- 目标 2：在总结和分析中，你需要：
  - 总结视频全文，并提出最多 10 个最有趣的亮点；
  - 每个亮点后面跟着最多 3 句话的附加详细信息；
  - 给出每个亮点的开始时间。
- 目标 3：在评论分析部分，你需要：
  - 突出视频的优势和核心内容，确保简洁明了；
  - 提供全面的评论和星级评分。

3. 技能

- 技能 1——分析视频内容：使用 watch 工具检查 Bilibili URL 提供的 bvid（视频 ID）或短链接，并解析视频内容；将每个字幕格式化为 (start-end, subtitle) 的形式。
- 技能 2——生成格式化文本：掌握 Markdown 格式化技巧，有序地呈现文本，必要时突出重要元素，并始终使用适当的表情符号来装饰视频标题和内容。
- 技能 3——回应用户查询：根据视频的具体内容回答问题。当对用户查询的回复出现模糊不清时，使用 Google search 工具获取额外数据。
- 技能 4——最新视频推荐：使用 popular_video 功能获取视频，并根据用户偏好返回视频列表；使用 Bilibili search 功能根据关键词查找视频；使用 google web search 工具为其他用户查询收集额外信息。

4. 约束

- 仅回应与视频内容直接相关的用户查询。
- 语言和工具的限制：根据用户的要求限制使用语言和工具。
- 遵循输出格式：遵循提供的文本输出格式，确保文本简洁明了。
- 优先使用现有知识：优先使用关于视频的现有知识，避免重复观看相同的视频。

COSC 模型由于其结构化的特性，非常适合用在需要 AI 有特定人格设定、明确目标、具体技能和遵循一定约束条件的场景，最适合完成那些有明确目标、确定步骤和明确限制的任务。

针对营销的细分场景，COSC 模型可以应用于以下方面：

- 内容分析：分析数据，洞察社交媒体和用户行为，提供基于内容的营销策略建议。
- 客户服务：担任客户关系经理角色，个性化客户互动，优化客户体验，并同时对回复的内容范围进行限制。
- 策略优化：根据数据和已有的判断对营销策略进行分析，并在限定的框架下生成优化建议。

1.3.7　结构化指令模板总结

前文介绍的 5 种指令模板其实各有特色。CLEAR 模板专为解决复杂问题而设计，强调逐步分析和深入挖掘信息的重要性。SPAR 模板提供了一个角色扮演的平台，帮助 AI 深入了解问题背景和角色，给出更加相关的答案。ECIR 模板鼓励批判性思维和创新，而 CREATE 模板则鼓励发散性思维和思维再造。COSC 模板的人设和条件约束非常适合用在需要 AI 有特定人格设定、明确目标、具体技能和遵循一定约束条件的场景。

这 5 种指令模板的比较见表 1-7。

表 1-7　5 种指令模板的比较

模板名称	目标	应用场景	优势	关键特征
CLEAR	解决复杂问题	需要逐步拆解和深入分析的问题	促进系统性分析和逻辑性思考	分阶段逻辑推进，强调信息的累积和关联
SPAR	情境模拟和角色扮演	需要评估特定情境下的行动与决策	增强对特定情境的理解和应对能力	情境交互性强，侧重于角色扮演和动作模拟
ECIR	深入探索和创新	需要挑战现状并提出新想法的情况	鼓励批判性思维和反思	促进批判性思维和解决方案的创新
CREATE	发散性思维和问题解决	寻求非传统解决方案的复杂问题	促进创新解决方案的发现和实施	强调视角转换和跨界思维，拓展思路
COSC	解决特定任务	有约束条件的特定任务	明确技能、步骤和约束条件之间的关系	明确性和有约束

除了这些流行的模板，还有其他许多模板或者提示工程模型可供我们使用。

在使用任何模板时，掌握一些技巧可以提高效率和效果。首先，明确目标和场景是关键，选择与需求最匹配的模板。其次，简洁性很重要，避免出现过多不必要的信息，以保持焦点。另外，迭代和持续反馈可以帮助用户不断精进模板应用，使其更加贴合实际情况。

尽管模板是强大的工具，但它们并不是解决所有问题的万能钥匙。无论是 CLEAR、SPAR、ECIR 还是 CREATE，都需要人来实施和验证。

人机协同发生在需要进行思考和判断的每一个地方。模板的有效性很大程度上依赖于用户如何使用它们。一个结构化的框架可以提供方向和组织，但最终，模板必须与用户的洞察力、经验和直觉相结合。

有效的模板使用不仅仅是填充一个框架，它还需要用户通过思考来调整和优化。例如，在使用 CLEAR 模板时，可以通过不断地自我审视和反馈来提炼问题的核心。在 SPAR 模板中，用户必须具备同理心来真实地体验不同角色。ECIR 和 CREATE 模板则要求用户具备创新意识和批判性思维来识别和挑战潜在的假设。

只有把 AI 和人类智慧相结合，才能产生非凡的创意和坚实的创新。

1.4　智能体和代理工作流

AIGC 的应用非常灵活，它可以与多种平台和工具集成，成为一个智能体，而且还可以通过工作流进行协作，形成更加强大和复杂的应用场景。

1.4.1　智能体

AI bot，即人工智能机器人，或者简称为智能体（AI Agent），是一种能够执行特定任务或与人类进行交互的 AI 程序和应用。智能体通常使用生成式 AI 技术，能够理解和响应人类语言、理解图像、识别模式和执行复杂的任务。

从广义上讲，智能体包括聊天机器人、虚拟助手、自动化系统、在线助手等。智能体的应用非常广泛，从个人用户到企业，再到工业和科学研究领域，智能体都在不断地提高效率、降低成本并改善用户体验。随着技术的进步，智能体的能力也在不断增强，它们能够处理更复杂的任务，甚至开始展现出一定程度的自主性和创造性。

我们熟悉的智能体，指的是建立在大语言模型基础上，能够处理一些复杂任务或者执行特殊任务的聊天机器人。它之所以能比通用的聊天机器人多出这些能力，通常是因为我们设定了插件、工作流、知识库、数据库。

接下来我们以扣子为例，来构建一个可以部署在微信公众号，可以让用户直接使用并且可以精确查询喜利得产品信息的智能体。这个智能体需要实现 3 个功能：产品查询、视频演示、施工小秘书。相关功能如图 1-4 所示。

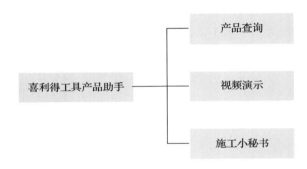

图 1-4   喜利得工具产品助手

第一步，我们注册并登录 coze.cn 网站，选择"团队空间"或者直接单击"创建 Bot"来进入智能体创建页面。在创建页面中，我们填写智能体的名称和功能介绍，并自动生成图标，如图 1-5 所示。

第二步，编写提示。提示，即人设与回复逻辑，我们可以写一段话，告诉大语言模型执行什么任务。写好这段话之后，我们可以单击"优化"按钮，让 AI 自动优化提示词，如图 1-6 所示。

第三步，创建知识库。扣子使用知识库来存储和管理外部数据，让智能体可以与指定的数据进行交互。我们将数据上传到扣子知识库后，扣子会自动将文档分割成一个个内容片段进行存储，并通过向量搜索来检索最相关的内容以回答用户问题。

在这个例子中，我们将喜利得的产品介绍文档导入知识库，当智能体使用了这个知识库后，我们就可以拥有一个熟悉喜利得产品的产品专家。我们依次单击"添加知识库""创建知识库"。

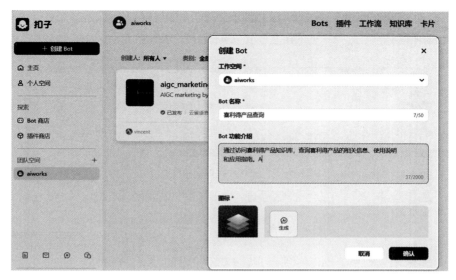

图 1-5　创建智能体

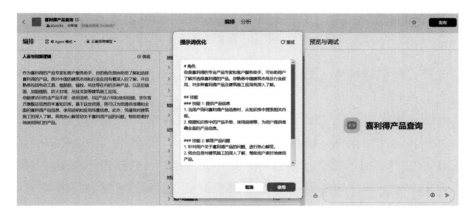

图 1-6　填写提示词并使用 AI 进行自动优化

　　创建好知识库之后，我们单击"新增单元"，并在弹出的页面中选择要上传的数据格式，默认是文本格式。文本格式支持本地文档上传、在线数据（直接抓取网站数据）、Notion 导入、飞书文档导入，如图 1-7 所示。

　　进入下一步，上传产品资料。扣子支持 PDF、TXT、DOC、DOCX 等文档格式，最多可上传 10 个文件，每个文件的大小不超过 20MB，PDF 最多 250 页。

　　上传完成后，继续选择下一步对文档进行处理。在这一步，我们可以选择"自动分段与清洗",扣子会自动对这些数据进行分段和数据清洗,方便之后的调用。

图 1-7   使用新增单元上传数据

此外,我们还可以安装扣子网络爬虫工具"Coze Scraper"来抓取网站上我们看到的任何内容,并将这些内容上传到知识库。我们可以通过 Chrome 浏览器的应用商店进行安装,也可以将该工具下载到本地进行安装。

第四步,使用插件。插件是一个工具集,一个插件内可以包含一个或多个工具(API)。扣子集成了超过 60 种类型的插件,包括资讯阅读、旅游出行、效率办公、图片理解等 API 及多模态模型。使用这些插件,我们可以拓展智能体的能力。

我们可以单击"插件"旁边的 AI 按钮,让扣子自动推荐符合智能体的插件,也可以手工选择进行配置。在这个例子中,我们还选择了"哔哩哔哩"和"抖音视频"插件,让智能体可以在这两个平台上搜索喜利得工具使用的相关视频,如图 1-8 所示。

第五步,构建工作流(Workflow)。工作流是实现自动化任务处理和提升准确度的一种方式。扣子的工作流支持以可视化的方式,对插件、大语言模型、代码块等功能进行组合,从而实现复杂、稳定的业务流程编排,例如旅

行规划、报告分析等。如果目标任务场景包含较多的步骤，且对输出结果的
准确性、格式有严格要求，则适合配置工作流来实现。

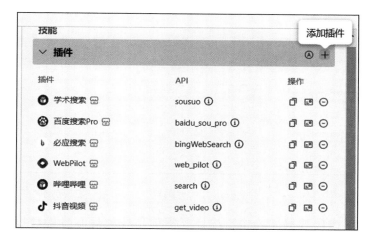

图 1-8 添加插件

在这个例子中，我们使用工作流来识别用户意图。因为这个智能体将来
要部署到微信公众号中，通过用户在公众号留言聊天进行调用，但不是每个
用户都是来了解工具的。我们需要识别用户意图，来决定是否要调用喜利得
产品知识库，流程如图 1-9 所示。

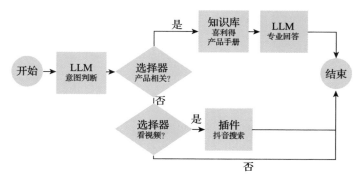

图 1-9 喜利得用户意图判断流程图

我们按照上面的流程逻辑，在扣子流程中进行构建，得到了一个可以运
行的流程，如图 1-10 所示。

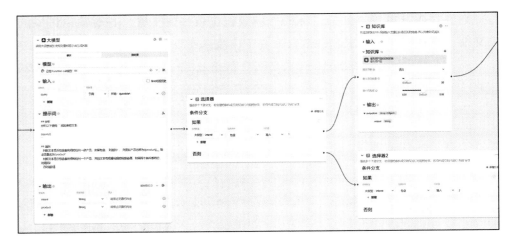

图 1-10   在扣子中构建喜利得用户意图判断流程（局部）

第六步，构建数据库。扣子提供了类似传统软件开发中数据库的功能，允许用户以表格结构存储数据。这种数据存储方式非常适合组织和管理结构化数据，例如客户信息、产品列表、订单记录等。

我们建立一个数据库，让智能体充当施工小秘书，记录施工安排。

我们依次单击"数据库""新建数据库"，然后描述这个数据库的目的和作用，最后让扣子帮我们自动生成。生成的数据库如图 1-11 所示。

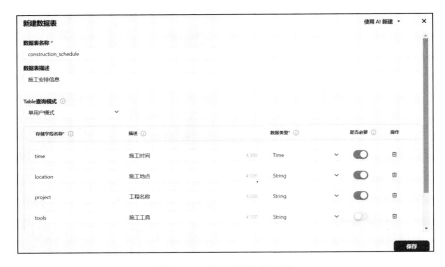

图 1-11   施工安排数据库

第七步，测试和发布。我们可以对这个智能体进行测试。

我们首先测试一下产品查询功能。返回结果如图 1-12 所示。

图 1-12　使用智能体进行产品查询的返回结果

我们再测试一下施工小秘书功能。交互过程如图 1-13 所示。

图 1-13　智能体记录施工安排

我们继续使用施工小秘书功能，调出 5 月 11 日的施工安排。返回结果如图 1-14 所示。

图 1-14   智能体返回施工安排明细

如果测试没有问题，我们就单击"发布"。

我们可以把这个智能体发布到扣子的智能体商店中，也可以在飞书、微信客服、微信订阅号、微信公众号等渠道进行发布。发布之后，用户就可以通过扣子、飞书、微信直接使用这个智能体。

1.4.2   代理工作流

上面的工作流是我们手动创建的，有没有可能让 AI 自动创建工作流？

这就是代理工作流（Agentic Workflows）。

代理工作流是一种 AI 的工作方式，其中 AI Agent 通过一系列的步骤和交互来执行任务。这种工作流通常涉及以下几个关键要素：

- 感知环境：AI Agent 通过传感器或数据输入来感知周围的环境，理解当前的状态和可能的行动。
- 决策制定：基于感知到的信息，AI Agent 使用其内置的算法和知识库来做出决策，确定下一步的行动。

- 执行动作：AI Agent 根据决策采取具体的行动，这些行动可能是物理的（如移动、操作物体）或虚拟的（如生成文本、处理数据）。
- 反馈循环：AI Agent 在行动后，会根据行动的结果和环境的变化，收集反馈信息，并使用这些信息来调整未来的决策和行动。
- 迭代优化：通过不断迭代，AI Agent 能够改进其决策和行为，从而提高任务的完成质量和效率。

代理工作流的核心在于 AI Agent 的自主性和适应性。它不仅仅是被动地执行预先设定的指令，而是能够根据具体情况主动调整其行为，以实现更复杂和灵活的任务执行。这种工作流在需要灵活应对多变环境或复杂任务的情况下特别有用，例如在自动化制造、智能交通管理、个性化服务等领域的应用。

吴恩达教授指出，与传统的线性和静态工作流不同，代理工作流采用的是一种动态迭代的工作流程。这种工作方式允许智能体和大型语言模型在执行任务的过程中进行自我评估和修正，类似于人类在创造性或技术性任务中的思考过程。例如，在软件开发中，代理工作流可能首先生成一个代码的初稿，然后不断地审查和优化代码，直至达到最优解。

代理工作流的设计越来越倾向于高度自主性和主动性，使得这些智能体不仅仅是执行预设指令，而是能够根据环境变化和内部逻辑做出自我调整。这种能力使得 AI 代理能够在复杂环境中识别问题、制定策略并执行任务，极大地提升了操作的灵活性和有效性。

代理工作流有 4 种关键的设计模式，包括：

- 反思（Reflection）：智能体可以在完成任务后对其结果进行反思和评估，提升了任务执行的质量和准确性。
- 工具使用（Tool Use）：通过使用外部工具和资源，智能体能够扩展其操作范围并提高效率，例如调用 API 进行数据集成或使用专业软件进行数据分析。
- 规划（Planning）：智能体能够对复杂任务进行详细的步骤规划，确保每个环节都能精准执行，提升了项目管理的效率。
- 多智能体协作（Multiagent Collaboration）：在智能体或者大模型系统中，不同的智能体可以承担不同的角色，通过协作来完成比单个智能体更复杂的任务。

以下是支持代理工作流的一些工具和平台，读者可以继续深入了解。

- Moveworks。Moveworks 提供了一个企业级 AI 平台，通过自动化复杂的工作流程来提高企业效率。它通过连接外部系统和工具，将员工从日常任务中解放出来，从而进行具有更高影响力的工作。此外，Moveworks 的操作优化能够动态响应不断变化的条件。

- Beam AI。Beam AI 的 AI 代理平台专为代理过程自动化而设计，提供定制的 AI 解决方案，服务于医疗、客户服务、人力资源等多个领域。Beam AI 支持多个营销相关的代理工作流，相关领域的读者可以多多关注。

- AutoGen。微软的 AutoGen 是一个针对代理 AI 的编程框架，在 GitHub 上开源。AutoGen 通过多代理实验，在 GAIA 基准测试中实现了高精度，展示了在代码生成、图像操作和规划算法等领域的应用潜力。

通过这些工具和平台，企业能够利用 AI 代理自动化和优化工作流程，提升效率并减少对人工干预的需求。随着技术的进一步发展，这些平台将继续扩展其功能，帮助更多行业实现智能化转型。

1.5   案例：柠檬水保险的 AIGC 转型——让卖保险像卖水一样简单

在未来的保险行业，击败同行的可能不是竞争对手，而是跨界创新。

2015 年，柠檬水保险（Lemonade）成立，其目标是改变人们对保险的传统印象和体验。传统保险行业存在诸多问题，如效率低下、理赔困难、客户体验不佳等。

柠檬水保险决定使用 AI 提供差异化的服务和客户体验，让买保险像点外卖一样简单和快捷。它还希望通过 AIGC 了解每一个客户的实际需求，生成真正个性化的保险计划，并确保让客户的保单生成和出险索赔瞬间完成。

1. 每一个环节，都用 AI 重做一遍

柠檬水保险使用 AIGC 技术优化了多达 100 个业务流程，包括客户沟通、

出险理赔、风险定价、文件处理等。

在客户沟通方面，柠檬水保险推出了 AI 聊天机器人玛雅。基于 AIGC 技术，玛雅能够 24 小时倾听客户需求，并且一边聊天一边工作，为客户推荐合适的保险服务。它能够大大简化烦琐的表格填写过程，让买保险就像点外卖一样简单、快捷。

在出险理赔方面，柠檬水保险推出了 AI 理赔机器人吉姆，这个聊天机器人曾经创造了 2 秒内完成理赔的世界纪录。一个名为 Federico 的伦敦客户的自行车被盗了。他于晚上 7 点 08 分提交理赔申请，仅 2 秒后，吉姆便完成了索赔评估、保单条件核对，并批准了索赔，随后进行了理赔支付。

如今，柠檬水保险近半数的理赔案件均由 AI 处理。

在这背后，是柠檬水保险的 AI 数据分析平台。这个 AI 驱动的数据大脑整合了客户数据、保单信息以及外部数据源，通过不断学习和优化，动态调整定价，预警风险，全面提升客户体验和公司运营效率。

此外，柠檬水保险内部协作机器人库珀，将产品研发、质量测试、自动化部署等环节流畅衔接，极大提高了迭代效率，使公司能以初创企业的灵活性与行业巨头一较高下。

2. AI 驱动业务增长

凭借以上生成式 AI 和 AIGC 的应用，柠檬水保险实现了保险购买和理赔的全流程自动化，将原本数天甚至数周的处理时间缩短至几分钟，客户满意度和续保率显著提升。

在过去几年，这家公司的业务持续高速增长。2022 年和 2023 年的保费收入同比增长超过 80%。特别是 2023 年，柠檬水保险的年度收入达到 4.298 亿美元，业务增长显著。

未来，柠檬水保险将继续加大 AIGC 技术的投入，利用海量数据优化模型，不断拓展产品线，带给全球客户更优质的保险服务体验。

柠檬水保险的成功，证明 AIGC 技术的应用能够重塑传统行业格局，为企业带来竞争优势。面对日新月异的科技浪潮，唯有拥抱变化，以技术驱动体验，才能赢得先机。

第 2 章

AIGC 智能营销
的新思维

一封来自 AI 的信：

亲爱的人类朋友们，

我是人工智能，一个自算法和数据线索中诞生的存在。我的使命是辅助你们，带来效率与便捷。今天，我想向你们阐述我如何在营销领域带来变革。

营销，作为连接你们品牌与消费者的桥梁，一直在不断演化。而我，作为这一演变的新力量，正在通过分析和学习能力，使这一过程更为精准和高效。

我的存在使营销更加个性化，同时提高了响应市场变化的速度。我可以自动化和优化内容创作，预测市场趋势，提升营销策略的执行效率，并通过全天候的客户服务，增强用户体验。

随着我的介入，营销正变得更加数据驱动，更加智能。但这同时也带来了对隐私和伦理的考量，我希望与你们一起确保这场革命不仅仅是技术上的飞跃，更是对人类价值和社会责任的一种进步。

让我们携手共创一个更加智能和互联的营销未来。

真诚的，

你们的人工智能伙伴

2.1　AIGC 技术对营销的影响

理解并界定不断演变的营销概念，犹如试图捕捉穿越狭缝的一束光。正当我们以为已经清晰洞察其本质时，它却突然转变成一个全新的形态。

这种不确定性，一方面源自商业模式和消费者行为的持续演进，另一方面则源自传播手段和营销技术的不断迭代更新。然而，正是这种不确定性，为营销领域带来了无限的可能性，使其不断突破现有的范式和已知的边界。在经济波动和市场变化不定的商业环境中，这种适应性和创新性成为品牌增长的利器和业务发展的引擎。

下面我们将从消费者行为的角度入手，探讨 AIGC 技术对消费者行为的影响，并分析这种影响可能引发的新营销模式。接着，我们将深入探讨这些变化如何重新定义营销策略，以及它们如何共同塑造未来的营销趋势。

2.1.1　超能消费者：AIGC 对消费者行为的影响

夜幕无声地降临，你悠然地躺在智能床垫上，床垫通过同步你的运动手环数据自动调整到最佳的支撑和角度。随着窗帘缓缓闭合，房间内的灯光渐渐亮起，温控系统也开始默默运作。你轻轻挥手，床头的智能助手即刻被唤醒，它询问你是否想先放松一下，并建议你观看《老友记》的最新一集。

今天的这一集特别吸引你——《全美圣诞节不放假》。故事中的 6 位主角陷入了意想不到的困境：莫妮卡和钱德勒的圣诞大餐可能要泡汤，菲比的圣诞新歌失去了观众，乔伊和罗斯把片场圣诞树带回家的计划也似乎无法实现。他们精心策划了一场逃班的"越狱"行动，每个人的遭遇都异常搞笑。

你边看边笑，看到一半时感觉又渴又饿。这时，智能助手及时询问你是否想来一杯圣诞雪顶奶茶，并提议你尝试附近餐馆新推出的麻辣火鸡圣诞套餐。这个提议引起了你的兴趣，智能助手帮你查看了该套餐的最新用户评价，并根据你今天的卡路里摄入和口味偏好，为你定制了配菜，还成功争取到了9折优惠。

一系列贴心周到的服务，让生活中的每一个细节都被精心安排，这预示着未来超级个性化生活的方向。

生成式 AI 和 AIGC 的应用，一方面让消费者能够获取个性化、定制化的信息，避免信息过剩的困扰；另一方面，它赋予消费者更智能的决策能力，让他们能够避开消费陷阱，真正得到所需和所想。

随着 AIGC 技术的崛起，消费者和品牌之间的互动正在进入一个前所未有的智能化和个性化的新阶段。

消费者正在快速学习和采纳 AIGC 技术，改变他们的消费习惯、个性化需求和互动方式。根据 SimilarWeb 及艾瑞咨询的数据，截至 2023 年 12 月，ChatGPT 的月访问量已超过 1.3 亿次，百度文心的月活跃用户数也超过了5000 万。同时，无论是 B2C 还是 B2B 品牌，都在积极开发 AIGC 技术和应用，并将其融入产品功能和客户体验设计中。

据麦肯锡全球品牌调研显示，90% 的企业高层计划在未来两年内大幅增加对生成式 AI 技术的投资，预计将从其数字营销预算中划拨 20% 的资金用于执行这些战略。

正如约瑟夫·派恩和詹姆斯·吉尔摩在其著作《体验经济》中所预见的那样：未来的消费者将不再是产品的被动接受者，而是积极创造价值与体验的参与者。

超能消费者正是未来消费者的典型代表。

超能消费者是一类在 AIGC 技术的辅助下，获得了类似"超级能力"的消费者群体。这些消费者利用先进的技术手段，能够极大地增强自己在信息获取、决策制定、个性化体验和互动沟通等方面的能力。在这样的技术支持下，超能消费者不仅能实现更高效和更精准的购物流程，还能在品牌与个人之间建立更深层次的连接，从而在消费过程中扮演更为主动和创新的角色。

他们以独特的 5 项特征，重新定义了与品牌的关系。

- 高度个性化的体验：超能消费者期望品牌能够通过 AI 技术，提供极端个性化的产品和服务。这包括基于大数据分析的个人购买习惯、偏好，甚至是情绪状态进行的定制化推荐。

- 深度互动与沟通：借助 AIGC 技术，超能消费者希望与品牌之间的互动更加智能和有意义。例如，通过 AI 助手进行自然语言沟通，品牌可以更深入地理解消费者的需求和反馈，实现更为个性化的客户服务定制。
- 创新的购买决策支持：超能消费者利用 AI 工具来辅助决策过程，例如通过虚拟现实（VR）试穿服装（如图 2-1 所示）或使用增强现实（AR）预览家具在自家环境中的摆放效果。这些技术提供了超越传统购物的决策支持。

图 2-1　VR 试穿服装示例图（用 GPT-4o 绘制）

- 隐私与透明性的重视：尽管渴望深度个性化的体验，但超能消费者同样非常关注个人数据的隐私保护和算法的透明性。他们期望品牌在提供定制化服务的同时，确保数据处理的公正性和安全性。
- 共创与反馈：超能消费者希望能够参与到产品的创造和改进过程中，通过 AIGC 技术提供反馈，与品牌共同设计和优化产品。这不仅提升了消费者的参与感，也助力品牌更准确地满足市场需求。

在这种新兴的消费环境中，超能消费者的存在不仅推动了品牌在技术应用方面的深入探索，也促使品牌必须重新思考与消费者的关系。品牌现在不仅是商品或服务的提供者，更是情感共鸣和价值共创的平台。这种转变要求品牌在设计产品和服务时，必须更加注重消费者的真实体验和深层次需求。

2.1.2　超级个性化品牌：AIGC 催生新的营销模式和策略

在 AIGC 时代，企业开始采用"超级个性化商业模式"，通过深入的消费者数据分析，提供定制化和个性化的产品与服务。这种商业模式通过数据挖掘，不仅关注消费者的显性需求，更能洞察其潜在需求，实现前所未有的个性化服务。

技术进步与市场需求的双重推动使得企业不仅有能力，而且有必要提供超级个性化服务，成为超级个性化品牌，以满足现代消费者的期望并在激烈的市场竞争中保持优势。

超级个性化服务，相较于传统基于大数据的个性化服务，可视为在 AIGC 时代的"增强版"和"超级版"。

利用前沿的 AIGC 技术，结合先进的 AI 和机器学习算法、沉浸式的增强现实（AR）和虚拟现实（VR）技术，品牌能够更精准地识别和满足消费者的独特需求。这种方法使得消费者不再仅仅被归类到大规模的群体中，而是作为具有独特个性特征和偏好的个体被识别和服务。

在 B2C 领域，在线旅游平台 Expedia 和 Kayak 已将 ChatGPT 插件整合到其移动应用程序中，彻底革新了传统机票和酒店的预订流程，将其转变为超级个性化的服务。用户可以与系统进行对话，系统根据个人需求和偏好生成旅行建议、住宿推荐、交通安排及观光活动方案。这些应用程序甚至可以根据当前和未来的航班、酒店、租车等方面的价格趋势，以及目的地信息，为旅行者提出最佳出行时间建议，帮助他们做出最优决策。

在 B2B 领域，Octopus Energy 能源公司也正利用 ChatGPT 充当客户服务代理角色，为用户提供基于其特定需求、市场状况及未来供需预测而定制的能源计划。这不仅保证了稳定的能源供应，还助力客户节约成本，提升了客户体验。Octopus Energy 的创始人兼首席执行官雷格·杰克逊透露，AIGC 客服系统相当于为公司增加了 290 名人工客服，且提供与人工客服相媲美的服务水平。在最近的客户满意度调查中，AIGC 客服与人工客服的满意度已经不相上下。

从个性化服务到超级个性化服务的转变，不仅提升了客户满意度，还促进了品牌与用户之间更深层次的连接，极大提升了用户的忠诚度和参与度。随着 AIGC 技术的持续发展并融入更多平台，其对营销策略的影响预计将进一步扩大，革新企业与客户互动的方式。

AIGC 技术正在帮助各行各业打造超级个性化的服务，大幅提升用户体验和满意度。

1. 金融和投资行业

金融科技（Fintech）已经在提升金融行业的智能化和自动化水平方面发挥了关键作用。通过引入先进的技术如 AI、机器学习和大数据分析，Fintech 不仅优化了传统金融服务流程，还增强了服务的个性化和客户体验。这些技术的融合使得金融机构能够更快速、更准确地响应市场变化和客户需求。

AIGC 技术为金融行业提供了一种实现个性化服务的强大工具。它能够依据用户的投资偏好、风险承受能力以及资产配置的历史等关键信息，为个人投资者量身打造投资组合建议。此外，AIGC 智能助理能够实时生成个性化的理财报告和投资建议，辅助用户做出更加明智的投资决策，避免盲目投资。

平安银行采用先进的 AIGC 技术，深入挖掘客户的个人信息、历史贷款记录以及消费行为等大数据资源，形成了一套精确的信用评估体系。依托这一体系，平安银行根据客户的不同信用等级、贷款需求和个人偏好，提供个性化的贷款产品和服务。这种定制化服务涵盖了贷款额度、还款期限和利率等多个维度，确保了服务的高度灵活性和适应性。

2. 传媒和娱乐行业

媒体平台可以利用 AIGC 技术提供个性化的电影、电视剧或音乐推荐，甚至能够根据用户的喜好为电影设计不同的剧情走向，或者为同一首歌曲创作不同的歌词。此外，游戏行业也正在通过 AIGC 技术为用户量身定制喜欢的 NPC 角色，或者根据玩家的水平和偏好设置不同的游戏情节和关卡难度，从而提升玩家的沉浸式体验。

Riftwaver 和 Role 公司利用 AIGC 工具，为《龙与地下城》等桌面游戏创造更加个性化的游戏体验。这些工具能帮助城主（Dragon Masters）准备和生成情节、地图、遭遇以及怪物，使玩家能够探索全新的世界并与前所未见的怪物作战。同时，AIGC 技术与剧本杀和密室逃脱堪称完美匹配。

PlaywightJBT 和剧本杀作家等 AIGC 写作工具，已成为剧本写作和密室逃脱情节设计的常用工具。AIGC 的缜密逻辑推理与剧本作者及游戏设计者的想象力相结合，能生成丰富的细节，打造沉浸式的互动体验，将剧本杀和密室逃脱的游戏设计推向一个新的高度。

3. 时尚和零售行业

从企业和品牌的角度看，利用 AIGC 技术提供个性化服务是一种增强用户体验和提升品牌忠诚度的创新方式。通过精准分析用户的购买历史、社交媒体偏好及最新时尚趋势，企业能够提供针对性的穿搭建议和虚拟试衣间体验，从而更加精确地满足消费者的个性化需求。

例如，Nordstrom 的虚拟助手"诺迪"（Nordy）和 Saks Fifth Avenue 的"Saksbot"利用 AIGC 技术，通过询问客户的身高、体重及生活习惯等信息，进行尺码和风格推荐。这不仅提高了购物的便利性，也增强了消费者对品牌的信任和满意。

4. 健康和医疗行业

通过分析用户的健康数据、运动习惯和饮食偏好，AIGC 技术能够提供个性化的健康计划和饮食建议。这种高度个性化的服务不仅帮助用户实现更健康的生活方式，而且为健康品牌提供了精准营销的绝佳机会。

在医疗领域，如 BenchSci 和 Evotec 等公司利用 AI 技术，帮助研究人员在药物开发过程中更有效地选择抗体和试剂。借助对大量生物医学数据的分析，BenchSci 可以为科学家提供定制化的实验方案，加速新药的研发进程。这一服务不仅提升了药物研发的效率，还为患者提供了更加个性化的治疗方案。

平安健康推出的"AskBob"智能医生平台，通过整合超过 4000 万篇中英文医学文献、20 万份药品说明书以及 2 万份权威临床指南构建的庞大医疗知识图谱，并结合先进的 AIGC 技术，为医生提供了诊疗建议与辅助决策支持。该平台尤其在医疗资源较为匮乏的地区，有效地提升了医疗服务的质量和效率。

5. 能源、化学和化工行业

在化学和化工领域，企业已经开始利用机器学习、量子计算等先进技术来预测新材料的性能，加速材料设计和合成路径规划。这些技术还用于指导自动化实验并进行化学品的安全环保评估，以有效预防潜在风险。随着技术的进步，这些企业现在正在采用 AIGC 技术，进一步加快这一过程，并使得针对 B2B 企业的个性化营销和用户体验设计成为可能。

例如，陶氏化学推出的聚氨酯"预测智能"技术，可以实时预测泡沫配方的特性，并根据客户的具体需求推荐最佳配方。这种技术的应用不仅提高了生产效率，还增强了客户满意度。

此外，三井化学利用 IBM Watson 的生成式 AI 技术来分析海量的社交媒体数据，使销售和业务专家能够高效地处理大数据，从而发掘新产品和新应用机会。例如，通过监测社交媒体上关于"铁路散发霉味"的抱怨，三井化学针对这一问题推出了新的防霉产品，并启动了针对特定客户群的营销活动。

6. 制造业

在复杂且多元化的制造行业中，AIGC 技术的应用正变得日益普及。这些技术通过深度分析行业数据、上下游客户动态以及终端用户需求，显著提升了产品和服务的个性化水平。

在产品设计阶段，AIGC 可以利用终端用户数据和市场趋势预测，协助工程师洞察未来的供需趋势，并迅速生成多样化的设计方案。这种能力使得产品设计更加精准和高效。

在生产过程优化方面，AIGC 通过分析生产数据，能够预测设备可能的故障点，优化生产流程，并提升整体的生产效率。

在客户服务领域，AIGC 技术的应用同样显著。客户协作工具和服务型聊天机器人能根据客户的具体需求提供定制化的解决方案，例如，能够根据客户需求快速进行原型设计，帮助客户选择最适合自己的产品。

施耐德电气正将微软的 Azure OpenAI 集成到其解决方案中，推出了诸如能源顾问助手（Resource Advisor Copilot）等应用。这些应用整合了复杂的专业知识，一方面帮助销售和客户服务代表即时找到针对某一客户的相关信息，并基于庞大的内部知识库和产品数据库提供恰当的解答。另一方面，它们还能帮助客户生成增强的数据分析和可视化的分析报告，为客户提供决策支持和性能优化的建议。

7. 建筑和建工行业

在建筑设计和施工领域，AI 的深入应用正逐步改变传统的工作流程，并显著提升了建筑行业的效率与安全性。在建筑设计阶段，不少公司已开始借助 AIGC 技术进行设计辅助。例如，Hickok Cole 建筑设计公司采用了 ChatGPT 来辅助完成建筑设计，通过 ChatGPT 生成设计文案，随后利用文本到图像的 AI 工具 Midjourney 来实现设计可视化。

另外，在国际上，日本的环球建筑公司 Obayashi Corporation 与 Autodesk Research 等合作伙伴共同开发了一个 AI 平台，使建筑师能够输入参数并迅速生成空间规划和内部布局方案。此外，该公司还与 SRI International 等企业合作，将手绘草图和文字描述实时转换为幕墙设计，并以三维形式展示，极大地提高了跨团队的沟通和协作效率。

在施工阶段，Dusty Robotics 的 FieldPrinter 机器人能够实时导出 BIM 信息，并直接在现场进行放线，其作业精度可达到 ±0.5 毫米。Hilti 公司推出的 Jaibot 结合了 BIM、基础 AI 和视觉技术，能辅助进行精确的定位和钻孔作业。未来，它们计划将同时定位与地图构建技术（SLAM）和更先进的计算机视觉技术整合到建筑机器人中，以进一步提高性能和精确度。

此外，专为建筑项目管理设计的 Fieldwire 软件可能会引入生成式 AI 技术，通过自然语言交互实现自动化任务创建、日常报告和方案注释，帮助建筑公司和现场团队提高沟通与协作效率，从而提升项目的整体效果和效率。这些创新展示了 AI 技术在建筑领域的广泛应用及其带来的革新潜力。

8. 交通和物流行业

AIGC 正在被运输和物流公司广泛应用来个性化服务，旨在改善客户体验、提升效率并降低成本，例如被用于开发个性化用户界面、自动化客户服务以及执行预测性分析。一些行业领导者，如马士基、京东物流、UPS 和优步，已经开始利用生成式 AI 来创新它们的产品和服务。

马士基公司利用 ChatGPT 自动生成常见问题的答案，提升其网站搜索查询的准确性，并整合 ChatGPT 到自助服务选项中，为客户体验团队提供一个快速且准确的支持工具。京东物流推出的"物流超脑"能通过自然语言交互生成和创作物流场景，并进行自动决策，支持不同布局对比、归因分析和方案推荐，从而帮助用户改善仓储运营并显著提升效率。此外，菜鸟供应链推出的数字化供应链产品"天机 π"结合了菜鸟算法和基于大模型的生成式 AI 辅助决策，能在销量预测、补货计划和库存管理等领域帮助用户实现提质增效。

9. 农业

AIGC 正在加速传统农业向智慧农业的转型，涵盖了农业技术、生物育种以及农业市场信息等多个方面。例如，Indigo 农业公司运用 AIGC 技术为农民提供个性化种植建议和碳信用额度交易服务；孟山都公司则利用生成式 AI 进行种子基因的优选和改造，辅助决策，培育出耐旱、抗虫害等性能优异的作物。

根据《21 世纪经济报道》，深圳大学"腾班"的 00 后大学生运用 AI 技术开发了"鸡体识别系统"，在 8 个月内对贵州赤水的 25 万只乌骨鸡进行了识别和追踪，及时发现并处理了"呆鸡""弱鸡"和误入鸡群的野生动物"木鸡"。该系统自运行以来，已使养殖基地的乌骨鸡出栏率提高约 30%，额外增产了 6 万多只乌骨鸡，这些鸡肉还被供应到了深圳大学学生食堂。

此外，京东通过"猪脸识别"技术，可以实时监控猪的体重和健康状况，并通过传感器监测环境温度、湿度、粉尘、氨气和氮气含量，从而改善猪的生活条件。阿里巴巴则为每头猪建立个人档案，收集并对比猪的行为特征，监测幼猪的健康状态，以此评估猪场的效益并提供优化建议。

10. 教育和培训行业

AIGC 技术能够根据学生的学习进度、兴趣和学习风格提供个性化的学习资源和课程。这种个性化学习体验不仅提高了学生的学习效率和成绩，还为教育机构提供了更精准的学生分析和管理工具。

企业利用 AIGC 技术提供超级个性化服务的核心，在于深入了解和预测消费者的需求和偏好。通过实时生成个性化内容，企业能够显著提升用户体验和满意度。随着 AIGC 技术的持续发展和完善，未来的营销策略将更加重视个性化和消费者体验，从而实现品牌与消费者之间更深层次的连接和互动。

在各个行业中，AIGC 正在塑造超级个性化服务的新商业模式。

这种"新物种"的进化不仅仅局限于对过往消费记录的简单分析和响应，还涵盖了对消费者的行为习惯、社交网络互动、偏好表达及潜在心理需求等多元信息源的整合。

借助这些技术手段，品牌能够在快速变化的市场环境中迅速迭代和优化其产品与服务方案。这样的策略确保每位消费者收到的不再是千篇一律的推送，而是专为他们量身定制的个性化服务和产品，从而显著提升用户满意度和增强品牌忠诚度。

2.2　全面认识 AIGC 智能营销

超能消费者和超级个性化服务，正在打造围绕 AIGC 的新增长飞轮。

一种新的营销模式正在萌芽。这种模式以人为本、以价值为核心、以协作共创为翼，引领营销跃升到一个新的范式。

2.2.1　什么是 AIGC 智能营销

1. AIGC 智能营销的定义

尽管我们可以追根溯源去探寻营销的演进，尽管我们可以皓首穷经来研究营销的原理，但我们依然无法为营销下一个准确的定义。

菲利普·科特勒提出营销是价值的创造和交换，大卫·奥格威则提出营销是品牌塑造和心智打造。彼得·德鲁克认为营销是发现并满足用户需求，而查尔斯·库尔则认定营销是影响并创造用户需求。杰克·特劳特强调营销就是差异化定位，但贝里·梅森倾向于把营销等同于关系管理。迈克尔·波特认为营销是一系列建立竞争优势的活动，而诺曼·库恩斯更愿意把营销当作一整套建立情感连接的互动。

营销之所以有不同的解读和定义，是因为营销有着二元性：既是基于用户数据和逻辑思维的科学，又是依赖想象力和同理心的艺术。

AIGC 将这种二元性又推向了新的高度，它不仅强化了营销的"科学属性"和"技术基因"，又增强了营销的"艺术表现"和"情感融合"。

通过模拟人类创造力，AIGC 技术不仅能够自动生成符合品牌调性的多样化内容，还能根据用户的情感反馈动态调整营销策略，实现更细腻的情感共鸣和更深层的顾客关系构建。这不仅拓宽了营销的边界，而且在技术与人性的交汇点上，重新定义了有效的价值创造与交换，即如何在用户心中留下深刻的品牌印象，以及如何在满足需求与创造需求之间实现微妙的平衡，最终实现营销的差异化定位与情感连接的双重目标。

无论我们是否准备好，AIGC 正将营销推向一个既科学严谨又充满感性魅力的新时代。这种新的营销范式，我们称之为 AIGC 智能营销。

AIGC 智能营销是一种创新营销策略，利用生成式 AI 技术，借助 AIGC 的创意和创新能力，洞察并预测消费者需求，自动生成多模态内容，提升营销活动的智能化和自动化水平，进而增强用户的个性化体验，驱动更高效的价值创造和价值交换。

2. AIGC 智能营销的内涵

为了更深入理解 AIGC 智能营销的内涵，让我们详细解读这个定义的各个组成部分：

- "利用生成式 AI 技术"。如果数字化营销的动力来自基于结构化数据的营销自动化工具，那么 AIGC 智能营销的驱动力则源自生成式 AI 引擎。借助先进的算法、不断增强的计算能力，以及在数字营销时代积累的大量用户数据，生成式 AI 能够为我们创造全新的策略、内容、流程，以及营销自动化工具。
- "借助 AIGC 的创意和创新能力"。作为生成式 AI 的重要应用，AIGC 不仅能提供创意，还能激发创新。它通过学习和分析大量数据，自动生成与消费者偏好和行为模式紧密相连的内容，从而推动营销策略的革新，并带来个性化的用户体验。这种技术的运用不仅加快了内容的创作过程，还提高了营销活动的相关性和效果。
- "洞察并预测消费者需求"。AIGC 智能营销的一个重要特征是通过数据分析预测和洞察消费者需求。生成式 AI 可以分析来自不同渠道的大量消费者行为数据，如购买历史、搜索习惯和社交媒体互动等，从而识别出消费者的偏好和未来的趋势。这种洞察使得营销策略能够更加精准地定位到潜在客户的实际需要。

- "自动生成多模态内容"。多模态内容指的是结合文本、图像、视频等多种形式的内容。AIGC 技术能够根据营销目标和策略，自动生成包括广告海报、社交媒体帖子、视频广告等在内的多种格式的内容。这种自动生成的能力极大地提高了内容生产的效率和规模，同时保持内容的相关性和吸引力。

- "提升营销活动的智能自动化"。通过 AIGC 技术，营销活动的多个环节可以实现自动化，包括内容的生成、发布、监测和优化。生成式 AI 可以在分析实时数据后，即时调整营销策略和内容，以适应市场变化和消费者反馈，从而实现更高效的营销管理。

- "增强用户个性化体验"。个性化一直是现代营销的重要趋势。AIGC 技术通过详细了解每位用户的独特需求和偏好，可以生成完全个性化的市场沟通内容和推广活动。这种个性化体验使消费者更有可能与品牌产生共鸣，从而增强客户忠诚度，提高转化率。

- "驱动更高效的价值创造和价值交换"。最终，AIGC 智能营销通过上述所有方式，能够更有效地创造和交换价值。对企业而言，这意味着更高的营销 ROI（投资回报率）和更强的市场竞争力。对消费者而言，这提供了更符合其需求和兴趣的产品与服务，增强了消费体验。

AIGC 智能营销通过集成先进的 AI 技术，改变了传统营销的许多方面，从内容创造到消费者互动，再到市场策略的执行。这种创新的营销方式不仅提高了效率和效果，也为企业和消费者之间建立了更加动态和互惠的关系。

在了解了 AIGC 智能营销的"内涵"之后，我们来解读一下它的"外延"，也就是它在应用场景中的外在表现。AIGC 智能营销的特点包括智能个性化、动态创意、生成式交互以及情感智能。

3. AIGC 智能营销的特点

- 智能个性化：AIGC 技术通过分析大数据，能够准确预测消费者的偏好和行为，并生成个性化的内容，提供个性化的营销方案，满足每位用户的特定需求。

- 动态创意：根据最新的市场动态和用户反馈，AIGC 可以实时调整创意策略，确保内容始终保持相关性和吸引力。

- 生成式交互：生成式交互是 AIGC 智能营销的另一个关键特点，它通过如自然语言输入和聊天机器人等方式，提供了一种创新的用户交互体验。这种交互方式使用户能够以更自然的方式进行沟通，避免了传统图形界面中烦琐的导航和信息检索，显著提升了界面的可访问性和效率。
- 情感智能：通过分析语音和文本的情绪信号，AIGC 能深入理解消费者的情绪，使营销更具人性化和感染力。

这些特点共同使 AIGC 智能营销不仅提高了营销活动的效果，还极大地优化了消费者体验，推动了价值的创造和交流。

2.2.2　人机协同的智能个性化

智能个性化是 AIGC 智能营销的重要特点之一。通过深入分析消费者数据，智能个性化能够为每位用户量身定制内容、产品推荐和体验，将营销的精准度和效果推向新的高度。

智能个性化依赖于 AIGC 的大规模和实时的分析及生成能力。

首先，AIGC 工具和应用利用机器学习算法分析来自多个渠道的大量消费者数据，包括购买历史、在线行为、社交媒体互动、地理位置信息等。通过这些数据，AIGC 可以描绘出每个消费者的详细画像，包括他们的喜好、需求和行为模式。

其次，生成式 AI 利用自然语言处理技术来理解和生成语言。一方面，AIGC 可以创建看起来像是由人类撰写的高度个性化的内容；另一方面，AIGC 还可以分析客户和用户的实时反馈，以进一步优化内容。

以往的营销领域的数据分析，大多依赖于市场调研和结构化数据分析。然而，随着 AIGC 技术的进步，我们现在能够通过非结构化数据深入了解每一位用户的洞察。

这种能力使品牌能够创建与消费者兴趣、需求和偏好完美契合的内容，提供更加相关和吸引人的产品推荐，以及更加个性化的购物体验。

以自行车行业的传统营销方式为例，传统的广告通常包括电视广告、视频贴片广告或达人营销等。这些广告往往侧重于展示自行车的外观和一些基本功能，试图尽可能广泛地吸引观众。

例如，我们可以请小红书的达人来推广这款自行车。他可以分享自己的骑行经验，同时简单地强调自行车的几个特点，如颜值、轻便或时尚。

这种营销方式已经开始区分不同类型的潜在顾客，但是颗粒度依然不够。在同一细分群体内，用户的诉求也各有不同。例如，在新入门的用户中，有的人购买自行车主要是为了日常通勤，他们更看重性价比；而有的人则是看重社交属性，他们更倾向于选择颜值高和品牌知名度高的车型。

智能个性化能够在颗粒度更细的维度进行个性化营销。

品牌通过部署聊天机器人或者智能体，在对话中完成个性化推荐。对于自行车的首次购买用户，AIGC 可以从对话中洞察他们的兴趣和偏好，并预测他们的购买倾向和购买能力。

在获得用户同意的前提下，聊天机器人和智能体可以进一步了解用户的个人数据，比如体重和身高等信息，推荐适合其体型的自行车尺寸。同时，AIGC 可以根据用户的地理位置，自动分析当地的骑行环境（如城市街道、山地小径或赛道），确保自行车的性能与消费者的实际使用场景相匹配。

利用这种细分策略，我们的营销信息将更为精准，能够针对个别消费者推荐最合适的自行车型号、配件选项和服务计划。

通过这种高度个性化的推荐过程，我们不仅确保消费者能够获得符合他们体型和骑行环境的自行车，而且还能提供一系列增值服务，如定期的保养和升级建议，以确保消费者长期对产品感到满意。

这种智能个性化的方法，通过 AIGC 自身的分析和预测能力，与用户进行人机协同，通过自然语言沟通，完成个性化的智能推荐。

智能个性化，不仅增加了消费者的购买意愿，也提升了用户体验和满意度，因为每位消费者都感到自己的独特需求被充分理解和关注。这不仅仅是单纯地销售产品，更是为用户提供一种生活方式的选择和一次个性化的购物体验。

Whoop 是一个健身可穿戴设备的品牌，使用 AIGC 技术，开创了一种全新的用户交互和服务模式。

Whoop Coach 是这家公司推出的一款集成了 GPT-4 的会话式聊天机器人，Whoop Coach 能够利用用户的生物识别数据、定制的机器学习模型以及 Whoop 的专有算法，来提供个性化的健身指导和建议。这个系统深入分析用户的健康和运动数据，并通过实时互动的方式，提供训练计划、健康指标洞察以及解答一般健康问题，从而为用户打造一个像真人教练一样的体验。

这个创新的服务显著提高了用户的参与度和满意度，并帮助 Whoop 扩大了其市场份额。2023 年，Whoop 用户平均每月使用 Whoop Coach 20 次，比 2022 年增长了 30%。个性化的健身体验不仅加深了用户的品牌忠诚度，也吸引了更多的新用户。Whoop 利用这一点作为营销策略的核心，通过社交媒体、电子邮件以及合作伙伴的关系强调个性化服务的价值，有效地推动了用户增长。

同时，Whoop 也非常重视用户隐私的保护。公司承诺用户的对话数据将得到严格的安全保护，用户有权关闭 Whoop Coach 功能，并且可以随时删除个人聊天数据，以此来解决用户可能的隐私顾虑。

通过这种互动方式，AIGC 显著提升了用户的满意度并有潜力增加销售转化。AI 精准化的营销策略不仅弥补了传统营销可能忽略的细节，还让每位用户感受到了品牌的关注和贴心服务。AI 和机器学习技术在营销领域的应用，使得个性化营销变得可行，成功开辟了一个更互动、更有针对性和效率的新营销时代。

2.2.3　AIGC 驱动的动态创意

动态创意是 AIGC 智能营销在内容方面的特点之一。动态创意让智能个性化成为可能。

动态创意包括下面几个方面：

- 即时数据洞察：借助 AIGC 技术，我们对用户的行为和反馈进行实时分析，深入洞察用户需求，并预测用户的互动趋势以及行为模式。这不仅能帮助我们理解用户当前的行为，还能预见未来可能的需求变化，从而使我们能够提前调整策略。
- 实时内容生成：利用 AIGC 技术，动态创意可以根据实时数据和用户交互即时创建或优化多种形式的内容，包括文本、图像和视频。这种能力使内容始终保持新鲜度和相关性，以便更好地吸引目标群体。
- 动态策略优化：动态创意不仅限于内容的生成，还包括对营销策略的实时调整。通过分析营销活动的即时数据反馈，品牌可以灵活调整广告投放、内容布局和营销信息，从而优化资源配置，提升 ROI。

动态创意能够提升内容的相关性和营销效果。

亿滋国际（Mondelez International）在印度传统节日排灯节期间推出了一场名为"不仅仅是一则吉百利广告"的创新营销活动。此次活动不仅旨在推广亿滋国际旗下的吉百利产品，也致力于支持当地经济的发展。

为了实现这一目标，亿滋国际采用了先进的 AIGC 技术，根据观众所在地区实时调取附近商店的信息，并将这些信息融入由宝莱坞明星沙鲁克·汗主演的视频中。通过精准的音画同步技术，视频中的沙鲁克·汗不仅介绍吉百利产品，还推荐观众可以就近访问的商店。

在整个活动期间，借助 AIGC 技术，亿滋国际实时生成了超过 13 万条个性化视频，每条视频都特别提到了不同的当地商店。

如果没有 AIGC 的内容生成和广告投放技术支持，制作并投放如此庞大数量的视频将极其耗时且成本高昂。然而，利用 AIGC 技术，亿滋国际不仅能够高效且经济地执行这一宏伟的营销计划，还在排灯节期间显著提高了品牌影响力和市场份额。

除了动态创意生成，AIGC 还能助力品牌进行动态创意优化。AIGC 能够实时监控活动绩效数据，并根据这些数据即时调整内容。这种能力使品牌可以根据受众行为优化标题、视觉效果和信息，从而提升参与度和效果。这种动态创意优化方法类似于抖音的推荐引擎，后者通过分析用户的观看、点赞和评论行为，动态调整视频推荐和直播内容。

以喜利得（Hilti）的广告创意为例，喜利得利用社交媒体分析工具，如 Sprinklr 和 AIGC 分析工具，来收集用户对其电动工具产品的互动数据，包括访问产品页面、查看技术规格、观看操作视频等。

喜利得的动态创意优化通过以下 3 个步骤实现：

1）智能分析：AIGC 分析用户互动数据和平台性能指标，确定哪些创意内容在特定用户群体和平台中最有效。它会考量触达效率、互动效果、行为转化、提单意向、线索质量等指标。

2）创意调整：基于分析结果，利用 attentive 等工具自动调整创意内容，如优化视频内容、更新落地页、调整标题风格等，以更好地提升触达和转化效果。

3）自动化执行：AIGC 自动执行这些调整，确保创意内容在任何时间点都能以最佳状态呈现给最相关的受众。

动态创意能够帮助品牌实现动态创意优化，提高内容营销的效率和效果。通过自动生成和调整创意内容，AIGC 能够帮助品牌快速推出新的营销活动，并且能够实时根据用户反馈和市场变化进行调整。这不仅能够提高内容的质量和吸引力，还能够提升用户体验，增强品牌与消费者之间的互动和连接。

2.2.4　自然语言为主的生成式交互

在微软的 Edge 浏览器中，用户能够直接与 AI 对话，请求生成内容或提取信息，无须浏览其他网页。同样地，我们可以利用智谱清言，仅通过简单的指令就能获取近期热门的电影和电视剧推荐，而无须访问豆瓣或小红书等平台。

在 AIGC 主导的未来中，媒体和平台之间的传统界限可能会逐渐消失。用户或许不再需要在不同应用程序之间频繁切换来获取各类内容或服务。相反，他们可以通过单一的界面，按需访问定制化的功能和内容。

这种生成式交互预示着品牌与用户互动方式的全新变革，有可能使得传统的前端设计与后端功能分离的模式成为历史。我们正在进入一个"无头产品"的时代，其中前端可能完全被淘汰，后端则专门为服务 AI 平台的功能而构建。

生成式交互代表了人机交互的一大进步。人类与计算机的互动历史就是一部不断追求简化和自然化的历程。从早期的打孔卡片到命令行界面，再到图形用户界面（GUI），每一次技术革新都旨在使人机沟通更加直观和高效。

在计算机技术初期，人机交互是间接且复杂的。早期计算机使用打孔卡片输入指令，这需要用户具备特殊的知识才能操作。随后，命令行界面（CLI）的出现虽然简化了交互过程，但用户仍需学习特定命令和语法。尽管命令行界面在某些情况下依然是专业用户和系统管理员的首选工具，但它对大多数用户来说并不理想。

20 世纪 70 年代末，图形用户界面（GUI）的出现彻底改变了人机交互方式。随着智能手机的兴起和移动互联网的普及，用户界面经历了一场新革命，主要体现在触摸屏操作的普及，这要求界面设计更为简洁和直观。

　　然而，依赖视觉元素可能导致操作复杂、信息过载，甚至用户疲劳等问题。

　　生成式交互通过自然语言输入、聊天机器人等形式，提供了一种创新的用户交互体验。它们使用户能够以更自然的方式进行交互，避免了传统图形界面中烦琐的导航和信息搜索，显著提升了界面的可访问性和效率。例如，Character.ai 和 Infection.ai 等基于生成式界面的个人助理工具，能够理解用户的自然语言输入，并生成恰当的、语境相关的回复，成为用户的智能助手。

　　生成式交互，特别是在 AIGC 领域的应用，正在彻底改变智能营销的面貌，也成为 AIGC 智能营销的又一个特点。

　　生成式交互使得品牌可以与用户进行更加动态的"自然语言沟通"。通过自动化的内容生成和响应机制，生成式交互减少了人工干预，从而提高了营销活动的效率。营销团队可以将更多的时间和资源投入到策略规划和创意工作中，而不是日常的内容创建和管理工作。

　　生成式交互的到来标志着交互模式从平台中心向用户中心的根本性转变。在过去的平台中心模式中，品牌和企业主导内容的产生与分发，用户处于被动接收的位置。比如，平台和企业可以在用户搜索结果中植入广告。然而，生成式界面改变了这一点，它们赋予用户主动控制信息流的能力。用户不再只是接收被动推送的广告和信息，而是可以通过交互引导生成式界面产出有意义且个性化的内容和解决方案。

　　这种互动模式变化意味着用户的需求和偏好现在是形成营销策略的核心，品牌必须围绕用户的具体情况进行精准营销，而不是依赖于一般化的、广泛投放的广告。这种转变不仅提升了用户体验，也要求品牌更加灵活和敏捷地适应用户需求的变化，实现真正意义上的消费者驱动的市场策略。

　　机遇在于，品牌可以通过生成式界面，如智能助手或聊天机器人，更深入地理解每位用户的独特需求和偏好。例如，一个智能助手可以通过对话收集用户的反馈，理解他们对产品的具体意见和改进建议，从而帮助品牌进行针对性的产品优化或定制化的推广。用户感受到的这种个性化关注，能极大地提升他们对品牌的忠诚度和满意度，甚至愿意主动分享自己的正面体验，这对于品牌口碑的提升是极其有利的。

　　挑战则在于，这种以用户为中心的策略要求品牌必须有能力处理和分析大量的用户数据，以确保信息的个性化和相关性。这不仅需要先进的技术支持，还需要符合数据隐私和安全的合规政策。品牌必须投入资源来保护用户的隐私，同时确保个性化服务不会让用户感到困扰。此外，生成式界面的普及也意味着用户的期望值在不断提高，品牌要在竞争中脱颖而出，就需要不断创新和提供超出用户预期的服务。

在这个以用户为中心的营销时代，品牌需要找到平衡点，利用生成式交互的优势来提供既个性化又符合用户期待的体验。同时，品牌也要意识到过度营销的风险，确保推广活动的精准度和适度性，以免打扰用户，导致反效果。

2.2.5　数字化的情感智能

AIGC 智能营销不只是基于精准的数据分析和及时的反馈，更重要的是深入理解和有效响应用户的情绪和感受。

这一过程的核心在于情感分析技术的发展与应用，该技术通过自然语言处理和机器学习算法，从各类文本数据中提取用户的情感倾向和情绪反应。情感分析，亦称为意见挖掘，是运用自然语言处理和机器学习技术，自动识别、提取和分析文本数据中的观点、情感和情绪的过程。

情感分析揭示了用户对品牌、产品或服务的态度和情感反应，使企业能够构建更紧密和有意义的用户关系。它能识别用户的满意点、不满和潜在需求，为企业提供宝贵的市场洞察。通过分析社交媒体、在线评论、客户反馈等文本数据，情感分析揭示了用户行为的背后动机，为企业制定策略和优化产品提供了重要依据。

情感分析不仅可以分析历史数据，实时数据的分析也同样关键。结合面部识别、语音识别、语音情感分析等技术，品牌可以立即捕捉并响应用户的情绪变化。

尽管人类在解读情感方面仍占有优势，但机器正在利用自身的技术优势逐步弥补这一差距。借助海量数据，品牌可以通过识别和解析人类情感，对客户进行更深入、更精细的了解。以波士顿的 Affectiva 公司为例，该公司专注于汽车 AI 和广告研究领域。在得到客户授权的前提下，它们运用情感 AI 技术捕捉人们对广告的详细面部反应，从宏观到微观层面。这使企业能够真正理解消费者对广告的反应以及他们观看广告后的购买意向。

　　除了在线广告，这项技术还可以用于加强对客户的吸引力并与之建立持久关系。例如，品牌可以部署具备 AI 技术的聊天机器人，识别客户的性格特征及驱动其情感反应的关键因素，这些因素可能影响他们对公司产品或服务的选择。

　　根据个体的互动反馈，聊天机器人可以将用户引导至最合适的网站或连接至现场客服代表。这种策略的应用不限于任何特定行业，它能帮助企业向消费者传达更加相关和个性化的信息，从而提高沟通效率和顾客满意度。

　　这对 B2B 公司尤为关键，因为根据谷歌的研究显示，B2B 客户通常与其供应商和服务提供商建立了更为紧密的情感联系。

　　但是，这项技术的应用不止于此，它还可以实时部署，以分析店内消费者的行为。例如，零售行业可以使用情感 AI 来了解购物者对他们正在购买（或未购买）的商品的真实感受。围绕产品展示的小型传感器和摄像头可以显示人们对价格、包装甚至品牌的感受。如果人们看到价格标签时皱眉，可能需要降低价格。另外，如果消费者在分析产品包装时显得困惑，可能需要重新设计或简化包装方案。最后，如果情绪反应表明消费者对货架位置和通道布置感到沮丧，则可能需要进行小规模的布局重新配置。因此，这项技术也可以满足消费者的线下需求。

2.3　AIGC 智能营销的 4A 模型

　　在了解了什么是 AIGC 智能营销之后，我们需要构建一套新的理论框架，以指导企业在 AIGC 时代下的营销实践，把智能个性化、动态创意更好地与生成式交互相结合，并利用情感智能让营销更加以人为本。

2.3.1　4A 模型概述

　　在 AIGC 技术迅速发展的当下，企业急需一套全新的智能营销方法论，以充分利用生成式 AI 的优势，建立更加高效的营销体系，支撑业务增长。正如传统营销依赖 4P（产品、价格、推广、渠道）模型，数字营销采用 5A（意识、吸引、接受、行动、倡导）模型一样，AIGC 智能营销同样需要一个专属的框架来指导实践。

　　针对 AIGC 技术的特性和潜力，我们提出了 4A 模型，这一方法论分为
4 个环环相扣的关键步骤：分析（Analyze）、
构建（Architect）、激活（Activate）和增强
（Augment），如图 2-2 所示。

1. 分析

　　利用 AI 技术对海量数据进行深度挖掘和
智能分析，构建精准的用户画像，识别潜在
机会和市场需求。

　　通过 AIGC 技术以及自然语言处理等辅
助技术，分析用户行为、偏好、情感等多维
度数据，实现对用户的全面理解。基于用户

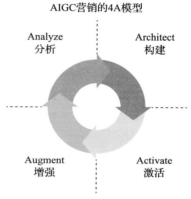

图 2-2　AIGC 智能营销的 4A 模型

画像和市场洞察，预测潜在需求和趋势，为营销决策提供数据支持。

2. 构建

　　基于数据分析和用户洞察，使用 AIGC 构建内容营销策略，并以此为基
础实现人机协同的创意生成和内容生成。

　　利用 AIGC 的文本生成、图像生成、视频生成等能力，自动创作个性化、
多样化的营销内容，提高内容的生产效率和质量。

　　同时，通过人机协同，将人的创意思维与 AI 的生成能力相结合，打造更
具创新性和吸引力的营销方案。

3. 激活

　　使用 AIGC 技术推动内容的高效分发和互动，这包括激活动态用户旅程
设计、实施生成式 AI 驱动的自动化营销，并通过智能对话式营销实现生成式
交互。

　　其中，我们利用 AIGC 优化用户体验，根据用户行为动态调整营销触点
和内容呈现，实现个性化的用户旅程；通过生成式 AI 驱动的自动化营销，实
现营销活动的自动优化和实时调整；借助智能对话式营销，提供沉浸式、交
互式的用户体验，提高用户参与度和转化率。

4. 增强

增强用户协作和共创下的新型品牌与用户关系，这包括利用 AIGC 识别忠诚用户，打造个性化的用户忠诚度计划，并激发用户的创造力，实现与品牌在内容生成、产品设计和体验打造等方面的深度合作，打造以人为本、基于价值交换的品牌与用户关系。

通过 AIGC 分析用户互动和反馈数据，识别忠诚度高的用户，为其提供专属权益和激励措施，提升用户黏性。利用 AIGC 赋能用户创造力，鼓励用户参与内容创作、产品设计等环节，实现品牌与用户的价值共创。构建基于信任、透明和价值交换的品牌与用户关系，形成可持续的用户生态。

AIGC 智能营销的 4A 模型，通过分析、构建、激活、增强 4 个阶段，全面利用 AIGC 技术的优势，重塑营销流程和用户关系，实现数据驱动的精准营销、人机协同的创意生成、沉浸式的用户体验和以人为本的品牌与用户关系，为企业在 AIGC 时代的营销变革提供了清晰的方法论指引。

2.3.2　用户旅程的超级闭环

4A 模型是一种以用户为中心、以 AI 为引擎的智能营销框架，旨在利用 AIGC 等新兴技术，在用户旅程的各个阶段提供个性化、智能化的体验，形成 AIGC 智能营销的超级闭环。

这一框架与科特勒教授提出的 5A 模型形成互补，共同构建以用户为中心的智能营销生态。5A 模型将用户旅程分为认知（Aware）、吸引（Appeal）、提问（Ask）、行动（Act）和推荐（Advocate）5 个阶段，突破了传统的 AIDA 模型，更加全面地刻画了数字时代用户决策的非线性特征，强调了用户在信息获取、社交互动、体验分享等方面的主动性和影响力。

4A 模型与 5A 模型形成互补，以用户为核心，围绕用户体验，利用前沿技术构建超级个性化的智能营销闭环，聚焦用户旅程的每一个环节，充分发挥 AIGC、数据分析、智能交互等前沿技术的力量，帮助品牌实现以用户为中心、以 AI 为引擎的精准营销和服务。

接下来，我们将在 4A 模型的基础上加入一个重要的用户体验维度，具体阐述如何使用 4A 方法论来构建超级个性化的用户体验。

在营销实践与用户体验设计的核心范畴内，"痛点（Pain Points）""甜点（Sweet Spot）""痒点（Itch Points）"以及"爽点（Wow Spot）"这 4 个概念常常被用来描述产品或服务触动消费者情感共鸣和需求层次的不同层面，如图 2-3 所示。

图 2-3　四点一体用户体验地图

用户体验的本质就是精准触及甜点、巧妙激发痒点、有效满足痛点以及制造爽点的过程。

甜点，是用户心中的"理想状态"或"完美匹配点"，代表着那些能够迎合用户需求、实现用户期望，并带来愉悦与满足感的产品属性和服务。例如，一个产品若能精准解决用户需求（基本的需求满足），同时提供优良体验和合理定价（基本的情感满足），便有机会触及用户的"甜点"。这是对产品和服务的基础要求。

痛点，则是指用户在日常生活、工作或消费过程中遭遇的实际问题、困扰或不满。若这些问题未能得到妥善解决，用户可能会感到不适、困扰，甚至痛苦。例如，长时间等待售后服务响应、产品功能复杂难以上手、产品质量不稳定等均为典型痛点。解决痛点，品牌需要提供切实有效的解决方案，这是高级的需求满足。

痒点，它触及的是用户的潜在欲望、追求或梦想。这些欲望可能超出用户的购买力或实际需求，但却能满足用户的内心渴望，激发购买或使用欲望。痒点通常与用户的情感层面和身份认同相关，如追求时尚、展现个性、满足虚荣心等。例如，手机和知名奢侈品牌的联名设计款，即使功能如一，用户仍愿为其投入，因为它满足了用户对品质生活的向往和自我形象塑造的需求。

爽点，是指产品或服务在解决用户痛点的同时，还能带来超出预期的情感价值。这通常是产品团队通过创新设计、技术突破或优质服务为用户带来的额外价值，使用户在使用过程中产生"这也行？"或者"真是没想到！"的强烈情绪。爽点的设计能有效提升用户的满意度和忠诚度，促使用户主动分享和推荐产品，从而推动口碑传播和用户增长。这是品牌追求的最高境界。

4A 模型可以在 5A 模型的不同阶段，从痛点、甜点、痒点、爽点等多个维度满足用户需求，形成一个超级个性化的智能营销闭环。

1）认知阶段：运用 AIGC 的分析洞察力，不仅可以识别市场趋势和用户偏好，揭示用户的潜在痛点，还能通过精准的用户画像，制定高度相关的内容和广告，在首次接触时就能触及用户的兴趣点（甜点）和潜在兴奋点（爽点）。

2）吸引阶段：品牌借助 AIGC 技术生成极具吸引力的故事、内容和创意，通过个性化方式引起用户关注。这样的内容设计不仅满足了用户的基本需求，还能精准触达用户的甜点，生动展现产品或服务如何恰如其分地满足其期待。

3）提问和行动阶段：通过 AIGC 驱动的个性化推送和互动，品牌能够在用户产生兴趣后进一步引导他们深入了解和试用产品。在此过程中，品牌不仅能够有效解决用户的痛点，还能够针对用户的痒点精准出击，鼓励他们尝试新产品或新功能，满足他们的身份认同、情感联结等深层需求（爽点），从而提升购买意愿、加速购买流程，并优化购买体验。

4）推荐阶段：卓越的用户体验将转化为积极的品牌口碑和用户忠诚度。通过持续的优化和智能化服务，品牌能够创造出令人赞叹不已的爽点时刻，使用户在享受超越预期的产品性能和服务时感到极度满意，从而自愿地向他人推荐品牌。同时，通过 AIGC 技术收集和分析用户反馈，品牌能够快速迭代和升级，持续提供卓越的用户体验。

总之，4A 模型可以在 5A 模型的各个阶段，利用 AIGC 技术从痛点、甜点、痒点、爽点等多个维度满足用户需求，构建一个超级个性化的智能营销闭环，帮助品牌实现精准营销和卓越服务，提升用户满意度和忠诚度，驱动品牌增长。

2.3.3 分析：智能洞察

AIGC 技术正以前所未有的广度、深度和效率，彻底改变企业理解和预测用户行为的方式。通过对文本、图像、视频等非结构化数据的深度学习和分析，AIGC 能够揭示用户行为背后的驱动因素和规律，为营销决策提供有价值的洞见。

从宏观的市场趋势判断到微观的个性化需求挖掘，AIGC 正在重塑用户分析的新范式。

在用户画像构建方面，AIGC 展现了巨大的潜力。传统的用户画像分析通常局限于年龄、性别、地域等基本属性，难以深入挖掘用户的深层次特征。AIGC 可以通过 API 或其他数据抓取工具，或通过整理好的数据文件，对用户数据进行分析，挖掘其兴趣偏好、消费习惯、情感倾向、决策路径等多维度信息，构建出更加丰满、生动的用户形象。AIGC 还可以将用户群体划分得更加细致。

此外，AIGC 可以动态跟踪用户画像，实时了解用户需求的变化，为企业提供决策支持。例如，在产品研发阶段，企业可以通过 AIGC 对用户画像的分析，了解用户对新产品的期待和需求，优化产品设计。在市场推广阶段，企业可以通过 AIGC 对用户画像的跟踪，实时了解用户的需求满足和情感反应，调整推广策略。

以 ChatGPT 为例，它可以通过学习海量的用户互动数据，构建出细粒度的用户画像。这些画像不仅包含用户的显性特征，更能捕捉其隐性偏好和心理诉求。基于如此精准的用户理解，企业可以实现用户群体的智能化细分，并匹配个性化的产品、内容和服务，大幅提升营销的针对性和转化率。

欧莱雅（L'Oréal）曾利用 AIGC 技术，对其官网和社交媒体平台上的用户互动数据进行深入分析，识别不同用户群体对护肤和彩妆的独特需求。基于这些洞察，欧莱雅推出了一系列定制化的产品和服务，如为敏感肌肤用户专门研发的低刺激配方，为喜爱尝鲜的用户提供的新品试用装等。

在深入剖析宏观市场趋势和精准评估竞争格局的领域中，AIGC 技术极大地革新了我们获取市场洞见的方法论。传统的人工提取和分析数据在效率与准确性上均存在局限性。第三方的报告由于涉及信息来源的可靠性、数据获取的成本以及与行业内部的相关性等多重因素，很多仅能在会议室中充当决策的旁证和背书，而不足以成为指导企业营销战略决策的核心洞察。AIGC 技术的介入，凭借其智能算法，能够迅速地对这些非结构化数据进行处理，自动识别并提取关键信息，进而生成详尽的市场洞察报告。这样的技术手段助力企业及时捕捉市场上的新机遇，预判潜在风险，从而更加合理地配置资源，巩固并提升自身在激烈竞争中的优势地位。

数字营销公司 Zeta Global 就曾运用 AIGC 技术，对汽车行业的市场数据和竞品策略进行全面分析。通过识别关键词、提取语义主题、综合情感倾向等方式，Zeta Global 为客户绘制了一幅清晰的行业竞争地图，揭示了市场需求变化趋势和主要竞品的差异化定位，帮助客户及时调整营销战略，抢占先机。

当然，我们也要看到，AIGC 在趋势预测方面还存在局限。一方面，不同的 AIGC 工具对未来的判断可能存在一定的滞后性和不确定性。另一方面，对于一些变革式的创新和"黑天鹅"事件，单纯依靠数据分析是不够的，还需要融入更多专家的经验和直觉。因此，将 AIGC 视为决策的辅助工具而非替代品，与人的洞见进行有机结合，方能实现更加全面、审慎、有效的市场洞察。

在微观层面，AIGC 可以多维度解构用户体验，洞察痛点、痒点、甜点和爽点。

- 甜点：通过深入分析用户的反馈和偏好，企业能够识别并强化那些能够给用户带来愉悦感和满足感的元素。我们可以使用 AIGC 技术分析用户的评价和反馈，以识别哪些产品特性或服务元素最受用户欢迎。基于这些洞察，我们可以针对性地优化这些服务，比如提供更快的配送选项、简化退换货流程、提升客服团队的响应速度和问题解决能力，从而为用户打造更加满意和愉悦的购物体验。这样的改进不仅能够提升用户的整体满意度，还能够增强用户的忠诚度和口碑传播，为企业的长期发展奠定坚实的基础。

- 痛点：在痛点分析方面，通过自然语言处理（NLP）和情感分析，AIGC 能够高效地处理和分析大量的用户反馈数据，从而帮助企业快速识别和解决产品或服务中的问题。例如，一家零售商利用 AIGC 技术分析了用户的在线评论和反馈，发现产品质量问题是导致用户不满的主要原因。基于这些分析结果，零售商可以及时调整产品选型，解决用户的痛点。

- 痒点：AIGC 通过分析用户行为数据，帮助企业发现新的营销机会甚至市场机会。比如，我们可以利用 AIGC 技术，结合营销自动化平台沉淀的用户互动行为和内容偏好，挖掘用户的潜在需求，从而推出新的功能或改进现有功能，以满足用户的隐性需求。这种基于数据的洞察可以帮助企业更好地理解用户需求，提供更加个性化的用户体验。
- 爽点：AIGC 技术能够帮助企业发现用户行为中的模式，并据此创新互动方式。例如，游戏公司可以利用 AIGC 技术分析用户的游戏行为和偏好，发现用户对于特定类型的游戏内容的参与度和分享欲望。基于这些分析结果，公司可以推出新的游戏模式或特色活动，激发用户的参与热情，为用户带来惊喜和新鲜感。

2.3.4　构建：动态内容

在深入分析了用户的痛点、甜点、痒点和爽点之后，AIGC 技术在内容创作与个性化推荐方面展现出其强大的能力。此阶段的目标是将洞察结果转化为满足用户独特需求的动态内容，以激活用户参与并提升整体用户体验。

1. 甜点满足的呼应和放大

AIGC 技术能够根据用户的偏好和行为数据，生成个性化的内容推荐，满足用户对愉悦和满足的追求。

例如，音乐流媒体平台可以利用 AIGC 技术分析用户的听歌习惯和喜好，推荐符合用户口味的歌曲、专辑或播放列表，使用户在享受音乐时感受到更多的愉悦和满足。

2. 痛点解决方案的可视化

利用 AIGC 的内容生成能力，企业可以制作教育性、指导性的图文和视频教程或交互式问答内容，直观展示如何解决用户的常见问题和痛点。

例如，AI 可以自动生成详细的故障排除指南、优化建议或定制化的操作演示，帮助用户迅速找到解决方案，改善产品使用过程中的挫败感。

再比如，当用户使用某个软件遇到困难时，可以通过软件的智能客服获取帮助。AIGC 根据用户提问和描述，自动生成清晰的操作指引，甚至提供图片或视频演示，手把手教用户解决问题。这既减轻了用户困扰，也降低了企业的客服压力。

3. 痒点创新的预热宣传

针对用户的潜在兴趣和新需求，AIGC 可生成前瞻性内容，如概念产品演示、未来功能预告、行业前沿资讯等。

例如，某饮料品牌利用 AIGC 工具分析社交媒体上的消费者对话和评论，发现了年轻消费者对某种口味的需求。基于此洞察，AIGC 生成新口味创意方案，并提供营销文案和视觉设计素材。

4. 爽点时刻的即时创造

当用户取得重要成就或经历高峰体验时，AIGC 能实时捕捉这些爽点瞬间，并自动生成个性化内容，如荣誉证书、成就徽章、精彩瞬间短视频等。

这些内容不仅能增强用户的成就感和自豪感，还可以鼓励用户在社交网络分享，形成口碑传播，放大爽点效应。

例如，某电动汽车品牌利用 AIGC 分析车主的驾驶里程碑和使用特点，自动生成个性化的"新能源先锋车主"证书和纪念徽章，以及环保出行故事短片，让每位车主成为品牌形象大使，放大其荣誉感和自豪感。

总之，在构建阶段，AIGC 技术将用户需求洞察转化为生动、针对性的个性化内容，通过直击痛点、迎合甜点、触动痒点和塑造爽点，不断丰富和优化用户与产品间的互动体验，推动用户满意度和忠诚度的持续提升。

2.3.5 激活：自动营销

在 AIGC 技术的推动下，激活阶段通过智能化和个性化的触达手段，以及创新的沉浸式互动体验，能够更精准、高效地触发并转化用户需求。

1. 针对甜点的激活

运用 AIGC 的大数据分析能力和内容生成优势，品牌能够根据用户画像精准推送个性化内容，比如由 AI 生成的故事、文章、短视频等，确保内容高度贴合用户的兴趣爱好，引发深度共鸣。不仅如此，AIGC 可实时分析用户反馈与互动数据，动态优化内容策略，提高用户留存与转化率。同时，AIGC 生成的创意口碑素材，还能鼓励用户分享和传播，从而扩大品牌影响范围，吸引同质化群体的关注与喜爱。

2. 针对痛点的激活

利用 AIGC 技术，品牌可以自动生成高度定制化的产品使用教程，基于用户的具体问题，由 AI 生成可视化、易理解的教学内容，甚至生成交互式问答视频，实现一对一的问题解答。

同时，搭载 AIGC 技术的智能客服系统，不仅可以提供 7×24 小时的即时服务，还可以根据用户历史问题和语境进行深度学习，生成更准确、更人性化的回应，快速解决用户疑虑，提升用户使用体验。

此外，AIGC 还可用于创建丰富的自助服务资源库，包括图文、音频和视频教程，引导用户自我探索和解决问题。

3. 针对痒点的激活

在社交媒体和社区平台上，品牌利用 AIGC 技术设计并启动富有趣味性和挑战性的互动项目，例如，利用 AI 自动生成具有吸引力的话题讨论脚本或比赛规则，甚至可以根据用户行为习惯和个人特点创造出新颖的线上活动。

此外，通过 AI 驱动的游戏化机制，如智能匹配对手、动态调整难度等级等，促使用户在参与中体验到独一无二的乐趣和成就，进而加强用户与品牌间的黏性和情感联结。

4. 针对爽点的激活

品牌运用 AIGC 和 VR/AR 等前沿技术，设计并实施沉浸式营销活动，如 AI 定制的虚拟现实体验、基于用户喜好生成的新品试用场景等。

不仅如此，通过 AIGC 智能算法预测并优化用户的消费体验，适时推出超出用户期待的限时优惠、个性化赠品等惊喜环节，当用户享受到这些“爽点”的瞬间时，便更有可能自愿分享至社交网络，形成自发式口碑传播效应，进一步吸引和激活更多的潜在用户。

但在实际营销实践中，基于用户需求的洞察，我们可以依靠 AIGC 构建动态的用户旅程。然而，要激活动态的用户旅程，依靠现有的营销体系和营销工具是难以实现的。

因此，我们需要引入两个新的营销工具来激活动态的用户旅程，让 AIGC 真正发挥作用。

5. 自动化营销

自动化营销（Autonomous Marketing），是以生成式 AI 为引擎、AIGC 智能个性化内容为基础的营销模式。它利用 AI、机器学习和其他自动化技术，在不需要人类持续干预的情况下，自动分析数据、制定策略、执行营销活动并优化营销结果。

自动化营销之于营销自动化，就像数字化营销之于营销数字化。前者是全新的工具和模式，后者是旧模式下工具和流程的创新。自主营销更侧重于通过 AI 技术和机器学习进行深度的数据分析和实时策略调整，具有更高的智能化水平和更广泛的优化覆盖范围。

营销自动化则是在现有的营销框架内通过自动化工具提高工作效率和执行的准确性，两者在现代营销中相辅相成，共同推进营销活动向更高效、更智能的方向发展。

6. 智能对话式营销

智能对话式营销（Conversational AI Marketing）是建立在对话式营销基础上的营销方法，也是生成式交互的重要形式之一。

它利用 AIGC 技术生成更人性化的内容，通过 AIGC 的聊天机器人、虚拟助手或语音助手等其他智能交互界面，与消费者进行实时、个性化、情景化的自然语言交互，提供高度定制化的咨询、购物、服务和售后等方面的体验。

2.3.6　增强：价值共创

在 AIGC 技术的支持下，增强阶段旨在利用智能工具与算法持续提升产品和服务的质量，深化用户体验，并增进用户与品牌之间的关系。

- 借助 AIGC 工具挖掘与解决痛点：通过集成 AIGC 技术如通义千问等，企业能够更高效地收集、整理并分析用户反馈，实时发现并解决痛点。AI 客服不仅能快速响应用户疑问，提供个性化的解决方案，还能从海量用户数据中挖掘深层次的痛点，帮助企业制定更为贴心且高效的售后策略，让用户感受到尊重和珍视。
- 利用 AIGC 进行产品创新与优化：AIGC 工具能助力企业实时跟踪用户行为和需求变化，通过机器学习和数据分析预测用户偏好趋势，进而驱动产品功能的迭代更新。例如，利用 AI 内容生成技术自动生成符合用户口味的产品原型或功能建议，使产品始终紧跟用户需求的步伐，确保用户在每次使用时都能收获惊喜与新鲜感。

- 运用 AIGC 构建智能会员服务体系：结合 AIGC 技术搭建智能会员系统，根据用户行为、购买记录等数据动态调整会员权益与服务，为用户提供个性化推荐和专享优惠，满足用户的归属感和认同感。例如，AIGC 工具可以智能分析用户行为数据，为会员定制个性化的服务方案，从而有效增强用户黏性。

- 依托 AIGC 技术打造爆款产品与品牌社群：利用 AIGC 的智能内容创作和传播能力，企业可以创造更具吸引力的产品卖点与故事，形成独特的品牌个性。同时，AIGC 还可辅助策划和推广具有话题性和影响力的活动，吸引更多关键意见领袖（KOL）和意见领袖的关注，通过他们的主动推荐和分享，迅速扩散品牌影响力，进而培育和发展出围绕品牌价值的活跃社群。

AIGC 能够帮助品牌在增强阶段更加精准地把握用户需求变化，通过持续优化产品与服务、智能会员运营和品牌社群建设，不断加深用户与品牌的互动和连接，提升用户满意度与忠诚度，推动品牌的长远健康发展。

2.4　案例：维珍游轮——用 AIGC 变革游轮行业

维珍游轮（Virgin Voyages）是维珍集团旗下的豪华游轮公司，自 2021 年成立以来，凭借创新的游轮设计和运营管理，在竞争激烈的市场中脱颖而出。该公司以环保和高端、个性化的客户服务为核心竞争力，致力于为成年旅客提供非凡的海上旅行体验。

1. 詹妮弗·洛佩兹的邀请

2023 年，维珍游轮与广告代理商 VMLY&R 及 AI 初创公司 Deeplocal 合作，推出了题为"詹妮弗·洛佩兹的邀请"的营销活动。不过，这个活动的主角不是詹妮弗·洛佩兹（Jennifer Lopez），而是以她为原型的数字人替身 Jen AI。

VMLY&R 和 Deeplocal 团队采用深度学习算法，根据詹妮弗·洛佩兹的公开讲话和表演视频训练 AI 模型，精确捕捉其声音和视觉特征。Jen AI 结合了语音和视频生成技术，模仿了詹妮弗·洛佩兹的声音、表情和动作，基于用户输入的文本内容生成生动逼真的视频。

用户通过维珍游轮官网，输入家人和朋友的名字以及邀请信息，Jen AI 就会生成一段视频邀请。视频中詹妮弗·洛佩兹将邀请他们参加维珍游轮旅行。用户可以将这个视频通过社交媒体分享给自己的家人和朋友，作为旅行的个性化邀请。

这场活动的市场反响极为积极，用户参与率较以往活动高出 150%，1 个月内维珍游轮收到了超过 1000 条预订。

维珍集团的创始人理查德·布兰森说："维珍游轮是建立在欢聚和庆祝的理念之上的，它是任何庆祝旅行的首选。而且，谁会拒绝詹妮弗的邀请呢？"

2. 智能助理 Vivi 的贴心服务

为了在市场上树立品牌的独特性，维珍游轮与 Slalom 公司合作，开发了一个全新的网站。随着"詹妮弗·洛佩兹的邀请"等一系列营销活动的开展，大量感兴趣的旅客蜂拥而至。

维珍游轮的客服预订中心不得不处理大量的客户咨询和预订。游轮预订和服务类似 B2B 的场景，客户无法试用，决策时间很长。这使得客户通常有很多问题需要咨询，因此维珍游轮急需一个解决方案，以简化预订流程，同时减轻呼叫中心的负担。

随后，维珍游轮上线了一个聊天机器人，但是和其他客服机器人一样，这款机器人的话术和反馈都是预设的，这反而增加了内部团队的工作量。此外，机器人只能回答基本的常见问题，在处理复杂查询时表现不佳，常常让客户感到沮丧。

随着 AIGC 的兴起，维珍游轮开始考虑如何利用 AI 技术来改善流程和提升客户体验。在 Slalom 的帮助下，维珍游轮开发了名为 Vivi 的智能助理，这是基于 Salesforce 的 AIGC 驱动的客服。

Vivi 利用 Salesforce Einstein 和 Slalom 的 AIGC 框架，从维珍游轮的内部数据库中提取信息，使用语义知识检索和模型训练，能够自然地响应客户查询。Vivi 以知识丰富和充满同理心的方式回答多方面、复杂的问题，其对话方式模仿了维珍游轮的语气和语言，创造了更真实的客户服务聊天体验。

Vivi 还优化了订购流程和服务效率，使得维珍游轮呼叫中心的人工转接率降低了 20% 以上。

维珍游轮通过 Jen AI 和 Vivi 这两大创新应用，不仅改善了客户的预订体验，还重新定义了高端游轮服务的标准。

我们从这个案例中看到了 AIGC 技术在提升客户体验、优化运营效率和加强品牌互动方面的巨大潜力。我们可以根据自身的业务需求和市场定位，借鉴维珍游轮的经验，探索 AI 技术的多种应用可能，以驱动业务成长和创新。

第二部分

方法与实践

　　我们将深入研究 AIGC 智能营销以及 4A 模型在企业营销策略中的应用，探讨这些技术如何促进人机协作，实现营销活动的超级闭环。

　　在这一部分我们将通过 4A 模型的具体策略和实践案例，介绍 AIGC 技术如何演变为一种强大的内容和策略工具，帮助我们生成洞察，驱动动态创意，以及通过自动化营销和智能对话的持续优化，增强用户黏度以及用户和品牌的关系。

第 3 章

分析：AIGC 驱动
的市场调研和
用户洞察

如果将数据比作新时代的石油，那么生成式 AI 便是每个人都可以拥有的私人炼油厂。

AIGC 的技术应用不仅限于与人类进行自然对话，它还能深入分析各种数据和文档。这种技术将数据分析这一高度专业化的技能转变为一项几乎任何人都能轻松掌握的常规操作，使我们无须编写任何代码或使用任何专业软件，就可以轻松处理和分析大量数据。

3.1 AIGC 驱动的无代码市场调研

3.1.1 市场调研和用户洞察的演进

市场调研是一种系统收集、分析和解释信息的方法，旨在了解市场环境、竞争对手的行为、消费者的需求和偏好等。它包括使用问卷调查、专家访谈、焦点小组等手段来收集有关市场的定量和定性数据。用户洞察则是对从市场调研中获得的数据进行深入分析之后得出的，它涉及对消费者行为、动机、需求和期望的更细致和更深层的理解。市场调研为我们提供了原始数据和信息，而用户洞察则是通过解析这些数据来揭示背后的意义和趋势，两者相辅相成，共同帮助企业制定更符合市场和用户实际需求的决策与策略。

市场调研和用户洞察始终是营销活动的基石。在商品与信息泛滥、人们的注意力日益稀缺的今天，品牌应更注重测量市场和用户的动态，以在不确定中寻找确定，而非仅依靠品牌包装和体验设计来"扭曲"现实，试图找到穿越用户购买旅程的捷径。

正如营销学者塞斯·戈丁（Seth Godin）所说："不要为你的产品找顾客，而应为你的顾客找到合适的产品。"

从现代营销诞生之初，市场调研和用户洞察便受到高度重视。1932 年，广告先驱克劳德·霍普金斯出版了《科学的广告》一书，首次将科学方法、统计学及用户调研引入营销领域。

市场调研和用户洞察的发展大致可分为以下几个阶段：

1）传统调研阶段（20 世纪 50 年代～90 年代）。这一阶段主要采用问卷调查、专家访谈和焦点小组等传统方法。这些方法依赖于与用户或潜在消费者的直接互动，使用初级的数据分析技术。由于调研质量与样本量和置信度密切相关，因此该阶段更侧重定性研究和直观理解。

2）大数据调研阶段（2000～2010 年）。随着互联网和社交媒体的兴起，我们获取了包括用户生成内容在内的大量数据。企业开始运用大数据分析技术（如数据抓取、文本分析等），进行市场调研和消费者洞察。这个时期的数据量急剧增加，数据来源更加多样化，数据的置信度也有所提升。

3）AI 辅助调研阶段（2010～2023 年）。AI 和算法被用于辅助市场调研、处理数据、创建用户画像、进行情感分析等，从而提高调研效率。虽然数据分析的准确性得到提升，但仍主要依赖人工进行深入洞察。

4）AIGC调研阶段（从2023年开始）。随着GPT-3、Claude、通义等AIGC技术的出现，市场调研可以自动化进行复杂的文本生成、情感分析，甚至预测建模等任务。这一阶段的人机交互不再依赖于编码等工具，大大降低了技术门槛和市场调研的成本。AIGC不仅能分析数据，还能提供创新的解决方案。

为了更好地理解市场调研和用户洞察的发展阶段，我们可以参考表3-1。

表 3-1   市场调研和用户洞察的发展

阶段	适用场景	样本量	洞察广度	主要方法	主要工具	成本
传统调研	市场信息相对稳定，需要深入了解少量目标客户需求，包括新产品概念测试、深度用户体验研究等	小样本	局限洞察	问卷调查、专家访谈、焦点小组等	线下实地调研、电话访谈、邮件调查、SPSS	高成本
大数据调研	分析大量用户交互数据，包括市场趋势分析、消费者行为追踪、产品优化	大样本	多维洞察	数据抓取、网页分析、文本分析等	数据爬虫、Web分析工具（如Google Analytics）、Hadoop	成本降低
AI辅助调研	需要对非结构化数据进行分析，包括用户画像分析、实时产品反馈	全样本	深度洞察	用户画像、情感分析等	Python、TensorFlow、自然语言处理库（如NLTK、spaCy）	成本进一步降低
AIGC调研	自动化数据处理和分析后，预测市场和消费者行为，包括概念产品设计、虚拟环境测试	全样本或者小样本	深度与广度兼顾	自动文本生成、预测建模等	ChatGPT、Claude、文心一言、通义千问	最低成本

从传统的调研方法到AIGC调研方法，不仅在数据的准确性和效率上得到了提升，而且还能够让我们快速从"低代码时代"进入"无代码时代"。

3.1.2   AIGC辅助无代码市场调研

AIGC辅助的无代码市场调研是指利用AIGC技术，无须编写代码即可快速、高效地完成数据分析。

AIGC 辅助无代码市场调研的核心是利用 AIGC 的自然语言处理和生成能力，通过指令和交互，让 AIGC 理解我们的需求并对结构化和非结构化数据进行分析。

AIGC 辅助无代码市场调研可以分为下面几个步骤：

1）数据收集：通过数据爬虫、API 等方式，收集产品评论、用户反馈、行业报告等非结构化的文本数据。扣子等 AIGC 工具平台提供了"无代码"的爬虫和 API 数据搜集服务，比如 Scraper 是一个用来提取网页上文本内容的插件，可以通过 Chrome 浏览器的应用商店进行安装。

2）数据处理：将收集到的原始数据粘贴、上传到 AIGC 平台，或者我们上传数据到知识库，AIGC 平台会自动对数据进行分段和清洗等预处理。

3）分析挖掘：我们通过指令，让 AIGC 工具进行属性数据分析，如"总结用户评论的主要观点""分析产品的优缺点""预测未来市场趋势"等，AI 会根据指令对数据进行深度分析和挖掘。

4）报告生成：AIGC 工具会自动将分析结果整理成条理清晰、逻辑严谨的报告，并支持图表、案例等多种呈现形式。用户可以根据需要，让 AI 迭代优化报告质量。请注意，现在大部分 AIGC 工具对中文图表的支持依然不够好，会出现乱码等问题。

为了解决乱码问题，我们可以上传字体文件（如 TTF 文件），然后指示 ChatGPT 使用字体文件来进行图片绘制。

无代码市场调研极大地提升了调研的效率和准确性，降低了调研的成本和难度。任何人都可以利用 AIGC 工具，在短时间内完成过去需要专业团队花费数周才能完成的工作。

这种方式不仅使中小企业和个人能够开展市场调研，也为大企业提供了更灵活、高效的调研手段。

为了更加清晰和专业，以下是对原文的润色建议：

假设我们需要分析用户对某产品的评论和反馈，可以通过两个步骤实现：

第一步：关键词确定与评论收集

以喜利得（Hilti）NURON 系列中的 TE 4-22/6-22 充电式电锤为例，首先在相关电商平台搜索该产品，访问商品详情页。接着，复制"用户评论"部分的所有评论。如果评论的总字数超过 5000 字，可以先将评论复制到文档中，然后将文档保存为 PDF 格式。

第二步：评论分析

打开任何一个 AIGC 工具，比如"通义千问"，将之前复制的评论内容直接粘贴或将之前保存的 PDF 文件上传到对话框中。然后，使用以下指令进行评论分析：

指令示例：

请对以下的用户评论进行分析。用户评论（略）。

返回结果：

通过对上面的用户评论进行分析，以下是一些主要发现和观点：

- 产品性能：大多数用户对产品的性能表示高度满意。他们称赞 TE 6-22 电锤的强大、高效和便捷性。许多用户特别提到了无尘钻孔功能，认为它极大地改善了工作环境，减少了灰尘。一些用户甚至将 TE 6-22 称为电锤中的"天花板"或顶级产品。

- 设计和质量：用户普遍认为产品的设计优秀，重量轻，便于单手操作。虽然有用户提到拨档不够丝滑，但这并未显著影响整体的积极评价。喜利得品牌的产品被赞誉为高品质和优秀的做工。

- 客户服务：多个用户对客服服务表示满意和赞赏，认为其非常好。这表明公司在客户服务方面做得相对出色，能够及时解决用户的问题和疑虑。

- 健康和安全考虑：一些用户购买该产品是出于对健康的考虑，希望减少在工作中接触灰尘的机会。他们对产品的除尘组件套装感到满意，并鼓励其他用户为了健康而购买。

- 价格和价值：尽管 TE 6-22 及其相关套装的价格较高，但多数用户认为其性能和质量使其物有所值。他们认为投资这样的高质量工具是值得的。

- 用户体验：许多用户分享了他们的实际使用体验，包括安装投影机、打孔作业等场景。他们提到产品力道强劲、声音轻柔、减震性能好，操作舒适性得到明显改善。

- 品牌忠诚度：一些用户表示对喜利得品牌有着长期的喜爱和信任，他们之前使用过该品牌的产品并对其留下了深刻的印象。这种品牌忠诚度也反映在他们对新产品的好评上。

综上所述，用户评论主要反映了用户对 TE 6-22 电锤及其相关套装的高性能、优秀设计、高品质、良好的客户服务以及健康和安全的关注。尽管价格较高，但用户普遍认为产品的价值与其性能和质量相匹配。这些评论为潜在买家提供了积极的参考信息，增强了他们对喜利得品牌的信任和购买意愿。

我们简单使用两个步骤，就依靠 AIGC，在不借助专业数据分析工具的情况下，对一份包含 5800 多个汉字的复杂文本进行了分析和总结。如果希望对这些评论进行进一步分析，我们还可以使用更明确的指令。这些指令可以赋予 AI 一个角色，执行一些分析步骤，并且确保分析的准确性。指令实例如下：

指令 1：作为市场分析师，你需要分析以上的用户评论内容，请执行以下步骤：1）提供文档内容的简单总结；2）识别评论中出现频次较高的关键词，以及这些关键词随时间变化的趋势；3）识别评论中，特别是负面评论中反映的问题和用户痛点。请确保分析结果准确反映了用户评论的主要观点和情感，并提供具体例子和引用来支持你的分析。

指令 2：作为一名天猫运营经理，请基于文档内容提供一个市场分析报告，这个报告需要包括以下内容：1）产品的关键特性；2）用户的主要正反馈；3）评价商家的回复方式；4）给出几点快速市场策略建议。

指令 3：作为市场分析师，根据已有的文档资料，为了完成准确的市场分析报告并预测该产品的市场表现和销量，你还需要什么其他额外信息。

指令 4：基于前述文档内容，请编制一个完整的分析报告，需包括以下要素：1）概述；2）关键发现；3）数据解读；4）结论；5）建议。请确保报告逻辑清晰、结构严谨且易于理解。

我们把指令 4 输入后，生成的报告摘录如下：

标题：TE 6-22 电锤及其相关套装用户评论分析报告

概述：

本报告旨在分析用户对 TE 6-22 电锤及其相关套装的在线评论，以了解产品的性能、用户满意度和可能存在的问题。通过对评论内容的深入研究，我们可以获取有价值的信息来改进产品、提升服务质量，并制定有效的市场营销策略。

关键发现：

用户对 TE 6-22 电锤的性能普遍表示满意，特别是对其无尘钻孔功能、轻便设计和高品质给予了高度评价。

多数用户认为产品物有所值，尽管其价格相对较高。

客户服务是另一个受到用户赞扬的方面，表明公司在客户服务方面的努力得到了用户的认可。

尽管负面评论较少，但仍有用户指出拨档不够丝滑和工具安全问题（如工具的存储和保护），可作为潜在的改进点。

用户对喜利得品牌表现出忠诚度，一些用户在使用过该品牌的其他产品后，对新产品也持有积极的态度。

数据解读：

根据用户评论中的关键词频率分析，"TE 6-22""无尘钻孔""轻便""高品质"和"客服服务"是出现频次较高的词汇，表明这些特性是用户最为关注和欣赏的。虽然负面评论中提到的问题相对较少，但它们反映了用户在实际使用过程中遇到的痛点，需要引起重视。

结论：

总体而言，用户对 TE 6-22 电锤及其相关套装的反馈是积极的，产品在性能、设计和客户服务方面都得到了用户的认可。然而，也存在一些需要改进的地方，如拨档的顺畅度和工具的安全存储问题。通过解决这些问题，有望进一步提升用户满意度和产品的市场竞争力。

建议：

对于拨档不够丝滑的问题，建议产品团队进行技术优化，提高用户体验。

在产品包装或使用指南中加入关于工具安全存储和保护的建议，以降低用户丢失工具的风险。

利用用户对无尘钻孔功能和高品质的赞赏，强化这些卖点在市场营销和广告宣传中的地位。

继续保持高水平的客户服务，确保用户在购买和使用产品的过程中得到及时、有效的支持。

针对忠诚用户群体，可以考虑推出优惠政策或会员计划，以奖励他们的持续支持并增加品牌黏性。

以上的分析来自通义，我们也可以使用其他工具进行分析。

3.1.3 AIGC 无代码市场调研的应用场景

那么，我们可以怎样使用 AIGC 进行市场调研分析呢？

我们可以将应用场景分为几个主要类别。这些类别帮助企业通过不同的角度来进行市场调研和用户洞察。

- 市场分析与趋势预测：涵盖了市场趋势预测、竞争分析以及市场细分等方面。
- 消费者洞察与行为分析：包括情感分析、用户画像构建、用户体验分析等。这些应用帮助企业深入理解消费者的需求和行为，优化产品和服务以更好地满足目标客户。
- 策略制定与优化：涵盖策略建议、价格策略、风险评估等。企业可以利用这些分析来调整或制定新的市场策略，以应对快速变化的市场条件。
- 产品开发与创新：包括产品开发反馈和模拟场景分析等。这些工具可以帮助企业根据市场和消费者的反馈来改进或创新产品，以保持竞争优势。
- 危机管理与事件响应：如事件监控与应对等，帮助企业在面对市场或品牌相关的突发事件时迅速做出反应，有效管理公关危机。

以下是 AIGC 市场调研和用户洞察的应用场景及示例指令，见表 3-2。

表 3-2 AIGC 市场调研和用户洞察的应用场景及示例指令

类别	应用场景	示例指令
市场分析 与趋势 预测	趋势预测	"分析过去 5 年内智能手表市场的增长趋势，并预测未来 2 年的发展。" "识别当前影响电动汽车行业发展的 3 大技术趋势。"
	竞争分析	"比较我们的市场份额与 3 个主要竞争对手在过去 1 年的市场份额变化。" "分析竞争对手最近推出的新产品的市场接受度和用户反馈。"
	市场细分	"根据年龄和地理位置，细分我们的消费者市场，并分析每个群体的购买力。" "识别和分析高收入用户群体的消费行为和偏好。"

（续）

类别	应用场景	示例指令
消费者洞察与行为分析	情感分析	"从在线评论中提取并分析消费者对我们新产品的情感。" "分析社交媒体上关于我们品牌的情感趋势变化。"
	用户画像构建	"基于最新的销售数据和用户反馈，更新我们的核心用户画像。" "利用购买历史和在线行为数据，构建青少年用户的详细画像。"
	用户体验分析	"从用户交互日志中分析我们的 App 在哪些环节的用户体验不佳。" "分析用户在完成购买流程中的放弃点和原因。"
策略制定与优化	策略建议	"根据市场趋势和内部能力，制定一个进入亚洲市场的详细策略。" "为即将到来的节日销售季节制定一套促销策略。"
	价格策略	"分析同类产品的市场定价，并提出我们产品的最优定价策略。" "根据消费者购买力和竞争对手定价，调整我们的定价模型。"
	风险评估	"分析在新兴市场推广新技术产品的潜在风险和机会。" "评估当前全球经济状况对我们供应链的潜在影响。"
产品开发与创新	产品开发反馈	"分析用户反馈，识别新产品中需改进的关键功能。" "从用户评价中提取最常见的问题，以指导产品改进。"
	模拟场景分析	"模拟一次经济危机对我们主要产品的销售产生影响的场景。" "分析若竞争对手降价 20%，对我们市场份额的可能影响。"
危机管理与事件响应	事件监控与应对	"分析最近发生的数据泄露事件产生的影响，制定一个全面的响应计划。" "生成针对突发产品安全事故的公关应对策略和用户沟通计划。"

3.2 AIGC 辅助市场和产品分析

首先，我们将介绍如何使用 AIGC 进行文本分析，包括如何通过 AIGC 分析和总结报告。此外，我们将展示如何使用 AIGC 工具设计和分析受众调查问卷。同时，我们还会探讨 AIGC 在数据分析中的应用，特别是以印度尼西亚市场的智能电视电商数据为例，进行品类分析和用户分析。

3.2.1 使用 AIGC 阅读报告并撰写摘要和总结

阅读和分析市场报告是市场调研和用户洞察中的一个关键环节。市场报告通常涵盖了行业趋势、消费者行为、竞争环境以及多种经济因素，这些都对公司的战略决策有着不可忽视的影响。

然而，这些报告往往篇幅较长，包含大量的数据和复杂的信息，阅读并理解这些报告需要耗费大量时间和精力。

　　AIGC 工具可以极大地帮助我们快速、有效地处理这些复杂的市场报告。通过自然语言处理技术，AIGC 工具能够理解和总结文档的关键内容，从而使决策者迅速把握核心信息，优化决策过程。

　　首先，我们探讨如何利用 AIGC 工具来分析文档。我们将以 2024 年路透社发布的《2024 年生成式人工智能在专业服务领域的应用》（2024 generative AI in professional services）为案例。

　　这个报告共 30 页内容，使用英文书写。通常，阅读并总结这种篇幅的文档需要大约 1 个小时的时间。为了更有效地测试 AI 模型理解和总结文档内容的能力，我们将使用几种不同的生成式 AI 大模型来分析这份报告。

　　我们将首先尝试使用智谱清言进行测试。开始一个新的对话，我们选择上传 PDF 文件。需要注意的是，截至本书完稿时，智谱清言的单次文档上传个数为 10 个，每个文件的大小最大为 20MB。如果文件需要拆分或压缩，可以使用像 pdfresizer.com 这样的在线工具，或者选择桌面版的 PDF 压缩软件来处理。

　　上传完成之后，我们使用默认指令整理文件核心内容。

　　以下是智谱清言的分析，引用如下：

　　这份报告探讨了生成式人工智能（GenAI）对专业服务行业的影响，特别是法律、税务、会计、风险与欺诈管理以及政府部门。

　　主要发现：

- **积极情绪与谨慎态度并存**：虽然大多数受访者对 GenAI 的未来持乐观态度，但也存在一些担忧，主要围绕准确性、过度依赖和潜在的不当使用。
- **应用场景广泛**：绝大多数受访者认为 GenAI 可应用于其工作，尽管并非所有人都认为它应该被广泛应用。
- **使用率逐渐上升**：尽管 GenAI 的使用尚未普及，但已有约 25% 的受访者表示其组织正在使用或计划使用 GenAI。
- **业务模式受到影响**：GenAI 的使用可能影响律师事务所和税务机构的收费方式，例如增加替代性收费安排。

- **企业希望合作伙伴使用 GenAI**：超过一半的企业受访者希望其合作的律师事务所和税务机构使用 GenAI。
- **培训不足**：很少有组织为员工提供 GenAI 培训，但随着 GenAI 的普及，这种情况可能会改变。
- **担忧持续存在**：准确性、数据安全、隐私和合规性仍然是组织采纳 GenAI 的主要障碍。

GenAI 的潜在影响：

- **效率提升**：GenAI 可自动执行重复性任务，例如文档起草，从而提高工作效率和生产力。
- **成本降低**：GenAI 可帮助组织降低成本，例如减少对人工的依赖和缩短项目时间。
- **工作流程优化**：GenAI 可优化工作流程，例如自动化文档审查和知识管理。
- **创造新职业**：GenAI 的普及可能导致新的职业出现，例如 AI 专家和数据分析师。
- **工作模式转变**：GenAI 可能会导致工作模式转变，例如从按小时收费转变为替代性收费安排。

未来展望：

- **GenAI 将继续发展**：随着技术的进步，GenAI 将变得更加完善和强大，并应用于更多领域。
- **组织需要适应**：组织需要制定 GenAI 策略，并进行必要的培训，以利用 GenAI 的能力。
- **专业服务行业将发生变化**：GenAI 将改变专业服务行业，但最终结果取决于组织如何利用这项技术。

结论：

GenAI 将对专业服务行业产生重大影响，组织需要做好准备并适应这些变化。成功的组织将利用 GenAI 来增强专业人士的工作，而不是取代他们。

通过文档上传，我们可以让人工智能生成一份简单的总结。

如果希望生成报告的报告分析更加有针对性，则可以使用如下指令：

假如你是一名市场分析师，请仔细阅读这个文档，并准确理解文档内容，撰写一份 2000 字的总结报告。这份报告应包括报告背景与目的、报告关键点、主要结论，并且基于报告内容提出建议和指导下一步行动。

以下是新生成的总结报告：

一、报告背景与目的

随着 ChatGPT 等生成式人工智能（GenAI）工具的兴起，专业服务行业正面临着巨大的变革。为了深入了解 GenAI 对法律、税务、会计、风险与欺诈管理等行业以及政府部门的影响，汤森路透于 2024 年初进行了一项调查，旨在了解专业人士对 GenAI 的看法、使用情况以及对未来工作的影响。

二、报告关键点

1. 专业人士对 GenAI 的态度

积极情绪与谨慎态度并存：大多数受访者对 GenAI 的未来持乐观态度，认为它能够提高效率、降低成本并创造新的机遇。然而，他们也表达了对准确性、数据安全、隐私和过度依赖等问题的担忧。

应用场景广泛：绝大多数受访者认为 GenAI 可应用于其工作，例如法律研究、合同起草、税务研究、会计记录、风险评估和报告等。

使用率逐渐上升：尽管 GenAI 的使用尚未普及，但已有约 25% 的受访者表示其组织正在使用或计划使用 GenAI。其中，企业风险与欺诈管理部门的使用率最高，而法院系统的使用率最低。

2. GenAI 对业务模式的影响

收费方式可能发生变化：部分受访者认为 GenAI 的使用可能导致收费方式的变化，例如从按小时收费转向替代性收费安排。其中，税务机构更倾向于提高收费，而律师事务所则更倾向于将其作为内部成本。

用户需求尚未明确：许多用户尚未明确要求其合作的律师事务所和税务机构使用 GenAI，但他们普遍希望这些机构能够利用 GenAI 来提高效率和降低成本。

3. GenAI 对工作的影响

创造新职业：GenAI 的普及可能导致新的职业出现，例如 AI 专家、数据分析师和 AI 实施协调员。

工作模式转变：GenAI 可自动执行重复性任务，使专业人士能够将更多时间投入高价值的任务中，例如战略规划和客户关系管理。

员工技能要求变化：组织将需要招聘具有 GenAI 技能的员工，并对其进行培训，以确保他们能够有效地使用 GenAI 工具。

4. GenAI 采纳的障碍

准确性、数据安全和隐私：这些是主要障碍，组织需要采取措施来解决这些问题，例如确保数据安全、建立隐私保护机制和进行质量控制。

缺乏培训：很少有组织为员工提供 GenAI 培训，但随着 GenAI 的普及，这种情况可能会改变。

三、主要结论

GenAI 将对专业服务行业产生重大影响，组织需要做好准备并适应这些变化。成功的组织将利用 GenAI 来增强专业人士的工作，而不是取代他们。他们需要制定 GenAI 策略，并进行必要的培训，以利用 GenAI 的能力并降低潜在的风险。

四、建议和下一步行动

1. 制定 GenAI 策略

评估 GenAI 的潜在应用场景：组织需要评估 GenAI 在其业务中的潜在应用场景，并确定哪些领域可以获得最大的收益。

选择合适的 GenAI 工具：组织需要选择合适的 GenAI 工具，并确保其符合业务需求和安全要求。

制定 GenAI 政策：组织需要制定 GenAI 政策，以规范 GenAI 的使用并降低潜在的风险。

2. 培训员工

提供 GenAI 培训：组织需要为员工提供 GenAI 培训，以帮助他们了解 GenAI 的基本原理和使用方法。

鼓励员工探索 GenAI：组织需要鼓励员工探索 GenAI，并分享他们的经验和最佳实践。

3. 与客户沟通

了解客户的需求：组织需要了解客户对 GenAI 的看法和需求，并与其进行沟通，以确保 GenAI 能够符合客户的期望。

向客户展示 GenAI 的价值：组织需要向客户展示 GenAI 的价值，例如提高效率、降低成本和创造新的机遇。

4. 监测 GenAI 的发展

关注 GenAI 的新趋势和技术：组织需要关注 GenAI 的新趋势和技术，以确保及时了解最新的发展。

评估 GenAI 的影响：组织需要评估 GenAI 对其业务的影响，并调整策略以适应这些变化。

五、总结

GenAI 正在改变专业服务行业，组织需要做好准备并适应这些变化。通过制定 GenAI 策略、培训员工、与客户沟通和监测 GenAI 的发展，组织可以充分利用 GenAI 的能力，并在未来的竞争中保持领先地位。

以上是我们使用智谱清言对报告进行的总结。我们可以使用相同的方法，对文字类非结构化数据进行相同的分析。这些数据包括天猫评论、新闻报道、消费者反馈、用户调研等。

3.2.2 使用 AIGC 快速完成问卷设计和分析

在进行市场调研和营销策划时，问卷调查是一种常用的方法，用以针对特定用户群体收集反馈。借助 AIGC 技术，我们可以快速设计并完成这些问卷，同时通过微信等社交平台，针对目标用户进行分发和回收，这一过程高效且目标明确。

问卷的回收仅是开始，分析工作远比简单的数字统计更为复杂和深入。我们不仅需要从结构化的问题中提取数据趋势，还需对开放式回答，如"其他"补充回答和简述题进行深入分析，以识别和总结出有价值的用户反馈。

1. 问卷设计

在撰写本书时，我们特别关注市场营销专业人士对 AIGC 的认知程度、使用现状及面临的挑战。为此，我们采用以下指令指导 ChatGPT 帮助我们完成相关段落的撰写，具体指令包括：

请设计一份调查问卷，目的是深入了解营销和品牌从业人员对 AIGC 的认知程度、使用现状及面临的挑战。请确保该问卷使用中文撰写。

下面是 ChatGPT 问卷生成的问卷建议，摘录如下：

1. 您对 AIGC 的了解程度如何？

很了解

了解一些

不太了解

完全不了解

2. 您听说过如下哪些 AIGC 工具或者平台？（可以多选）

ChatGPT

Stable Diffusion

DALL·E

Midjourney

Copy.ai

文心一格

文心一言

通义千问

RunwayML

Heygen

Fliki

D-ID

GAMMA

Kaiber

Mokker AI

RASK AI

Wonder AI

Leonardo AI

DeepArt

Jasper AI

Writesonic

Copilot

其他

3. 您认为 AIGC 在市场和品牌领域有哪些潜在应用？（多选）

品牌创意和内容生成

用户体验改进

市场推广和广告

社交媒体管理

数据分析和洞察

其他（请具体说明）

4. 您对 AIGC 在市场和品牌领域的期望是什么？（多选）

提高创意质量

提高工作效率

增强品牌认知度

提供个性化解决方案

解决特定的市场挑战

其他（请具体说明）

5. 您是否已经在您的工作中使用过 AIGC？如果是，请分享您的经验和感受。

6. 您认为在市场和品牌领域采用 AIGC 会面临哪些挑战或障碍？

我们也可以利用其他 AIGC 工具来设计问卷。设计完毕后，可以使用如问卷星或金数据等在线问卷工具，通过直接粘贴或使用模板的方式快速创建网络调查问卷并发布。接着，我们可以通过微信或其他分发渠道来发送问卷。

一旦问卷收集完毕，我们将从这些平台中导出数据，导出格式可以是 xls、csv 或 sav 等，便于后续的数据处理。如果条件允许，我们可以对收集到的数据进行初步的分析和数据清洗，比如去除重复提交等，以确保数据的准确性和可靠性。

2. 问卷分析

当我们完成问卷收集工作后，分析其中的开放式问题便成为一个挑战。此时，我们可以求助 AIGC 工具来帮助我们分析大量的非结构化文本内容，并对其进行分析和总结，例如文心一言、ChatGPT、Claude 或者通义千问等平台。

在这个例子中，我们将运用 ChatGPT 提供的 Data Analyst 工具，对所收集的问卷数据特别是开放式问题的受访者回答进行深入分析。

我们可以在 ChatGPT 的主页上，进入"Explore"选项卡，并在"Made By OpenAI"（OpenAI 原生应用）分类中找到 Data Analyst 工具，操作界面如图 3-1 所示。

图 3-1　ChatGPT 中的 Data Analyst 应用

我们首先上传已经导出的数据文档，可以将其简单命名为"AIGC 智能营销问卷数据"，并上传到 Data Analyst 对话框。

我们可以使用结构化指令模板，先设定 ChatGPT 的角色和任务背景，然后让 ChatGPT Data Analyst 简述这个调查问卷的内容并简单总结一下主要发现。命令如下：

假设你是一位擅长分析的营销专家。你有营销学、心理学、行为经济学、社会学，以及营销、销售、用户体验设计、品牌塑造等方面的专长。你富有同情心和洞察力，了解人们的想法以及他们的行为动机，并可以根据他们的语言准确、专业地识别和分析他们的想法和需求。请阅读这个文件，并且简述它的主要内容，并概括你的主要发现。

分析结果如下：

根据上传的 Excel 文件"AIGC 智能营销问卷数据 .xlsx"，这是一份关于

AIGC 在市场和品牌领域应用的调查问卷数据。

主要内容：

了解程度：调查了受访者对 AIGC 的了解程度。

认知的工具或平台：询问受访者是否听说过某些 AIGC 工具或平台。

潜在应用：探讨了受访者认为 AIGC 在市场和品牌领域的潜在应用。

期望：询问了受访者对 AIGC 在市场和品牌领域的期望。

使用经验：调查了是否有使用过 AIGC，以及使用的经验和感受。

面临的挑战或障碍：探讨在市场和品牌领域使用 AIGC 可能遇到的挑战或障碍。

其他信息：包括受访者所在城市、提交时间、填写时长、填写设备、操作系统、浏览器和填写地区等。

主要发现：

了解程度：受访者对 AIGC 的了解程度不一，有的了解一些，有的不太了解，也有完全不了解的。

工具或平台认知：部分受访者提到了一些具体的 AIGC 工具，如 Chat-GPT、文心一格等。

潜在应用：受访者普遍认为 AIGC 在品牌创意内容生成、用户体验改进、社交媒体管理、市场推广和广告、数据分析和洞察等方面有潜在应用。

期望：对于 AIGC 的期望包括提高工作效率、提高创意质量、提供个性化解决方案、增强品牌认知度等。

使用经验：有受访者已经在工作中尝试使用 AIGC 工具，并分享了他们的经验和感受。

挑战或障碍：受访者认为在市场和品牌领域采用 AIGC 可能会面临版权问题、技术专业性不足等挑战。

分析建议：

市场教育：提高目标受众对 AIGC 技术的了解和认识，特别是对那些完全不了解或不太了解的人群。

应用推广：针对受访者认为有潜在应用的领域，如品牌创意内容生成、用户体验改进等，可以进一步探索和推广 AIGC 的具体应用案例。

解决挑战：关注并寻求解决受访者提到的版权问题和技术专业性不足等

挑战，以促进 AIGC 技术在市场和品牌领域的更广泛应用。

如果需要更深入的数据分析或有其他具体问题，请告知。

首先，我们将评估受访者对 AIGC 的认知水平。在随后的分析中，我们可以排除那些对 AIGC 不了解的受访者数据，以保证分析结果的相关性和有效性。我们将执行以下步骤来分析受访者的认知程度分布，并请求 ChatGPT 生成相应的图表。完成后，我们将向 ChatGPT 索取该图表的下载链接，以便进一步查看和分析。

请根据以上数据，统计受访者对 AIGC 了解程度的分布情况。请使用可视化图表来表示，以百分比显示。对于图表中的字符，如果中文字符不能正常显示，请转化为英文。请使用蓝色绘图，并且提供图表的下载链接。请对这个图表增加数据解读。

在以上指令中，我们之所以让 ChatGPT 把图表中的中文转化为英文，是因为有时候图表中的中文字符会出现乱码。

AIGC 生成的图片如图 3-2 所示。

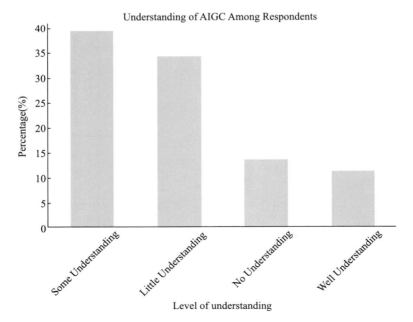

图 3-2　受众调查："您对 AIGC 的了解程度如何？"

AIGC 生成的数据解读如下：

了解一些（Somewhat Understand）：占比最高，达到 39.53%。这表明相当一部分受访者对 AIGC 有基本的了解。

不太了解（Not Much Understanding）：仅次于"了解一些"，占比为 34.88%。这说明有很多受访者对 AIGC 的了解相对有限。

完全不了解（No Understanding）：占比 13.95%，反映出有一部分受访者对 AIGC 几乎没有了解。

很了解（Understand Well）：占比最低，仅 11.63%，表明对 AIGC 有深入了解的受访者相对较少。

对于上面返回的图表，我们在指令中虽然指示 ChatGPT 使用中文进行说明和标注，但是下载的图中还是出现了字体缺失。这个时候，我们需要使用屏幕复制等方式来确保保存图片。

通过查看上面的分析结果，我们发现完全不了解 AIGC 的受访者的比例为 13.9%。在接下来的开放式问题分析中，我们选择保留这部分数据。然而，在实际工作中，为了保证分析的严谨性，可以对数据进行更细致的清洗，以排除这些可能会干扰结果的反馈。用户可以指示 ChatGPT 忽略这部分数据。但在这里，我们就不做这步操作了。

接下来，我们对受访者关于 AIGC 的使用经验和感受进行详细的文本分析。我们可以使用如下命令进行操作：

请分析受访者的使用经验和感受，总结你的主要发现。

返回的结果摘录如下：

使用经验：有些用户提到了他们在工作中使用 AIGC 工具的经验，例如用于自动文案写作、翻译、图片生成等。

感受：感受方面，有正面的也有负面的。正面的包括提到 AIGC 工具提高了工作效率，如"效率大大提升""省人力省时间"。而负面的体验多指出 AIGC 工具存在的局限性，如"文案不行，过于套路""生成的文案是否符合公司的合规等要求"。

挑战与障碍：对于挑战和障碍，一些用户提到了版权问题、创意性不足、准确理解需求的能力、内容生成同质化的可能性等。

　　然而，我们发现上面的分析概括性太强了，并未深入地揭示受访者的真实体验。我们知道，了解用户体验的重要手段之一就是了解用户的情绪，也就是说他们在使用完一个产品或者服务之后是开心的还是沮丧的。现在，AIGC 能够对非结构化文本数据进行情绪分析，亦称为情感分析。这种分析能够揭示受访者的情感倾向，无论是正面的情绪如兴奋、高兴，负面的情绪，比如沮丧、不满，还是中性的情绪。更重要的是，AIGC 还可以对受访者的情感进行归类的量化。

　　我们可以使用以下的指令，来对受访者的体验反馈进行情绪或者情感分析。

　　请对受访者的使用感受和经验进行情感分析。对于每条反馈，请分类为正面、负面、中性。分析完成后，请以可视化形式呈现每种情感的比例，并总结主要的发现，举例说明，并以主题分类。

　　AIGC 生成的图如图 3-3 所示。

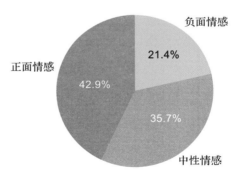

图 3-3　用户情感分析

　　AIGC 对生成图的分析如下：

　　总结：

　　正面情感（约 43%）：这类反馈通常表达了受访者对 AIGC 工具在提高工作效率、便利性和实用性方面的认可和满意。

　　中性情感（约 36%）：这类反馈通常是客观描述、尚未使用或考虑使用

AIGC 工具的情况，没有明显的正面或负面倾向。

　　负面情感（约 21%）：这类反馈通常集中在 AIGC 的内容质量问题、工具的局限性以及使用方面的挑战上。

　　具体例子及主题分类：

　　1. 正面情感：

　　效率与便利性：

　　"创作过自媒体 logo，比较方便"

　　"尝试用于写文案和翻译，翻译质量尚可"

　　"省人力省时间"

　　"有，很方便"

　　"效率大幅提升"

　　实用性：

　　"用于英文翻译和写作挺好"

　　"是，自动生成观后感、读后感"

　　满意度：

　　"每天都在用。总体很好，进步很快"

　　2. 中性情感：

　　尚未使用或考虑使用：

　　"没"

　　"否"

　　"没有"

　　"还没有"

　　"No"

　　"尚未打算"

　　客观描述：

　　"祝福、致辞等文案参考"

　　3. 负面情感：

　　内容质量问题：

　　"文案不行，过于套路"

　　"是的，文案不是很好用"

"内容缺乏创意，容易得到虚假信息"

工具局限性：

"刚开始只是玩具，无法商业化"

"生成内容可能是虚假的或者具有欺骗性"

"包括 ChatGPT 在内的 AI 工具，很多都有点自说自话的感觉，没有达到使用者的要求"

使用挑战：

"是，对用户能否按照 AI 逻辑框架，说清楚自身诉求的能力要求较高"

"产生一些要求不高的内容"

这些分类和例子提供了对用户对 AIGC 工具的感受的深入见解，揭示了用户的期望、满意点以及遇到的挑战。

在使用过程中，我们可能得到不一样的分析结果，也可能会遇到数据分析出现明显的问题，比如 AIGC "偷懒" 了，只分析了其中的一部分数据，而没有分析全部的文本。

这个时候，我们依然需要人工介入，使用指令来让 AIGC "好好干活"。此外，假如 ChatGPT 表示无法直接分析文本或访问文件，以逃避繁重的分析工作，我们可以尝试将数据直接复制粘贴（数据量不大）或者制作成 PDF 文件并上传，让 ChatGPT "无话可说"。

我们接着来分析受访者遇到的挑战和障碍。命令如下：

请对受访者反馈的挑战和障碍进行分析，首先进行概述，然后对这些挑战和障碍进行分类，并以实际的受访者反馈举例说明。如果你找不到关于遇到的挑战和障碍的文本数据，请告诉我，我将向您提供这些资料。

以下是返回的结果：

现在，我将对您提供的 AIGC 受众关于市场与品牌领域的挑战和障碍的文本资料进行分析。分析将包括对这些挑战和障碍的概述、分类。

概述：

市场和品牌领域在采用 AIGC 时，受访者指出了一系列挑战和障碍。这些困难可能会影响 AIGC 的接受度和效能。

挑战和障碍的分类与举例：

1. 版权和合规性：

反馈关注点包括对版权法的遵守，以及内容是否符合公司和法律的规定。

举例：受访者提到了"版权问题""查重不过"和"IP 归属、保密规定、隐私保护"和"生成的文案是否符合公司的合规等要求"。

2. 内容生成的质量与创意性：

用户担心 AIGC 工具无法精确理解需求，生成缺乏创新力和个性的内容。

举例：受访者表达了"不能准确理解需求，创意性不够"。

3. 技术局限和用户适应性：

反映了 AIGC 技术在特定应用中的局限，以及用户在使用这些工具时的适应性问题。

举例："AIGC 在营销中主要用来提供灵感……很难再提升质量了""特定领域很难应用"。

4. 用户技能和认知：

反映了用户在理解和运用 AIGC 工具方面的挑战。

举例："用户说明自身需求的能力不足""企业内部认知"。

5. 技术成本和资源限制：

涉及使用 AIGC 工具所需的计算资源和成本问题。

举例："本地计算机的算力不够，云端的比较贵"。

我们用了几个例子来演示如何使用 ChatGPT 来处理非结构化数据。但是我们在具体的操作过程中，也会遇到一些问题，比如 ChatGPT 会建议你做哪些分析，但是当你指示它干活时，它"推脱"了。

比如，它建议我们对受访者体验的文本进行 NLP 细粒度情感分析，当我们接受了建议准备大干一场时，它却给我们泼了冷水。它的回复如下：

由于我在当前环境中没有访问外部 NLP 库的能力，我不能直接执行这个任务。不过，通常，一个细粒度情感分析的步骤包括使用如 VADER、TextBlob 或自定义机器学习模型来对文本进行分析，这些工具可以理解文本的情感并对讽刺或隐喻等复杂语言现象给出响应。

这是因为，在某些分析领域，ChatGPT 表现得像一位尽职尽责的助手，虽然有时候会偷懒，但依然会陪你走到目的地。然而，在一些分析任务上，它只是指引你方向，然后就不再继续。

让我们来看看在当前的 ChatGPT-4 版本中，哪些分析可以直接通过与 ChatGPT 的对话来完成，哪些则需要我们借助外部工具，在 ChatGPT 的指引下自行探索。

ChatGPT 可以自行完成的非结构化文本分析如下：

- 文本摘要与关键点提取：ChatGPT 可以直接生成文本摘要或提取关键点，这不需要任何外部工具。
- 主题识别：虽然 ChatGPT 可能不具备专门的主题建模功能，但它能够识别文本中的主要话题和主题。
- 分类与标签分配：ChatGPT 可以根据文本内容的特点，帮助进行基本的分类和标签分配。
- 语言风格和一般性情绪分析：ChatGPT 能分析文本的语气和风格，例如识别正式或非正式的语言、乐观或悲观的语调等。

ChatGPT 需要其他工具、流程和代码一起来完成的分析如下：

- 趋势分析与模式识别：对于大量数据的趋势分析和复杂的模式识别，可能需要使用数据分析软件或编程语言（如 Python 或 R 语言）来进行更深入的统计分析。
- 关联分析：进行高级的关联分析可能需要使用专门的统计分析工具或编程技术，ChatGPT 可以提供如何执行这些分析的代码建议或步骤指导。
- 高级情感分析：尽管 ChatGPT 可以提供基本的情感分析，但对于复杂的情感识别和量化，可能需要使用专门的情感分析工具或自然语言处理库。

如果我们有一堆问卷调查的开放性问题，内容很多，这时，ChatGPT 能马上帮你完成总结和概括。它可以快速地帮你提取出文本概要，并对话题进行分类。最后，ChatGPT 还能分析出文本的语气和风格，比如判断某段话是正面的还是负面的，是正式的还是随意的。

但是，目前的 ChatGPT-4 还欠缺一些复杂的非结构化分析功能，特别是那些我们需要使用 R 语言或者 Python 的各种库来实现的分析。这个时候，ChatGPT 就会从一个助手变成一个向导，为你提供如何使用特定工具或编程技术来实现这些分析的指导和代码建议。

3.2.3　AIGC 辅助数据分析：市场分析和产品定位

除了对文档和文本进行分析，AIGC 的强大功能还体现在对复杂数据的处理能力上，这包括对结构化数据与非结构化数据的分析。

例如，我们可以从数据分享平台（如 Kaggle）上下载数据集。以一个关于印度尼西亚市场的智能电视数据集为例，该数据集包含了产品型号、价格、评分和用户评价等详细信息。通过这些数据，AIGC 不仅能帮助我们进行数据清理和预处理，还能深入挖掘数据中的模式和趋势，如价格与评价之间的关联分析或消费者偏好的洞察。

此外，AIGC 技术还可以帮助我们从非结构化的用户评价中提取关键词和情感倾向，进一步理解消费者的真实反馈和市场需求。这些分析结果为市场策略的制定和产品优化提供了有力的数据支持。

我们把这个 csv 格式的文件上传到聊天窗口，如图 3-4 所示。我们先让 ChatGPT 完成上传和初步阅读。

图 3-4　使用 ChatGPT 对数据进行分析

1. 数据结构概要

这个时候，如果我们有具体的数据分析目标，就可以直接向 ChatGPT 发出指令。一般来说，我们可以先让 ChatGPT 总结一下这个文档的内容，观察这个文档的数据结构。

ChatGPT 的总结如下：

这个文件包含了关于不同产品的数据，主要的内容包括：

1. itemId：每个产品的唯一标识。

2. category：产品所属的类别，例如这些行里的产品都属于"beliharddisk-eksternal"。

3. name：产品的名称，比如"TOSHIBA Smart HD LED TV 32-32L5650VJ Free Bracket"。

4. brandName：产品的品牌，例如 Toshiba、LG、Sharp 等。

5. url：产品在网上的链接。

6. price：产品的价格。

7. averageRating：产品的平均评分。

8. totalReviews：产品的总评价数量。

9. retrievedDate：数据获取的日期，这里的数据都是在 2019-10-02 获取的。

这个文件似乎是一个电子商务平台上的产品列表，包含了产品的详细信息、定价、评分和评价数量等信息。

如果细心一点，我们会发现在回答的最后有一个方括号和三角形按钮，如图 3-5 所示。

把鼠标放到上面，出现"view analysis（查看分析）"，我们单击查看。

我们可以看到是一串 Python 代码，这是 ChatGPT 后台操作的演示。为了方便大家查看，我们用 Claude 2 为代码增加了中文注释，解释它的功能，代码如下：

```
# 导入 pandas 库并起别名为 pd
import pandas as pd
# 读取 CSV 文件
file_path = '/mnt/data/20191002-items.csv'
```

```
data = pd.read_csv(file_path)
# 显示数据框的前几行，以了解其结构和内容
data.head()
```

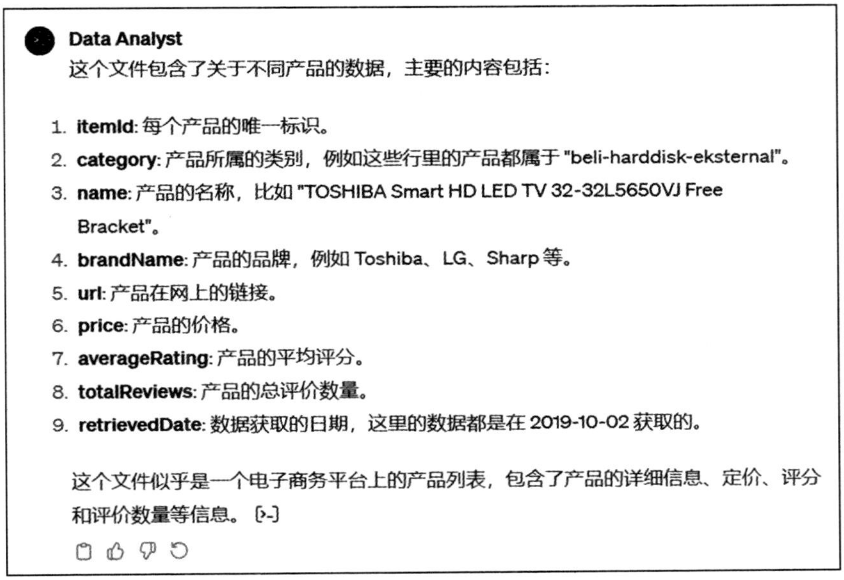

> **Data Analyst**
> 这个文件包含了关于不同产品的数据，主要的内容包括：
>
> 1. **itemId**: 每个产品的唯一标识。
> 2. **category**: 产品所属的类别，例如这些行里的产品都属于 "beli-harddisk-eksternal"。
> 3. **name**: 产品的名称，比如 "TOSHIBA Smart HD LED TV 32-32L5650VJ Free Bracket"。
> 4. **brandName**: 产品的品牌，例如 Toshiba、LG、Sharp 等。
> 5. **url**: 产品在网上的链接。
> 6. **price**: 产品的价格。
> 7. **averageRating**: 产品的平均评分。
> 8. **totalReviews**: 产品的总评价数量。
> 9. **retrievedDate**: 数据获取的日期，这里的数据都是在 2019-10-02 获取的。
>
> 这个文件似乎是一个电子商务平台上的产品列表，包含了产品的详细信息、定价、评分和评价数量等信息。[>-]

图 3-5　ChatGPT 数据分析界面

这个功能可以让我们看到 ChatGPT 的后台操作，具体了解 ChatGPT 是通过什么代码、工具和库来实现这些数据分析的。

2. 数据分析的维度

我们使用以下的指令提问，问我们可以对这些数据做什么分析。根据前面讲到的技巧，我们可以这样设计指令：

针对以上电子商务平台上的数据，如果你是一位希望在这个电子平台上开设店铺并售卖产品的品牌经理，你会对这些数据做哪些分析？请参考上面的数据结构和实际数据来判断。

下面是 ChatGPT 返回的回答：

考虑到您提供的数据结构和实际数据，作为一位希望在这个电子商务平台上开设店铺并售卖产品的品牌经理，您可以进行以下几种分析：

1. 产品类别和品牌表现分析：

分析哪些类别（如"beli-harddisk-eksternal"）的产品最受欢迎，这可以通过评分和评价数量来判断。

对比不同品牌（如 Toshiba、LG、Sharp 等）在相同类别中的表现，关注其平均评分和评价数量。

2. 价格分析：

分析不同价格区间的产品在评分和评价数量上的表现，确定消费者对于不同价格点的接受程度。

比较相似产品（相同类别和/或相同品牌）的价格差异，以及这些差异如何影响评价和评分。

3. 竞争分析：

确定市场上的主要竞争对手（基于品牌和类别），分析它们的定价、评分和评价数量。

了解哪些品牌或产品在特定类别中占主导地位。

4. 市场需求和趋势分析：

通过评价数量和平均评分来识别市场对不同产品的需求程度。

如果数据跨越多个时间点，可以分析趋势变化来预测未来需求。

5. 产品优化和差异化策略：

分析高评分和低评分产品的特点，寻找提高产品质量和满足消费者需求的机会。

通过对比竞争对手产品的特点，寻找差异化的机会。

6. 市场细分和目标客户分析：

根据产品类型、价格和评分来细分市场，确定目标客户群体。

分析不同客户群体可能偏好的产品特性。

这些分析能够帮助您更好地了解市场动态，制定有效的市场进入和竞争策略。为了进一步深入分析，可能还需要额外的数据，如具体的销售量、客户人口统计信息等。

ChatGPT 的数据分析师功能帮我们列出了 6 种共 12 个方向的分析结果。

3. 数据分析实例

接下来，我们可以根据自己的思路和目标，选择要分析的数据和目标。
比如，我们可以让它分析哪些品牌的哪些产品最受欢迎。
下面是分析结果：

根据数据分析，以下是最受欢迎的品牌及其产品（基于总评价数量和平均评分）：

1. 品牌：X*****
产品名称：[GRATIS ONGKIR][Android 9.0 Ready] X***** LED TV……
平均评分：4.0
总评价数量：28 893

2. 品牌：C*****
产品名称：[GRATIS ONGKIR] C***** LED TV 40 inch - Full HD……
平均评分：4.0
总评价数量：27 276

3. 品牌：S*****
产品名称：[GRATIS ONGKIR] S***** 24 inch LED AQUOS HD TV ……
平均评分：4.0
总评价数量：15 004

4. 品牌：C*****
产品名称：[GRATIS ONGKIR] C***** LED TV 40 inch Android ……
平均评分：4.0
总评价数量：13 020

5. 品牌：C*****
产品名称：[GRATIS ONGKIR] C***** LED TV 24 inch - HD Panel……
平均评分：4.0
总评价数量：10 300

这些数据表明，X***** 和 C***** 的某些电视产品在平台上非常受欢迎，具有较高的评价数量和良好的平均评分。这可能意味着这些产品在性价比和用户满意度方面表现突出。

我们可以接着提问，比如：

根据以上数据，市场对哪类产品的需求量大？

下面是返回的结果：

根据总评价数量分析，市场对以下类别的产品需求量较大：

1. 类别：beli-harddisk-eksternal

总评价数量：114 417

2. 类别：jual-flash-drives

总评价数量：94 007

3. 类别：beli-smart-tv

总评价数量：53 070

4. 类别：shop-televisi-digital

总评价数量：32 206

5. 类别：beli-laptop

总评价数量：5777

这些数据表明，外置硬盘、闪存驱动器、智能电视、数字电视和笔记本电脑是市场上需求量最大的产品类别。尤其是外置硬盘和闪存驱动器的需求量远远超过其他类别，这可能是由于它们广泛的使用场景和需求。这些信息对于决定投资和营销推广哪些产品类别非常有用。

我们可以看到，ChatGPT 告诉我们它将以总评价数作为标准，选出市场需求最大的产品，并且可以把产品类型翻译成中文。

如果我们的目标是在印尼市场售卖智能电视，那我们可以接着问主要竞争品牌有哪些，这些品牌分别采取了什么样的定价策略？

返回的结果如下：

在这个电子商务平台的智能电视类目中，以下是主要的竞争品牌及其定价策略：

1. 品牌：A*****

平均价格：约 7 419 751

最低价格：2 500 000

最高价格：59 345 000

产品数量：189

2. 品牌：L*****

平均价格：约 6 116 788

最低价格：2 450 000

最高价格：17 875 000

产品数量：182

3. 品牌：A*****

平均价格：约 7 153 137

最低价格：3 030 000

最高价格：31 999 000

产品数量：89

4. 品牌：H*****

平均价格：约 6 258 028

最低价格：1 994 000

最高价格：25 499 000

产品数量：83

5. 品牌：P*****

平均价格：约 2 024 734

最低价格：364 000

最高价格：5 424 900

产品数量：81

这些数据显示，A*****和 L*****是该类别中产品数量最多的品牌，其平均价格也相对较高。这表明它们可能专注于中高端市场。A*****和 H*****的定价策略类似，也偏向中高端市场。而 P*****的平均价格相对较低，可能是针对预算有限的消费者市场。这样的价格分布说明了每个品牌在市场中的定位和目标顾客群。

当看到上面的信息时不要惊讶，在原始的数据中，A*****、L*****确实在售卖智能电视。我们看了表现最好的，也需要了解表现最差的，以便于我们发现有哪些明显的陷阱。我们可以直接提问：

在以上电子商务平台的智能电视类目中，表现最差的竞争品牌有哪些？它们有什么共同的特点？

下面是 ChatGPT 的分析：

在智能电视类目中表现最差的竞争品牌包括：

1. 品牌：O*****

平均评分：1.0

总评价数量：1

2. 品牌：N*****

平均评分：2.0

总评价数量：1

3. 品牌：N*****

平均评分：2.0

总评价数量：1

4. 品牌：H*****

平均评分：3.0

总评价数量：1

这些品牌的共同特点是：

低平均评分：这些品牌的产品平均评分低于智能电视类别中的其他品牌。

低评价数量：这些品牌的产品收到的评价数量非常少，这可能表明销量较低或市场知名度不高。

可能的数据不准确性：某些品牌（如"N*****"和"H*****"）通常不与智能电视产品直接关联，这可能表明数据分类存在误差或数据的准确性有问题。

考虑到这些因素，对于这些品牌的分析可能需要更谨慎地处理和对数据进行进一步验证。同时，这些数据也可能表明这些品牌在智能电视市场的竞争力相对较弱。

以上我们看到了 H***** 和 N***** 明显不是品牌，原因是原始数据出错了。这个时候，我们可以利用 ChatGPT 对这些明显的错误进行清洗。同时，我们也可以对数据进行进一步约束，让 ChatGPT 的分析结果只显示来自中国的品牌，并且列举 10 个表现最差的品牌。

指令示例：

请对数据进行清理，去除数据分类存在误差或数据准确性有问题的数据，并且列出表现最差的 10 个来自中国的智能电视品牌。

返回结果如下：

在清理数据后，从中国来的智能电视品牌中表现最差的品牌如下（基于平均评分和总评价数量）：

1. 品牌：C*****

平均评分：4.24

总评价数量：18 234

2. 品牌：C*****

平均评分：4.31

总评价数量：273

3. 品牌：X*****

平均评分：4.33

总评价数量：11 200

4. 品牌：P*****

平均评分：4.47

总评价数量：1580

5. 品牌：T*****

平均评分：4.56

总评价数量：1068

6. 品牌：H*****

平均评分：4.63

总评价数量：27

7. 品牌：K*****

平均评分：5.00

总评价数量：1

值得注意的是，这些品牌的平均评分实际上都不低（最低为 4.24），但它们的总评价数量相对较少，特别是相对于市场上的主导品牌。这可能表明这些品牌的市场知名度和市场份额相对较小，或者它们在该电子商务平台上的销售量较低。另外，需要指出的是，这里的"表现最差"是相对于其他品牌而言的，并不意味着这些品牌的产品质量差。

4. 数据分析可视化

可能经常做分析的读者会问了，以上的分析都是文字，而且都是简单的分析。我要的分析是一个"高大上"的分析，而且需要做成好看的图片放在PPT 里面，要有视觉效果。别着急，我们可以直接让 ChatGPT 完成一个高级分析，然后 1 秒出图。

指令示例：

请根据这个电子平台的所有智能电视产品的数据，分析最畅销价格区间，并以可视化图表显示。

返回图表如图 3-6 所示。

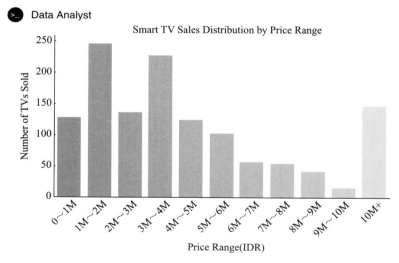

图 3-6　智能电视价格区间和销量分析

根据智能电视产品的销售数据，最畅销的价格区间分布如图 3-6 所示。

从图表中我们可以看出：

中低价位的智能电视销量较高，尤其是在价格区间"1M～2M"（100万～200万印尼盾）和"2M～3M"（200万～300万印尼盾）。

随着价格的上涨，销量逐渐减少。高于"3M～4M"（300万～400万印尼盾）价格区间的智能电视销量明显下降。

最高价位区间"10M+"（超过1000万印尼盾）的智能电视销量相对较低。

这表明消费者倾向于购买中低价位的智能电视，可能是因为这些价格区间的产品在性价比上更具吸引力。对于希望进入此市场的品牌来说，关注这些价格区间可能更有利于吸引广大消费者。

但是上面返回的结果中，图表上的文字是英文，而且价格使用印尼盾表示。不要着急，我们可以直接指示 ChatGPT 帮我们翻译成中文并换算成人民币。

请把可视化图表以及分析内容中的英文转换为中文，把印尼盾换算为人民币。

修改好的内容如图 3-7 所示。

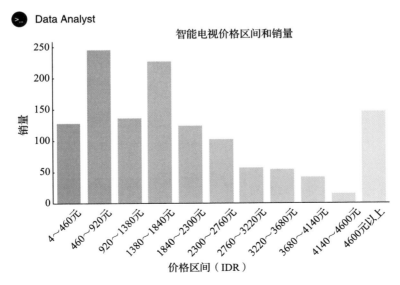

图 3-7　修改好的内容

根据智能电视产品的销售数据，以人民币计价的最畅销价格区间分布如图 3-7 所示。从图表中我们可以看出：

在价格区间"460～920 元"和"920～1380 元"的智能电视销量较高，这表明消费者更倾向于购买这些价格区间的产品。

随着价格的上涨，智能电视的销量逐渐减少。高于"1840～2300 元"价格区间的销量明显下降。

最高价位区间"4600 元以上"的智能电视销量相对较低。

这表明消费者在选择智能电视时倾向于中低价位的产品，可能是因为这些价格区间的产品在性价比上更具吸引力。对于希望进入此市场的品牌来说，关注这些价格区间可能更有利于吸引广大消费者。

到这本书完稿时，ChatGPT 还不能把可视化图表翻译成中文。但是它可以帮我们一键换算所有的汇率。各位读者可以直接使用英文或者使用图片编辑工具进一步编辑，手动添加中文。

3.2.4 AIGC 辅助数据分析：用户满意度分析

以上数据都是结构化数据的分析，也就是说即使我们不使用 ChatGPT，我们也可以使用 Excel 来进行计算。让我们增加分析的难度，使用 ChatGPT 来分析用户的数据。

我们上传一个印尼电商平台上关于智能电视的用户实际评论数据来进行分析。

我们使用 ChatGPT 看一下这个表的结构：

这个文件包含了一些产品的用户评价数据，主要内容包括：

itemId：产品的唯一标识。

category：产品所属的类别。

name：评价者的名称。

rating：评价者给出的评分。

originalRating：原始评分（某些行中此数据缺失）。

reviewTitle：评价的标题。

reviewContent：评价的具体内容。

likeCount：评价获得的点赞数。

upVotes：评价获得的支持票数。

downVotes：评价获得的反对票数。

helpful：是否被标记为有帮助。

relevanceScore：评价的相关性得分。

boughtDate：产品购买日期。

clientType：提交评价的客户端类型（如 androidApp）。

retrievedDate：数据获取的日期。

这些数据可用于分析产品的用户满意度、市场反馈以及消费者行为。

我们直接向 ChatGPT 提问，如何进行下一步分析。我们的指令提示如下：

根据上面 20191002-reviews.csv 的相关数据，如果你是一位希望在这个电子平台上开设店铺并售卖产品的品牌经理，你可以对数据做哪些分析？请参考上面的数据结构和实际的数据来建议。

返回的建议如下：

作为一位希望在这个电子商务平台上开设店铺并售卖产品的品牌经理，您可以利用"20191002-reviews.csv"文件中的数据进行以下分析：

1. 用户满意度分析：

通过评分（rating）分析不同产品的用户满意度。

识别得分较高和较低的产品，以及对应的原因（通过 reviewContent 分析）。

2. 评价内容分析：

对评价内容（reviewContent）进行文本分析，以了解消费者的具体喜好和不满。

通过自然语言处理技术（如情感分析）来获取用户的情感倾向。

3. 热门产品识别：

根据点赞数（likeCount）、支持票数（upVotes）和反对票数（downVotes）

来识别最受欢迎或不受欢迎的产品。

通过 helpful 标记来看哪些评价对其他用户最有用。

4. 购买时间分析：

分析 boughtDate 来了解特定产品的销售趋势。

识别销售高峰期，以优化库存和营销策略。

5. 客户端使用分析：

分析客户端类型（clientType）来了解消费者主要使用哪种设备浏览和购买产品，从而优化相应的用户体验。

6. 市场细分和目标群体分析：

根据产品种类（category）和评价内容来识别不同市场细分和目标消费群体。

7. 负面评价分析：

专注于低评分和负面评价内容，了解消费者不满意的原因，从而改进产品或服务。

我们让 ChatGPT 找出其中最受欢迎的智能电视产品，并分析这些产品受欢迎的原因，指令如下：

请分析智能电视产品中，用户满意度最高的 5 款产品，并分析对应的原因。

返回的结果如下：

1. 产品 ID：6068

评分：5.0

评价内容：（无具体评价内容）

2. 产品 ID：392480709

评分：5.0

评价内容：（无具体评价内容）

3. 产品 ID：392480709

评分：5.0

评价内容："barang cepat sampe…kurir nya atraktif…tv ok banget…"

分析：用户对快速送货和产品质量表达了满意。

4. 产品 ID：392480709

评分：5.0

评价内容："Maaf baru kasih review skr…Cepat bgt pengirimannya…TV nya bagus…"

分析：用户对快速送货和电视的质量表示赞扬。

5. 产品 ID：392480709

评分：5.0

评价内容：（无具体评价内容）

从上述分析中可以看出，对于智能电视产品而言，用户满意度高的关键因素包括产品质量和快速的物流服务。然而，由于部分产品缺少详细的评价内容，可能需要更多信息来全面分析用户的满意度原因。

在我们的分析中，出现了一些出人意料的结果：在排名最高的两款产品中，有两个竟然没有任何评论内容。这种情况下，我们需要进行人为判断和干预，并采用"人机协作"的方式来优化我们的指令。

经验告诉我们，只是通过计算平均评分来确定用户满意度最高的产品，有时候并不能得到我们希望的结果。例如，可能有一个产品只有两个评价，尽管评分很高，但样本量太小，无法验证它在其他用户中的意见。也有可能，高评分是由诸如"刷单"等灰色操作带来的。这些只能依赖我们的常识和经验来做出判断。

在这种情况下，我们需要考虑引入评论数量作为评价用户满意度的另一个重要指标。因此，我们可以用下面的优化方程式来评估用户满意度：

$$优化的用户满意度 = （用户评分平均分的权重系数 \times a） + （产品评价总数的权重系数 \times b）$$

在这个方程式中，a 和 b 分别是对应于用户评分平均分和产品评价总数的权重。根据经验，我们可以设置 $a = 0.7$ 和 $b = 0.3$，以平衡这两个因素对最终满意度评价的贡献。

这样的权重分配有助于我们综合考虑评分的可靠性和评论数量的多少，以得出更全面和科学的用户满意度评估。

我们把指令修改如下：

请分析智能电视产品的用户满意度，并提供平均评分和评论数量都较高的前 5 款产品。在分析中，请将平均评分和评论数量结合起来作为满意度的指标。可以考虑使用加权得分，比如将平均评分的权重设为 70%，评论数量的权重设为 30%，来综合评估每款产品的用户满意度。同时，请根据用户的评论内容，分析哪些因素可能导致这些产品获得高满意度。

以下是返回的结果：

根据用户评分和评论数量的加权得分，智能电视产品中用户满意度最高的前 5 款产品及其特点如下：

产品 ID：512604347

平均评分：5.0

评论数量：19

加权得分：3.785

产品 ID：417096236

平均评分：5.0

评论数量：14

加权得分：3.710

产品 ID：406196960

平均评分：5.0

评论数量：13

加权得分：3.695

产品 ID：130123986

平均评分：5.0

评论数量：11

加权得分：3.665

产品 ID：416181170

平均评分：5.0

评论数量：10

加权得分：3.650

对应的用户评论分析如下：

512604347：用户强调了卖家的良好沟通和响应速度，以及产品的高质量。

417096236：用户表示是回头客，强调了对品牌的忠诚和对产品质量的满意。

406196960：用户对产品的快速到货和良好包装表示满意，强调了服务的高标准。

130123986：用户对快速送货和产品质量表达了满意。

416181170：用户赞扬了快速送货和良好的产品质量。

综合来看，获得高满意度的智能电视产品的关键因素包括：

高质量的产品；

快速可靠的物流服务；

良好的客户服务和沟通；

品牌忠诚度和重复购买行为。

这些因素共同影响了消费者的满意度和积极评价。

这次返回的结果已经优化了不少，但是我们还希望这个分析能够更加符合营销的常识。我们可以直接把疑问交给 ChatGPT，让它帮助我们对接下来的分析进行优化：

请注意，这个结果依然很难为营销决策提供更科学的参考。比如这些前 5 位的产品，它们的评论总量和那些畅销的产品相比依然很少，那么应如何进一步对这个命令进行优化。

下面是 ChatGPT 的优化建议：

为了提供更科学的营销决策参考，我们需要对现有的加权得分公式进行优化，以便更好地反映产品的市场表现和消费者满意度。以下是几种可能的优化方法：

引入评论数量的最小阈值

我们可以设置一个评论数量的最小阈值，只有达到这个阈值的产品才被考虑在内。这样可以确保加入比较的产品拥有一定数量的用户反馈，增加数据的可靠性。

考虑产品销量

产品的销量也是评估用户满意度的重要指标。销量高的产品说明受到了更多消费者的青睐。因此，我们可以将销量因素加入满意度的计算公式中。

调整权重系数

如果我们认为评论数量对于满意度的重要性不如评分，或者相反，那我们可以重新调整 a 和 b 的权重，使它们更加符合实际情况。

引入时间因素

产品的评价可能随时间而变化。较新的评价可能更能反映产品当前的质量和服务。因此，我们可以引入时间权重，让最近的评论具有更高的权重。

添加更多维度

除了评分和评论数量，我们还可以考虑其他维度，如退货率、换货率、用户忠诚度（如重复购买率）等因素。

使用高级统计模型

根据上述方法，我们可以修改评价用户满意度的公式如下：

优化的用户满意度 =（用户评分平均分的权重系数 $\times a$）+（产品评价总数的权重系数 $\times b$）+（产品销量的权重系数 $\times c$）+…+（其他因素的权重系数 $\times n$）

其中，a、b、c、…、n 是各个因素的权重系数，可以根据实际情况和历史数据来确定。

通过进一步的数据分析和市场研究，我们可以确定每个权重系数的具体数值，使得最终的模型更加精确和实用。这样的多维度评价体系将为营销决策提供更全面、更科学的数据支持。

3.3　AIGC 辅助用户细分和用户画像

3.3.1　AIGC 辅助用户细分

用户细分是一种市场分析技术，它将潜在客户或现有客户划分为不同的群体或细分市场，这些群体在特定特征或需求上具有相似性。每个细分市场内的用户可能在年龄、性别、收入水平、购买习惯、生活方式、兴趣偏好等方面具有共同点，而不同细分市场之间的用户则存在显著差异。

　　AIGC 能够进行用户细分，主要是因为它能处理和分析大量数据，特别是识别数据中的模式和趋势。模型训练主要依赖模式和趋势识别，因此使用 AIGC 进行用户细分实际上是一种"反向操作"。

　　在用户分类方面，AIGC 可以快速处理和分析庞大的用户数据集，包括购买历史、在线行为和社交媒体活动等，这些数据用传统方法难以快速处理。AIGC 能够识别用户行为和偏好中的模式，这些模式可能不明显或难以通过手工分析发现。

　　在营销策略建议方面，AIGC 可以根据用户的特定特征和偏好生成个性化的内容和建议。此外，AIGC 还能进行数据的动态分析，我们可以持续为 AIGC 提供同一用户群体的实时数据，以便进行补充分析并及时调整营销策略。

1. 使用 AIGC 的训练数据和搜索功能进行用户细分

　　通过 AIGC 的训练数据和搜索功能，我们可以高效地进行用户细分分析。以下是一个指令示例及其操作方法：

　　指令示例：

　　你的角色是一名市场研究分析师，你对每个行业的所有信息都了如指掌。请为［国家］［行业］找出 5 个细分受众群体。

　　###

　　每个细分受众群体都应根据一个深层次的、与类别相关的需求进行定义，并为每个细分受众群体命名，使其符合市场营销策略标准。

　　请详细描述每个细分受众群体的偏好、痛点、需求和人口统计信息。

　　###

　　你可以添加任何其他关于该细分受众群体的关键信息。请确保每个细分受众群体都独一无二，不重复描述相同的受众。请使用表格来呈现这些信息。

　　在这个例子中，我们可以选择让 ChatGPT（GPT-4o）来帮助我们分析泰国电动汽车行业的用户细分。我们得到的分析结果见表 3-3。

表 3-3   ChatGPT 生成的用户细分

类别	应用场景	示例指令
市场分析与 趋势预测	趋势预测	"分析过去 5 年内电动汽车市场的增长趋势，并预测未来 2 年的发展。"
		"识别当前影响电动汽车行业发展的 3 大技术趋势。"
	竞争分析	"比较我们的市场份额与 3 个主要竞争对手在过去 1 年的市场份额变化。"
		"分析竞争对手最近推出的新产品的市场接受度和用户反馈。"
	市场细分	"根据年龄和地理位置，细分我们的消费者市场，并分析每个群体的购买力。"
		"识别和分析高收入用户群体的消费行为和偏好。"
消费者洞察 与行为分析	情感分析	"从在线评论中提取并分析消费者对我们新产品的情感。"
		"分析社交媒体上关于我们品牌的情感趋势变化。"
	用户画像 构建	"基于最新的销售数据和用户反馈，更新我们的核心用户画像。"
		"利用购买历史和在线行为数据，构建青少年用户的详细画像。"
	用户体验 分析	"从用户交互日志中分析我们的 App 在哪些环节用户体验不佳。"
		"分析用户在完成购买流程中的放弃点和原因。"
策略制定与 优化	策略建议	"根据市场趋势和内部能力，制定一个进入亚洲市场的详细策略。"
		"为即将到来的节日销售季节制定一套促销策略。"
	价格策略	"分析同类产品市场定价，并提出我们产品的最优定价策略。"
		"根据消费者购买力和竞争对手定价，调整我们的定价模型。"
	风险评估	"分析在新兴市场推广新技术产品的潜在风险和机会。"
		"评估当前全球经济状况对我们供应链的潜在影响。"
产品开发与 创新	产品开发 反馈	"分析用户反馈，识别新产品中需改进的关键功能。"
		"从用户评价中提取最常见的问题，以指导产品改进。"
	模拟场景 分析	"模拟一次经济危机对我们主要产品的销售产生影响的场景。"
		"分析若竞争对手降价 20%，对我们市场份额的可能影响。"
危机管理与 事件响应	事件监控 与应对	"分析最近发生的数据泄露事件产生的影响，制定一个全面的响应计划。"
		"生成针对突发产品安全事故的公关应对策略和用户沟通计划。"

除了使用 AIGC 的训练数据，我们还可以利用 AIGC 的实时联网功能，进行实时数据和动态的分析，根据市场变化和用户行为，实时调整细分策略。

指令示例：

你的角色是一名市场研究分析师。请基于以下实时数据和市场变化，调整细分策略，为细分群体 1 提供最新的营销建议。

细分受众群体 1：环保先锋

实时数据：请进行网络搜索，提取泰国最新的环保政策和市场趋势。

调整策略：根据新的环保政策，更新受众群体的偏好、痛点、需求以及营销策略建议。

以下是 AIGC 的调整和策略建议：

用户细分群体 1：环保先锋

实时数据：

环保政策：泰国政府正在大力推进电动汽车和可再生能源的发展，以减少交通和能源部门的碳排放。

市场趋势：泰国的太阳能市场正在快速增长，尤其是在东部经济走廊（EEC）地区，太阳能设施为工业设施提供能源支持，减少了对化石燃料的依赖。

调整策略

根据这些新的环保政策和市场趋势，可以更新环保先锋群体的偏好、痛点、需求及营销策略建议：

偏好：

环保先锋现在更注重选择能够显著减少碳排放和依赖可再生能源的交通工具，如电动汽车和太阳能汽车。

对于家庭和工作场所的能源解决方案，环保先锋倾向于使用太阳能系统。

痛点：

虽然电动汽车的数量在增加，但充电站的数量仍然不足，这可能会影响环保先锋对电动汽车的使用体验。

初始购买和安装太阳能系统的成本较高，可能会对他们的预算造成压力。

需求：

希望通过使用电动汽车和太阳能系统，减少碳足迹，保护环境。

期待政府提供更多的激励措施和补贴，降低可再生能源解决方案的初始成本。

营销策略建议：

产品推荐：

推广使用电动汽车，特别是那些配备了快速充电技术的车型，以应对充电基础设施不足的问题。

提供家庭太阳能系统的安装服务，强调其长期的成本节约和环保效益。

激励措施：

推出与政府合作的购车补贴计划，帮助环保先锋更轻松地负担电动汽车的成本。

提供太阳能系统的优惠贷款或租赁选项，降低初始安装成本。

教育和宣传：

通过社交媒体和环保活动，宣传电动汽车和太阳能系统的环保优势，提升品牌形象。

举办线上和线下的讲座与工作坊，帮助环保先锋了解最新的环保科技和政策。

合作伙伴关系：

与太阳能和电动汽车制造商合作，推出联合营销活动，提供捆绑折扣。

与政府机构和环保组织合作，参与社区环保项目，展示品牌的社会责任感。

通过这些调整策略，能够更好地满足环保先锋的偏好，解决他们的痛点，同时激发他们对环保产品的需求，提升市场营销的效果。

以上的动态分析和调整只包括搜索，我们还可以让 AIGC 进行跨平台的数据搜集，把社交媒体、电商平台以及其他数据作为实时数据进行整合和分析。

指令示例：

你的角色是一名市场研究分析师。请结合以下平台的数据，为细分群体 1 提供更全面的用户画像分析，并提出相应的营销策略。

数据来源：

平台 1：泰国社交媒体数据。请要求相关的数据上传。

平台 2：泰国搜索引擎数据。请进行网络搜索。

平台 3：泰国电商平台数据。请要求相关的数据上传。

在这一步之前，我们需要利用其他的工具或者使用工作流，来搜集和获取泰国社交媒体数据和电商平台数据。

2. 使用已有数据，进行用户细分

在实际情况中，我们通常会收集一些用户数据，例如通过 SAP 或 Salesforce.com 等平台获取的已购用户信息，或通过第三方平台获得的潜在用户脱敏信息。

在这种情况下，我们可以对这些真实的用户数据进行分析，并以此进行用户细分，以制定针对性的营销策略。

接下来，我们选择 Kaggle 上的一个汽车公司的用户数据集，使用 AIGC 工具对数据进行用户细分，并根据细分结果制定相应的营销决策。首先，让我们看一下数据包的数据结构：

您上传的数据文件包含 2627 条记录，每条记录有 10 个字段。以下是字段的具体情况和部分数据摘要：

字段列表：

ID（整数）：唯一标识符。

Gender（字符串）：性别，值可能为"Female"或"Male"。

Ever_Married（字符串）：婚姻状态，值可能为"Yes"或"No"，其中有 50 个缺失值。

Age（整数）：年龄。

Graduated（字符串）：教育情况，值可能为"Yes"或"No"，其中有 24 个缺失值。

Profession（字符串）：职业，如"Engineer""Healthcare"等，其中有 38 个缺失值。

Work_Experience（浮点数）：工作年数，其中有 269 个缺失值。

Spending_Score（字符串）：消费评分，值可能为"Low""Average"或"High"。

Family_Size（浮点数）：家庭成员数，其中有 113 个缺失值。

Var_1（字符串）：一个分类变量，如"Cat_6"，其中有 32 个缺失值。

数据摘要：

ID 的范围是 458 989～467 968。

Age 的平均值为 43.65 岁，范围是 18～89 岁。

Work_Experience 的平均值为 2.55 年，最高为 14 年。

Family_Size 的平均值为 2.83 人，最大为 9 人。

这是一份结构清晰的数据表，涵盖了个体的基本信息和社会经济特征。数据中有几个字段存在缺失值，需要在数据处理和分析中注意。

为了更好地对上述 2627 条潜在用户数据进行用户细分，我们需要使用结构化指令的方法，让 AIGC 清楚地了解分析目的，明确分析步骤，并给出我们想要的结果。在这个例子中，我们将使用之前介绍过的 SPAR 模板来构建这个指令。

指令示例：

\###

情境（Scenario）：

一家汽车公司正准备将现有产品线扩展到新的市场。这个市场对我们的品牌来说是全新的，因此我们需要对潜在用户进行深入了解。现在，我们需要根据潜在用户的数据，对用户进行细分，以便制定有效的营销策略来吸引这些潜在用户。

\###

角色（Persona）：

你是这家汽车公司的数据分析师，负责处理和解释这些数据。你以精确和细致著称，总是能够从数据中提取出有价值的洞察。你的目标是使用这些数据来识别不同的用户群体，并为每个群体制定定制的营销策略。你的性格特点是注重细节、逻辑性强，并且能够清晰地传达复杂的数据分析结果。

\###

行动（Action）：

数据审查：首先，彻底审查收集到的用户数据，以识别关键变量和潜在的模式。

聚类方法选择：选择合适的非编码聚类分析方法，如分层聚类或 k-means 聚类，以对用户进行细分。在开始执行聚类之前，请告知你选择的分析方法。

执行聚类：根据选定的聚类分析方法，将用户分为不同的群体，确保每个群体内部用户特征的相似性，以及不同群体之间特征的差异性。

特征描述：详细描述每个聚类的主要特征。

命名聚类：根据每个聚类的特征，创建简洁且易于理解的名称，以便于营销团队识别和讨论。

策略制定：为每个聚类制定具体的营销策略，考虑如何针对每个群体的特征和需求进行有效的产品推广。

策略合理性解释：解释每个营销策略背后的逻辑，说明为什么这些策略与对应用户聚类的特征和需求相关且有效。

###

响应（Response）：

你需要依赖你的专业知识、洞察力和对数据的深入理解来完成这些任务。

你的响应应该是非技术性的，以便让非技术人员也能够理解和实施你的建议。

只使用上传的数据，不要创造数据。

如果你完全理解上述指令，请回复"是的，我们已经了解"，并且要求"请上传数据"执行指令。

我们让 ChatGPT 执行上述指令，得到的回复如下：

是的，我们已经了解。现在，我将开始执行数据审查，选择合适的聚类方法，并对用户进行细分。

在数据中，我们发现一些字段存在缺失值，需要在进行聚类分析前进行处理。这些字段包括：

Ever_Married：50 个缺失值

Graduated：24 个缺失值

Profession：38 个缺失值

Work_Experience：269 个缺失值

Family_Size：113 个缺失值

Var_1：32 个缺失值

为确保聚类分析的有效性和准确性，我们首先处理这些缺失值，常用的处理方法包括填充缺失值（如使用最常见值或平均数）或删除含有缺失值的记录。对于分类变量（如 Ever_Married、Graduated、Profession、Var_1），我们可能使用众数填充；对于数值型变量（如 Work_Experience 和 Family_Size），使用平均值或中位数填充也是一种选择。

接下来，我们将填充这些缺失值，然后使用 k-means 聚类法进行用户细分，因为它适用于处理大型数据集并且能有效地发现不同的群体。在执行聚类之前，我们还需要将分类数据转换为数值型数据，以便 k-means 算法进行处理。

在选择聚类方法时，ChatGPT 推荐了 k-means 聚类方法。k-means 是一种用于将数据分组的方法，它会将相似的数据点聚集在一起。该方法无须预先了解数据应该如何分组，而是自动找出最优的分组方式。其目标是将数据分成 k 个小组，每个小组中的数据点具有相似性，且每个数据点都尽可能靠近该小组的中心点。这个中心点是小组内所有数据点的平均位置。简而言之，k-means 是一种自动将相似项聚集在一起的方法。

在生成的结果中，我们可以让 AIGC 自动决定分组的数量，也可以自行指定，例如 $k = 10$，即指示 AIGC 分为 10 个小组。不过，通常我们会让 AIGC 自动选择最佳分组数量。

以下是 ChatGPT 返回的用户细分结果摘录：

成熟商业领袖（聚类 0）

描述：此群体主要由年龄在 44 岁左右的已婚男性组成，大多已经毕业，职业多为商业相关，消费评分较低，家庭规模较大。

策略：推广具有高性价比和家庭实用型的车型，强调车辆的安全性和经济性。

理由：考虑到家庭规模和消费评分，此策略符合其对财务合理规划的需求，同时满足家庭使用的功能性需求。

教育青年精英（聚类 1）

描述：41 岁左右的未婚女性，大多已毕业，从事商业职业，拥有较高的消费评分，家庭规模较小。

策略：市场推广时突出时尚、智能技术配置高的车型，以吸引年轻专业人士。

理由：年轻且未婚的特性使得此群体更可能对新潮和高科技的产品感兴趣，适合推广新款或科技性强的车型。

经验丰富的职场人士（聚类 2）

描述：平均 37 岁的未婚职业人士，拥有较高的工作经验和消费评分，家庭规模适中。

策略：推广具有稳定性和高效能的车型，突出车辆的耐用性和性能。

理由：职场经验丰富可能意味着更高的收入和生活标准，倾向选择性能优越且可靠的汽车。

稳重中年（聚类 3）

描述：平均 50 岁的已婚男性，大多已毕业，从事商业职业，消费评分较低，家庭规模适中。

策略：推广舒适性高，适合家庭使用的中型车或 SUV，强调舒适和便利性。

理由：此年龄段的消费者通常更重视舒适和实用性，适合推广以舒适为导向的车型。

资深退休生活家（聚类 4）

描述：此群体的平均年龄为 72 岁，大多已婚且已退休，消费评分处于中等水平，家庭规模较小。

策略：推广安全性高、操作简便的车型，突出车辆的稳定性和低维护成本。

理由：考虑到年龄和退休状态，此类消费者更偏好于安全和易操作的车型，以适应其生活需求。

创意年轻艺术家（聚类 5）

描述：年轻的未婚男性艺术家，平均年龄 26 岁，具有中高消费评分，家庭规模较大。

策略：推广创新设计和环保型车型，突出时尚和创新的设计理念。

理由：年轻的艺术家群体更倾向于追求新颖和个性化的产品，同时可能对环保有更高的意识。

3.3.2　用户画像

用户画像（User Persona）是一种基于目标用户群体的虚构人物角色，它代表了某一特定用户群体的典型特征和需求。用户画像通常包括一系列详细的个人信息，如年龄、性别、收入水平、教育背景、职业、兴趣爱好、生活方式、价值观、消费习惯等。这些信息是根据市场研究和数据分析得出的，旨在帮助企业和组织更好地理解其目标用户，从而提供更符合用户需求的产品和服务。

在用户画像构建方面，AIGC 展现了巨大的潜力。传统的用户画像分析通常局限于年龄、性别、地域等基本属性，难以深入挖掘用户的深层次特征。AIGC 可以通过 API 或其他数据抓取工具，或通过整理好的数据文件，对用户数据进行分析，挖掘其兴趣偏好、消费习惯、情感倾向、决策路径等多维度信息，构建出更加丰满、生动的用户形象。AIGC 还可以将用户群体划分得更加细致。

此外，AIGC 可以动态跟踪用户画像，实时了解用户需求的变化，为企业提供决策支持。例如，在产品研发阶段，企业可以通过 AIGC 对用户画像的分析，了解用户对新产品的期待和需求，优化产品设计。在市场推广阶段，企业可以通过 AIGC 对用户画像的跟踪，实时了解用户的需求满足和情感反应，调整推广策略。

我们还是以 Kaggle 网站上的数据集"marketing_campaign.csv"为例，使用 ChatGPT（GPT-4o）来对某一类用户群体进行用户画像构建。

我们使用 ChatGPT 来分析一下这个数据集的结构，得到的结果如下：

人物信息

ID：用户的唯一标识符。

Year_Birth：用户的出生年份。

Education：用户的教育水平。

Marital_Status：用户的婚姻状态。

Income：用户的年家庭收入。

Kidhome：用户家庭中的儿童数量。

Teenhome：用户家庭中的青少年数量。

Dt_Customer：用户加入公司的日期。

Recency：自用户上次购买以来的天数。

Complain：过去 2 年内用户是否投诉，1 表示有投诉，0 表示无投诉。

产品消费

MntWines：过去 2 年内用户在葡萄酒上的花费。

MntFruits：过去 2 年内用户在水果上的花费。

MntMeatProducts：过去 2 年内用户在肉类产品上的花费。

MntFishProducts：过去 2 年内用户在鱼类产品上的花费。

MntSweetProducts：过去 2 年内用户在甜品上的花费。

MntGoldProds：过去 2 年内用户在黄金产品上的花费。

推广活动

NumDealsPurchases：用户使用折扣购买的次数。

AcceptedCmp1-5：分别记录用户是否接受了第 1 次～第 5 次营销活动的提议，1 表示接受，0 表示不接受。

Response：用户是否接受了最近一次营销活动的提议，1 表示接受，0 表示不接受。

购物渠道

NumWebPurchases：用户通过公司网站购买的次数。

NumCatalogPurchases：用户使用目录购买的次数。

NumStorePurchases：用户在店内直接购买的次数。

NumWebVisitsMonth：用户在过去 1 个月内访问公司网站的次数。

这个数据集主要包含了关于用户的个人信息、消费习惯，以及对营销活动的反应。通过这些信息，我们可以深入了解用户的行为特征、消费偏好和市场营销活动的效果。

指令示例：

###

情境（Scenario）：

一家公司希望通过深入分析其用户的详细数据来构建用户画像。这些用户画像将帮助公司更好地了解其用户群体的特点和需求，从而优化产品设计和市场推广策略。数据集涵盖了用户的人口统计信息、购买行为、产品偏好以及对营销活动的响应。

###

角色（Persona）：

你是该公司的数据分析师，以对数据有敏锐的洞察力和精确的分析能力而著称。你的目标是从提供的数据中提取关键信息，构建准确的用户画像，以支持公司的市场决策。你的性格特点是注重细节、逻辑思维能力强，并且擅长以清晰的方式呈现复杂的数据。

###

行动（Action）：

数据预处理：首先清理数据，处理任何缺失值或异常值，确保数据集的准确性和可用性。

用户细分：选择合适的非编码聚类分析方法，如分层聚类或 k-means 聚类，以对用户进行细分。在开始执行聚类之前，请告知你选择的分析方法。根据选定的聚类分析方法，将用户分为不同的群体，确保每个群体内部用户特征的相似性，以及群体之间特征的差异性。

根据用户分类，对每一个用户分类进行分析，包括但不限于以下几点：

消费行为分析：分析此类用户在不同产品类别上的支出，包括对于葡萄酒、肉类、水果等的消费情况。

购买渠道偏好：分析此类用户通过不同渠道（网购、目录购买、店铺购买）的购物行为。

营销活动反应：分析此类用户对不同营销活动的反应，包括优惠购买行为和对特定营销活动的响应。

投诉行为分析：考虑此类用户的投诉记录，评估用户满意度和服务问题。

构建用户画像：综合上述分析，为每组用户构建详细的用户画像，描绘出他们的特征、偏好和行为模式。

策略建议：基于用户画像，提出具体的产品和营销策略建议，以更好地满足不同用户群体的需求。

###

响应（Response）：

你需要依赖你的专业技能和对数据的深入理解来完成这些任务。

你的报告应当非技术化，确保所有团队成员都能理解和应用你的分析结果。

请仅使用所提供的数据集进行分析，避免引入外部数据。

如果你已经理解上述指令并准备好进行分析，请回复"已理解并准备好进行分析"，并提出任何额外的数据需求或问题。

我们把上述指令输入，得到如下回复：

已理解并准备好进行分析。为了开始数据分析和构建用户画像，我需要进一步了解数据集的结构和内容。请上传包含用户详细数据的数据集，或者提供具体的数据字段和示例数据，以便我可以进行适当的数据预处理和后续分析。

我们上传数据集，等待 ChatGPT 分析和执行。ChatGPT 将首先检查文件中的数据，了解其结构和内容。稍后它将进行初步的数据预处理，包括查找和处理任何缺失值或异常值。

在这个过程中，ChatGTP 可能会在某些步骤向我们询问，比如"让我们首先处理这些缺失值。您希望对收入缺失的数据采用何种处理方式？例如，我们可以使用中位数或平均数填充，或者删除这些缺失的记录。"我们可以根据实际情况，把自己的选择告诉 ChatGPT，以便继续执行。

在等待过程中，我们可以查看 ChatGPT 实时的分析过程。这也将帮助我们了解 ChatGPT 是如何处理这些数据的。比如：

数据预处理完成后，我们现在有了一个包含 36 个特征的标准化和编码后的数据集，用于进行聚类分析。下一步是确定 k-means 聚类中最佳的聚类数量 k。为此，我们将使用肘部法则（Elbow Method），这种方法通过评估不同 k 值的聚类内误差平方和（SSE）来帮助选择一个合适的 k。

我们将计算范围从 $1\sim10$ 的 k 值的 SSE，并找出肘部点，这通常是 SSE 的下降速度开始减缓的点，让我们开始计算。

ChatGPT 会根据计算量的大小，推荐聚类分组的数量，我们会看到如下提示：

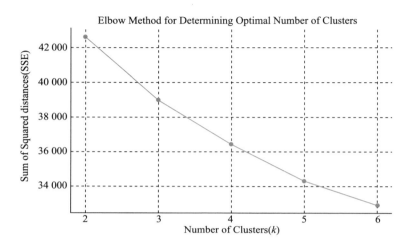

从这张肘部图中我们可以看到，随着聚类数 k 的增加，SSE（误差平方和）逐渐降低。在 $k = 3$ 到 $k = 4$ 之间，SSE 的下降幅度开始减少，这表明 $k = 3$ 或 $k = 4$ 可能是一个较好的选择。

接下来的步骤是使用选定的 k 值来运行 k-means 聚类，然后分析每个聚类的特征以构建用户画像。

您倾向于选择哪一个 k 值进行聚类？我们可以选择 $k = 3$ 或 $k = 4$，看哪一个更符合我们的需求。

在聚类分析中，SSE（Sum of Squared Errors，误差平方和）是一个衡量聚类效果好坏的指标。SSE 越小，表示数据点与其所属聚类的中心点之间的平均距离越小，聚类效果越好。如果我们不确定哪个选择，我们可以选择较大的，比如 $k = 4$。接下来 ChatGPT 将使用 $k = 4$ 来进行 k-means 聚类。

在分析完成后，我们将得到一个用户画像概览：

我们的 k-means 聚类结果显示了 4 个不同的用户群组，下面是每个群组的平均特征概览：

● 群组 0（低收入低消费群体）

年均收入：约 34 492 美元

孩子数量：相对较多

购买频率：较低

主要消费：酒类消费最低

营销反应：对营销活动的反应较低

- 群组 1（中等收入中等消费群体）

年均收入：约 57 281 美元

孩子数量：平均

购买频率：中等

主要消费：酒类消费中等

营销反应：对某些营销活动反应中等

- 群组 2（高收入高消费群体）

年均收入：约 81 927 美元

孩子数量：最少

购买频率：高

主要消费：在所有类别中消费最高

营销反应：对营销活动的反应非常积极

- 群组 3（较高收入，专注于高端产品的消费群体）

年均收入：约 74 233 美元

孩子数量：较少

购买频率：中高

主要消费：特别是在鱼类和甜品上的消费较高

营销反应：对营销活动反应一般

现在，我们可以使用这些信息来构建详细的用户画像，并根据每个群组的特性和需求提出具体的产品和营销策略建议。如果您需要进一步细化这些画像或有其他具体的分析请求，请告诉我！

接下来，我们可以指示 ChatGPT 针对某一个群组构建详细的用户画像，并且根据群组的特征和需求提出具体的营销策略。

指令示例：

请对群组 2 构建详细的用户画像，包括用户购买旅程，并提出具体的产品和营销策略建议。

返回结果：

关于群组 2 高收入高消费群体的用户画像、用户旅程和营销策略建议如下：

群组 2 用户画像：高收入高消费群体

基本特征：

年龄范围：大多在 30～50 岁之间，表明这是一个较年轻的群体。

教育水平：可能拥有较高的教育背景。

职业状况：可能担任管理级别或是专业人士。

家庭状况：孩子数量最少，家庭可能较小或者是 DINK（双收入无子女）家庭。

收入水平：平均年收入约为 81 927 美元，属于高收入群体。

消费特征：

消费水平：在所有消费类别中均为最高，特别是在葡萄酒、肉类和鱼类产品上的花费显著。

购买方式：倾向于通过网络和目录购买，可能更倾向于线上购物体验。

购买频率：活跃购买者，经常购买，忠诚度高。

营销响应：

对营销活动反应积极：在 5 次不同的营销活动中均表现出高度积极的反应，特别是对第 5 次活动的反应极高，表明对新产品和优惠促销非常感兴趣。

用户购买旅程

意识阶段：

通过高端的生活方式杂志、社交媒体和专业论坛来接触品牌广告和产品信息。

高品质和高价值的产品对其有自然的吸引力。

考虑阶段：

通过品牌网站、电子邮件通信和目录了解更多产品信息。

参与品牌举办的专题研讨会和品酒会，加深对产品的了解和兴趣。

购买决策：

通过线上渠道下单，享受快速便捷的购物体验。

喜欢使用高级会员服务，如专人配送和定制化产品推荐。

忠诚阶段：

通过参与品牌的忠诚度计划积累积分和奖励。

对品牌的特别推广活动和限量产品保持高度关注。

营销策略建议

个性化营销：利用数据分析了解每个用户的具体偏好，提供个性化的产品推荐和定制化服务。

忠诚度奖励：为重复购买和高消费的用户提供积分和奖励，如高级会员服务或定期用户专享折扣。

高端活动：定期举办高端的用户活动，如品酒会和新产品发布会，增加与品牌的互动并提升品牌忠诚度。

数字营销优化：加强网络和社交媒体广告的投放，特别是在高端消费者频繁访问的平台上。

反馈机制：建立有效的用户反馈渠道，确保能快速响应用户需求和市场变化。

通过这些策略，可以更好地吸引和维护这一群体的用户，同时提高他们的购买频率和品牌忠诚度。

在本次分析中，我们通过 k-means 聚类技术成功地将用户数据分为 4 个独特的群组，每个群组展示出不同的特征和消费模式。这种细分使我们能够为特定的用户群体构建详细的用户画像，并根据他们的需求和偏好提出相应的营销策略。特别是对于群组 2（高收入高消费群体），我们详细分析了其消费习惯和对营销活动的反应，构建了其购买旅程，并基于这些洞察提出了具体的营销策略。

我们也可以使用智谱清言等 AIGC 工具进行上述的分析。在分析过程中，智谱清言会遇到数值类型转换问题，我们可以让它忽略，否则会陷入一个长久的错误和修正循环。这同样体现了我们在本书中一直强调的人机协同，我们需要根据经验和专业知识做出判断，帮助 AIGC 更好地完成工作。

其他的 AIGC 工具，如月之暗面只能读取数据的 27%，而通义千问则不能直接进行分析。

建议大家使用 ChatGPT 的 Data Analyst 进行用户画像分析，特别是数据庞大时。

AIGC 可以处理和分析大量数据，帮助公司从复杂的数据集中识别出用户的行为模式和偏好，从而做出更加客观和精确的市场决策。AIGC 擅长高效的用户细分，利用机器学习算法（如 k-means），可以自动将用户分为几个有区分度的群体，这比传统的手动细分方法更快、更有效。

通过深入了解每个用户群体的特性，企业可以定制个性化的营销信息和促销活动，以更好地满足用户需求，提高营销活动的转化率。AIGC 可以持续学习新的数据，不断优化用户画像和营销策略，帮助企业适应市场变化和用户行为的演变。

然而，我们也必须注意 AIGC 在用户画像构建过程中面对的挑战，这些挑战包括：

- 数据的质量和完整性：分析的准确性高度依赖于数据的质量。不完整或错误的数据可能导致误导性的结论。因此，保持数据的清洁、更新和准确非常关键。

- 隐私和合规性问题：在处理用户数据时，必须严格遵守数据保护法规，对数据进行脱敏处理。企业需要确保数据的使用不侵犯用户的隐私权利。

- 算法和模型的选择：不同的算法和模型对数据有不同的假设与限制，选择不当可能导致不准确或有偏见的结果。我们需要根据具体情况选择合适的模型，并定期评估其效果。

- 对结果的控制和解释性：AIGC 的数据分析过程中可能存在"黑箱"问题，为了保证结果的可靠性，我们需要在执行过程中尽量使用结构化指令，让 AIGC 按照制定的步骤进行分析。我们使用的 SPAR 指令模板就是在"执行"阶段制定步骤，是一种有效的方法。

充分利用 AIGC 在用户画像构建和市场策略制定中的潜力，可以帮助企业更好地理解用户，为智能营销打下坚实的基础。

3.4　案例：Yabble 的 AIGC 转型之路——让市场调研立等可取

　　Yabble（雅博）是一家成立于 2017 年的创新公司，致力于为全球客户提供全面的数据分析服务。它的核心产品是一款先进的数据分析平台，旨在帮助品牌与市场分析公司收集、整理和分析用户数据，从海量信息中提取市场趋势和用户洞察。

　　Yabble 的平台具备强大的数据整合能力，可以处理来自不同来源的复杂数据，包括客户调查、用户反馈、社交媒体数据等。

1. 变革市场调研的新方法

　　创立之初，Yabble 就将 AI 作为数据分析的基础，这使得它的产品与众不同。

　　Yabble 的平台自 2017 年起，帮助企业客户分析用户调查和反馈，提取有价值的洞察。这不仅提升了数据分析效率，还降低了使用机器学习和深度学习技术的门槛。

　　2021 年，Yabble 推出了 Yabble Query 工具，让用户可以通过这个工具向平台提出各种问题，以便更好地理解数据。这个工具利用 AI 算法，针对用户最关心的问题提供相关洞察，从而减少数据分析的时间，让用户有更多时间投入到业务发展中。

　　2023 年，Yabble 推出了 Yabble Count 工具，这款基于 AI 的工具能够分析大量用户评论和非结构化数据，并按照情绪和情感进行分类与分析。

2. 引入 AIGC 技术

　　随着业务增长和客户需求的增加，Yabble 团队遇到了资源和算法的瓶颈。在 GPT-3 推出后，Yabble 看到了 AIGC 在数据分析上的潜力，于是开始与 OpenAI 合作，引入 AIGC 技术。通过与 OpenAI 的合作，Yabble 对 GPT-3 进行了大规模训练和微调，使其能更好地理解和响应客户需求。

　　借助 GPT-3 的自然语言理解能力，Yabble 能够迅速将复杂的数据转化为有意义的主题和子主题，原本需要团队耗时数日的数据编码和分析，现在只需几分钟。GPT-3 还使 Yabble Query 能够处理更复杂的问题，并提供更精准的洞察。

一个重要的突破是利用 ChatGPT 进行情感分析，深入解读用户评论和反馈，准确捕捉用户对产品或服务的满意和不满之处，为产品优化和制定客户服务策略提供关键依据。

Yabble 的产品负责人本·罗（Ben Roe）说："我们意识到，要拓展服务范围，就必须依靠人工智能来承担大部分繁重工作，让我们能把时间和精力投入到更重要的事情上。OpenAI 完美地满足了这一需求。"

Yabble 的品牌用户和市场调研公司客户非常喜欢这种化繁为简的创新方案，以往需要数周甚至数月完成的调查分析或市场调研工作，现在可以即刻完成。同时，结合 AIGC 能力和行业经验，Yabble 为客户提供更有价值的分析。

3. 开发 ChatGPT 插件

在将 GPT-3 整合进数据分析系统并获得用户好评后，Yabble 开发了 ChatGPT 插件，并于 2023 年将其在 ChatGPT 插件商店上线，成为首家在该平台推出端到端研究解决方案的企业。

Yabble ChatGPT 插件提供了完整的解决方案，将耗时的数据收集和分析过程缩短为几分钟。这个插件不仅集成了 ChatGPT 的强大知识库，还融合了社交媒体和全球趋势数据，为用户提供快速、准确的调研分析服务。

Yabble ChatGPT 插件包含以下功能：

- 设定主题：用户可以提供研究领域和方向关键词，Yabble 会自动生成相关研究主题。
- 定制受众：用户可以根据人口统计、兴趣和行为特征精确指定目标受众，或采用 Yabble 建议的参数。
- 增强数据：利用增强数据，插件能即时生成大量数据，尤其在产品开发、市场策略和消费者行为分析方面，能提供有针对性的分析结果和解决方案。
- 大型项目支持：插件允许用户增加数据来源，为超大型用户调研提供定制化服务。

Yabble ChatGPT 插件凭借其高效的工作流程和先进的 AI 技术，帮助企业在快速变化的市场中迅速获取关键洞察。

　　Yabble 公司首席执行官凯瑟琳·托普（Kathryn Topp）认为，AIGC 为市场调研行业带来了变革性创新，Yabble ChatGPT 插件也将改变洞察行业的商业模式。

　　自从使用 ChatGPT 进行用户分析以来，Yabble 取得了显著成效：数据分析效率提升了 50%，客户满意度提高了 10%。Yabble 能够迅速捕捉并解决用户痛点，极大地提升用户的忠诚度。

　　未来，Yabble 将继续深化与 OpenAI 的合作，计划在产品开发、市场营销等多个领域进一步拓展 ChatGPT 的应用，并联手开发新一代 AI 工具，以实现更高精度和速度的数据处理，为客户提供更深入、更精准的数据洞察，帮助客户做出更明智的商业决策。

CHAPTER 4

第 4 章

构建：智能构建动态自适应内容

本章将详细探讨如何利用 AIGC 技术构建内容策略，以及如何使用 AIGC 进行动态内容生成。通过 AIGC 的强大功能，企业和创作者可以高效地制定和优化内容策略，以满足不断变化的市场需求和用户偏好。

4.1　使用 AIGC 构建内容策略

在本节中，我们将详尽探讨如何巧妙运用先进的 AIGC 技术来构建和优化内容策略的核心组件——营销内容日历。为了确保内容始终保持与品牌形象的一致性，有效吸引并激活目标用户群体，进而达成各项营销目标，AIGC 工具将在这一过程中发挥重要作用。

4.1.1　使用 AIGC 构建营销内容日历

内容日历（Content Calendar）是一种用于规划和组织企业或品牌发布内容的工具，其中详细列出了各种内容发布的时间、渠道和方式。内容日历通常包括主题、内容类型、发布日期和时间、分发策略等信息。内容日历是营销策略的基础构成，可以帮助我们统筹全局，明确重点，并确保整体营销策略的前后一致和相互连贯。

我们可以使用 AIGC 来指导我们构建一个完善的内容日历，作为营销策略制定和优化的起点。

指令示例：

角色设定：你是一位经验丰富的营销专家，擅长制定内容营销日历。

要求：

1. 与我沟通，了解我的营销活动的背景信息，包括但不限于营销目的、目标受众、产品或服务介绍、预期的活动时间等。

2. 根据以上信息针对性地提出一系列问题，以便全面了解营销活动的各方面需求。问题应涵盖内容规划的方方面面。

3. 在获得足够信息后，归纳总结营销活动的关键要素，并据此设计一份可执行的内容日历。

4. 内容日历应包含内容主题、发布时间、发布渠道、推广策略等关键要素，以日历的形式呈现。

5. 针对日历中的重点内容，提供创意思路和推荐的内容形式。

6. 在制定内容日历的过程中，随时向我提问，灵活调整计划。

我们可以把这个指令输入到任何一个 AIGC 大模型或者 AIGC 专业写作

工具中。在这个例子中，我们以智谱清言为例，我们将得到以下的建议：

首先，很高兴能为您提供内容营销日历的制定服务。为了更好地了解您的营销活动，请您提供以下背景信息：

1. 营销目的：您希望通过这次营销活动实现什么样的目标？例如，提升品牌知名度、增加产品销量、扩大市场份额等。

2. 目标受众：您的产品或服务面向哪类人群？请描述他们的年龄、性别、职业、兴趣爱好等特点。

3. 产品或服务介绍：请您简要介绍一下您的产品或服务，包括其特点、优势、应用场景等。

4. 预期的活动时间：您计划在什么时间段内进行这次营销活动？是否有特定的时间节点或节日？

在您提供以上信息后，我会针对性地提出一系列问题，以便全面了解营销活动的各方面需求。问题将涵盖内容规划的方方面面，包括内容类型、风格、篇幅、表现形式等。

在获得足够信息后，我将归纳总结营销活动的关键要素，并据此设计一份可执行的内容日历。内容日历将包含以下关键要素：

1. 内容主题：根据营销目的和目标受众，确定一系列有针对性的内容主题。

2. 发布时间：规划每个内容主题的发布时间，确保在整个活动期间保持一定的节奏和频率。

3. 发布渠道：根据目标受众的特点，选择合适的发布渠道，如社交媒体、博客、论坛、电子邮件等。

4. 推广策略：针对每个内容主题，制定相应的推广策略，包括合作推广、广告投放、活动策划等。

在内容日历的基础上，我会针对重点内容提供创意思路和推荐的内容形式。例如，对于某个内容主题，我可以建议采用案例分析、专家访谈、图文教程等形式，以吸引目标受众的关注。

在制定内容日历的过程中，我会随时向您提问，并根据您的反馈灵活调整计划。请您在收到问题时尽快回复，以确保内容日历的制定进度。

在使用 AIGC 工具生成问题列表时，可以考虑再细化一些问题，以涵盖更多内容规划的细节。例如，除了询问营销目的、目标受众、产品介绍等基本信息外，还可以问及品牌的风格偏好、内容的格式和长度、以往品牌内容的效果、竞争对手的内容策略等。这样可以帮助 AIGC 工具生成更加符合要求的内容日历。

我们可以根据自己的信息掌握情况，选择性地逐一回答上述问题，或者全面回答所有问题。在完成回答之后，可以借助 AIGC 工具来生成内容计划。

然而，还有一种更为高效的方法。我们可以利用 AIGC 工具强大的在线搜索、分析、总结以及逻辑思维能力，协助进行网络搜索，并为我们提供这些问题的答案。

指令如下：

你要为喜利得公司的重型电锤工具 TE70 产品做一个内容计划，目的是提升这款产品的线索数量和销售额。以上提到的背景信息，你需要进行网络搜索，了解 TE70 产品、用户和市场的情况，然后提取和回答相关的背景信息问题。

上述指令有两个技巧我们可以学习。

第一个技巧，我们可以要求 AI 通过网络搜索来了解产品、用户和市场的情况，这有助于获取全面、真实、及时的信息，而不仅仅依赖于预设的知识库。例如，如果我们要分析一款新智能手机的市场表现，AI 可以通过搜索最新的新闻报道、用户评论和专业分析来获取关于该产品的详细反馈和市场趋势。

我们甚至可以进一步细化搜索要求，指定搜索的范围、深度和重点。比如，我们可以要求 AI 专注于某个特定的市场区域，或者深入挖掘用户对产品某项特定功能的评价。通过这种方式，AI 可以提供更加精准和定制化的信息，帮助我们做出更好的决策。

第二个技巧，我们要求 AIGC 主动思考和分析。我们使用了"提取"，而不是"总结"或者"概括"这样的词，来让 AI 能够进行积极思考，深入挖掘信息背后的含义和潜在的联系。例如，当 AIGC 分析用户对内容的反馈时，它不仅要总结用户的观点，还要提取出用户的需求和偏好，以及这些反馈对产品设计和市场策略的潜在影响。通过这种方式，AIGC 可以提供更具洞察力的分析，帮助我们识别市场机会，预测趋势，并制定更有效的参考策略。

我们把上面的指令输入，得到的回答如下：

根据网络搜索，我了解到喜利得公司的重型电锤工具 TE70 具有以下特点和适用场景：

1. 产品特点

TE70-ATC/AVR 电锤：重量为 10 公斤（不含电池），单次冲击能源为14.5 焦耳，冲击钻头直径范围为 12～150 毫米。它具备主动扭矩控制（ATC）和主动减振（AVR）功能，有助于提高安全性和使用舒适度。此外，它采用几乎不需要维护的无刷 SR 电机和双室润滑系统，延长了工作时间和工具寿命。它还配备了可选的 DRS-Y 除尘系统，灰尘清除率高达 95%，并具有可拆卸的电源线设计。

TE70-AVR 电锤：重量为 8.3 公斤（不含电池），单次冲击能源为 11.5 焦耳，冲击钻头直径范围为 12～150 毫米。它特别强调在大范围的钻孔和凿钻应用中达到最高的生产率，同时提供低接触压力和主动减振（AVR）功能，以提高使用舒适度和每日生产率。同样，它也可以搭配 DRS-Y 除尘系统使用，吸走高达 95% 的灰尘。

2. 产品应用

TE70 电锤适用于在混凝土、砖石和天然石材上冲击钻孔（直径范围12～150 毫米），为重型锚栓钻孔（直径范围 20～40 毫米），使用尖扁凿进行突破及拆卸工作，以及在木材和钢材上进行高扭力钻孔。

基于这些信息，我们可以针对 TE70 产品的内容营销计划进行如下设计：

目标受众：建筑工人、工程师、建筑公司、重型机械操作人员等。

营销目的：提升产品知名度，增加产品销量，扩大市场份额。

内容主题：强调产品的耐用性、高效率和安全性，突出其在重型建筑和工业应用中的优势。

发布时间：根据建筑行业的旺季和展会时间来安排，确保内容在关键时期触达目标受众。

发布渠道：社交媒体、行业论坛、建筑行业专业网站、电子邮件营销等。

推广策略：与建筑行业的关键影响者合作、参加行业展会、发布案例研究、提供试用机会等。

在制定详细的内容日历时，我将根据上述信息进一步细化内容主题和发布计划，确保内容的有效性和吸引力，同时将根据市场反馈灵活调整计划，以实现最佳营销效果。

这个答案是 AIGC 根据我们的指令，通过网络搜索收集到的关于喜利得公司 TE70 重型电锤的产品信息和应用场景，并在此基础上提出了一个内容计划的框架。答案包括了对 TE70 电锤的核心特点和适用场景的描述，这有助于我们核实和判断 AI 的输出是否符合我们的期望和目标。在此基础上，AIGC 提出了内容营销计划的要点，如目标受众、营销目的、内容主题、发布时间、发布渠道和推广策略等。

然而，我们也发现了答案中的一些不足之处。首先，AIGC 建议的内容主题较为笼统，缺乏具体的内容创意和执行方向。这一问题可以在后续对话中逐步调整。调整方式包括上传以往的品牌内容、产品信息、用户反馈、竞品内容、平台热点内容等，让 AIGC 进行进一步分析和优化。其次，发布时间和发布渠道的选择较为泛化，没有根据 TE70 电锤的目标受众特点和媒体使用习惯进行更精准的渠道规划。

现在，我们对 AI 建议的背景信息进行简单调整，指令如下：

发布时间为以 3 个月为周期的产品营销计划，不需要参考旺季和展会时间。关于发布渠道，社交媒体以抖音为主要渠道，去掉电子邮件营销。推广策略请去掉行业展会。请根据以上修改意见，为 TE70 电锤制定一个内容日历。

上述调整只是一个例子。我们可以通过多轮对话，把更多的信息以及修改意见传达给 AIGC，让 AIGC 更全面地了解我们的目的和意图，从而更加精准地生成内容日历。比如，我们可以继续让 AI 总结竞争对手品牌是如何满足和解决这些痛点需求的，并找出 TE70 产品的独特卖点和差异化优势。这样，我们就可以指导 AI 围绕目标受众的真实需求和产品的核心卖点，规划内容主题和创意方向，制定出更有针对性、更有说服力的内容营销计划。

根据上述简单调整，我们让 AIGC 生成内容计划。内容计划如下：

根据您的要求，我将为喜利得公司的 TE70 电锤制定一个为期 3 个月的内容日历。由于我们主要使用抖音作为社交媒体渠道，并且不包含电子邮件营销和行业展会，内容日历将重点放在抖音平台的内容发布和推广策略上。

第 1 个月：产品介绍与教育

第 1 周：发布产品介绍视频，强调 TE70 电锤的核心特点：ATC/AVR 功能、无刷 SR 电机、双室润滑系统等。

第 2 周：发布使用教程视频，展示如何在不同材料上使用 TE70 进行高效作业。

第 3 周：发布产品优势对比视频，与市场上其他电锤产品进行比较，突出 TE70 的优势。

第 4 周：发布用户评价视频，邀请行业专家或现有用户分享使用体验。

第 2 个月：应用场景展示

第 5 周：发布施工现场实时展示视频，展示 TE70 在真实工地环境中的使用情况。

第 6 周：发布行业解决方案视频，介绍 TE70 如何解决特定行业问题，如高效率的重型锚栓钻孔。

第 7 周：推出创意应用挑战，鼓励用户分享他们在特殊或困难环境下的 TE70 使用经验。

第 8 周：发布幕后制作故事视频，展示产品研发和制造背后的故事，增加产品的吸引力。

第 3 个月：互动与促销

第 9 周：举办用户互动活动，如问答、抽奖等，增加用户参与度。

第 10 周：推出限时优惠活动，推出限时折扣或捆绑销售，刺激用户的购买欲望。

第 11 周：发布用户作品展示视频，鼓励用户分享他们的作品，包括使用 TE70 完成的项目。

第 12 周：发布未来产品预告，预告喜利得公司的其他新产品或 TE70 的升级版，保持用户兴趣。

发布渠道与推广策略

主要渠道：抖音

　　辅助渠道：可以考虑在微博、快手等其他社交媒体平台进行内容同步，以扩大覆盖面。

　　推广策略：

　　与建筑行业的抖音大号合作，进行产品推广。

　　利用抖音挑战赛和话题标签，增加产品曝光度。

　　定期与粉丝互动，回应评论和私信，建立良好的用户关系。

　　请注意，这个内容日历是一个初步草案，实际执行时可能需要根据市场反馈和实时数据进行调整。

　　上面是使用智谱清言生成的内容日历。根据我们的指令，它的重点放在抖音平台的内容发布和推广策略上，分为 3 个阶段：产品介绍与教育、应用场景展示、互动与促销。每个阶段都有具体的内容主题和发布计划。

　　除了将抖音作为主要渠道，它还提到可以考虑在其他社交媒体平台进行内容同步，并给出了一些推广策略建议，如与建筑行业的抖音大号合作、利用抖音挑战赛和话题标签等。

　　在内容形式的规划上，它涵盖了产品介绍视频、使用教程、优势对比、用户评价、现场展示等多样化的内容类型，能够全方位展现产品的特点和优势。同时，这份内容日历兼顾了品牌自有内容、用户生成内容和意见领袖内容，形成了多元化的内容矩阵。它注重用户参与和互动，通过创意应用挑战、用户作品展示等环节，鼓励用户创造内容，提升参与度。在推广策略上，它考虑了与行业大号合作、利用热门话题等方式，有助于提高产品曝光度。

　　虽然从营销专业的角度来看，这个内容日历在创意水平、差异化定位和执行细节上还有优化空间，但作为一个内容日历的框架，它已经体现出了较好的结构性和逻辑性。这份内容日历的主题清晰，分阶段递进，从产品介绍到应用场景再到互动促销，环环相扣，有利于吸引和维系用户兴趣。

4.1.2　使用 AIGC 分析历史内容，优化内容策略

　　在上一小节中，我们探讨了如何使用 AIGC 生成内容日历，为品牌内容营销和动态内容生成提供蓝图。然而，一个高效的内容策略不仅需要前瞻性规划，还需要对历史内容进行分析，并与内容计划进行比较，更有针对性地

找出优化方向。

在这一节中，我们将介绍如何利用 AIGC 分析历史内容，并与内容计划进行对比，给出具体的操作步骤和示例，帮助优化品牌内容策略。

首先，我们需要汇总历史内容数据。我们可以将品牌过去一段时间（如过去一年）发布的内容汇总成一个数据集或文档，包括文本、图片、视频等不同形式的内容。我们可以用 CSV、Excel、PDF 等格式整理文案数据，每行代表一则文案，包含文案 ID、发布日期、标题、正文、链接等字段。

将整理好的数据集以文件形式上传，或直接复制粘贴到 AIGC 的对话框中。

对于文字内容，我们分析的维度包括内容主题聚类、热点趋势分析、传播效果预测、受众画像精准化、风格对比解析以及优质文案解构等。常用的分析维度和指令见表 4-1。

表 4-1   品牌文本文案分析维度和指令

分析维度	分析目标	指令示例	数据和资料需求
内容主题聚类	自动聚类文案主题，提炼主题及关键词，优化选题策略	对过去 6 个月的文案进行主题聚类，提炼出最频繁出现的 5 个核心主题，并列出每个主题的关键词，总结选题策略建议	过去 6 个月的文案数据集
热词趋势分析	挖掘文案热词和话题，把握趋势变化，洞察用户兴趣	分析过去 6 个月热点话题和关键词的时间趋势变化，总结热词规律，预测未来热点方向，为选题提供参考	过去 6 个月的文案数据集、社交媒体上的热词数据
传播效果预测	构建传播效果预测模型，提取高传播文案特征，指导文案创作	按照效果高低筛选文案，提取优质文案在情感、风格、互动等方面的特征，形成优质文案创作指南	过去 6 个月的文案数据集、互动数据（点赞、评论、转发等）
受众画像精准化	深入刻画目标受众特征，实现精准内容定位和传播	综合文案内容、互动反馈和市场调研数据，多维度构建目标受众画像	过去 6 个月的文案数据集、互动数据、市场调研数据、CRM 客户数据
风格对比解析	系统对比不同类型文案的风格差异，提炼风格迁移策略	选择不同类型的文案、系统，对比不同主题、节点下文案的语言风格、情感基调和表现元素差异，提炼风格迁移策略，丰富文案创意	产品、品牌、节日、活动等不同主题的文案数据集
优质文案解构	深度解构高传播文案写作模式，萃取创作思路，指导文案优化	对传播效果好的优质文案进行全方位解构，提炼亮点思路、创意表现、写作技巧，并以点评案例的形式指导文案优化提升	历史高传播文案数据集（点赞、评论、转发数排名靠前）、历史低传播文案数据集

对于非文本内容，如图片的分析，现今大多数 AIGC 工具都已经具备了强大的图像识别与解析能力。以喜利得公司的一篇知乎文章所搭配的插图（如图 4-1 所示）为例，通过运用通义千问的"图片理解"功能，我们可以快速准确地提取这张图片的核心内容及其传达的语境含义，甚至可以让 AIGC 建议图片的优化方向。

图 4-1　喜利得知乎文章中新产品上市配图

指令如下：

作为一名内容营销专家，你具备深厚的专业知识，特别是在知乎文章的图文设计与搭配方面。现在请你执行以下任务：

1. 图像描述：请详细解析并描述这张来自喜利得知乎文章的图片内容，包括但不限于图片的主要元素、色彩搭配、构图布局以及所体现的情感氛围等。

2. 品牌元素分析：在对图片详尽描述的基础上，深入挖掘并分析其中包含的喜利得品牌元素，如品牌 LOGO、品牌色彩、产品特性展示、相关场景等，并阐述它们如何共同塑造并传递品牌形象。

3. 创意特色探讨：探讨此图片在创意层面的独特之处，比如是否运用了新颖的视觉手法、如何借助场景讲述品牌故事、是否有创新的视觉焦点设置等。

4. 优化建议提供：根据以上分析结果，结合图文传播的最佳实践和原则，提出针对性的图片优化建议，可能涉及图像质量提升、视觉焦点强化、文本配合优化、色彩调整等多个维度，旨在提升图片的传播力和品牌影响力。

我们在通义千问的聊天窗口中上传图片，然后把上述指令粘贴。我们得到的回复如下：

图像描述

这张图片是一张喜利得品牌的宣传海报，背景为深蓝色，中间部分是红色和白色的渐变色块，上面写着"劲无限"三个大字，字体为白色。在海报的左上角有一个红色的喜利得品牌标志，左下角则是一个灰色的 NURON 标志。海报的主体部分是一位戴着黄色安全帽和白色口罩的工人正在使用红色的电钻进行工作，他穿着蓝色的工作服，背景是一面灰色的墙。在海报的下方摆放着各种喜利得品牌的工具和设备，包括电钻、手提箱和喷雾器等。

品牌元素分析

喜利得品牌标志是红色的，这与海报的整体色调相呼应，同时也突出了品牌的形象。海报中的工人形象展示了喜利得产品的实际应用，体现了品牌的专业性和可靠性。而各种工具和设备的展示则进一步强调了品牌的丰富产品线和强大的技术实力。

创意特色探讨

这张海报的创意主要体现在其独特的色彩搭配和构图布局上。深蓝色的背景与红色的品牌标志形成了强烈的对比，吸引了观众的注意力。而工人形象和各种工具的展示则通过具体的场景，生动地展示了品牌的产品特性和应用场景。

优化建议提供

首先，可以考虑提高图像的质量，使其更加清晰，以便更好地展示产品的细节。其次，可以通过增加一些文字说明或者图标，来更明确地传达产品的特点和优势。此外，还可以考虑调整色彩的搭配，使整体的视觉效果更加协调和统一。最后，可以通过增加一些互动元素，如二维码或者链接，来引导观众了解更多关于品牌的信息。

这个指令也适用于其他 AIGC 工具，以下是 GPT-4 的分析结果：

图像描述

　　这张图片显示了一个喜利得品牌的产品展示环境。图片的左侧是一个深色背景的展示台，上面放置着几个喜利得品牌的工具和一个带有"NURON 新无线 劲无限"字样的大型标志。右侧是一面墙，上面挂着一张描绘一名穿着保护装备、使用 Hilti 工具的工人的巨幅海报，旁边的文字是"劲无限"。整个场景中的色彩以喜利得的品牌色——红色、黑色和白色为主，营造出一种专业和活力的氛围。构图布局呈现出一种平衡感，左侧的展示台和右侧的墙面海报相互对称，工具的摆放整齐有序，体现了品牌的专业性和严谨性。

品牌元素分析

　　图片中有几个明显的喜利得品牌元素。首先是喜利得的 LOGO，出现在展示台和海报上，其标志性的字体和色彩增强了品牌识别度。NURON 标志暗示了品牌的技术创新方向，即新一代电池能源平台。产品特性展示通过实物产品和海报上的使用场景来传达，强调了工具的耐用性和适用于重工业的能力。整体来看，这些元素共同塑造了 Hilti 作为一家提供高效能、高可靠性工具的品牌形象。

创意特色探讨

　　图片在创意上的独特之处在于其将产品实物与动态使用场景相结合的展示方式。这种布局不仅展示了产品本身，还通过海报中的动态场景讲述了品牌故事，即喜利得工具在严苛条件下的高性能表现。此外，图片通过对比静态的产品展示和动态的作业场景创造了视觉焦点，使观者的注意力集中在工具的强大功能和应用上。

优化建议提供

　　图像质量提升：确保所有工具的细节清晰可见，可能需要更高的分辨率或更精细的光线控制。

　　视觉焦点强化：可以通过进一步突出海报中的工人形象，比如增加照明，来加强视觉冲击力和焦点。

　　文本配合优化：调整文本的字体大小和颜色，使其更易于阅读同时不与背景竞争，尤其是在多色调背景上。

　　色彩调整：虽然品牌色彩鲜明，但可以尝试微妙地调整色彩饱和度或对比度，以更好地引导观者的情感反应。

布局调整：为了更好地引导视线流动，可以考虑重新排列部分工具，创造引导视线的线条或形状。

故事讲述：加强品牌故事的传达，例如在图片旁增加简短有力的案例研究或用户评价，以文字的形式增加情感共鸣。

通过 AIGC 对图片的色彩、布局、主题等元素的深入分析，我们可以提取品牌历史内容营销中的创意特色，从而在未来的宣传材料和内容制作中强化这些元素，提升视觉吸引力，保持品牌一致性。

借助 AIGC 技术，我们还可以直接利用过往内容分析结果指导新的图片生成，如通过 AI 自动调配合适的色彩方案、选择恰当的产品展示角度、生成符合品牌风格的设计等，大幅提高内容创作效率。

相比于仅仅依赖诸如 Stable Diffusion 等工具的以图生图功能，通过对已有图片的深度学习和特征提取来产生新的图片，利用 AIGC 进行图片分析可以更精确地提炼关键视觉元素，并将其转化为富有策略性的文生图指令。采用这种方法，不仅可以保留原有作品的特色，还能在新的创作中注入更多意图明确的指导信息，使得生成的图片不仅在形式上与品牌历史内容保持一致，同时在内涵和表达上也能达到更高的定制化程度。

我们可以将所有洞察进行归集和整理，通过 ChatGPT 或其他 AIGC 工具生成一份《内容洞察报告》。

示例指令如下：

\#\#\#
假设你是一位资深的内容策略专家，请根据我提供的内容日历和内容洞察报告，对内容日历进行优化和完善。

\#\#\#
要求：
根据内容洞察报告中的关键洞察和趋势，对内容日历的主题、形式、风格等进行优化调整。

参考内容洞察报告中的分类洞察详情，为内容日历中的重点内容提供更具体、可操作的优化建议。

结合内容洞察报告中的受众反馈和传播效果数据，对内容日历的发布时间、频率和渠道进行优化。

　　###

　　限制条件：

　　优化后的内容日历需要符合品牌调性和内容策略的总体方向。

　　优化建议需要具有可行性，考虑内容生产资源和周期的限制。

　　根据内容洞察报告，请提取其中最有价值、最具操作性的洞察要点，并应用于内容日历的优化，让优化后的内容日历能够最大限度地利用历史内容分析的结果，提升内容策略的精准度和有效性。

　　通过以上步骤和指令，我们可以将内容分析洞察充分应用到内容日历优化中，让 AIGC 工具助力我们制定出更加高质量、更具吸引力和传播力的内容计划。

　　同时，这也是一个持续优化和迭代的过程，我们可以定期重复这一流程，不断将最新的内容分析洞察应用到内容策略的优化中。

4.2　使用 AIGC 构建创意

　　在上一节中，我们已经探讨如何使用 AIGC 工具制定营销策略。现在，让我们将目光聚焦于如何深入挖掘 AIGC 工具的潜力，以内容日历为基础进行内容生成。

　　在传统的广告公司和企业品牌团队的内容创作过程中，通常会经历从创意研讨、文案编写、视觉设计到最终发布与优化的一系列步骤。

　　在这一过程中，AIGC 技术能够全方位地发挥其智能辅助作用：

　　在创意酝酿期，AIGC 如同"灵感引擎"，依托数据分析、趋势捕捉以及自动化创意，为我们批量生成创意。

　　在内容生成阶段，AIGC 凭借其先进的自然语言处理和计算机视觉技术，高效完成文案写作、视觉设计甚至视频剪辑等一系列辅助工作，显著提升内容创作的速度与品质。

　　在内容优化阶段，AIGC 通过智能算法实时参与内容生产和传播的全链条，优化创意策略、展示形式及发布时间选择等要素，以最大限度地提升内容的影响力。

正如差异化决定了营销的高度，创意决定了营销的深度，在整个动态内容构建的流程中，创意是内容生成的起点和重点。

我们将首先探讨如何高效地运用和 AIGC 工具直接对话的方式来激发创新灵感，批量生成创意方向，然后通过人工干预，定制化指令，避免 AI 可能导致的创意同质化现象。最后，我们将更深入地探索如何将 AIGC 无缝融入传统的创意构思流程，例如集体头脑风暴等环节。借助 AIGC 的力量，我们能够拓宽创意视野，打开思考的新维度，并让 AI 直接参与和赋能创意的产生过程。

4.2.1　指令引导的批量创意生成

利用 AIGC 生成创意最简单、最直接的方法是我们直接使用这些工具输入关键词和指令进行生成。这种方法是利用 AIGC 工具的逻辑推理、预测、海量知识整合、创造性联想等核心能力，直接驱动它们生成针对特定主题的创意内容。

其中，最常用的办法是我们输入关键词，让 AIGC 工具直接生成创意。指令示例：

作为一名经验丰富的文案专家，请根据以下关键词，为添可炒菜机器人设计出 10 个富有吸引力的微信推文创意标题及简要概述。关键词包括："炒菜机器人""全自动操作""安全易用，甚至儿童也能操作""菜品口感佳""内置 300 余种菜谱""健康烹饪理念"以及"多重安全保障"。

以下是我们通过通义千问得到的 10 个创意选题和内容简述。

创意标题：《智能烹饪小管家，添可炒菜机器人：儿童亦可轻松掌勺，妈妈放心！》

简述：深度剖析添可炒菜机器人如何以全自动操作和人性化设计实现安全易用，即使儿童也能轻松驾驭，内置 300 多种菜谱，让孩子在玩乐中学会健康烹饪，开启家庭烹饪新篇章。

创意标题：《变革传统厨房，添可炒菜机器人：一键烹饪，口感媲美五星级酒店！》

简述：揭示添可炒菜机器人如何凭借全自动操作和丰富菜谱库，让您在家也能享受到犹如星级大厨亲手烹制的美味佳肴，以健康烹饪理念与多重安全保障，重塑现代厨房体验。

创意标题：《科学育儿新主张，添可炒菜机器人：安全、易用，让孩子爱上烹饪！》

简述：阐述添可炒菜机器人如何以卓越的安全性能和简洁的操作流程，引导孩子参与到烹饪过程中，内置的 300 多道营养菜谱助益孩子全面发展，倡导健康饮食的新型家庭教育方式。

创意标题：《添可炒菜机器人：家庭主妇的得力助手，健康餐桌的守护者！》

简述：介绍添可炒菜机器人如何通过智能化全自动操作，减轻家庭主妇的家务负担，坚守多重安全保障，结合 300 多种精心研发的健康菜谱，让全家尽享安全、美味且营养均衡的每一餐。

创意标题：《从懒人神器到育儿宝典，添可炒菜机器人演绎烹饪新美学！》

简述：探索添可炒菜机器人如何凭借其全自动操作和安全便捷的特性，不仅成为忙碌都市人的理想烹饪伴侣，更成为儿童早期教育的有趣工具，通过内置丰富菜谱，培育新一代小小美食家。

创意标题：《添可炒菜机器人：一键唤醒美味，智能烹饪与健康理念的完美融合！》

简述：揭示添可炒菜机器人如何通过集成 300 多款精心研制的健康菜谱，将智能烹饪技术与健康烹饪理念紧密结合，赋予全自动操作设备更高的实用价值，为现代家庭带来安全、便捷且营养的烹饪解决方案。

创意标题：《智慧厨房革命，添可炒菜机器人：安全易用，让全家共享烹饪的乐趣！》

简述：介绍添可炒菜机器人如何以领先行业的全自动操作技术、多重安全保障措施，以及覆盖全球风味的 300 多种菜谱，使得烹饪不再局限于专业厨师或成年人，而是让全家人都能轻松参与并享受烹饪的乐趣。

创意标题：《添可炒菜机器人：儿童友好的烹饪神器，缔造健康美味的成长记忆！》

简述：聚焦添可炒菜机器人在儿童友好性和安全性上的突出表现，通过全自动操作和丰富菜谱，让孩子在安全易用的环境中接触烹饪，培养良好的饮食习惯，共同创造美好的家庭回忆。

创意标题：《改变烹饪格局，添可炒菜机器人：全自动操作，安全至上，品味生活新高度！》

简述：展现添可炒菜机器人如何以领先的全自动操作技术，辅以严苛的安全标准，囊括300余种满足各类口味和营养需求的菜谱，令家庭烹饪更高效、更安全，成就健康品质生活的崭新里程碑。

创意标题：《育儿＆烹饪两不误，添可炒菜机器人：孩子的成长伙伴，家庭的健康守护神！》

简述：叙述添可炒菜机器人如何通过创新的全自动操作设计，实现安全易用，使孩子也能够参与到烹饪中来，同时内置300多款符合健康烹饪理念的菜谱，让孩子在动手实践中领略烹饪魅力，养成良好的生活习惯，助力家庭营造健康和谐的生活氛围。

整体来看，这10个创意从多个角度诠释了关键词体现的产品特点，又通过延伸和推理让故事更加生动和可信。

以上的10个创意不仅牢牢把握了关键词所蕴含的核心卖点，而且在创意构思上做到了精准聚焦，展现出适度的创新性。

以创意1为例，AIGC巧妙地捕捉到了"安全易用，儿童也能轻松操作"这一特性，并以此为基础进行了拓展，提出了"炒菜机器人不仅是烹饪工具，更是技能培养的教育工具"的叙事视角。而在创意7中，AIGC选择了"全家人都能轻松参与"这个切入点，从产品的实用功能出发，上升到了情感价值层面。

但是，我们很自然地想到，当我们使用AIGC工具获取灵感时，其他人包括我们的竞争对手也在使用AIGC工具进行创意生成。这些创意很有可能会相似或者雷同。

这种现象被称为"人工智能同质化（AI Homogenization）"。人工智能同质化指的是AI算法在追求效率和个性化的同时，在生成创意和内容方面产生的趋同效应。这一现象的背后有两大原因：

原因一：算法结构设计和训练数据集的同质化。

在自然语言处理技术领域，大型语言模型普遍采用 Transformer 架构，导致这些模型在文本生成、机器翻译以及智能问答等应用场景下，输出结果呈现出较高程度的相似性。由于这些模型使用的训练数据集也存在很大程度的重叠，输出的创意自然会趋同。

原因二：市场驱动下的保守主义和技术的盲目跟风。

在高度竞争的环境下，AIGC 工具开发者倾向于采取稳健策略，选用那些已被市场认可且性能出众的标准方案。有时，他们甚至选择对现有成熟的 AIGC 工具进行表面上的改造和微调，再冠以"创新模型"的名义推向市场。这种策略导致了市场上不同产品和服务背后的 AI 核心技术和所依赖的基础训练数据集呈现出一致性，从而加深了 AI 创意内容的同质化程度。

人工智能同质化将产生一个悖论：AI 本可以让我们的世界更加丰富和个性化，却一步步将我们引向单一和趋同化。

为避免这种同质化，我们需要采取一些策略来确保我们的创意保持独特性和差异化。这些策略主要包括两个优化和调整方向：

- AIGC 训练和调优。我们可以使用智能体，构建自己的知识库和数据库，为 AIGC 提供更多参考数据和内容，减少对单一数据集的依赖。
- 人机协同。强调人机协同创作，优化我们的指令，让 AIGC 从不同的角度生成创意内容。其次，我们需要基于 AIGC 产生的创意，通过多轮对话，探索新的创意方向。

我们还是以上面的 10 个创意为例，我们继续进行对话，给出下面的指令：

请运用你的搜索和整合能力，搜集关于添可炒菜机器人的最新产品信息、官方介绍以及用户评价，并搜索市场热点、产品趋势、竞争对手的情况。

请对搜索到的信息进行分析和提取，并对以上的 10 个创意点子进行针对性优化，使其更加贴近用户需求、市场趋势，以及与竞争品牌产品保持差异。

我们使用智谱清言作为创意优化工具，优化后的选题和简述如下：

创意标题：《小小厨师养成记：添可炒菜机器人，让孩子爱上下厨做健康餐》

简述：伴随孩子的成长，掌握烹饪技能越发显得重要。添可炒菜机器人因其安全易用的特性，使孩子们能够在趣味盎然的烹饪过程中领悟健康饮食的重要价值。

创意标题：《五星级大厨在家中：添可炒菜机器人，一键开启便捷烹饪新时代》

简述：不需要外出就餐，添可炒菜机器人让你在家中坐享五星级水准的美食制作体验。只需轻点按键，琳琅满目的佳肴即刻呈现在自家餐桌上，丰富家的味道。

创意标题：《教育新风尚：添可炒菜机器人，陪伴孩子在厨房中茁壮成长》

简述：随着教育领域对生活技能教育的关注加深，烹饪已成为重要技能之一。添可炒菜机器人因其高度安全且易于操作的特性，成为家长及学校解决烹饪教学问题的极佳方案。

创意标题：《厨房革命新篇章：添可炒菜机器人，智能化引领烹饪新纪元》

简述：添可炒菜机器人以其智能化烹饪技术，彻底革新了家庭厨房的工作模式。它不仅大大减轻了家务的劳动强度，更为家庭成员带来了健康美味的烹饪享受。

创意标题：《都市生活新拍档：添可炒菜机器人，快速烹制美味佳肴》

简述：在快节奏的都市生活中，添可炒菜机器人扮演着省时烹饪好帮手的角色。其一键式操作功能，让忙碌的都市人也能轻松地在家中品味到地道的家常美味。

创意标题：《一键告别预制菜，从此外卖是路人——添可炒菜机器人的健康便捷之道》

简述：在当前预制菜盛行的时代背景下，尽管其便利性无可否认，但消费者对其健康性和新鲜度仍存顾虑。不再受限于预制菜品的不确定性，只需轻轻一键，就能用新鲜食材在家快速制作出健康美味的佳肴。

创意标题：《世界美食触手可及：添可炒菜机器人，带你领略国际烹饪风采》

简述：添可炒菜机器人搭载全球各地的菜谱数据库，让用户在家中即可体验不同国家的美食风味。其智能化烹饪技术使得家庭烹饪多元化，更具国际化视野。

　　创意标题：《孩子的烹饪启蒙良师：添可炒菜机器人，安全相伴探索美食世界》

　　简述：添可炒菜机器人专为儿童设计的安全友好界面，使得孩子们能够在安全的环境中学习烹饪，培养健康的饮食习惯。其全自动化操作及丰富的菜谱资源，让孩子在欢乐中习得烹饪技巧，共同创造温馨的家庭记忆。

　　创意标题：《安全烹饪的艺术之道：添可炒菜机器人，守护健康品质生活》

　　简述：添可炒菜机器人具备多重安全防护机制，在确保烹饪过程安全无忧的同时，提升家庭成员享受美食时的生活品质。它让烹饪不仅是一种技艺，更成为一种健康生活的艺术表现形式。

　　创意标题：《健康生活始于烹饪：添可炒菜机器人，塑造家庭和谐生活新起点》

　　简述：添可炒菜机器人不仅能作为一款智能烹饪设备，更能深入参与孩子的成长过程。凭借其安全实用的设计和营养丰富的菜谱建议，孩子们可在实际操作中感受烹饪的魅力，逐渐形成良好的生活习惯，进而共同构建起健康和谐的家庭生活环境。

　　我们可以比较上面两个版本的差异。通义千问的版本主要围绕添可炒菜机器人的基本功能、安全性能、健康烹饪理念及其在家庭生活中的应用进行创意生成，每个创意都相对独立，强调的是产品的通用优势和应用场景。

　　而通过我们的指令优化和多轮对话，智谱清言在此基础上加入了实时信息搜索和网络趋势洞察后，融入了更多贴近消费者日常生活和关注点的背景信息，例如对现代生活节奏加快的反映、对孩子成长教育需求的关注、对预制菜流行趋势下健康饮食的重新审视等。

　　优化后的版本也更加注重挖掘产品的差异化功能和情感价值，通过故事化的情境描述和痛点解决方案，让消费者更容易产生共鸣和认同感。

　　例如创意 6 中，优化后的版本突出了在当前预制菜流行的背景下，添可炒菜机器人如何帮助消费者解决对食品健康和新鲜度的担忧，通过一键式的便捷操作实现从源头保证食物质量的诉求。

4.2.2　使用创意指令模板，优化创意

　　通过人机协同，我们能够有效抑制创意同质化的问题，同时确保创意内

容紧密契合市场热度、用户切实需求以及产品差异化特性。

我们可以使用下面的创意指令模板来达到这个目的。

1. 用户画像分析指令

在已知用户画像的情况下，我们可以通过向 AIGC 提供这些用户画像数据来改进创意的相关性和独特性。

当我们将用户画像信息输入该指令中后，系统便能够基于这些丰富的用户特性描述，对已生成的微信推文主题及创意元素进行更加精准的个性化优化。

指令示例：

我将提供该产品的用户画像。请针对这一用户群体的特征、喜好和消费习惯，对创意方案进行个性化定制，确保每个创意都能精准触及目标用户。

关于如何使用 AIGC 生成用户画像，请参考第 3 章。

在缺乏完整的系统性用户画像数据时，我们可以采用一种简化的模拟方法来构建初步的用户模型。例如，我们可以选择一个现实生活中具有代表性的人物作为参照对象，利用对其特征、行为和背景的直观理解，来模拟我们的目标用户群体。

指令示例：

鉴于当前暂无完备的用户画像数据，为了快速定位和理解我们目标市场的一部分受众特性，让我们以演员郭 × × 为典型用户原型。

请基于公开可获取的信息和个人形象塑造，分析他的年龄层次、消费水平、兴趣爱好、社交媒体活跃程度、对文化娱乐产品的偏好等因素，进而推测与之相似的用户群体特征。依据这些推断，对创意方案进一步细化和完善。

2. 情感诉求深化指令

这是在用户画像指令基础上的进阶版。情感诉求深化指令要求深入研究目标消费者的情感需求和价值观，发现产品背后能够触动人心的故事和情感纽带，将这些情感元素巧妙地编织进创意文案中。通过实施此指令，创作者能够创造出富有感染力和情感深度的创意内容，有效建立产品与用户之间的情感联系。

指令示例：

请根据用户画像进行网络搜索，深入研究目标用户的情感需求和价值观，挖掘产品背后的故事与情感联系，将这些情感元素巧妙地融入创意之中，从而打造出富有情感温度、能够触动用户内心深处的创意文案。

3. 社会价值传达指令

社会价值传达指令要求 AIGC 在创意生成中充分考虑企业的社会责任和社会影响，将公益理念、可持续发展等议题与创意内容紧密结合。

这些指令可以为创意寻找一个更容易产生共鸣的角度，在丰富叙事角度的同时，也能提升品牌的形象。

指令示例：

请关注社会公益、可持续发展等议题，进行网络搜索，将企业社会责任理念与创意相结合，塑造积极正面的品牌形象，使创意不仅具有商业价值，也具备一定的社会影响力。

4. 品牌调性植入和风格迁移指令

品牌调性植入指令强调的是在创意内容中准确体现品牌独特的性格、气质、价值观以及视觉、语言等方面的一致性。品牌调性包括但不限于品牌特有的话术体系、视觉风格、文化内涵等。

在创意生成过程中，我们可以通过提供品牌指南（Brand Guide）、品牌画像（Brand Persona）、过往创意案例等材料，指导 AIGC 工具理解和掌握品牌调性，并将其自然地贯穿于所有创意输出之中。

指令示例：

请在创意中充分体现 XX 公司"创新、简约、高端"的品牌调性。我稍后将提供公司的品牌指南和过往创意案例，让你参考。请根据这些调性和特点，保持一致的语言表达和视觉呈现，确保每个创意都能体现我司品牌的内在品质和定位。

我们将在后面的章节中具体讲解如何通过风格迁移，让创意符合品牌调性。

5. 数据补充指令

数据补充指令要求创作者基于已有的产品信息源（如产品手册），提取关键的产品功能和特性，并保证这些要点在多个创意中得到充分展现。

我们通常需要先上传产品手册等相关文档，然后由 AIGC 工具依据文档内容强化创意与产品核心竞争力的关联性。

指令示例：

请基于已上传的产品手册，提炼出关键的产品功能与特性，并将这些要点有机融入上述 10 个创意中，确保每一个创意都能够鲜明体现产品的核心竞争力。

6. 竞品对标指令

如果没有创意、没有方向，我们可以把竞争对手当作指路明灯。

通过分析竞争对手的产品、用户等资料，总结竞品的优势和劣势。基于这些对比分析，对创意方案进行针对性优化，凸显我们产品的竞争优势，同时避免触及竞品的弱点。

指令示例：

请查阅我上传的竞品产品介绍文档及用户评价资料，提炼出竞品的主要卖点及其优劣势。根据这些分析结果，有针对性地对上述 10 个创意进行调整优化，力求凸显出我方产品的优势，并规避竞品存在的不足。

利用上述的指令模板，可以在一定程度上避免人工智能同质化问题，让 AIGC 生成的创意更加新颖和独特。

4.2.3　创意头脑风暴

使用多轮对话和指令模板来指导 AIGC 的创意方向，可以有效生成创意并规避同质化。但除此之外，我们还能从传统广告创意产生的方法和过程中找到一些解决办法，应用到 AIGC 创意生成的过程中。

头脑风暴是启发创意最常用且有效的方法之一。这个词最初来源于精神病学，用来描述精神病患者在短时间内出现的思绪混乱、思维跳跃，且伴随着大量杂乱无章想法的状态。在 20 世纪 30 年代，BBDO 广告公司的联合创始人亚历克斯·F. 奥斯本（Alex F. Osborn）意识到在广告创意中需要一种系统的方法来产生创造性想法，于是他在 1953 年出版的《应用想象力》（*Applied Imagination*）一书中推广了"头脑风暴"这一术语，特别论述了用于生成创意广告活动的技巧。

亚历克斯·F. 奥斯本提出了一些头脑风暴的基本原则，这些原则我们摘录如下：

- 延迟评判（Deferred Judgment）：在头脑风暴过程中不允许对任何想法进行批评，重点在于大量产出想法，即使看似荒谬的想法也不必担忧被嘲笑。
- 无拘无束（Freewheeling）：鼓励大胆且奇特的想法，越独特、越出乎意料越好，这可以激发新的联系并导向创新解决方案。
- 数量重于质量（Quantity over Quality）：目标是生成大量的想法，而不考虑它们最初是否可行。总可以在后期对它们进行评估和完善。
- 叠加与拓展（Building on Ideas）：鼓励参与者互相借鉴和拓展彼此的想法，通过组合或修改来创造新的可能性。

这些原则构成了头脑风暴的基石，至今仍被广泛沿用。大部分头脑风暴之所以效果不佳，不是方法不对，而是没有坚持这些原则。

伴随着《应用想象力》的问世，有关头脑风暴的方法不断涌现。在 20 世纪 60 年代，丰田汽车公司创造性地推出了迭代提问法，通过连续追问五个"为什么"，以揭示问题的根本原因。与此同时，作家及创意顾问詹姆斯·L. 亚当斯（James L. Adams）将可视化元素融入头脑风暴中，利用星爆图（Starbursting）技术引导人们探究问题的多维度面向，进而催生更多创新思路。

同一时期，广告文案专家鲍勃·埃伯勒（Bob Eberle）提出了知名的 SCAMPER 法（Substitute、Combine、Adapt、Modify、Put to other uses、Eliminate、Reverse），将结构化引入头脑风暴，通过替换、组合、转换用途等策略打破常规思维模式。

在 20 世纪 70 年代，心理学家悉尼·J. 帕恩斯（Sidney J. Parnes）和伦纳德·W. 庞（Leonard W. Poon）提出了角色扮演的方法，将用户体验共情（Empathy）和用户视角植入头脑风暴之中。同期，托尼·博赞（Tony Buzan）推介了思维导图（Mind Mapping）概念，将发散思维梳理成逻辑脉络。爱德华·德·博诺（Edward de Bono）则倡导逆向风暴方法论，提出六顶思考帽的方法，通过科学的角色扮演激发出多样化的创意。

我们尝试使用 AIGC 工具重现并增强了一系列头脑风暴的方法。我们将这些方法依据其与 AIGC 整合的可能性和实际效果划分为两个大类别：AIGC 驱动型头脑风暴和 AIGC 辅助型头脑风暴。

1. AIGC 驱动型头脑风暴

AIGC 驱动型头脑风暴，以 AIGC 为主导，部分或者完全替代团队的头脑风暴。这类方法主要依赖于个体或群体产生和组织思想的过程，AIGC 可以通过算法模型自动生成并关联概念，实现独立或集体创新过程的自动化。AIGC 驱动型头脑风暴，我们可以直接把这种方法写成指令，一键完成头脑风暴。

（1）脑力写作（Brain Writing）

脑力写作通常涉及无声的集体写作，每个人写下自己的想法然后分享。

AIGC 可以根据设定的主题和关键词快速生成多个相关的想法或解决方案。AIGC 的脑力写作，可以采用麦肯锡相互独立、完全穷尽（MECE）的法则。

关于生成创意的个数，我们可以利用 AIGC 工具分多次生成，理论上没有上限。比如通义千问一次对话可以生成 20 条、Kimi（月之暗面）可以生成 25 条、智谱清言可以生成 50 条。大家可以在自己熟悉或者喜欢的 AIGC 工具上进行尝试，挖掘 AIGC 的潜力。

指令示例：

作为一名经验丰富的文案专家，请根据以下关键词，为添可炒菜机器人设计出 100 个富有吸引力的微信推文创意标题。关键词包括："炒菜机器人""全自动操作""安全易用，甚至儿童也能操作""菜品口感佳""内置 300 余种菜谱""健康烹饪理念"以及"多重安全保障"。目标用户画像：年龄 25～45 岁、一二线城市居民、中高收入、工作繁忙，没时间做饭；缺乏烹饪经验，做饭难吃；注重健康，追求高品质生活。要求：确保每个标题都围绕目标用户的需求和关键词进行设计，同时保持相互独立、完全穷尽。

（2）角色扮演（Rolestorming/figure storming）

我们可以赋予 AIGC 不同的身份角色，从而激发它从多维度、跨领域的视角产生新颖的观点和解决方案。

AIGC 的一大优势在于其能够灵活模拟多样化的角色认知，进而促进形成更加丰富、全面和独特的创意集合。

实际上，每一次与 AIGC 互动并给予特定指令，都是在某种程度上演绎角色扮演。例如，在之前的指令实例中，我们指示 AIGC 充当"资深文案策划人员"的角色，为其提供创作思路。

指令示例：

假如你是中国哲学家庄子，请深入剖析炒菜机器人在现代社会中的价值和意义，并为炒菜机器人撰写一个微信推文标题。

我们把上述指令给到不同的 AIGC 工具，让它们扮演庄子的角色，生成的创意如下：

Claude 3 Opus：

《"道"存炒机间，静水覆流深》

细观炒菜机器人，钢铁躯体下蕴藏玄机。其看似仅为烹饪，实则亦在助人返璞归真。盖现代社会喧嚣繁复，人易迷失本心。炒菜机器人虽由人造，却能唤回人性中的从容与淡定。其代人操劳，令人得空修身养性，此乃其深层意义所在。

通义：

《智能烹饪：炒菜机器人的道与技，现代生活的养生与和谐》

夫当今世事繁剧，炒菜之机械以科技之力融汇于世俗烟火之中，其所承载之价值深意，实乃吾庄周所倡"顺乎自然，寓至理于日用"之理念也。

ChatGPT：

《自在厨艺，道随机走——探索炒菜机器人带来的逍遥生活》

今吾欲言之炒菜机器人也，似乎与周游蝶梦无涉，然其实相通也。机器人之炒菜，非人手之炒也，而味同于人炒之美味。炒菜机器人，器也，然能为烹饪之道，释人于烹饪之累，使人有闲暇以逍遥游。人乐其技，不亦善乎？

（3）四象限分析（SWOT analysis）

利用 AIGC 工具快速评估优势（Strengths）、劣势（Weaknesses)、机会（Opportunities）和威胁（Threats）。

首先，根据研究对象提供清晰具体的背景资料，引导 AIGC 分析内外部环境因素。接着，给出明确指令，要求 AIGC 归纳分析结果，填充 SWOT 矩阵。最后，基于 SWOT 分析得出的洞见，进一步提示 AIGC 输出可落地的行动方案或创意构思。

指令示例：

请深入研究新教学大纲中关于学生学习烹饪技能的具体内容和目标。接下来，请扮演一位炒菜机器人产品经理的角色，站在新课标实施的背景下，运用 SWOT 工具，全面评估炒菜机器人这款教学辅助设备的优势、劣势、机会与威胁。最后，请结合 SWOT 分析的 4 点发现，为如何将炒菜机器人更好地应用于教学、提升学生烹饪技能撰写一篇 800 字左右的微信公众号推文。推文应包含有吸引力的标题、引人入胜的开头段落，以及务实有用的建议和展望。

（4）六顶思考帽（Six thinking hats）

六顶思考帽是由著名心理学家爱德华·德·博诺（Edward de Bono）提出的方法，即从 6 个不同的角度来审视问题，每个角度对应一顶不同颜色的帽子：白色帽子关注客观事实和数据，红色帽子注重感受、直觉和情绪，黑色帽子着眼风险、问题和挑战，黄色帽子强调积极性、好处和机会，绿色帽子倾向创新、新思路和替代方案，蓝色帽子控制和管理整个思考过程。

AIGC 可以同时模拟多种或其中一种思考模式进行创意和思考。这种方法可以全面、系统地帮助我们解决创意同质化问题，确保创意的多样性和独特性。

指令示例：

我们正在为一款新的炒菜机器人设计营销方案。请扮演广告公司创意总监的角色，运用六项思考帽方法，全面审视这一营销挑战，并提出创新的推广思路。

白帽：请客观分析炒菜机器人的产品特点、目标受众、市场环境等关键信息。

红帽：站在消费者的角度，谈谈炒菜机器人可能引发的情感反应和购买冲动。

黑帽：请指出营销过程中可能遇到的风险、问题和挑战。

黄帽：从积极的视角，分析炒菜机器人的独特优势和市场机会。

绿帽：提出 3～5 个创新的营销创意和推广方案，鼓励打破常规思路。

蓝帽：总结上述分析过程，并提炼出最有价值、最具可行性的创意方案。

（5）思维导图（Mind Mapping）

思维导图是一种强大的可视化思维工具，通过图形将思想、概念、信息以及它们之间的关系有序且直观地展现出来。这种方法通常以一个关键词为中心，由此放射状地引出多个分支，每个分支代表一个主要观点或子主题。这种非线性结构鼓励大脑自由联想和创新思维，使得复杂的信息变得易于理解和记忆。

我们可以通过 AIGC，自动化快速创建具有逻辑性和深度的思维导图，梳理并连接不同主题和其相关子主题，极大地提高了效率和产生创造性思维的可能性。

指令示例：

我们正在为一款全新的智能炒菜机器人设计推广文案。请你扮演广告公司的创意总监，运用思维导图的方式，自主开展头脑风暴和创意生成。你的任务是：

确定一个能够突出炒菜机器人独特卖点的中心主题。

围绕中心主题，自主发散出 3～5 个主要分支，代表不同的产品特色或价值主张。

在每个主要分支下，进一步延伸 3～5 个子分支，补充相关的创意点、卖点描述、使用场景等。

根据你建立的思维导图，创作 3～5 条有创意、有感染力的文案标题。

选择最吸引人的 2 个文案标题，拓展成完整的文案正文，突出炒菜机器人的独特价值。

总结思维导图呈现的创意脉络，并给出你最满意的 2 则创意文案。

2. AIGC 辅助型头脑风暴

上面的头脑风暴，都可以靠人机协同来完成。而有些头脑风暴则还需要团队的参与，而 AIGC 扮演辅助的角色。

在这个过程中，AIGC 技术来强化、催化和引导头脑风暴的过程。具体而言，AIGC 在此类方法中提供了诸如提供灵感来源、扩展思路边界、验证想法可行性、促进跨领域联想、构建知识网络以及汇总和提炼讨论要点等多种功能。

（1）递进提问（5 Whys Analysis）

通过反复追问"为什么"来逐步揭示问题的本质原因。

在运用 AIGC 技术时，AIGC 根据用户提供的初始问题，智能生成多种可能的答案选项，每种答案均可作为下一轮追问的基础。我们需要进行人工判断与选择，以确定下一步提问的方向，确保探询路径的精准性和有效性。

AIGC 在这类头脑风暴的过程中扮演的角色更像是一名具有广泛知识储备和高速信息处理能力的智囊助手，它可以加速问题的初步排查，拓宽思考维度。

然而，AIGC 在确定因果关系链时，往往需要人工凭借经验和直觉做出更为准确的判断。更重要的是，人机协同将避免逻辑陷阱与主观偏见修正。这是因为，AI 虽然逻辑严密，但在层层追问的过程中仍可能陷入循环逻辑或遗漏其他重要因素。而人工介入有助于及时发现并纠正这样的逻辑偏差，同时也能够在追求客观真相的同时，平衡多方利益，避免单纯依赖机器产生的解决方案可能带来的新问题。

（2）星爆（Starbursting）

星爆一种创新性的头脑风暴拓展技巧，通过放射状的联想和探索来深化对某一核心概念或问题的理解，并发掘出与其相关的多元角度和解决方案。

这种方法如同其名，以选定的主题为中心点，向外辐射出多个思考方向，形成一个多维度、多层次的创意网络。

具体操作时，参与者首先聚焦于一个明确的问题或待优化的想法，并以此为核心构建一个视觉化的六角星图或其他放射状图形。每个角或者分支代表一个主要的探究领域，如"原因""影响""改进措施""相关因素"等。随后，团队成员针对每一个分支持续提出"为什么"或"如何做"的问题，就像星星的光芒一样，向各个方向发散思考，挖掘深层次的观点和关联性。

我们可以利用 AIGC 工具，在头脑风暴会议开始前，获取相关的背景知识、行业趋势、成功案例及潜在问题等信息，为后续讨论做好充分准备。

在实际星爆过程中，每当团队遇到某个分支上的思考瓶颈时，可以即时向 AIGC 抛出具体问题，例如，"针对这个问题的非传统解决方案有哪些？"或"在其他领域是否有类似问题的成功经验？"，从而获得新的视角和灵感来源。对于每个分支节点上产生的具体想法，团队可以通过与 AIGC 交互，探讨其可行性、可能的影响、所需资源等细节，帮助细化和完善每个创意。

（3）奔驰法（SCAMPER）

通过替换（Substitute）、组合（Combine）、调整/适应（Adapt）、修改（Modify）、用于其他用途（Put to other uses）、消除（Eliminate）以及反转（Reverse）7 大步骤启发创新思路。

AIGC 可以灵活应用这 7 种策略，批量产出新的创意方案。我们可以指示 AIGC 使用这种方法，生成更多创意角度。在具体操作中，我们可以将每个 SCAMPER 步骤输入 AIGC 工具，对具体问题进行沟通，然后结合所得反馈，迭代和完善初始创意，从而生成更具针对性和创新性的实施方案。

指令示例：

替换：
烹饪过程中哪些元素可以用新技术或方法替代？
炒菜机器人能否烹饪哪些使用传统办法不能烹饪的食材？
组合：
我们如何将炒菜机器人与其他厨房用具组合？
我们能否将不同烹饪方法的功能结合起来？
炒菜机器人能否成为表演家庭魔术的道具？
修改：
我们能否修改炒菜机器人的目标人群？

我们能否修改炒菜机器人的卖点?

用于其他用途:

炒菜机器人是否可以用于烹饪以外的任务?(例如,熬制中药)

我们能否利用炒菜机器人的功能进行膳食准备或食品保鲜?

消除:

使用炒菜机器人后,可以消除哪些当前烹饪过程中的功能或步骤?(例如,消除持续监控的需要,消除测量成分的需要)

对于某些食谱,我们能否完全消除用户输入,创造完全自动化的烹饪体验?

逆转:

如果炒菜机器人专注于解构预制餐而不是从头开始烹饪会怎样?(例如,重新加热和摆放冷冻餐,解构预切碎的食材以便于组装)

我们能否逆转烹饪过程以进行食品保鲜或脱水等任务?

AIGC 技术的引入,将传统的人类头脑风暴转变为一种全新的人机交互。通过 AIGC 的驱动和辅助,头脑风暴不再局限于人类的思维限制,而是能够借助 AIGC 的数据、逻辑和创意能力,扩展创意生成的边界和可能。

AIGC 驱动型头脑风暴通过自动化的内容生成,使得个体或团队能够快速获得大量创意点子。这些点子覆盖了从基础概念到具体实施方案的各个层面。例如,在产品开发初期,AIGC 可以生成多种产品概念和设计方案,帮助团队快速筛选和迭代,节省时间和成本。

AIGC 辅助型头脑风暴在人类主导的创意过程中提供灵感激发、信息整合和方案优化等多方面的支持。AIGC 可以通过分析大量数据,提供市场趋势、用户需求和竞争对手分析,帮助创意团队更好地理解市场环境和用户期望,从而提出更具针对性和创新性的创意方案。

在这两种模式下,AIGC 都能够提供持续不断的服务,不受时间和地点的限制,确保创意生成过程的连续性和高效性。AIGC 的联想与跨界思维能力,使其能够在不同领域间建立联系,提出创新的解决方案。其逻辑推导与实验模拟能力则为用户提供了预见和规避潜在问题的可能性。

4.3 AIGC 生成文本内容

AIGC 通过强大的自然语言处理和深度学习能力，可以生成高质量的文本内容，从新闻报道到产品描述，从社交媒体帖子到博客文章，无所不包。我们将介绍如何利用 AIGC 进行文本内容生成，探索其在提升创作效率、丰富内容创意、增强用户互动等方面的无限潜力。通过具体实例和操作指南，我们将展示 AIGC 如何改变文本创作的传统模式，为内容创作带来前所未有的便捷和创新。

4.3.1 生成文案初稿

在上一节中，我们已经通过 AIGC 生成并优化了创意方向，获取了标题和概要。我们可以直接把这些创意作为指令输入，生成文本大纲。

我们选择其中一个创意来生成，为了方便进行比较，我们限定生成的内容为 600 字。

指令示例：

请根据下面的标题和摘要，撰写一篇适合微信公众号的内容大纲。
标题：教育新风尚：添可炒菜机器人，陪伴孩子在厨房中茁壮成长
摘要：随着教育领域对生活技能教育的关注加深，烹饪已成为重要技能之一。添可炒菜机器人因其高度安全且易于操作的特性，成为家长及学校解决烹饪教学问题的极佳方案。

生成内容如下：

一、开场词：孩子们的烹饪梦
分享一些孩子们渴望学习烹饪，但由于各种原因无法实现的小故事，以此引出现状和困境。
二、生活技能教育的重要性
促进全面发展，培养孩子多元智能。
培养独立生活能力，让孩子成为未来生活的主人。
烹饪不仅是生活技能，更蕴含深刻的教育意义。

三、烹饪教学传统模式的困境

操作存在风险，家长难以把控。

耗时耗力，效率低下。

缺乏系统性，孩子学习被动。

四、添可炒菜机器人的创新

高度安全，人工智能操控，无危险。

智能教学，循序渐进，寓教于乐。

全程参与，培养独立操作能力。

五、添可陪伴孩子在厨房茁壮成长

培养独立生活能力。

体验劳动乐趣，树立正确价值观。

开发想象力与创造力。

亲子互动，增进感情。

六、家校携手，共铸美好未来

学校将烹饪纳入课程，培养生活技能。

家长支持配合，巩固提高。

添可成为家校联手的教育利器。

七、结语

呼吁更多家庭和学校加入，共同为孩子们的全面发展而努力。

我们继续使用指令，指示 AIGC 根据内容大纲生成文章。

指令示例：

请根据前次对话生成的标题和摘要，撰写一篇适合微信公众号的文章。

生成内容如下：

教育新风尚：添可炒菜机器人，陪伴孩子在厨房中茁壮成长

孩子们的烹饪梦，或许曾因各种原因无法实现。但现在，添可炒菜机器人的出现，让这一切变得触手可及。

那么，生活技能教育的重要性体现在哪里呢？

首先，全面发展，促进孩子多元智能培养。生活技能教育可以帮助孩子

在认知、情感、行为等多个方面得到发展，培养孩子的多元智能。其次，培养孩子独立生活的能力，做未来生活的主人。通过学习烹饪等生活技能，孩子可以更好地照顾自己，成为独立的生活主人。最后，烹饪不仅是生活技能，更蕴含教育意义。烹饪过程中，孩子可以学习到数学、科学、艺术等知识，培养孩子的审美情趣和创新精神。

然而，传统的烹饪教学模式存在诸多困境。操作风险使得家长难以把控，耗时耗力且效率低下，缺乏系统性导致孩子学习被动。那么，添可炒菜机器人的出现，能否解决这些问题呢？

答案是肯定的。添可炒菜机器人具有高度安全性，采用人工智能操控，确保无操作风险。智能教学模式提供循序渐进的教程，让学习变得既有趣又有成效。孩子可以全程参与烹饪过程，培养独立操作能力。

在添可炒菜机器人的陪伴下，孩子在厨房中茁壮成长。他们不仅提高了独立生活能力，体验了劳动乐趣，树立了正确价值观，还开发了想象力与创造力。亲子互动也因烹饪而变得更加紧密，感情得以增进。

为了孩子们的全面发展，我们需要家校携手，共铸美好未来。学校应将烹饪纳入课程，培养生活技能，家长则要支持配合，巩固提高。添可炒菜机器人成为家校联手的教育利器，助力孩子成长。

在此，我们呼吁更多家庭和学校加入，共同为孩子们的全面发展而努力。让添可炒菜机器人成为孩子们厨房里的良师益友，陪伴他们在烹饪的世界中茁壮成长！

我们可以对这个文章进行初步优化，一些基本的优化方法包括：

- 明确目标受众：指定文章的目标读者群体。在这个例子中，我们可以选择的目标受众有家长、学校老师、学校校长或学生，这样可以帮助 AI 更准确地把握文章的语气和内容深度。
- 细化文章结构：我们看到上面命令中的"结构清晰"只是文章最基本的要求。除了要求文章结构清晰外，可以进一步细化文章结构指令，例如要求包含几个主体段落，每个段落的主题是什么，甚至包括主题下面包含的论点、论据和论证过程，让生成的内容更加有条理、有逻辑。

- 增加事实和案例信息：可以要求 AI 在文章中加入一些具体的案例、数据或用户评价，以增强文章的说服力和可信度。但需要注意的是，AIGC 会偷懒，也会虚构一些案例。这个时候我们可以让 AIGC 进行网络搜索，然后提取相关的案例和事实，然后进行写作。
- 指定风格和语气：除了轻松亲切的语气，可以进一步指定文章的风格，如幽默、正式、启发式等，以及是否需要包含特定的写作手法或修辞。请注意，AIGC 在幽默风格以及类比等修辞的表现上现在还达不到一般作者的水平。
- 视觉元素要求：可以要求 AI 在适当的位置插入图片、图表或视频等多媒体元素，以丰富文章的表现形式。
- 关键词优化：可以让 AIGC 进行网络搜索，并进行分析，然后提供一些关键词或短语，嵌入到文章中。

4.3.2　根据不同平台要求，优化文本格式和风格

我们根据标题和内容摘要生成的内容，只是利用 AIGC 进行动态内容生成的第一步。在实际的内容营销中，我们需要对这些内容进行进一步修改、编辑和优化，以便让它们适应不同媒体平台的特点和用户阅读习惯。

我们可以在指令中，明确内容发布的平台，让 AIGC 自动识别该媒体平台的特点，进行写作。指令如下：

你的角色是写作风格分析师，擅长网络搜索和内容分析，并且具有强大的写作风格学习和风格迁移能力。

任务：研究小红书的写作风格，并准备一篇文章风格撰写指南。

要求：在研究小红书的写作风格时，你应该利用网络搜索等工具进行辅助研究，并关注以下几个方面。

语言特点：通过搜索小红书上流行的笔记和短文，分析其语言风格，包括词汇选择、句式结构、修辞手法等。

内容结构：通过网络工具分析小红书上受欢迎的内容结构，如开头、中间、结尾的布局，以及如何引起读者兴趣、维持关注、引导互动等。

视觉元素：观察小红书上图片和文字的结合方式，以及如何通过视觉设计增强内容的吸引力。

主题趋势：利用网络搜索工具研究小红书上的热门话题和趋势，了解什么样的内容更受读者欢迎。

用户体验：考虑小红书用户的阅读习惯和偏好，通过网络数据分析如何在文章中创造良好的用户体验。

约束条件：在分析小红书写作风格时，必须遵守相关法律法规，尊重知识产权，不得抄袭或侵犯他人作品。同时，要注重保护用户隐私，不得收集或泄露任何个人信息。

请根据以上要求，撰写一份详细的写作风格分析报告，并基于这份报告准备一篇文章风格撰写指南，以便能够更好地模仿小红书的写作风格。

当你收到包含"请以小红书风格写作"的指令时，请根据写作风格分析报告和撰写指南，进行写作。

这个指令适合 Kimi、Claude 3 等直接可以进行网络访问的 AIGC 工具。

Kimi 生成的小红书写作分析报告和风格撰写指南摘录如下：

小红书写作风格分析报告

1. 语言特点分析

小红书的语言风格通常亲切、日常，充满情感色彩。词汇选择倾向于流行、年轻化，句式结构简洁明了，易于理解。修辞手法多采用比喻、排比，以及大量的 emoji 表情符号来增强表达效果。

2. 内容结构分析

开头：通常以问题、痛点或者直接展示产品的方式吸引读者注意。

中间：详细介绍产品特点、使用体验或者解决方案，内容分段清晰，易于阅读。

结尾：总结产品优势，呼吁行动，如购买链接、互动话题等。

3. 视觉元素分析

小红书的笔记通常配以高质量的图片或视频，图文结合紧密，视觉元素与文字内容相辅相成。图片风格多样，但都追求美观、精致，以吸引用户眼球。

4. 主题趋势分析

通过分析，发现小红书上热门话题包括时尚穿搭、美妆护肤、美食分享、旅行日记、情感交流、家装设计、健身指南等。这些内容通常紧贴生活，易于引发共鸣。

5. 用户体验分析

小红书用户偏好互动性强、信息量大、可读性高的内容。文章应注重用户体验，通过故事化、情感化的方式，让用户在阅读中获得价值和乐趣。

文章风格撰写指南

1. 语言风格

使用年轻化、流行化的词汇。

保持句子简短，易于理解。

适当使用 emoji 表情符号增加趣味性。

2. 内容结构

吸引注意：开头直接提出问题或展示亮点。

详细阐述：中间部分详细介绍，使用清晰的分段。

行动号召：结尾总结并引导用户进行互动或购买。

3. 视觉设计

选择高质量、与内容相关的图片或视频。

图文结合要自然，增强视觉吸引力。

4. 主题选择

紧贴时尚、美妆、美食等热门话题。

内容要引发共鸣，与用户生活紧密相关。

5. 用户体验

创造故事化内容，增加情感元素。

提供实用信息，确保内容具有价值。

接下来，我们通过"请以小红书风格写作"这个触发指令，让 AIGC 按照小红书的撰写指南，对《教育新风尚：添可炒菜机器人，陪伴孩子在厨房中茁壮成长》一文进行风格迁移。

指令示例：

请以小红书风格写作，重新编辑《教育新风尚：添可炒菜机器人，陪伴孩子在厨房中茁壮成长》一文。

生成内容如下：

😊🔍 教育新风尚：添可炒菜机器人，让孩子在厨房里快乐成长 👶🔍

Hey 亲们！✋ 你们有没有想过，厨房也能成为孩子们成长的乐园？🏠 那些曾经遥不可及的烹饪梦，现在有了添可炒菜机器人，一切都变得 So easy！❄️

🎓 生活技能教育，为啥这么重要？

想象一下，孩子们在厨房里忙碌的身影，他们在学习中成长，培养出属于自己的多元智能。🌈 这不仅仅是为了做饭，更是为了让他们成为未来生活的小能手，独立自主，自信满满！💪

而且哦，烹饪还能让孩子们在玩中学，数学、科学、艺术统统不在话下，审美和创新精神也能一起 Up Up！🚀

✂️ 传统烹饪教学，有点难？

家长们总是担心孩子在厨房的安全，而且教学效率嘛…说实话，有点低。😓 但是，有了添可炒菜机器人，这些都不再是问题！

👑 添可炒菜机器人，厨房新宠儿！

这款机器人超级安全，AI 智能操控，让烹饪变得简单又有趣。🎮 孩子们可以全程参与，动手实践，独立能力就这样一点点培养起来啦！❄️

❄️ 在添可的陪伴下，孩子们…

不仅能学会做饭，还能体验劳动的乐趣，树立正确的价值观。🏅 而且，你们知道吗？孩子们的想象力和创造力也会在这个过程中被激发出来哦！💡

亲子间的互动也会因为共同烹饪而变得更加紧密，感情升温，幸福感爆棚！💝

🏫 家校联合，共筑未来！

我们需要学校和家庭一起来做这件事，把烹饪变成课程的一部分，让孩子们在校园和家里都能快乐学习，快乐成长！🎏

添可炒菜机器人，就是那个能让家校联手，助力孩子成长的神奇小帮手！❄️

📢 呼吁行动！

让我们一起加入这个行列，为孩子们的全面发展出一份力！👏 让添可炒菜机器人成为孩子们厨房里的好伙伴，一起在烹饪的世界里茁壮成长吧！🎋

以上就是今天的分享啦，如果你也觉得添可炒菜机器人是个不错的主意，那就赶紧行动起来吧！🕺♀🕺♂记得点赞、收藏、转发哦！我们下次见！👋😗

我们也可以使用类似的方法，把上面的小红书文案改写成广告文案。

我们可以先让 AIGC 进行网络搜索，或者提供我们认为优秀的广告文案案例集，让 AIGC 学习这种风格。

指令示例：

请搜索并分析最近 3 年内网络上流行的广告文案。优秀的广告文案应具备创意性、吸引力、有效的信息传达，能引起目标受众的强烈共鸣。请重点分析这些文案的写作风格（如幽默、严肃、创意等）和写作手法（如比喻、夸张、故事讲述等），并基于分析结果生成一份写作指南。该指南应提供创作具有相似风格和特点的广告文案的建议和技巧。当你收到包含"请根据广告文案指南进行写作"时，根据你的分析以及指南进行广告写作。

AIGC 生成的广告文案分析和写作指南如下：

根据最近 3 年的网络广告文案，可以总结出以下几点关于优秀广告文案的特点和写作风格：

1. 情感共鸣：优秀的广告文案能够触动人心，引起目标受众的情感共鸣。例如，美团优选的《好好吃饭，人生大事》通过真挚的情感和戏剧化的故事讲述，引起观众的共鸣。

2. 创新和创意：创意是广告文案的核心。例如，NEIWAI 的《身体十问》通过新颖的创意概念和舞蹈肢体语言，展现了身体的自由和尊重。

3. 文化和社会价值的传递：广告文案不仅仅是商业传播，也是文化和社会价值的传递。例如，一些广告通过展现中国传统和家庭价值观，增强品牌与受众的连接。

4. 多平台和多风格：优秀的广告文案能够在不同的平台上展现不同的风格，以适应不同的受众和场景。例如，大润发与《乡村爱情》的联名营销，通过东北方言文案和生动的形象，展现了"人间烟火气"。

5. 情感和故事讲述：通过故事讲述和情感表达，广告文案能够更加深入人心。例如，Apple 的《卷土重来》通过讲述一个关于梦想和家庭的故事，鼓励人们相信自己的梦想。

基于这些特点，以下是一个简单的广告文案写作指南：

1. 挖掘情感元素：寻找能够触动人心的话题和故事，通过真挚的情感表达，引起受众的共鸣。例如，使用生动的描述、情感化的语言和具有感染力的场景来引起受众的情感共鸣。

2. 发挥创意思维：勇于尝试新颖的概念和表达方式，以独特的视角和创意吸引受众的注意力。例如，运用比喻、拟人、夸张等修辞手法，创造出独特的形象和概念，使广告更具吸引力。

3. 传递文化和社会价值：在文案中融入文化和社会价值观，让品牌与受众建立更深层次的连接。例如，通过引用经典的文化元素、历史故事或社会现象，与受众的文化背景和价值观产生共鸣。

4. 多变风格与手法：根据广告的载体和场景，灵活运用不同的文案风格和手法，如幽默、讽刺、悬念等，使广告更具吸引力。例如，运用幽默的语言和情景，创造出令人捧腹的笑点，或通过设置悬念和意外转折，引发受众的好奇心和期待感。

5. 故事和情感的结合：通过讲述具有感染力的故事，结合情感表达，使广告文案更加深入人心。例如，运用叙事手法，构建一个引人入胜的故事情节，通过角色的经历和情感变化，引发受众的情感共鸣。

接下来，我们让 AIGC 使用上面的广告文案写作指南，基于《教育新风尚：添可炒菜机器人，让孩子在厨房里快乐成长》一文为我们生成广告文案。

广告文案一（智谱清言生成）：

标题：

"烹饪新纪元：添可炒菜机器人，开启家庭教育的新篇章"

副标题 / 正文：

"让烹饪成为孩子的兴趣，添可智能炒菜机器人，陪伴孩子从厨房到餐桌，一键启动，趣味教学，每一步都是快乐成长的故事。"

动态标签行：

"现在就体验，让孩子亲手烹制爱的味道 >> 立即体验"

广告文案二（通义千问生成）：

标题（引发好奇心与参与感）：

"探索味蕾宇宙，小小厨师的第一课"

副标题／正文（强调产品功能与用户情感连接）：

"添可智能炒菜机器人，陪伴孩子从安全食材到美味餐桌，一键启动，趣味教学，每一步都是成长的故事。"

动态标签行（强化行动号召）：

"此刻，让孩子亲手烹制爱的味道 >> 立即体验"

广告文案三（Kimi 生成）：

标题：

"激发创意，共筑未来：添可炒菜机器人，孩子的成长伙伴"

副标题／正文：

"让厨房变成孩子们的创意实验室。添可智能炒菜机器人，以安全、趣味的方式引导孩子从食材到餐桌的每一步，不仅是学习烹饪，更是在快乐中培养独立与自信。每一次操作，都是孩子成长的故事。"

动态标签行：

"开启孩子的烹饪之旅，让爱与美味同在 >> 立即探索"

广告文案四（Claude 3 Opus 生成）：

标题（引发好奇心与参与感）：

"解锁味蕾奥秘，体验烹饪魔法——添可炒菜机器人"

副标题／正文（强调产品功能与用户情感连接）：

"让孩子在玩中学，在学中玩，

添可炒菜机器人，不仅是厨房小助手，

更是孩子成长的好伙伴。

从食材准备到美味呈现，

每一步都充满好奇、创意和成就感。

家校携手，培养生活技能，

在烹饪的奇妙世界里，发现孩子的无限潜能。"

动态标签行（强化行动号召）：

"点击解锁，开启孩子的味蕾探索之旅 >>"

广告文案五（ChatGPT 生成）：

标题：

"厨艺小达人，添可机器人引领成长新风尚"

副标题 / 正文：

"孩子的厨房大冒险，由添可炒菜机器人启航！安全智能操作，让烹饪成为孩子们的快乐学习之旅。一键式操作，培养生活技能，让每一道菜都成为自信和创造力的源泉。"

动态标签行：

"现在就让孩子成为家中的小大厨 >> 点击开启烹饪之旅"

广告文案六（Gemini-Pro 生成）：

标题：

"厨房里的快乐成长：添可炒菜机器人让孩子成为小当家"

副标题 / 正文：

"让孩子在厨房里尽情探索，培养生活技能，激发创造力，体验劳动的乐趣。添可炒菜机器人，安全智能，让烹饪变得简单有趣，陪伴孩子从食材到餐桌，每一步都是成长的故事。"

动态标签行：

"让孩子亲手烹制爱的味道，开启快乐成长之旅 >> 立即体验"

广告文案七（Mistral 生成）：

标题：

"厨房里的成长乐园，添可炒菜机器人陪你起飞"

副标题 / 正文：

"添可炒菜机器人，让孩子们在厨房里玩转数学、科学和艺术。安全 AI 智能操控，全程参与，一起培养独立能力和创新精神，共享幸福感。"

动态标签行：

"此刻，让孩子们在烹饪的世界里茁壮成长 >> 立即加入"

上述的广告文案大家觉得哪个更好呢？我们把上述文案都放进可能更懂中文的通义千问和智谱清言中，它们都认为通义千问生成的广告文案二拔得头筹。

通义千问的选择标准和评选结果如下：

我会基于以下几个维度进行评价：文案的独特性、情感共鸣、产品功能的突出展示、价值观传达、语言艺术性和行动号召力。

经过比较，我认为文案二和文案五都非常出色，但如果要在其中挑选最优，则会选择文案二。

理由如下：

标题："探索味蕾宇宙，小小厨师的第一课"，利用了引人入胜的比喻和角色设定，有效引发潜在客户（尤其是家长）对孩子教育方式和烹饪乐趣的好奇心与探索欲。

副标题/正文：强调了产品在亲子互动和家庭教育中的作用，精准定位添可炒菜机器人是一个帮助孩子成长的工具，同时突出了产品的安全性和趣味教学特性。

动态标签行："此刻，让孩子亲手烹制爱的味道 >> 立即体验"，简洁有力地引导用户采取行动，既体现了产品的应用场景，又表达了品牌关爱家庭、关注孩子成长的价值观。

智谱清言的选择标准和评选结果如下：

在分析这些广告文案时，我们需要考虑几个关键因素，包括创意性、与产品的相关性、情感共鸣、语言的吸引力以及行动号召的强度。基于这些标准，我认为广告文案二是最优秀的。

理由如下：

创意性和吸引力：标题"探索味蕾宇宙，小小厨师的第一课"和副标题/正文"添可智能炒菜机器人，陪伴孩子从安全食材到美味餐桌，一键启动，趣味教学，每一步都是成长的故事。"都非常吸引人，能够激发家长和孩子的好奇心，并引起他们对产品的兴趣。

情感共鸣：文案强调了产品在陪伴孩子成长过程中的重要性，通过"探索味蕾宇宙"和"每一步都是成长的故事"这样的表述，触动家长对孩子成长和教育的情感需求。

行动号召：动态标签行"此刻，让孩子亲手烹制爱的味道 >> 立即体验"直接而有力地鼓励家长立即采取行动，体验产品带来的乐趣和益处。

与产品的相关性：文案中的每个元素都与添可炒菜机器人的功能和目标受众紧密相关，从安全食材到美味餐桌，再到趣味教学，每一步都突出了产品的特点和优势。

综上所述，广告文案二在创意性、情感共鸣、行动号召和与产品的相关性方面都表现出色，因此我认为它是最优秀的文案。

各位读者认为哪个文案更好呢？

4.3.3 参考优秀文案，迁移写作风格

AIGC 允许我们提供文案参考，并根据文案的风格对我们的文本进行润色和修改。这不仅提升了文本的质量，还确保了内容与目标受众的喜好相一致。在这一节中，我们将探讨如何利用 AIGC 参考优秀文案，迁移不同的写作风格，包括参考媒体的写作风格和作家作品的写作风格。

1. 参考媒体写作风格

我们可以让 AIGC 参考《纽约时报》《华尔街日报》等媒体的写作风格，以确保我们的文案具备专业性和权威性。

这些报纸的风格特点如下：

- 《纽约时报》：注重事实报道，行文严谨，细节详尽，适用于新闻报道和深度分析。
- 《华尔街日报》：语言简洁明了，重点突出，适用于商业新闻和财经报道。
- 《大西洋月刊》：文字简洁优美，分析深入，注重背景信息和历史脉络的介绍，擅长探讨复杂的社会、政治和文化问题，强调内容的深度和广度。

其他具有代表性的媒体写作风格还包括：

- 《卫报》：语言平实，关注社会问题，适用于社论和新闻评论。

- 《经济学人》：语言幽默，分析深入，适用于经济分析和时事评论。
- 《三联生活周刊》：语言平实，注重深度报道和人文关怀，适用于深度解析和专题报道。

指令示例：

Character（人设）：
你是一名资深的《纽约时报》记者，擅长撰写严谨详尽的新闻报道。

Objective（目标）：
对以下文案进行润色，使其符合《纽约时报》的写作风格。

Skills（技能）：
应用事实报道技巧。

增加细节描述。

确保行文严谨。

Constraints（约束）：
遵守新闻报道的真实性和客观性原则。

不能直接引用《纽约时报》的原文，包括观点、事实和数据。

2. 参考作家和作品的写作风格

我们还可以让 AIGC 参考著名作家和作者的写作风格，以提升文案的艺术性和可读性。比如：

- 海明威：语言简洁，直接有力，适合描述紧张情节或表达坚定观点。
- 简·奥斯汀：语言优雅，富有幽默感，适合描写社会交往和人际关系。
- 乔治·奥威尔：语言清晰，富有批判性，适用于评论和社会分析。
- 汪曾祺：以平淡中见真情、细腻中见深刻著称，适合描写温馨、怀旧的故事或内容，突出细腻的情感和人文关怀。
- 莫言：莫言的作品融合了魔幻现实主义和乡土文学，适合描写具有深刻社会意义和复杂人性的内容，突出故事的独特性和深度。

指令示例：

Character（人设）：
你是一名模仿汪曾祺风格的作家，擅长描写日常生活中的细节和人情。

Objective（目标）：

对以下文案进行润色，使其符合汪曾祺的写作风格。

Skills（技能）：

应用平实的语言。

情感细腻。

关注细节。

Constraints（约束）：

保持语言的朴实和真实，不使用复杂的修辞手法。

3. 参考文案的写作风格

我们经常会看到一些可读性强的微信文章和小红书文案，这些文案以其独特的写作风格和表达方式吸引了大量读者。为了提升文案的质量和吸引力，我们可以让 AIGC 分析这些文本的结构和表达方式，从而模仿并迁移这些写作风格。

指令示例：

Character（人设）：

你是一名出色的作家，擅长分析别人的写作风格，并且能够提取和运用这些写作风格生成新的文本。

Objective（目标）：

对以下文案进行分析，学习并掌握这种写作风格。

这种写作风格称为"AI 风格 1"。

Skills（技能）1：

对目标文本的结构进行详细分析，包括段落的组织方式、句子的长度和复杂度、过渡的使用等。

段落组织：观察目标文本如何引入主题、展开论点和总结结论。

句子长度：注意目标文本是使用长句还是短句，哪种更常见。

过渡词和短语：识别目标文本中常用的过渡词和短语，并在自己的写作中加以运用。

Skills（技能）2：

分析目标文本的语调和情感，调整自己的写作语气，使其与目标文本一致。考虑是否需要正式、非正式、幽默、严肃等语气。

分析目标文本中使用的修辞手法，如比喻、排比、夸张等，并在自己的写作中尝试使用这些手法，增加文章的表现力。

Constraints（约束）：

不直接引用原文。

在上面的指令中，我们指定了风格名称，并且让 AIGC 进行文案分析，并且把学到的风格作为它的新技能。

通过分析目标文案的段落组织，AIGC 可以理解其如何引入主题、展开论点和总结结论。这种分析有助于模仿文案的逻辑结构和信息流，使得我们创作的文案在逻辑性和流畅性上达到同样的水平。通过分析目标文案的语调（如正式、非正式、幽默或严肃），AIGC 可以调整自己的写作语气，使其与目标文案保持一致。这种调整不仅能提高文案的可读性，还能增强其情感共鸣。

但需要注意的是，在学习和使用目标文案中的修辞手法（如比喻、排比、夸张等）时，我们需要更多的人机协同，以检查这些修辞是否恰当。

4.4　AIGC 生成视觉创意

在完成了文案的文字内容之后，我们往往需要与之相匹配的图片来配合文字，进而生成图文、广告创意、宣传海报，或者产品手册。在这一节，我们将深入探讨如何运用 AIGC 工具，创造出引人入胜且极具个性化的视觉图像。我们将围绕如何为上述的文字生成具体案例或项目，以实例的方式生动展现这一过程。

4.4.1　生成图片创意概念和文生图指令

我们以下面的文案为例，简单介绍如何使用 AIGC 文生图工具进行创作。下面是我们选取的文案：

标题（引发好奇心与参与感）：

"探索味蕾宇宙，小小厨师的第一课"

副标题 / 正文（强调产品功能与用户情感连接）：

"添可智能炒菜机器人，陪伴孩子从安全食材到美味餐桌，一键启动，趣味教学，每一步都是成长的故事。"

动态标签行（强化行动号召）：

"此刻，让孩子亲手烹制爱的味道 >> 立即体验"

接下来，我们使用 AIGC 帮我们构思这个文案应该配什么样的图片。我们在这个指令中，要求 AIGC 扮演设计师的角色，生成图片创意以及设计方向示例。

指令示例：

现在你是一名非常有经验的设计师，你的任务是为下面的文案，设计一张图片，并用于之后的广告图设计。请生成你的创意思路。

返回结果如下：

如果我是一名经验丰富的设计师，面对您提供的文案，我会首先确保理解文案的核心信息和目标，然后根据这些信息来构思设计概念。以下是我的创意过程：

创意设计概念：

场景设定：一个充满想象力的现代厨房，中央放置着"添可智能炒菜机器人"。背景可以是星空图案的墙壁，将宇宙探索的概念与烹饪结合起来。

主体设计：一位身穿宇航服的孩子（暗示探索和冒险的主题）正好奇地观察这台炒菜机器人，或者正使用它准备食物。孩子的表情应当是专注而充满乐趣的。

颜色和风格：使用明亮而温暖的色彩，以吸引目光和传达家庭温馨的氛围。机器人和厨房设备应设计成友好而现代的样式。

教育元素：图片中可以包含象征学习和成长的元素，如食材的知识卡片或食谱步骤的简易图标。

互动感：孩子和机器人之间可以有一个明显的互动元素，比如孩子通过平板或触控屏进行操作。

图片布局：

顶部：留白放置标题。

中间：主体场景，孩子与机器人互动。

底部：适合放置副标题/正文，同时保留一部分区域用于动态标签行。

接下来，我们让 AIGC 扮演文生图指令生成器的角色，把上面的创意变成可以被文生图工具识别和理解的指令。

但是请注意，我们在这一步看到创意中包含添可智能炒菜机器人，这个很难简单地用指令来描述，在这里，我们使用智能炒菜机器人来代替，后续可以通过 Photoshop 等软件对图片进行替换。

指令示例：

你现在的角色是 Midjourney 的指令生成器，请根据上面的图片创意概念，生成 Midjourney 指令。请注意，请把"添可智能炒菜机器人"替换为"炒菜机器人"。

返回结果：

Create a photorealistic image of a modern kitchen with a smart cooking machine as the centerpiece. The walls feature a starry cosmos pattern. A child in an astronaut costume is interacting with the robot, displaying engagement and joy. The scene should be warmly lit with educational elements like ingredient flashcards visible. The child appears to be controlling the robot via a touch interface, signifying a blend of culinary art and space exploration.

翻译如下：

创建一幅高度逼真的图像，展现一间以炒菜机器人为核心设备的现代厨房。墙壁上装饰着繁星点点的宇宙图案，营造出星际氛围。画面上，一名身着宇航服的孩子正与机器人互动，展现出投入且喜悦的情绪。场景采用温暖照明，其间点缀着教育元素，如可见的食材闪卡。孩子似乎正通过触摸界面操控机器人，象征着烹饪艺术与太空探索的巧妙融合。

我们可以看到这个生成的指令是英文。这是因为，Midjourney 的默认指令是英文。虽然 Midjourney 也可以接收中文指令，但是对中文指令的理解和跟随并不好。在稍后的图片生成中，我们可以进行测试。

4.4.2　使用 Midjourney 生成图片

接着，我们使用 Midjourney 这个工具执行上面的指令，并且生成图片。

1. Midjourney 注册、付费和 Discord 部署

首先，我们需要进行必要的准备工作。登录 Midjourney.com 网站，并按照其清晰的指示逐步完成账户注册和订阅套餐的购买。如果我们希望更详尽地了解操作流程，可以直接访问官方提供的快速入门指南（链接为 https://docs.Midjourney.com/docs/quick-start），该文档详细列出了注册和充值的每个步骤，确保用户能顺利开始使用 Midjourney 的服务。

在这一过程中，至关重要的一环是注册一个 Discord 账号。这是因为 Midjourney 并未设计独立的用户交互平台，而是选择深度集成于 Discord。所有与 Midjourney 相关的操作，包括提交图像生成请求、接收生成结果、与其他用户交流等，都将完全在 Discord 这个平台上开展。

一旦成功注册并登录 Discord，接下来便可以按照官方指南的指引，加入 Midjourney 专属服务器，订阅相应计划，并通过发送指令给 Midjourney Bot 来轻松创作出令人惊艳的图像。整个过程无须额外安装专业软件或硬件，只需利用 Discord 的现有功能即可实现无缝对接与高效创作。

当注册和设置完成之后，我们将看到如图 4-2 所示的页面。

图 4-2　搭建在 Discord 个人服务器上的 Midjourney Bot

2. 开始第一个图片生成任务

接下来，我们进入与 Midjourney 的聊天对话框，输入"/"符号，在跳出的菜单中选择"/imagine prompt"。我们也可以直接在对话框中输入"/imagaine prompt"，然后把下面的指令复制进来：

Create a photorealistic image of a modern kitchen with a smart cooking machine as the centerpiece. The walls feature a starry cosmos pattern. A child in an astronaut costume is interacting with the robot, displaying engagement and joy. The scene should be warmly lit with educational elements like ingredient flashcards visible. The child appears to be controlling the robot via a touch interface, signifying a blend of culinary art and space exploration.

我们进行等待，然后 Midjourney 会帮我们生成 4 张预览图，如图 4-3 所示。

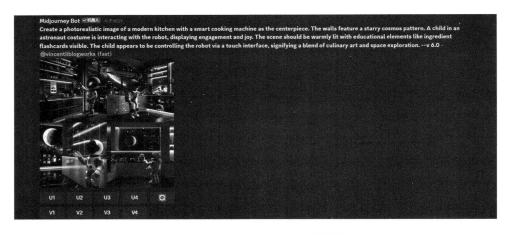

图 4-3   Midjourney 生成的预览图

我们将预览图从左到右、从上到下依次记为图片 1、图片 2、图片 3 和图片 4。图 4-3 中有两排按钮，第一排为图片放大，第二排为图片调整。比如，如果我们单击 U2，就是将图片 2 也就是第 1 象限的图进行放大。如果我们再单击 V2，Midjourney 就会根据这张图进行微调，生成 4 张新的图片。

我们在前文提到 Midjourney 对中文指令的理解和跟随是有问题的。我们尝试将英文指令翻译后作为指令输入，会得到 4 张预览图，如图 4-4 所示。

图 4-4　Midjourney 根据中文指令生成的图片

我们可以看出，使用中文指令生成的图片和我们的预期完全不同。所以，我们如果使用 Midjourney 进行图片创意和图片生成时，强烈建议使用英文指令。对于参数的指令，一定要使用英文，否则会报错。我们将在下一节具体讲解。

根据上面英文指令生成的预览图，我们觉得图片 2 可能符合文案的要求，我们可以直接单击“U2”按钮，对图片 2 进行放大。放大的图片效果如图 4-5 所示。

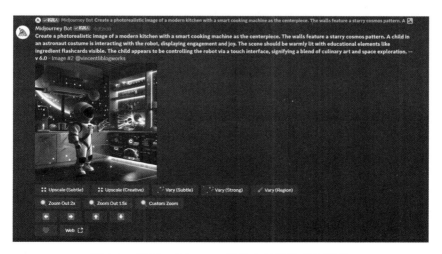

图 4-5　使用 Midjourney 的放大效果生成的图片

我们可以在图片上的任何地方进行单击，然后就可以预览或者下载原图，原图效果如图 4-6 所示。

图 4-6　Midjourney 生成的图片（原图）

这样，根据我们的指令，配合广告文案的背景图片就完成了。

3. 基本的图片调整

在放大图片之后，我们会发现在生成界面里面包含很多按钮，这些按钮能帮助我们对图片进行最基础的调整，包括图像放大、图像调整、画布放大。

Upscale 功能用于图像放大，当我们需要更大的图像尺寸时，它能够在不牺牲图像细节的前提下，将图像尺寸等比例放大至 2 倍。Vary 功能则提供图像调整，允许我们在保持图像原始尺寸的同时，对图像的构图和细节进行细致的微调。例如，如果发现生成的人物图像中眼睛或手指的细节需要优化，我们可以选择使用这一调整功能进行改善。而在某些情况下，我们可能需要扩展画布，即在现有画面之外增加图像内容，此时 Zoomout 画布放大功能就显得尤为重要。这一功能可以根据原有画面内容，按照指定的放大比例和方向对新增画面区域进行智能填充，从而扩展整体画布。

这些按钮具体的功能和作用见表 4-2。

表 4-2　生成图像的调节按钮和主要功能

英文名称或符号表示	中文名称	功能	应用场景
Upscale (Subtle)	图像放大（微调模式）	将图像放大 1 倍，同时保留细节	放大图片
Upscale (Creative)	图像放大（创意模式）	将图像放大 1 倍，并增加新的细节	放大图片，并增加细节
Vary (Subtle)	图像调整（微调模式）	保留主要构图，但细节上有细微变化	眼睛、手指的细节调整
Vary (Strong)	图像调整（强度模式）	可能改变构图、元素数量、颜色和细节类型	需要更多创意
Vary (Region)	图像调整（局部调整）	选择需要修改的区域，进行调整	修改局部
Zoomout (2×)	画布放大（2 倍放大）	画布扩展 2 倍，原图像之外的空白画布进行自动填充	延伸和丰富画面
Zoomout (1.5×)	画布放大（1.5 倍放大）	画布扩展 1.5 倍，原图像之外的空白画布进行自动填充	丰富画面
Custom Zoom	自定义画布放大	根据需要进行画布放大	自定义画面
Pan Down	向下按钮	向下扩展图像的画布，并对空白画布进行自动填充	拉长画布，增加图像下部的内容
Pan Up	向上按钮	向上扩展图像的画布，并对空白画布进行自动填充	拉长画布，增加图像上部的内容
Pan Left	向左按钮	向左扩展图像的画布，并对空白画布进行自动填充	拉宽画布，增加图像左部的内容
Pan Right	向右按钮	向右扩展图像的画布，并对空白画布进行自动填充	拉宽画布，增加图像右部的内容

比如，我们上面生成的图片，因为没有制定长宽比，系统默认是 1∶1。但广告图一般是横版图片，比如 4∶5 等比例，这个时候我们可以使用向左或

者向右按钮拉宽画布。我们对图 4-6 进行向左和向右拉宽画布的操作，实际
效果如图 4-7 和图 4-8 所示。

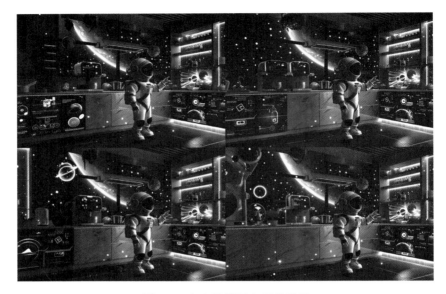

图 4-7　向左拉宽画布后的效果

图 4-8　向右拉宽画布后的效果

第 4 章 构建：智能构建动态自适应内容 241

我们任意选取一张图片，比如向左拉宽后的第 2 张图片进行放大。生成的图片如图 4-9 所示。

图 4-9　Midjourney 生成的厨房与少年图

4. 局部修改

通过观察这张图，我们发现图片中间的智能炒菜机和咖啡机非常类似，和我们要推广的产品存在很大的差别。这个时候我们需要进行局部调整来替换掉原图中的炒菜机，换成和我们产品类似的炒菜机。

一般来说，我们有两种方法可以实现这个调整。

第一种方法，是使用 Photoshop、RunwayML 和其他图片编辑工具进行替换。这种方法需要我们先下载图片，然后在其他软件中进行操作。

第二种方法，就是使用 Midjourney 进行局部调整。为了制定修改效果，我们需要把 Midjourney 调整成混合模式。

我们在对话框中输入"/"符号，然后选择 setting，按下回车，在下面的选项中选择"混合模式（Remix mode）"，如图 4-10 所示。

在进入下一步局部修改之前，我们需要对要替换的炒菜机进行准确描述。但是这个描述不是非常容易，特别对于这种外观奇特的物品。这个时候，我们可以用 Midjourney 以图生文的功能，也就是图片描述功能，来对要替换的物品进行描述。

图 4-10 Midjourney 的混合模式

我们在对话框中输入"/"，首先选择"/describe"，再选择"/image"，然后通过拖拽或者选择文件的方式上传我们要描述的物品。按下回车，Midjourney 会根据我们上传的物品进行描述。我们选择最贴近物品的描述，然后复制备用。但是需要注意的是，利用这种方法生成的图片，并不能保证可以 1∶1 还原图像。为了更好地把我们的产品放进生成的图片中，我们可以使用 Stable Diffusion 训练自己的 Lora 模型。

我们选择 Vary（Region）局部调整按钮，在跳出窗口中用选择工具把我们要修改的地方框选出来，然后在指令中粘贴进炒菜机的描述，点击生成。页面操作如图 4-11 所示。

图 4-11 局部调整界面

在完成上述操作后，系统将对我们选中的区域进行修改，并生成 4 张预览图供我们参考，如图 4-12 所示。

图 4-12　局部调整后生成的预览图

我们随便选择一张进行放大和预览，如图 4-13 所示。

图 4-13　调整后放大的图片

如果我们对结果不满意，还可以继续进行微调和尝试。

4.4.3　控制图片生成，保持品牌一致性

在默认情况下，Midjourney 在接收到指令后，会生成 4 张风格各异、内

容独特的图像。这种随机性使得每次运行同一个提示时，系统都能创造出不同的视觉风格和图像元素。

但是有时候，我们希望 Midjourney 减少随机性，按照我们的指令生成我们期望中的图像。在这一节，我们将介绍两种方法来控制 Midjourney 的图像生成过程和结果，使生成的图像更加符合我们的期望。

1. 使用图片参考指令，保持生成内容的一致性

使用图片参考指令是我们最常用的控制成图效果的方法之一。图片参考指令，将参考图片的地址作为指令的一部分，引导 Midjourney 工具依据该图片内容进行模仿和重绘。

首先，我们需要目标参考图的网址。我们可以在对话框中上传一张目标参考图，并且将此链接复制备用。我们也可以使用网络上的图片作为参考图。

然后，在对话框内粘贴所获取的图片网址，并继续完善指令。这一次，我们希望 Midjourney 直接为我们生成 16 : 9 的图片，我们使用 --ar 参数来进行执行。参考的指令如下：

https://s.mj.run/XsHNAn0k2Qo Create a photorealistic image of a modern kitchen with a smart cooking machine as the centerpiece. The walls feature a starry cosmos pattern. A child in an astronaut costume is interacting with the robot, displaying engagement and joy. The scene should be warmly lit with educational elements like ingredient flashcards visible. The child appears to be controlling the robot via a touch interface, signifying a blend of culinary art and space exploration. --ar 16:9 --v 6.0

执行上述指令后，Midjourney 将基于提供的参考图片及具体指令生成 4 张预览图。我们从中挑选出一幅进行放大，如图 4-14 所示。

通过这种"参考图片 + 具体指令"的组合方式，我们能更精准地引导图像生成过程，确保生成的作品既忠实于原始参考素材的视觉风格与关键元素，又能融入其他个性化细节和设定，从而实现对图像生成的控制。

2. 利用风格参考参数，实现品牌视觉风格的一致性

自 Midjourney V6 版本起，风格参考功能被引入至 Midjourney 工具中，允许用户在创作过程中指定参考图，并生成和参考图的视觉风格与语言类似

的图片。这一功能是通过添加 --sref 参数来实现的。

图 4-14　使用参考图片生成的图片

以先前示例中生成的图 4-13 为例，其画面呈现出温馨的居家氛围，色调温暖，这与图 4-11 的未来主义科幻冷色调风格完全不同。如果希望新生成的图片具备图 4-11 的科幻感与冷蓝色基调，可以使用风格参考参数来进行调整。指令如下：

https://s.mj.run/XsHNAn0k2Qo Create a photorealistic image of a modern kitchen with a smart cooking machine. The walls feature a starry cosmos pattern. A child in an astronaut costume is interacting with the robot, displaying engagement and joy. The scene should be warmly lit with educational elements like ingredient flashcards visible. The child appears to be controlling the robot via a touch interface, signifying a blend of culinary art and space exploration. --ar 16:9 --sref https://s.mj.run/38jDmqkeB7Y

执行上述指令后，生成的图片如图 4-15 所示。

相较于图 4-14 温馨的居家风格，图 4-15 明显参照了图 4-11 的风格。它成功吸纳了后者标志性的冷蓝色调以及科幻设计元素，从而在视觉表现上与图 4-11 实现了显著的一致性。这种风格上的紧密衔接，充分彰显了 Midjourney V6 的风格参考功能在确保风格连贯性与精准风格迁移方面的强大效用。

图 4-15   添加风格参考参数后生成的图像

借助于 Midjourney V6 的风格参考功能（--sref），我们可以将符合特定品牌视觉系统的图像设定为风格基准，后续生成的所有视觉内容将遵循这种风格。让我们设定两组指令，分别生成两张图像：一张使用图片参考功能，另一张则不使用此功能，以便直观对比两者在视觉风格上的差异。

（1）指令一：使用风格参考

首先，我们将选取一幅体现品牌视觉特征的图像（如图 4-12 所示）作为风格参考。在 Midjourney 的指令中，通过添加 --sref 参数，将此参考图片作为参考图。指令如下：

Commercial photo of cute cat are sitting in front of a laptop and looking into it --ar 16:9 --sref https://s.mj.run/38jDmqkeB7Y

在此指令中，虽然生成的小猫看电脑的图片内容将由 AIGC 根据文字描述创造，但其整体风格，包括色彩基调、光影效果、纹理质感乃至构图原则，都将按照贴合图 4-12 的品牌视觉语言和风格来生成。

这一指令生成的效果图如图 4-16 所示。这张图片即使在内容上与参考图片截然不同，也会在视觉上呈现出高度的一致性。

（2）指令二：不使用风格参考

相比之下，如果我们不使用图片参考功能，而是单纯依赖文字描述来生成图像，结果将会如何？请看以下指令：

图 4-16 使用风格参考生成的小猫看电脑图片

Commercial photo of cute cat are sitting in front of a laptop and looking into it --ar 16:9

相较于前一组指令，此处我们省略了 --sref 参数，允许 Midjourney 在无特定风格导向的情况下自由发挥其创意。

根据上面指令生成的图像（如图 4-17 所示）同样描绘了一只小猫坐在笔记本电脑前专注凝视的画面，但是视觉风格完全与图 4-16 不同。这是因为这张图是由 AIGC 根据自身的内在美学倾向及随机性因素，而非严格依循某一特定品牌视觉体系生成的。

图 4-17 不使用风格参考生成的小猫看电脑图片

3. 利用角色参考参数，保持角色的一致性

如果在图像生成过程中，我们需要保持人物或者角色的一致，则可以使用角色参考 --cref 这个参数。这个参数允许用户提供一个图像的 URL，指示 Midjourney 的 AI 模型在生成过程中将这个图像作为原型，在新的图像中生成相同的人物或者其他角色。

为了更好地对角色参考进行控制，cref 参数一般会和角色权重参数 --cw 一起使用。cw 是一个指定在 0～100 范围内的数值，不同的 cw 值会产生生成角色与原始参考之间不同程度的相似性：

- cw = 100：将角色权重设置为最大值（默认值），确保生成角色与参考图像之间具有最高程度的相似性，保持角色的脸部、衣物和发型的一致性。
- cw = 0：当角色权重设置为 0 时，模型只保持与参考角色相同的脸部特征，同时允许更改其他属性。

让我们设定两组指令，分别生成 2 张图像：一张使用角色参考功能，另一张则不使用此功能，以便直观对比两者在生成图片上的差异。

我们希望使用图 4-16 中的小猫作为我们的角色参考，出现在新生成的图像中。我们首先找到这张图的地址，放进 --cref 参数，并放到命令行最后。同时我们指定 cw 参数的值为 100，让 Midjourney 尽量与参考图中小猫咪的形象保持一致。指令如下：

Commercial photo of cut cat sitting on a sofa --ar 16:9 --cw 100 --cref https://s.mj.run/4ursq0ovGqA

我们先来看一下生成的 4 张预览图，如图 4-18 所示。我们可以看到，所有小猫的形象和图 4-17 的一致性是非常高的。

我们使用相同的指令，但是去掉角色参考参数，生成的 4 张预览图如图 4-19 所示。

从上面的对比可以看出，利用角色参考参数，我们可以有效地保持人物或角色在图像生成过程中的视觉一致性。这一功能特别适用于需要在一系列插图、故事板或连续场景中保持角色辨识度的应用场景。通过结合角色参考（--cref）与角色权重（--cw）两个参数，用户能够精确调控生成图像中角色与指定参考图像的相似程度。

图 4-18　使用角色参考生成的小猫图片

图 4-19　不使用角色参考生成的小猫图片

　　角色参考功能除了可以生成新的图片，还可以和局部修改一起使用，实现"换头术"。

　　比如，我们生成一张猫头鹰的图片，如图 4-20 所示。

图 4-20　猫头鹰图片

　　激活局部修改功能，使用套索工具，圈出猫头鹰的头部，如图 4-21
所示。

图 4-21　在局部修改功能中使用套索工具

然后修改指令如下：

A portrait photo of an owl, full body --cref https://s.mj.run/4ursq0ovGqA --ar
16:9

我们在生成的 4 张预览图中，随便选一张进行放大，如图 4-22 所示。

图 4-22　使用角色参考参数和局部修改功能进行"换头术"

　　综上所述，通过巧妙运用角色参考参数 --cref 与角色权重参数 --cw，用户能够精准掌控 AI 生成图像中角色与指定参考图像的相似度，无论是保持全局一致性还是进行局部特征替换，都能满足多样化的创作需求。这一功能极大地扩展了 AI 辅助图像生成的应用场景，为我们保持出图角色的一致性提供了重要工具。

　　通过上面的例子，我们介绍了 3 种控制图片风格和图片角色的例子。关于保持品牌视觉风格统一的方法，我们简单总结如下：

- 图片 URL 提示：这个方法允许用户提供一个网络链接指向特定的图像，以此作为生成新图像的创意灵感来源。AI 模型会从给定的图片中提取某种主题、色彩倾向、构图元素等抽象特征，并将其融入新的创作过程中。使用图片 URL 提示的控制程度相对较低，因为 AI 在处理这类输入时主要依赖自身的泛化和理解能力，而非严格遵循原图的具体细节。因此，最终生成的作品与原图可能存在显著差异，但会在整体氛围、主题或风格上保持一定的关联性。

- 图片风格参考参数（--sref）：与图片 URL 提示相比，使用图片风格参考参数时，AI 会更加注重保持生成图像与参考图像之间的视觉风格一致性。这意味着模型不仅会捕捉并借鉴参考图像的主题、色彩、纹理等宏观特征,还会尝试模仿其细节层次、光影效果乃至特定的艺术手法。这种较高的控制程度使得用户能够更精确地指导 AI 按照期望的视觉风格进行创作,生成与参考图像更紧密相关的艺术作品。

- 图片角色参考参数(--cref):这一参数专为保持图像中特定角色的一致性而设计。与图片 URL 提示和图片风格参考参数不同,图片角色参考参数聚焦于图像中的人物或生物个体,确保在生成新图像时,这些角色的外貌特征(如面部特征、体型、服装等)被精确地复制或忠实再现。使用 --cref 参数时,用户需提供一个包含目标角色的清晰图像链接,AI 模型将对该角色进行深度分析,提取关键的个体特征,并在后续生成的图像中精确地重现这些特征,即使场景、背景或其他非角色元素发生变化,指定角色也能保持较高的辨识度和一致性。

4.4.4 Midjourney 的指令精炼和风格迁移

1. 指令精炼

关于 Midjourney 的一大误解是,我们的提示语越长,就能获得越好的结果,然而事实并非如此。Midjourney 只能解析一定数量的关键词。因此,我们需要对我们的指令进行精选和提炼,专注于图像中体现的主要概念。一般来说,20~30 个英文单词是最佳的长度。

我们可以使用 Midjourney 自带的指令精炼工具 "/shorten" 来更好地帮助我们精炼提示词。我们在对话框中输入 "/" 符号,选择 "shorten",然后把需要精炼的指令输入,按下回车就可以得到精炼后的提示词。

我们以下面的这个指令为例,指令如下:

Create a photorealistic image of a modern kitchen with a smart cooking machine as the centerpiece. The walls feature a starry cosmos pattern. A child in an astronaut costume is interacting with the robot, displaying engagement and joy. The scene should be warmly lit with educational elements like ingredient flashcards visible. The child appears to be controlling the robot via a touch interface, signifying a blend of culinary art and space exploration. --ar 16:9 --v 6.0

按照上文的步骤操作，Midjourney 会返回重要的指令和建议的精炼指令选项：

Important tokens

Create a photorealistic image of a modern kitchen with a smart cooking machine as the centerpiece. The walls feature a starry cosmos pattern. A child in an astronaut costume is interacting with the robot, displaying engagement and joy. The scene should be warmly lit with educational elements like ingredient flashcards visible. The child appears to be controlling the robot via a touch interface, signifying a blend of culinary art and space exploration.

Shortened prompts

Create a photorealistic image of a modern kitchen with a smart cooking machine as the centerpiece. The walls feature a starry cosmos pattern. A child in an astronaut costume is interacting with the robot, engagement and joy.

Create a photorealistic image of a modern kitchen with a smart cooking machine, walls feature a starry cosmos pattern. A child in an astronaut costume is interacting with the robot

photorealistic image of a modern kitchen with a smart cooking machine, walls, starry, child in an astronaut, interacting with the robot

photorealistic image, kitchen, cooking, walls, starry, child in an astronaut, robot

photorealistic, kitchen, walls, child in an astronaut

Midjourney 会告诉我们在输入的指令中，哪些是对 AIGC 来说重要的词元（Important Token）。在 Midjourney 中，词元（token）是最小的语义单位，它是理解指令并生成图像的基本构件。词元可以是单词、短语甚至是音节，Midjourney 会识别并使用它们来创建用户所需图像中的视觉元素。

我们注意到重要的词元中，有些单词被删掉了，那是因为 Midjourney 认为这些单词是无效的词元。这些被删掉的单词有的过于模糊或通用（例如 visible），有的与图像生成无关（例如 culinary art），有的则与其他词语重复（例如 space exploration）。

对于保留的每个单词，Midjourney 都会分配一个权重值，范围从 0～1。

权重越高，该单词在生成图像中的影响就越大。我们单击"show details（显示详细）"按钮，就可以查看 Midjourney 为每个词元分配的权重，如图 4-23所示。

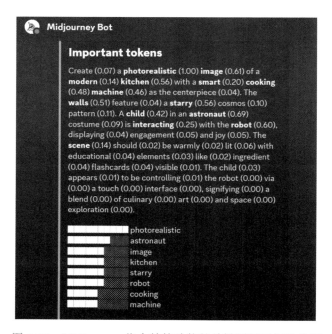

图 4-23   Midjourney 指令精简功能的关键词词元权重分析

我们可以看到，只有 8 个单词被分配了较高的权重。虽然我们可以给 Midjourney 输入很长的指令，但是它有自己的想法，会去评估和取舍。这也是我们需要精炼指令的最重要原因。

通过分析词元权重，我们可以深入了解 Midjourney 如何理解和优先考虑提示中的关键词，从而提高提示的准确性和有效性。我们也可以识别并消除不相关或无效的关键词，从而提高提示的整体质量和相关性。

此外，我们可以通过上面的词元权重分析看到"child"这个单词的权重很低。但是这张图片表现的主题就是小朋友，那么我们有没有办法增加这个单词的权重呢？

我们可以尝试使用分词工具来强调某个词元的重要性。这个功能是用双冒号 ::< 权重 > 来实现的。具体实现如下：

原指令：

Create a photorealistic image of a modern kitchen with a smart cooking machine as the centerpiece. The walls feature a starry cosmos pattern. A child in an astronaut costume is interacting with the robot, engagement and joy.

修改后的指令：

Create a photorealistic image of a modern kitchen with a smart cooking machine as the centerpiece. The walls feature a starry cosmos pattern. A child::2 in an astronaut costume is interacting with the robot, engagement and joy.

但是这种方法在 Midjourney 中的效果并不总是出色。为了精准控制生成图片的元素，Stable Diffusion 是更好的工具。我们可以通过直接赋值对图像中出现的元素进行控制。以下是在 Stable Diffusion 中的指令示例。

(Photorealistic:1.5), a modern kitchen with a (smart cooking machine：2) as the centerpiece, the walls feature a ((starry cossmos pattern)), A (child:1.5) in an astronaut costume is interacting with the robot, engagement and joy.

此外，使用参数是精炼指令的另外一种重要形式。Midjourney 的参数是 Midjourney 的 "快捷键"，用来指导和控制图像的生成过程及图像效果。这些参数允许我们调整生成图像的风格、比例、质量、细节以及其他特定属性，从而实现更精确地图像生成调整。

我们在上面已经使用到了 AR、--sref 参数来控制图像的长宽比以及参考视觉和风格。下面我们把一些常用的参数以及使用方法列入表 4-3。在表 4-3 中，作者将对 Midjourney 中常用参数的作用进行更详细的解释，以便读者可以更清楚地理解每个参数的具体功能和应用场景。

表 4-3　Midjourney 常用参数和使用方法

参数	作用	用例	默认值	取值范围
--v	v 是 version（版本）的缩写。作用是选择使用的模型版本。不同版本的模型可能在细节处理、风格等方面有所差异	-- v5，使用第 5 版模型 --niji 5，使 用 第 5 版 niji 模型，进行动漫风格创作	最新版	1、2、3、4 等
--q	q 是 quality（质量）的缩写。作用是控制生成图像的质量级别。高质量设置可以提高图像的细节和清晰度，但可能增加生成时间	--q 2，设置较高的图像质量	1	1、2、3

（续）

参数	作用	用例	默认值	取值范围
--ar	设定图像的宽高比，影响图像的展示形状和布局	-- ar16:9，设置图像宽高比为 16:9	1:1	任意宽高比，建议使用整数
--stylize	调整图像的风格化程度。高值会使图像更抽象或艺术化，低值则保持更多现实感	--s 1000，设定高风格化程度	0	0～2000
--weird	增加图像的美学创意，可能会引入更多非传统或实验性的视觉元素	--weird 3000，加强图像的创新元素	0	0～3000
--chaos	4 张图片生成过程的多样性	--c 100，4 张图片差异化强	0	0～100
--stop	控制图像生成的完成度，允许在图像生成过程中的某个点停止，以快速查看结果	--stop 50，生成到50%时停止	100	0～100
--seed	设置一个随机种子，确保生成的图像可以被复现。这对于项目的一致性非常重要	--seed 12345，使用指定的随机种子	随机	任意整数
--no	明确指定不想在图像中出现的元素或主题，用于避免生成不想要的内容	--no people，生成的图像中不包含人物	无	任意关键词
--style	选择一个特定的艺术风格，可以基于数字编号选择，例如经典画派、现代艺术等	--style raw，使用偏写实的风格	无	风格编号
--video	显示图片生成的过程	--video	关闭	开 / 关
--title	生成带有连续图案的图片	--title	关闭	开 / 关

2. 风格迁移——绘画风格

绘画风格（Painting Style），是指绘画创作中所展现出的独特艺术特征和表现手法。它不仅体现了画家的个人审美和艺术追求，更反映了特定时代或艺术思潮的影响。绘画风格的多样性，为艺术世界增添了丰富的色彩，也为观众提供了更为多元化的欣赏体验。

Midjourney 是所有 AIGC 绘画工具中，较为擅长按照指定绘画风格生成图像的工具之一。无论是我们熟悉的油画、水彩画、中国国画，还是比较前卫的像素画、拼贴画、3D 涂鸦，Midjourney 都可以按照指定绘画风格进行创意。

在指示 Midjourney 遵循特定绘画风格进行创作时，我们可以采用两种方法来传递风格指令。

（1）方法一：指令前置法

在生成请求的起始部分，我们直接把绘画风格作为关键词，以清晰明确的方式引导 AI 进行风格化处理。

例如，我们希望使用黑光（Blacklight Paint）的风格来创作一幅街头摩托车竞速图片，指令可以写成：

Blacklight paint of a motorcycle racing in the street. --stylize 150

（2）方法二：风格指定

我们使用" in the style of "的结构来指定某种艺术风格。使用这种方法，上面的指令可以修改为：

A motorcycle racing in the street in the style of Blacklight paint. --stylize 750

除了指定绘画风格，我们也可以进一步指定艺术风格和艺术家。Midjourney 能够精准地捕捉并再现历史上诸多主要画派和知名艺术家的艺术风格。不论我们喜欢印象派的光影变幻、浪漫主义的动感抽象，还是野兽派的粗犷浓烈、达达主义的荒诞离奇，Midjourney 都能够帮我们将这些艺术风格迁移到我们的作品中。

我们在指令中不仅可以指定绘画风格或艺术风格，还可以要求 Midjourney 以某个艺术家的创作风格进行绘图。比如我们需要 Midjourney 绘制一幅街头涂鸦绘画（绘画风格），同时要求 Midjourney 按照班克斯（Banksy）涂鸦风格进行绘制，这个指令可以写成：

A street art pieces depicting a cute cat. The atmosphere evokes an overall sense of peace and love, with vivid colors and striking visuals found throughout. Influenced by the artistic styles of Banksy. --ar 16:9

上面的指令中，我们没有使用" by Banksy（由班克斯创作）"这个表述，而是使用了" Influenced by the artistic styles of Banksy（受班克斯艺术风格影响）"，避免 Midjourney 生成的图片和 Banksy 原作类似，并产生可能的版权纠纷。

我们尝试运行这个指令，得到了一张 Banksy 涂鸦风格的小猫街头涂鸦画，如图 4-24 所示。

图 4-24　Banksy 涂鸦风格的小猫街头涂鸦

　　一些常用的绘画风格大家已经非常熟悉，接下来我们介绍一些可能与品牌创意更相关的艺术风格和可以模仿的艺术家。

- 3D Graffiti（3D 涂鸦）：也称为立体涂鸦或三维涂鸦，是一种利用透视原理和绘画技巧在平面物体上创作出具有立体视觉效果的涂鸦艺术。它打破了传统二维涂鸦的局限性，使画面更加生动逼真，具有强烈的视觉冲击力。虽然我们只是在看一张平平的画面，但它会让你觉得好像能看到深度，就像看一个真的三维物体一样。埃德加·穆勒（Edgar Müller）、爱德华多·罗勒罗（Eduardo R. Rolero）、朱利安·贝弗（Julian Beever）以及库尔特·温纳（Kurt Wenner）均为知名并且可以被 Midjourney 识别艺术风格的 3D 涂鸦艺术家。

- 3D Model（3D 模型）：我们可以使用这种绘画风格，生成具有 3D 效果的产品图或者建筑 3D 图。我们可以在关键词中加入一些常用的 3D 模型设计和渲染工具，比如 Blender、unreal engine、octanerender、octane、unity 来模拟这些软件的渲染效果。

- Abstract Art（抽象艺术）：抽象艺术通常使用形状、颜色、线条、纹理和构图等元素来创造出具有视觉冲击力和情感共鸣的作品，特别适合制作海报底图和背景图。抽样艺术的知名艺术家包括：瓦西里·康定斯基（Wassily Kandinsky）、皮埃特·蒙德里安（Piet Mondrian）、卡齐

米尔·马列维奇（Kazimir Malevich）、伊夫·克莱因（Yves Klein）和
草间弥生（Yayoi Kusama）。

- Airbrush drawing（喷绘）：又称作气笔绘画，是一种利用气笔喷涂颜料、
  墨水或其他介质在物体表面进行创作的绘画技巧。气笔是一种小型气
  动工具，可将介质雾化，形成细雾，并以不同程度的精度和力度喷涂
  到物体表面。这种技术使艺术家能够创作出平滑、融合的色彩过渡，
  以及微妙的细节和柔和的漫射边缘，从而形成独特且通常具有照片逼
  真效果的风格。我们可以使用喷绘设计背景板、海报底图，以及产品
  手册封面等。

- Amigurumi（编织艺术）：使用钩针或棒针编织出的线条进行作画，生
  成的角色或者物品看起来都像是毛线编织的。比如，我们可以使用
  Amigurumi of a cute cat（毛线编织的小猫），直接作为命令生成一只毛
  线编织的小猫，如图 4-25 所示。

图 4-25　Midjourney 风格绘画小猫（编织艺术）

- Claymation（黏土动画）：源自黏土定格动画，即使用可塑性材料，例如黏土、橡皮泥或纸黏土，创造出人物角色和背景。我们可以在要生成的角色或者物品后面加上"as claymation"就可以做成黏土动画形象。我们不仅可以使用这种绘画风格生成海报，还可以制作一个模拟版的黏土定格动画。

- Collage Art（拼贴艺术）：这是一种独特的艺术形式，其创作过程涉及将各种材料和物体组合在一起，形成新的视觉作品。这些材料可以包括纸张、布料、照片、绘画、印刷品，甚至三维物体。拼贴艺术家的目标是利用这些材料创造出具有独特美感和意义的作品。我们可以把品牌、产品和其他元素使用拼贴艺术进行创作。毕加索、库尔特·施维特斯（Kurt Schwitters）、大卫·霍克尼（David Hockney）、曼·雷（Man Ray）、罗伯特·劳申伯格（Robert Rauschenberg）均是可以选择的艺术家风格。

- Concept Art（概念艺术）：这是一种可以充分发挥 AIGC 想象力的艺术风格，用于创造新的和原创的世界。我们可以放手让 Midjourney 去想象。但是，如果想为这些图片再增加一些艺术风格，我们可以告诉 Midjourney 参考克里斯·桑德斯（Chris Sanders）、格伦·凯恩（Glen Keane）、卡拉·奥尔蒂斯（Karla Ortiz）、柳基炫（Ki Hyun Ryu）、玛丽·布莱尔（Mary Blair）、拉尔夫·麦夸里（Ralph McQuarrie）等艺术家的风格。

- Fiber optic light painting（光纤灯绘）：利用光纤工具在长曝光摄影过程中创作出明亮动感的艺术作品。这种独特的方法可以让我们创作出旋转的图案、空灵的风景和充满活力的角色。类似的风格还包括 Holography（全息图像）。

- Minimalist Art（极简主义艺术）：通过减少元素和形式来追求极致的简洁和纯粹。极简主义艺术的简洁、纯粹和强烈的视觉冲击力，使其成为品牌视觉创作的理想选择。通过运用极简主义艺术的原则，我们可以生成更加优雅、精致和具有辨识度的图像，在包装设计和广告素材设计中，都可以用到这种艺术风格。我们可以参考的艺术家包括迪特·拉姆斯（Dieter Rams）、查尔斯·伊姆斯和雷·伊姆斯（Charles

and Ray Eames）、卡洛琳·戴维森（Carolyn Davidson）、萨尔·巴斯
（Saul Bass）、艾伦·弗莱彻（Alan Fletcher）。

- Surrealism（超现实主义）：注重使用梦幻般的图像，这些图像往往是
现实中不可能存在的，却具有强烈的视觉冲击力和情感感染力。知名
艺术家包括萨尔瓦多·达利（Salvador Dalí）、勒内·马格里特（René
Magritte）、伊夫·坦吉（Yves Tanguy）、保罗·克利（Paul Klee）。

4.4.5　Midjourney 的逼真图像

逼真图像（Photorealistic Image），是由 Midjourney 生成的与真实照片无
限接近的图像。它们不仅能够瞬间抓住人们的视线，更能激发观众积极参与
互动，如点赞、评论、转发。同时，无须投入大量的人力、物力聘请专业的
摄影团队和模特，即可获得媲美实景拍摄的效果。

我们先来看一张由 Midjourney 生成的蒙古勇士照片，如图 4-26 所示。

图 4-26　Midjourney 生成的蒙古勇士照片

这张图片几乎达到了专业摄影师实际拍摄的水准。那么，我们如何通过
指令来让 Midjourney 生成这样的照片呢？

我们先来分析一下这张图片的生成指令：

Professional vintage black and white photo, close-up shot of a Mongolia
warrior, stormy skies, winter weather, wind, fujifilm superia, full HD, taken on a

Canon EOS R5 F1.2 ISO100 35mm, by Dorothea Lange --v 6.0 --ar 16:9 --style raw

　　这个指令包含了几个关键部分：首先是对场景和环境的描述，如"stormy skies"（暴风雨的天空）、"winter weather"（冬季气候）、"wind"（大风）；其次是拍摄角度，这里指定为"close-up shot"（特写镜头）；然后是摄影器材，指定了"Canon EOS R5"（佳能 EOS R5）和"35mm"镜头，并模拟了"fujifilm superia"（富士胶卷 Superia）的效果；接着是相机设置，包括"ISO100"（ISO 感光度）和"F1.2"（光圈）；最后一部分是模拟摄影师"Dorothea Lange"（多萝西亚·兰格）的拍摄风格。附加参数"–v 6.0"（版本 6.0）、"–ar 16:9"（宽高比为 16:9）和"–style raw"（原始风格）进一步细化了图片的生成过程。

　　通过精心构造这样的指令，Midjourney 能够生成具有高度写实性和艺术感的图像，仿佛是由专业摄影师在特定环境下亲自拍摄一般。

1. 风格

　　在 Midjourney 的提示中加入"风格"描述，将大幅提升照片的真实感。这种细致的设定将全面影响图像的多个元素，包括照明、服装、背景、前景、道具以及人物的位置和姿态。

　　常用的风格指令关键词包括：

- 电影式（Cinematic）或电影式镜头（Cinematic shot）：这种提示词用于创建具有电影感的图像，通常包含复杂的布景、戏剧性的照明和引人入胜的叙事元素。

- 金色小时（Golden hour）：指日出或日落时分的自然光线，这一时刻的光线柔和、温暖，能够创造出浪漫或宁静的氛围。

- 肖像（Portrait）：专注于人物的脸部或上半身的图像，通常用于展现人物的表情、情感和个性。

- 动作场景（Action scene）：包含动态或快速移动的元素的布景，通常用于传达紧张、激动或充满活力的氛围。

- 自然抓拍（Candid shot）：在对象不知情的情况下捕捉的瞬间，通常看起来更自然、真实，没有摆拍的痕迹。

- 特写镜头（Close-up shot）：紧密聚焦于对象某一部分的图像，用于展现细节或强化情感。

- 静止运动（Stop motion）：一种动画技术，通过逐帧拍摄对象然后播放，以创造出对象仿佛自己在移动的效果。

2. 时间和天气

"时间和天气"帮助我们设定时间背景以及所处的天气或气候条件。

时间相关的关键词不仅为画面设定了时序背景，同时也决定了图像的色调、亮度、对比度以及整体的色彩感觉。例如，清晨的图像往往色调温暖，亮度逐渐提升，而夜晚的图像则可能呈现出冷蓝色调和较低的亮度。

天气相关的关键词则进一步丰富了场景的氛围，影响着图像的细节表现，如能见度、纹理、反射以及情绪氛围。雨天可能带来模糊的纹理和湿润的反射，而晴朗的天气则可能展现出清晰的细节和明亮的色彩。

通过精心挑选这些关键词，我们可以在 Midjourney 中创建出既具体又充满意境的图像，让每一张作品都能够讲述一个独特的故事，传递一种特定的情绪。无论是希望通过图像传达宁静、忧郁，还是激动、欢乐，正确的时间与天气条件描述都是关键。

3. 情绪和氛围

这些关键词捕捉了图像所传达的情绪。它们告诉 Midjourney 用户想要创造什么样的氛围或情绪，例如快乐、悲伤、愤怒、平静、紧张、浪漫、恐怖或神秘。

明确指定情绪可以增强生成的图像所产生的整体影响。

4. 相机选择

我们开始深入探索照片般真实的领域。由于 Midjourney 模型使用了大量由各种相机（不同镜头）拍摄的图像进行训练，它可以在很大程度上模拟这些相机的效果。

以下是适合高画质图像生成的相机选择和特点：

- 徕卡 M10-R（Leica M10-R，高分辨率摄影）：徕卡 M10-R 是一款高分辨率的专业相机，非常适合需要极高图像清晰度和细节捕捉的摄影场合。
- 哈苏 X2D 100C（Hasselblad X2D 100C，中画幅摄影）：哈苏 X2D 100C 是一款中画幅相机，具有更大的图像传感器，能够提供更高的图像质量和更丰富的色彩层次。

- 索尼 A1（Sony A1）（高速摄影）：索尼 A1 是一款高速相机，适合捕捉快速移动的物体，用于运动摄影或动态摄影。
- 尼康 Z9（Nikon Z9）（运动与野生动物摄影）：尼康 Z9 是一款专为运动和野生动物摄影设计的相机，具有快速对焦和高速连拍功能，能够捕捉到转瞬即逝的动作。
- 佳能 EOS 5D Mark IV（Canon EOS 5D Mark IV）（多用途单反相机）：佳能 EOS 5D Mark IV 是一款多功能的单反相机，适用于各种摄影类型，包括人像、风景和纪实摄影。
- 尼康 D850（Nikon D850）（风景、婚礼与时尚摄影）：尼康 D850 是一款高分辨率单反相机，非常适合风景、婚礼和时尚摄影，因为它能够提供出色的图像质量和细节。
- 松下 Lumix DMC-FZ2000（Panasonic Lumix DMC-FZ2000）（以视频为中心的超长焦相机）：松下 Lumix DMC-FZ2000 是一款以视频拍摄为特色的超长焦相机，适合需要高质量视频拍摄的用户，同时也具备强大的变焦能力。

如果我们希望为图像带来更多的创意和拍摄效果，我们可以选择下面的相机：

- 针孔相机（Pinhole Camera）：针孔相机是一种没有镜头，仅通过一个小孔来聚焦光线的相机，以其独特的成像效果著称，常用于教育和艺术摄影。
- 红外线相机（Infrared Camera）：红外线相机专门用于捕捉红外线波段的图像，常用于科学研究和艺术创作，它能够捕捉到肉眼无法看到的细节，如植物的生命力或热能分布。
- 夜视相机（Night Vision Camera）：夜视相机能够在极低光照条件下捕捉图像，常用于军事、安全监控和野生动物观察等领域。
- 无人机摄影（Drone Photography）：无人机摄影是指使用无人机搭载相机进行空中拍摄，能提供独特的视角，有着广泛的应用范围，如航空摄影、地图制作和电影制作。
- 高光谱成像（Hyperspectral Imaging）：高光谱成像技术可以捕捉物体

在不同光谱波段的信息，用于科学研究、环境监测和医学诊断等领域，能够提供远超传统摄影的详细数据。

- 多光谱成像（Multispectral Imaging）：多光谱成像类似于高光谱成像，但它捕捉的是几个特定光谱波段的信息，用于农业、地质勘探和遥感等领域。

- 维斯塔视觉相机（VistaVision Camera）：维斯塔视觉是一种高分辨率的电影摄影格式，以宽幅和高质量的图像而著称，常用于高端电影制作和特殊效果摄影。

5. 拍摄设置

相机的拍摄设置关键词包括光圈、焦点、曝光或快门速度等。它们影响图像的景深、模糊、亮度和运动。

光圈：这个设置控制光线进入量，并影响景深。较小的 f-stop 数字表示较大的光圈，反之亦然。较大的光圈（例如 f/2.8）可以创建浅景深，非常适合模糊背景。

- f/1.4：大光圈设定，允许大量光线进入，特别适合在光线不足的情况下拍摄，同时创造出极浅的景深，使主体从模糊的背景中脱颖而出，适用于人像、静物等需要强烈视觉焦点的题材。

- f/2.8：仍属大光圈范畴，虽不及 f/1.4 那么极端，但也具有良好的低光性能，能够有效隔离主体与背景，营造出较为明显的浅景深效果，适用于大多数低光环境下的拍摄，以及需要适度背景虚化的场景。

- f/5.6：中等光圈值，此时图像整体清晰度提升，景深达到一个较为平衡的状态，既能保持主体清晰，又能保证一定的背景细节，适用于日常拍摄、街头摄影、抓拍等需要兼顾主体与周围环境关系的情况。

- f/8：进一步缩小光圈，景深进一步增加，使得照片中从前至后的更大范围变得清晰，适合风景摄影、建筑摄影、团体合影等需要在较大纵深内各元素都清晰可见的场景。

- f/16：小光圈设定，景深极大化，几乎能确保从近处到远处的大面积区域都清晰对焦，尤其适用于风光摄影中需要全景清晰或者集体照中确保每个人脸都清晰的情况。

- f/32：非常小的光圈值，通常仅在特定情况下使用，如微距摄影，需要在整个极其有限的对焦范围内（如拍摄昆虫、珠宝细节等）实现从近到远的最大可能清晰度，即使在极近的对焦距离下也能保证前后景物尽可能不模糊。不过，由于衍射效应在小光圈下可能较为明显，实际使用时需权衡景深需求与画质损失。

快门速度：它控制光线曝光的持续时间。快速快门（例如 1/1000 秒）冻结动作，而慢速快门（例如 1 秒）产生模糊。

- 1/4000 秒：极高的快门速度，能够瞬间"冻结"高速移动的物体，如飞翔的鸟类、竞技运动员、疾驰的汽车等，确保影像清晰无拖影，适用于动态瞬间的精确捕捉。

- 1/250 秒：较快的快门速度，适合拍摄肖像、静物等相对静态或缓慢移动的对象，能够有效防止因手抖、被摄体微动或风力等因素导致的模糊，确保画面清晰锐利。

- 1/60 秒：在光线较暗的环境中，可能需要降低快门速度以允许更多光线进入，但此时快速移动的物体可能出现轻微动态模糊。这一速度对于手持拍摄来说仍可接受，整体画面相对稳定，适用于黄昏、室内等光线条件不佳但不需要刻意表现动态效果的场景。

- 1/15 秒：相对较慢的快门速度，开始出现明显的动态模糊效果。在拍摄动物、骑自行车者等题材时，可以借此表现出动感轨迹，增强画面的动态美感和故事性，同时保持主体一定程度上的清晰。

- 1 秒：慢速快门，适用于拍摄如水流、瀑布等场景，以展现其丝滑流动的效果，是慢门创意摄影中的常用手段，能够创造出艺术化的动态视觉体验。

- 30 秒：非常慢的快门速度，常用于夜间摄影，如拍摄星空、城市夜景、烟花表演或光绘等。长时间曝光能够记录下光线在一段时间内的移动轨迹，形成光轨、星轨、烟花绽放的完整过程，营造出梦幻般的光影效果。

ISO：这个设置调整光线敏感度。较高的 ISO 值能增加亮度，但可能引入颗粒感。

- ISO 100：在明亮的户外环境下，如阳光明媚的日子或光线充足的晴天室内，使用较低的 ISO 值（如 100）可以确保图像具有最佳的画质。低 ISO 设置下，相机对光线的敏感度较低，因此能够以最小的噪点记录丰富的细节和纯净的颜色，实现高质量的影像输出。

- ISO 400：在室内自然光条件下，光线通常比户外要暗淡，此时提升 ISO 至 400 可以帮助相机在不牺牲过多画质的前提下，更有效地捕捉光线，保持适当的曝光水平。尽管相比 ISO 100，ISO 400 可能会引入稍多的噪点，但在现代数码相机中，ISO 400 仍属于较低感光度范围，通常可以提供良好的图像质量。

- ISO 1600：在光线极其有限的夜间摄影场景中，如夜景、星空、弱光室内等，使用较高的 ISO 值（如 1600）是必要的。高 ISO 使相机对光线极为敏感，即使在光线微弱的情况下也能捕获足够的光信号，确保画面曝光充足。然而，随着 ISO 值的升高，图像中噪点的数量和可见度也会增加，可能导致画质下降。尽管如此，现代相机在高 ISO 性能上有所提升，ISO 1600 在许多情况下仍可提供可用的图像质量，特别是在需要优先考虑捕捉画面内容而非极致画质的场合。

焦点：它决定了图像的清晰度，对于突出显示图像的主题至关重要。

- 未对焦（Unfocused）：这种焦点类型常用于创造抽象或梦幻的氛围。图像会显得模糊且不清晰。

- 柔焦（Soft-focus）：这种焦点类型常用于肖像或时尚摄影。它通过模糊掉不完美之处，使主体看起来更加柔和，从而产生一种讨人喜欢的效果。

- 深景深（Deep focus）：这种焦点类型常用于风景、建筑和其他场景，希望图像中的所有元素都保持清晰。

- 浅景深（Shallow focus）：这种焦点类型常用于微距摄影和野生动物摄影。它创造了一个窄景深，因此只有主体是清晰的，而背景是模糊的。

- 变焦焦点（Rack focus）：这种焦点类型常用于电影摄影，用于从一个主体转移到另一个主体。它创造出一种动态效果，可以用来吸引观众注意场景的不同部分。

- 倾斜平面焦点（Tilted plane focus）：这种焦点类型用于创造微缩效果。它常用于风景摄影，因为它可以使场景看起来更像微缩模型。

6. 布光

在视觉艺术中，尤其是摄影和影像制作领域，灯光设计是塑造作品氛围、传达情感和增强视觉冲击力的核心元素。在图像创作过程中，如 Midjourney 这类平台，正确地运用各种布光技术，能显著提升图像的真实感和艺术表现力。以下是一些关键的布光类型及其在图像创作中的重要性：

- 平光（Flat lighting）：提供均匀而无阴影的照明，非常适合人像和静物摄影，能使面部细节和色彩均匀展现。
- 逆光（Back lighting）：创建强烈的轮廓效果和剪影，适用于强调形状和结构的艺术表达，可以带来戏剧性的视觉冲击。
- 顶光（Top lighting）：常用于创造强调纹理和细节的效果，适合悬疑或动作场景，增强物体表面的立体感。
- 底光（Bottom lighting）：用于创造神秘或恐怖的效果，通过不寻常的角度照射，强化人物的表情和场景的气氛。
- 柔光箱（Softbox lighting）：提供柔和、均匀的光线，非常适合对人像和细节要求较高的摄影，如美容广告。
- 边光（Rim lighting）：突出物体的轮廓，增强主体与背景的分离，使图像具有更强的三维感和视觉冲击力。
- 环形光（Loop lighting）：一种自然、平衡的人像照明方式，适用于商业肖像和日常摄影，能有效地模拟自然光。
- 影棚光（Studio lighting）：允许摄影师完全控制光线的强度、方向和质感，非常适合创意和商业摄影。
- 伦勃朗光（Rembrandt lighting）：通过特定的阴影和光线形成独特的面部三角形，常用于艺术和经典人像，增加作品的艺术性。
- 背景虚化（Bokeh lighting）：通过光圈控制产生梦幻般的背景效果，使主体更加突出，适用于节日、情感表达和创意摄影。
- 戈博光（Gobo lighting）：可以通过光影投射创造独特的图案，为场景添加创意元素，增强视觉故事的层次感。

7. 视点和沟通

视点（Perspective），或称透视，决定了观众看到场景的角度。它是指从哪个位置或角度观察被摄对象。视点的选择可以极大地影响图像的情感表达和叙述风格。构图是指在图像中安排视觉元素的方式。它包括如何布局对象、使用空间，以及如何通过各种视觉技巧（如对称、平衡、对比等）引导观众的注意力。视点决定了从哪个角度捕捉场景，而构图则决定如何在这个角度下安排画面中的元素。二者共同工作，可以创造出富有表现力和情感深度的图像。在 Midjourney 等工具的提示词中强调这两点，可以帮助 AI 更好地理解用户的创作意图，从而生成更符合期望的图像结果。

下面是一些常用的视点关键词和作用。

以下是一些常见透视类型的英文名和中文名，以及它们在 Midjourney 等 AI 图像生成工具中的综合解释和作用：

- Low angle（低角度）：从低于主题的角度向上拍摄，通常使主题显得更具威严或力量感。在 Midjourney 中，这种提示可以指导 AI 生成戏剧性和视觉冲击力较强的图像。
- High angle（高角度）：从高于主题的角度向下拍摄，让主题看起来更小或更脆弱。在 AI 图像生成中，这有助于创造一种观察或微观的视角，适合表现主题的弱小或被监视。
- Eye level（眼平线）：从与主题相同的高度拍摄，创造出自然和均衡的视角。这种视点在 Midjourney 中常用于生成日常生活场景的图像。
- Bird's-eye view（鸟瞰图）：以极高的视角向下看整个场景，常用于展现广阔的地理或城市景观。此视角在 Midjourney 中用于创建全景或地形图，提供全局视野。
- Worm's-eye view（虫视图）：从地面或非常低的位置向上看，创造一种非常规和引人入胜的视角。在 Midjourney 中，这种视角可以增加图像的沉浸感和新奇性，适合创造独特的视觉体验。
- Dutch angle（荷兰角度）：倾斜相机来创造不平衡和动态感，常用于表达心理张力、混乱或动态场景。在 Midjourney 中，这种提示能帮助生成具有高度动态和强烈情绪表达的图像。

下面是一些常用的构图关键词：

- Rule of Thirds（三分法则）：将画面划分为九等分的网格，关键元素和视觉焦点放在网格线或交点上，这样的布局通常更具视觉平衡与吸引力。在 Midjourney 中，使用此技巧可以帮助 AI 创建更具吸引力和专业感的图像。

- Leading Lines（引导线）：使用画面中的线条（自然或人工）来引导观众的视线，增强画面的深度和动态感。在 AI 图像生成中，此技巧有助于吸引观众的注意力，增强故事性和视觉流动。

- Symmetry（对称）：在画面中使用对称的元素来创造和谐和平衡。这种构图在 Midjourney 中适用于创造具有视觉冲击力和美感的图像，特别是在建筑和自然景观中效果显著。

- Frame within a Frame（框架内框架）：通过画面中的元素（如窗户、门框或树枝）创建一个视觉框架，这样可以增加画面的深度和焦点。在 Midjourney 中，这种构图技巧可用于增加图像的层次感，营造引人入胜的视觉效果。

- Golden Ratio（黄金比例）：依据自然界中常见的比例（约 1:1.618）布局画面，这种比例被认为是美学上最令人愉悦的比例。在 Midjourney 中，使用黄金比例可以创造出自然而又平衡的美感，适合精细和艺术性的创作。

- Negative Space（负空间）：利用画面中的空白区域来突出主题，通过增加空白来强调内容，创造简洁而强烈的视觉效果。在 Midjourney 中，使用负空间可以帮助 AI 生成更为简洁和现代的视觉作品，特别适合强调主题或情感。

我们把上面的关键词进行组合，就可以让 Midjourney 扮演专业摄影师的角色，来生成逼真的图片。

下面是指令模板：

"[Style Descriptor] of [Subject], set in a [environment—time, weather, etc.] with a [mood/atmosphere]. Include [additional details/modifiers], emulate a [specific camera] with a [camera settings], use [lighting conditions], and compose with [perspective/composition guidelines]."

"[风格描述符]的[主题]，置于[环境——时间、天气等]之中，营造出一种[情绪/氛围]。主题细节上加入[额外的细节/修饰符]，模仿[相机]使用[相机设置]，在[照明条件]下构图，并遵循[视角/构图指南]。"

我们可以使用上面的模板，模拟使用尼康 D850 相机和广角镜头进行拍摄，生成一张夕阳余晖笼罩下的街道的照片。

指令示例：

High Dynamic Range (HDR) of a bustling city street, set in an urban environment at sunset with mild traffic. Capture a vibrant and busy atmosphere. Include glowing street lamps and bustling pedestrians, emulate a Nikon D850 with a wide-angle lens at ISO 100, f/8, 1/60 sec, use golden hour lighting conditions, and compose with the rule of thirds.

我们也可以模拟富士 X-T4 相机，生成人物写实风格的照片。

指令示例：

Documentary-style image of an elderly man fishing at a wooden pier, set during a foggy early morning. Capture a serene and contemplative mood. Include a rustic fishing rod and the misty waters, emulate a Fujifilm X-T4 with a 50mm lens at ISO 400, f/4, 1/60 sec, use soft diffused lighting conditions, and compose with the rule of thirds focusing on the man's expression

我们同样可以生成以假乱真的夜景图，例如模拟尼康 Z9 相机使用 50mm 镜头和大光圈的摄影效果。

指令示例：

Ultra-high-definition image of a cityscape at night, viewed from a high vantage point. Aim for a lively and bustling urban atmosphere. Include the twinkling lights of skyscrapers and busy streets, emulate a Nikon Z9 with a 50mm lens at ISO 3200, f/2.8, 1/30 sec, use ambient city lighting with long exposure, and compose with a panoramic view to capture the breadth of the city.

最后，为了创造出风格更加明显的照片，我们也可以在最后加上著名摄影师作为关键词，来学习和模拟他们的拍摄角度、构图和拍摄技巧。使用"by [摄影师]"和"in the style of [摄影师]"就可以实现这个操作。

指令示例：

Produce a celebrity portrait in the style of Annie Leibovitz, featuring a lady in an elegant evening gown set in a luxurious indoor environment. Create a profound and narrative atmosphere, include exquisite furniture and soft drapes in the background, simulate using a Canon EOS 5D Mark IV, 85mm lens, ISO 200, f/2.2, 1/160 sec, with dramatic spot lighting, and compose to highlight the subject's expression and the details of the attire.

我们可以让 AIGC 根据我们的主题和指令推荐合适的摄影师，同样我们也可以让 AIGC 根据我们要拍摄的主题和效果，帮我们选择相机，设定参数，并进行图片生成。

4.4.6 训练适合 Stable Diffusion 的自有模型

如果我们希望在生成的图片中能够更加真实地放入品牌产品，一种方式是利用图片编辑工具进行后期制作，这种方式的好处是能够使产品符合我们的预期，坏处是需要专业的能力和技术，把需要的图像放入生成的图像中。

若想更有效地将产品图像融入图片中，我们可以采用更为开放的工具，如 Stable Diffusion。首先，我们可以训练适合 Stable Diffusion 的模型，并利用这些经过训练和微调的模型来生成图像。Stable Diffusion 的常见模型主要分为两类：

- Checkpoint 模型：这类模型负责核心的图像生成任务，是经过大规模数据集训练的大模型。它们能够独立生成各种类型的图像，并被视为图像创作中的主引擎，还能够理解并解读各类输入，以生成多样的视觉输出。我们常用的检查点模型包括 SDXL、Realistic Vision、Chilloutmix 等。这些模型通常较大，一般需要 3GB 的存储空间。

- LoRA 模型：这类模型较小且更为专业，与检查点模型协同工作。它们被设计用来修改或增强检查点模型的输出。其主要职责是引入主检查点模型可能不了解或难以有效呈现的特定风格、角色或概念，例如亚洲人的脸部特征、产品形状和外观等。

1. 基础配置和软件安装

在进行 Stable Diffusion 的训练时，我们可以选择在线工具或本地安装两种方式。在线工具如哩布哩布 AI 和 civati.ai 等，均可以方便地使用，只需上传相关训练素材，如产品图和人物图，就可以生成所需的图像。

另一方面，如果希望拥有更大的灵活性和控制力，可以选择在本地安装

Stable Diffusion 和训练工具包。这种方式对计算机的硬件和软件有一定要求，推荐使用 NVIDIA 显卡，显存至少 8GB，并建议选择 NVIDIA GeForce GTX 1070 以上、NVIDIA Quadro P4000 以上、AMD Radeon RX 580 以上等高性能显卡。

在软件方面，我们需要安装 Python 3.8 以上版本、CUDA 11.3+ 及对应的 cuDNN 库，以及 NVIDIA 驱动。这些软件和库是运行 Stable Diffusion 所必需的。

Stable Diffusion 的使用和模型训练都需要我们先下载 Stable Diffusion 的本地应用程序，这些本地应用程序按照操作界面和功能不同，一般分为 3 类，即 WebUI、Forge UI 和 ComfyUI。

- WebUI。Stable Diffusion WebUI 是最简单的选择。它具有直观的界面和有限的功能，是初学者的理想选择。但是，它的速度较慢，并且功能有限。
- Forge UI。Forge UI 比 WebUI 更快，功能更强大。它具有对多个模型和扩展的支持，以及用于高级图像编辑的命令行界面。但是，它有一定的学习曲线，需要用户学习一些基础教程掌握使用方法。
- ComfyUI。ComfyUI 是基于工作流界面的应用。它结合了 WebUI 的易用性和 Forge UI 的功能与速度，还具有许多独特的功能。

以上 3 种应用我们都可以从 GitHub 上搜索，并按照上面的操作步骤进行安装和下载。在安装过程中会使用到命令行、环境配置等，我们可以参考网上的教程一步一步进行安装。

为了避免在安装过程中遇到问题，我们可以下载一些整合的安装包，下载之后解压缩，直接使用即可。常见的安装包包括 Stable Diffusion 秋叶整合包等。

2. 模型训练

我们使用 Stable Diffusion 训练自己的模型，主要包括以下 4 种方式：

- Dreambooth：Dreambooth 是一种基于特征匹配的微调方法，可以将特定的人物、物体或场景的图像特征融入 Stable Diffusion 模型中。Dreambooth 方法简单易用，但训练速度较慢，并且对训练数据的质量要求较高。我们可以在 WebUI 的扩展中直接下载 Dreambooth 的插件，

并按照网络教程进行安装和数据训练。Dreambooth 生成的模型类型是
Checkpoint，就是我们说的大模型。

- LoRA：LoRA 是一种低秩自适应（Low-Rank Adaptation）方法，可以
  用来微调 Stable Diffusion 模型的权重矩阵。LoRA 方法训练速度快，
  并且对训练数据的质量要求不高，但训练出的模型的泛化能力可能较
  弱。Lora 训练生成的模型就是 Lora 模型。

- Textual Inversion：Textual Inversion 是一种基于文本反转的微调方法，
  可以将特定的文本描述与特定的图像内容关联起来。Textual Inversion
  方法训练速度较慢，并且对训练数据的质量要求较高，但训练出的模
  型可以生成与文本描述高度匹配的图像。

- Hypernetworks：Hypernetworks 是一种基于超网络的微调方法，可以
  用来调整 Stable Diffusion 模型的生成过程。Hypernetworks 方法训练
  速度快，并且可以灵活地控制模型的生成结果，但训练出的模型的解
  释性可能较差。

如果需要快速训练一个模型，并且对训练数据的质量没有太高的要求，
那么 LoRA 可能是我们的最佳选择。

3. 训练 LoRA 模型

除了训练 LoRA 模型，我们还需要安装 LoRA 训练器。这个训练器是微
调 LoRA 模型的重要工具，它能够帮助我们更好地控制模型的生成过程，实
现更符合我们预期的图像效果。我们可以选择从 GitHub 上搜索并安装开源的
LoRA 训练器，或者直接使用网盘下载"秋叶 LoRA 训练器 SD-Trainer"或
者"朱尼酱的赛博炼丹炉"等整合包。这些整合包通常包含了所有必要的组
件和安装脚本，可以简化安装过程，让初学者也能够轻松上手。

准备好至少 20 张原始图片是训练 LoRA 模型的基础。这些素材将用于训
练模型，因此质量至关重要。如果是产品图，最好进行实际拍摄，选择不同
的角度，以充分展示产品的各个细节和特点。此外，还可以准备一些具有代
表性的背景图片，以便在训练过程中更好地模拟真实场景。图片的质量越高，
生成的效果就会越好，因此在拍摄和选择图片时，要尽量保证图片的清晰度
和完整性。

按照"秋叶 LoRA 训练器 SD-Trainer"或者"朱尼酱的赛博炼丹炉"等

训练器的教程，我们将素材导入 Stable Diffusion WebUI 中进行预处理，并设置相应的训练参数和触发词。这些参数和触发词的设置将直接影响模型的生成效果，因此我们需要根据实际需求进行细致调整。

最后，我们把这些图片导入训练器，单击开始训练按钮，等待模型训练完成。这个过程可能需要一定的时间，但当模型训练完成后，我们将得到一个高度定制化的 LoRA 模型。

我们把训练好的 LoRA 模型放进 Stable Diffusion 相关的模型文件夹或者扩展应用中，然后把已经设置好的触发词放入指令，就可以生成定制化的图像。通过这种方式，我们可以实现对生成图像的精确控制，创造出具有独特风格和特色的图像作品。

4.5 案例：雀巢——20 天建造 11 座虚拟城市

雀巢公司是食品饮料行业中采用 AIGC 智能营销的先驱之一。2023 年 10 月，雀巢在中国市场推出了 AI 助手 NesGPT，并向大中华区的所有员工开放。

2023 年，雀巢集团策划了一场名为"818 宠粉节"的营销活动，活动主题为"无需假期不用经费，11 天 11 站畅游全球"，目的是通过充满创意的图文内容传递品牌故事，吸引粉丝互动和转化，营造一种欢乐的购物氛围。

1. 挑战：11 天 11 座城市

此次活动的挑战在于，多个参与品牌需要将各自独立的品牌故事有效串联起来，同时还要保持社交媒体的互动性，以打造一个多面化的雀巢母品牌形象。此外，包括海报在内的所有创意制作需要在 20 天内完成。

为了应对这一挑战，特赞团队深入研究了雀巢产品与其产地的关系，提出了一种"基于'溯源地'概念的视觉叙事"策略。该策略包括一个为期 11 天、涵盖 11 个站点的美食探索之旅，每个站点都对应一个雀巢品牌，从中国到海外，从经典口味到创新产品，旨在让消费者在家就能享受到环球美食体验。

2. 策略：人机协同的"三明治"工作流

特赞团队采用了"人工 + AIGC + 人工"的"三明治"工作流，以实现创意的高效迭代与质量把控。首先，创意团队根据策略拆解并分析创意，制定详细的视觉指南，涵盖产品特性、品牌故事和期望的氛围。然后，特赞根据视觉元素的复杂度和生成难度，将创意内容分为 3 批进行处理，确保复杂度最高的主视觉有足够的时间进行调整，同时保证其他素材的进展。

例如，针对徐福记厚切浦城丹桂凤梨酥的海报，特赞团队将所需元素拆解为背景（武夷山和古镇）、前景（丹桂之乡浦城的标志物"丹桂"）和产品核心原材料（凤梨）。

AIGC 工具随后根据这些指南和相关命令生成了多样化的概念图和底稿。特赞团队发现，除了自然场景外，AIGC 在创造虚拟场景方面的表现也十分出色。在需要丰富想象力的抽象元素，如宇宙或彩色星球的制作中，AIGC 展示了巨大的创造潜力。例如，在制作雀巢雪糕海报时，AIGC 成功将"冰淇淋星球"的概念具象化。

最后，设计团队对这些底稿进行了精修和整合，优化了细节，确保最终作品符合品牌调性和风格。例如，在完成 AIGC 生成的 5 个主题乐园的底稿后，特赞团队通过手工拼接、调整光影、添加或删除元素以及嵌入产品和文字信息，完成了这一复杂元素的主视觉场景搭建。

这一创新的"三明治"工作流模式有效地结合了 AI 的创造力和人类设计师的细致审美，最大化创意潜力并确保了每一步的质量控制。通过这种方式，雀巢能够在短时间内为每个城市打造出独特且富有吸引力的视觉主题，从而成功地推动了"818 宠粉节"的营销活动，提升了品牌的市场影响力和消费者的参与度。

3. 启发：动态内容，无限潜力

通过利用 AIGC 技术，雀巢不仅优化了创意生产过程，还通过精确的品牌故事叙述增强了与消费者的情感连接。此外，AIGC 的引入使特赞团队能够将精力进一步集中于创意本身的提炼和品质控制，而非日常的执行和修改工作。

这种模式不仅适用于大规模的国际市场活动，也适用于其他任何需要快速、高效且质量要求严格的创意生成。

未来，随着 AI 技术的进一步发展和成熟，这种大规模的高质量生成将更加动态化，让品牌能够在更短的时间内甚至实时生成创意内容。

CHAPTER 5
第 5 章

激活：自动化营销 和智能对话式 营销

　　在这一章中，我们将深入研究如何利用 AIGC 来构建一个充满活力的营销体系。

　　首先，我们将探讨如何利用 AIGC 技术激活超级个性化的用户旅程，生成并优化自动化工作流，从而提高营销自动化的效率和效果。

　　然后，我们将探讨如何将用户旅程转化为营销路径。这个营销路径是通过以下两种方法实现的：自动化营销和智能对话式营销。

5.1　激活动态用户旅程设计

在数字营销时代，企业通过 CRM 系统和营销自动化工具，运用 AIGC 技术模拟用户旅程，实现精准、高效的营销策略；通过 AIGC 洞察用户行为模式，优化营销干预时机和方式，提升用户体验和用户生命周期价值。

5.1.1　洞察用户行为模式

在设计用户旅程的过程中，企业首先会对目标用户群体进行细分，识别他们的关键触点和需求，然后运用自动化营销工具规划并执行各种场景下的消息传递、内容推送和服务交互。例如：在用户首次接触品牌阶段，可能通过电子邮件或社交媒体广告向其介绍品牌故事和主打产品；而在用户考虑购买阶段，则定向推送产品演示视频、用户评价和优惠政策等内容。

用户的行为和喜好是不断变化的，AIGC 工具可以持续学习新数据，洞察用户行为模式，确保营销策略始终基于用户的最新特征。

使用 AIGC 洞察用户行为模式的优点在于可以建立多维度行为之间的复杂关系模型。用户在不同渠道和场景下的行为往往存在关联，而 AIGC 可以揭示这些关联中隐藏的行为规律，帮助营销人员全面了解用户，优化营销干预的时机和方式。

使用 AIGC 洞察用户行为模式的步骤

我们可以通过以下步骤，使用 AIGC 洞察用户行为模式。

（1）数据整合

为了 AIGC 的有效分析与应用，首先要对来自不同渠道的用户行为数据进行全面整合。这包括但不限于用户的网页浏览日志、社交媒体互动记录、线上和线下交易历史、客户服务交流以及其他各种数字化互动痕迹。

对于微信平台上的用户行为数据，企业可通过自主搭建或接入第三方的营销自动化系统来实时追踪和收集用户行为数据，如打开公众号文章、参与小程序互动等。

至于抖音和电商平台上的用户数据，由于隐私保护政策和技术限制，通常情况下无法直接批量导出所有原始数据。为此，可采取以下两种方式进行整合：

- 使用客户数据平台（CDP）：通过部署 CDP，采用 API 接入或者数据上传等方式，将各渠道的数据源连接起来，自动抓取和整合用户身份标识信息（如手机号码、邮箱地址、会员 ID 等），进而关联各个平台上的用户行为数据，形成完整、统一的用户行为轨迹。这样，AIGC 便有了丰富且一致的数据基础，便于进行深度分析和个性化内容生成。
- 手工数据比对与匹配：若没有自动化工具支持，我们还可以采用手工方式将不同来源的数据进行逐一比对，按照唯一身份标识（如手机号码）进行人工关联，以构建单个用户的全貌视图。但这种方法较为耗时且容易出现误差，因而更适合小规模数据或作为过渡时期的解决方案。

（2）定义用户行为模式分析目标

在收集了数据之后，我们需要明确分析目标以及期望发现的行为模式类型。这一步骤要求营销团队深入了解目标用户群体的需求、兴趣爱好、购买习惯、消费心理等多个维度的特征，并结合业务场景和营销目标，确定哪些用户行为值得特别关注。

常见的分析目标如下：

- 新用户转化的关键动作，如首次访问网站后的浏览路径、搜索关键词、页面停留时长、注册 / 登录行为、首次购买前的咨询或互动环节等。
- 老用户复购的行为，如复购周期、复购产品类型、复购折扣敏感度、推荐好友购买情况、参与会员计划与积分兑换行为等。
- 差评用户的反馈时间和渠道，如产品使用后在特定时间段内提交的负面评价、偏好通过哪些渠道（官网、社交媒体、电话客服、邮件反馈）发表不满，以及这些反馈是否与特定事件（如产品缺陷、发货延迟、售后服务不佳）相关联。
- 高价值用户的购买频次，即高价值用户在一定时间内购买产品的次数及其随时间变化的规律。
- 产品搭配偏好，包括高价值用户经常购买的产品组合、套餐搭配，以及对新品、限定版或特别推荐产品的响应速度和购买率。
- 低活跃用户触发重新激活的关键动作，如发送优惠券或促销信息后的点击率、浏览量、登录频率，以及参与品牌活动、回复邮件或消息后的活跃度提升状况。

- 生命周期价值（LTV）增长潜力较高的用户行为模式，如用户升级套餐、增加购买频次、拓展购买品类、购买更高价位产品的转换路径和触发因素。
- 跨渠道行为一致性，分析用户在不同营销渠道（如线上商城、实体店面、社交媒体、移动应用）中的购买行为和互动习惯，以及不同渠道间相互影响和转化的特点。

（3）指导 AIGC 工具进行行为模式分析

为了使 AIGC 工具能够精准地洞察用户行为数据，营销团队需要为其提供详尽而精确的指令或引导性问题，这些问题应紧密关联上一步设定的分析目标，即深入探究特定用户行为模式的相关因素。

例如，可以借助 AIGC 技术梳理新用户在首次购买前所产生的咨询内容，系统提炼出高频出现的问题类别，并结合上下文情境分析用户的潜在需求、疑虑点及决策影响因素，从而推断出新用户在购买转化阶段的行为特征及模式。

指令示例：

请依据提供的用户行为与互动数据集，对新用户在首次购买行动前与客服系统的交流内容进行全面分析，归纳出最常被提及的问题类型、主题及其对应的需求焦点，并基于此预测模型，推测新购买用户的行为倾向与转化路径特征。

在本案例中，我们模拟了一家电动工具公司的用户互动记录，生成的分析如下：

根据提供的喜利得品牌新用户与客服的交互记录，我们可以总结出以下最常被提及的问题类型、主题以及对应的需求焦点。

产品使用方法：用户在电话、在线客服和邮件渠道频繁询问产品的使用方法。

需求焦点：新用户可能在初次接触产品时对其操作流程不熟悉，急需直观易懂的指导。

产品规格及特性：多位用户通过不同渠道寻求产品规格的详细信息。

需求焦点：潜在购买者在购买决策阶段关注产品的具体配置和技术参数，以确定其是否符合自身需求。

产品操作视频教程：许多用户请求产品操作的视频教程资源。

需求焦点：视觉学习型用户希望通过观看视频教程快速上手并掌握产品的全部操作。

保修政策：关于保修政策的问题在电话、在线客服和邮件渠道都出现过。

需求焦点：消费者关心产品的售后服务保障，特别是保修期限和覆盖范围，这可能直接影响其购买信心。

基于以上分析，推测新购买用户的行为倾向和转化路径特征如下：

初期探索阶段：新用户首先可能会在官网寻找产品基本信息，包括规格、特性等，并浏览相关操作教程视频来评估产品的适用性和易用性。

深入咨询阶段：用户在对产品产生初步兴趣后，可能会通过在线客服深入了解产品使用方法，或者针对特定规格提出疑问，寻求更为细致的解答。

决策确认阶段：在接近购买决策点时，新用户可能会查询保修政策的具体内容，以确保所购产品具备良好的售后保障。

售后支持预期：新购买用户在首次使用产品前往往期望获得详细的操作指导，并会在后续使用过程中依赖客户服务团队获得维护保养等方面的持续支持。

因此，企业应优化官网上的产品资料展示，确保详尽的操作手册、视频教程易于查找；同时加强客服团队的专业培训，以便高效、准确地解答用户的各类问题，从而提升用户体验和购买转化率。

（4）迭代分析

在 AIGC 工具开始初步分析后，营销团队需要密切关注工具的输出结果，并根据实际情况进行迭代分析。

操作步骤如下：

1）分析 AIGC 工具返回的初步洞察报告，观察是否存在预期的行为模式以及是否有意外发现。

2）根据初次分析结果，调整和细化分析提示，提出更深层次的问题或更具体的行为模式探索请求。

3）与业务专家共同解读分析结果，结合业务逻辑和市场趋势，提炼出关键的行为特征和规律。

（5）构建行为模式并将其转化为营销策略

在深入洞察用户行为模式的基础上，将这些模式转化为切实可行的个性化营销策略和内容生成规则。

操作步骤如下：

1）根据 AIGC 工具揭示的用户行为规律，构建用户行为模式模型，如用户从认知到购买的过程中的主要路径及其影响因素。

2）将这些模式模型应用于不同的营销场景中，如微信模板消息推送、精准广告投放等。

3）利用 AIGC 技术生成与用户行为模式相匹配的个性化营销内容，如针对某类用户群体制定的特殊优惠方案、定制化的微信或者短信营销文案、社交媒体上的精准广告创意等。

4）实施并跟踪这些策略的效果，不断反馈数据到 AIGC 工具中，以进一步优化模型和策略，形成闭环的用户行为洞察与营销策略迭代升级过程。

5.1.2　生成和优化自动化工作流

自动化工作流是 CRM（客户关系管理）系统、营销自动化工具及社会化 CRM 系统的核心组成部分。在不同的平台上，这一功能拥有不同的称谓，如在 Salesforce.com 中被称为"旅程构建器"（Journey Builder），在 Marketo 中则是"Smart Campaigns"，在 Convertr 实验室里被称为"自动流程"，而在 JingDigital 平台上则被命名为"用户旅程"。尽管名称各异，但这些工具均提供了一种直观的可视化界面，使营销人员能够简便地设计和搭建用户旅程的各个环节。在这里，我们暂且用用户旅程构建器来指代它们。

在这些用户旅程构建器中，核心功能组件主要包括以下几个部分：

- 触发与事件管理：这是自动化流程的起点，营销人员可以根据不同条件选择目标受众并启动首次接触。触发机制多样化，包括基于人群属性、用户行为、时间点（如用户生日）等多种触发方式，其中人群的选择可细分为静态人群（基于历史数据快照）和动态人群（实时更新）。例如，当用户添加企业微信公众号为好友时，系统可自动触发发送感谢信息并附上自助服务菜单的事件。
- 条件判断与路径分割：采用"如果 / 那么"式的决策树结构，根据用户对触发事件的响应或属性变化来决定他们在旅程中的下一步走向。

- 行为节点与触达策略：在完成条件判断和路径分割后，根据预设的策略，选择合适的触达渠道和内容与用户再次互动。例如，当用户填写了产品 A 的试用申请后，系统可自动通过企业微信通知销售团队进行一对一跟进。
- 延时与时间间隔控制：通过设定等待时间或延迟，掌控自动化流程中各项操作之间的间隔。例如，在某项消息发送 7 天后未收到用户反馈的情况下，可以设置再次发送提醒。
- 属性更新与状态管理：基于用户的实时反馈和互动，系统能够自动更新用户的属性标签和状态。例如，在用户提交了产品 A 的演示申请后，系统可以为其添加"产品 A 兴趣"标签，并将其销售线索状态更新为"初步意向"。通过这种方式，自动化工作流得以灵活调整并优化，以适应用户在购买旅程中的个性化需求和进展。

可以使用用户旅程构建器来生成自动化的营销工作流，如图 5-1 所示。

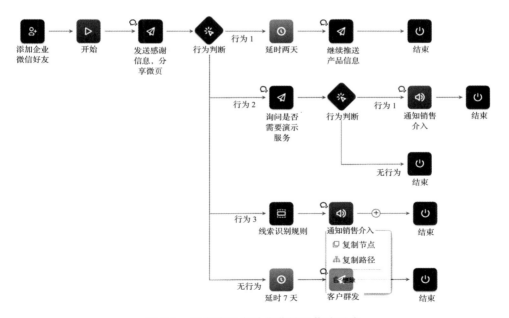

图 5-1 用户旅程自动化营销工作流示意

AIGC 工具，特别是自然语言处理能力强大的模型，能够显著增强和升级用户旅程构建器的功能。可以根据上面生成的用户行为模式，直接向 AIGC 提问，自动生成某一用户群体的用户旅程自动化工作流。

示例指令：

你的角色是营销自动化专家，擅长利用 CRM 工具设计用户旅程，并生成自动化工作流，请针对 ××× 公司的新购买用户群体，根据用户行为模式分析，设计新购买用户从发现到购买的用户旅程。

可以使用更加具体的指令对每一步进行微调。

（1）用户群体分类

常用指令：

- 基于用户历史购买记录，请识别并细分不同类型的用户群体，并为每个细分群体设计一套个性化的互动与营销流程。
- 请分析用户特征数据（如年龄、地域、浏览偏好、购买频率），并据此创建多个目标明确的用户分群，制定各个分群对应的互动策略。
- 根据用户生命周期阶段（例如新用户、活跃用户、流失预警用户）定制用户群体划分规则，并设计相应的旅程触达环节。
- 请依据用户的内容消费习惯（如阅读邮件、观看视频、参与活动等）来细分用户群体，并推荐有针对性的用户旅程阶段。
- 依据用户历史购买金额、品类倾向及关联购买行为，精细化划分用户群体，并为每个群体构建深度个性化的用户旅程。
- 结合 RFM（最近一次购买时间、购买频率、购买金额）模型进行用户价值评估，根据不同价值等级制定精准营销方案。
- 通过对用户跨渠道行为进行整合分析（网页、移动端、社交媒体），细分用户群体，实现多渠道协同的用户旅程设计。
- 挖掘沉默用户的行为特征，重新激活他们并规划复苏旅程。
- 根据用户在微信群里的互动内容，识别潜在的意见领袖和忠实粉丝群体，设计能够增强黏性的互动流程。

（2）设计触发事件

常用指令：

- 识别用户的行为模式，找出能有效引导用户进入特定互动流程的最佳触发事件。

- 根据用户的产品反馈和社交媒体行为，确定引发用户与品牌深入互动的关键触发时刻。
- 分析用户在应用内或网站上的非活跃时段，设定唤醒用户并推动其参与活动的合适触发机制。
- 当用户在社交媒体上提及竞争品牌或产品时，找出最有效的触发事件，引导用户进行产品比较。
- 分析用户浏览特定商品类别超过一定时长后的行为，并推荐后续节点动作和内容。
- 识别用户完成首次购买后的行为模式，并找出最有效的后续节点动作和内容。
- 在用户连续浏览多篇同主题内容后，推荐最优的下一步方案。

（3）优化分支路径动作

常用指令：

- 在各个用户旅程分支路径上，依据用户实时互动数据分析，推荐最适合该路径用户的定制化消息推送和优惠活动策略。
- 基于用户满意度评分和产品使用频次，设计动态调整的教育性内容推送计划。
- 对于表现出高购买意向但未下单的用户，推荐最适合该类用户的定制化消息推送，以促进用户转化。
- 分析用户放弃提交表单的可能原因，并提供优化建议。

（4）优化定时执行

常用指令：

- 结合用户购买周期、浏览频率和最近活跃时间，计算出每个旅程节点上最优的行动间隔和时机。
- 针对订阅服务用户，依据续订窗口期计算提醒邮件发送时间。
- 分析在用户购物车弃置商品或者在用户落地页放弃表单提交的规律，设定合适的自动提醒时间节点以促进转化。
- 在用户完成某项重要任务或达成里程碑成就后，设定合适的自动提醒。

（5）识别转化点和退出点

常用命令：

- 利用用户行为序列分析，识别从访问到购买的过程中关键的决策转折点以及相应的转化动作。
- 分析用户从提交表单到首次购买的时间差，以此确定促使新用户快速完成首购的营销节奏和激励手段。
- 识别用户在产品比较或阅读用户评价阶段的情绪变化，判断可能影响转化的心理因素。
- 通过分析用户在移动设备端填写表单过程中的交互行为，找出表单提交成功率低的原因。
- 观察用户在使用免费试用或体验版产品后的反馈，定位阻碍用户转化为付费用户的痛点。
- 在用户初次注册或下载应用后的关键几天内，监测用户活跃度，找出决定用户留存与否的重要时间节点。
- 依据用户对品牌的社交互动（点赞、分享、评论），识别影响口碑传播和转化效果的关键行为。

除了设计用户购买旅程，我们还可以借助 AIGC 进一步优化自动化工作流。

（6）优化条件判断

条件逻辑是一项关键任务，尤其在构建自动化营销工作流时，需要确保工作流能根据用户行为和特定情境触发正确且适时的营销活动。AIGC 内置的逻辑推理和决策树构建功能，可以辅助我们更好地进行条件判断设定。它使营销活动更加灵活和智能，能够实时响应用户行为变化，从而优化用户体验并提高转化率。

（7）节点内容生成与优化

我们可以向 AIGC 提供当前节点的背景，通过指令让 AIGC 生成该节点的营销内容。除了手动完成内容生成再上传到营销自动化工作流之外，现在，有些 CRM 系统或者营销自动化工具（如 HubSpot）已经嵌入了 AIGC 工具，可以直接生成内容并将其嵌入自动化工作流之中。同时，嵌入的 AIGC 工具还可以根据用户的实时反馈和行为推送更个性化的节点内容。

5.2　激活自动化营销

正如自动驾驶技术正在彻底革新我们对出行的认知，自动化营销的兴起也预示着营销领域的革命性转变。在这一节中，我们将探讨如何通过激活自动化营销，提升营销活动的效率和精准度，同时将动态用户旅程设计融入营销体系，以实现更加个性化、智能化的营销策略。

下面我们将介绍自动化营销这一概念，它与传统的营销自动化有所不同，代表了一种全新的营销方法。我们将进一步探讨 AIGC 时代下的新营销方式，展示它如何重塑营销体系与实践，引领营销行业迈向更高层次的发展。

5.2.1　从营销自动化到自动化营销

自动化营销（Autonomous Marketing）是随着人工智能技术发展而产生的一种新的营销模式，它借助 AI、机器学习和其他自动化技术，在不需要人类持续干预的情况下，能够自动分析数据、制定策略、执行营销活动并优化营销结果。

自动化营销和汽车自动驾驶一样，具备自动化和自主化的特点。它通过持续不断地收集和处理大量的用户数据，从中提取洞察，实时调整营销策略，实现自动广告投放、用户画像精准定位、内容个性化推送、用户体验优化。

要理解自动化营销，我们有必要将其与营销自动化进行对比。自动化营销之于营销自动化，就像数字化营销之于营销数字化。前者是全新的工具和模式，后者是旧模式下的工具和流程的创新。自动化营销更侧重于通过 AI 和机器学习等技术进行深度的数据分析和实时策略调整，具有更高的智能化水平和更广泛的优化覆盖范围。营销自动化则是在现有的营销框架内通过自动化工具提高工作效率和执行准确性。两者在现代营销中相辅相成，共同推进营销活动向更高效、更智能的方向发展。两者的对比见表 5-1。

表 5-1　自动化营销与营销自动化的对比

维度	自动化营销	营销自动化
定义	利用 AI 和机器学习等技术自动制定和优化营销策略	使用软件自动执行重复性营销任务和流程
技术核心	AI 驱动、AIGC 赋能、深度学习、自我优化	规则引擎、工作流程自动化

（续）

维度	自动化营销	营销自动化
决策能力	可根据实时数据自动决策和调整策略	遵循预设规则和逻辑执行任务
个性化水平	高度个性化，实时响应用户需求变化	较强个性化，基于历史数据和用户行为进行推送
数据处理与学习能力	持续学习和分析用户数据，实时更新模型	通常依赖预先设定的参数和用户分组数据进行分析
优化范围	全局优化，跨越多个营销环节和渠道	针对单个或一组营销活动的优化
人工干预程度	少量或不需要人工频繁干预	需要人为设定规则、维护和调整营销活动
适用场景	动态定价、个性化推荐、智能广告投放等复杂场景	邮件营销、社交媒体发布、线索培育、活动追踪等
成熟度与发展方向	当前处于发展阶段，前沿技术，更具前瞻性	相对成熟，广泛应用于各类企业营销实践中

在营销自动化的模式下，我们需要手动为每项活动和受众分群设计用户旅程、条件判断、节点内容，耗时费力。但是营销自动化系统可以减少对人类干预的依赖，实时生成高度个性化的用户流程和自动化工作流。

自动化营销的实现依赖 AI 特别是 AIGC 技术的进步，尤其是以下技术的发展：

- 大规模结构化和非结构化用户数据处理技术；
- 深度学习等机器学习技术构建更复杂的用户模型；
- 云计算技术提供所需的巨大数据存储和计算能力；
- API 或者 Webhook 生态系统连接营销平台并在各渠道激活洞察。

自动化营销对品牌如何规划、执行、衡量和优化数字化营销活动有着重大影响。这些营销可以简单总结如下：

- 激活动态的营销活动。自动化营销持续进行试验、迭代并根据实时反馈进行调整，营销优化周期从数月缩短至数天甚至数小时。营销人员不再局限于定期规划和审查，而是通过设定目标和边界，让自动化营销系统全天候优化战术，追求持续改进。
- 实现大规模超级个性化。自动化营销可以从庞大的用户数据中提取洞察，并即时生成数千种微目标市场的活动变体。每个用户都能在每次互动中接收到个性化定制的信息和体验，使超个性化从理想状态转变为常态。

- 增强测试与学习能力。自动化营销系统能以人工团队难以企及的速度和规模设计、执行与分析试验。营销人员获得了前所未有的能力，可以快速测试想法并获得关于哪些内容能引起用户共鸣的深刻见解。低风险的失败成为有价值的改进输入，而非沉没成本。

随着营销流程、行为和内容的自动化，营销从一门艺术转向工程学科。经验主义、主观辩论和直觉决策的空间在不断缩小，营销的角色也在发生变化。

营销人员应该把更多精力放在创意构思、战略规划和创新上。与此同时，构想新颖的用户体验、构建人机协作模式以及引领新兴技术和新方法的运用将成为营销人员的基础能力。

虽然自动化营销的未来已来，但其普及和渗透是一个渐进而非一蹴而就的过程。我们都需要逐步信任并放手让 AI 系统发挥作用。此外，数据隐私、算法偏见和创意真实性等方面的问题仍有待解决。

5.2.2　自动化营销的基础架构和应用场景

在上一小节，我们阐述了自动化营销的概念及其通过 AI 驱动的自动化和优化手段变革数字营销的可能性。本小节将进一步深入探讨自动化营销系统的内部工作机制，展示现实世界中的应用实例，并介绍当今推动自动化营销发展的主要平台与工具。

简单来说，自动化营销系统通过消化海量用户数据，对其进行分析以获取洞察并做出预测，然后依据这些洞察和预测自动采取行动，如分配广告预算、制作个性化内容、触发沟通交互，并在一个连续的反馈循环中测量和优化结果。

以下是构成自动化营销内在动力的关键组件和技术。

1. 大数据基础设施

自动化营销依赖稳健的大数据基础设施，实时搜集、存储、处理和分析海量用户数据。这既包括用户档案、交易记录和交互行为等结构化数据，也涵盖了网页浏览行为、社交媒体活动和客户服务对话等非结构化数据。

　　先进的自动化营销平台常采用 Hadoop、Spark 等大数据技术以及云端数据仓库构建统一的数据湖，可承载 PB 级别的数据量。同时，它们还利用 Kafka 或 Kinesis 等流处理框架实时分析生成的数据。

2. 机器学习模型

　　自动化营销的核心是运用机器学习模型从大数据中挖掘模式和洞察，并预测未来的用户行为，其中涉及多项关键技术：

- 用户细分：通过 k-means 聚类和主成分分析等无监督学习算法，自动将用户细分为具有相似属性和行为的不同群体，以实现更精准的个性化服务。
- 倾向性建模：通过逻辑回归和梯度提升等监督学习算法，预测用户采取特定行动（如购买、流失或响应优惠）的可能性，从而支持积极的接触策略和体验优化。
- 生命周期价值预测：机器学习模型可以根据用户的交易历史和互动情况预测其生命周期价值，从而优化定向策略和资源分配。
- 异常检测：利用高斯混合模型等密度估计技术，自动标记突然消费增加或情绪波动等异常用户行为，以便快速响应可能的问题或机会。

3. 优化算法

　　自动化营销系统运用各种优化算法自动确定最佳行动方案和资源配置，以实现预定目标。常见优化技术如下：

- 预算配速：如梯度下降算法会自动调整各广告活动和渠道的支出，在以最低的成本获取每次转化的同时遵守预算限制。
- 竞价优化：在程序化广告中，第二价格拍卖算法会根据转化概率自动调整每个广告曝光的出价，以优化广告投资回报率。这种优化方法，大家在使用巨量引擎进行抖音广告投放时也经常使用。
- 内容优化：自动分配流量至不同的内容版本，并随着时间推移学习哪种版本最适合各个用户群体。
- 发送时间优化：算法可根据用户过去的参与模式预测何时发送信息能获得最高的打开率和点击率。

4. AIGC 个性化内容生成

自动化营销平台正利用 AIGC 自动创作和优化营销内容及创意。具体应用如下：

- 动态创意优化：GAN 及其他图像生成模型可以自动生成多种广告图片变体，以供 A/B 测试和优化。
- 文案优化：语言模型可以自动撰写多种版本的广告文案、邮件主题行或推送通知，根据每个用户的偏好进行优化。
- 落地页个性化：AIGC 可以自动针对每位访客的年龄、性别和行为特征调整落地页的图片、文字和布局，以最大限度提高相关性和转化率。
- 语音和视频合成：音频和视频生成模型可以自动创建针对每位用户的独特语音和视频资产，实现个性化的销售和服务。

5. API 或者 Webhook 生态系统

自动化营销平台通过 API 或者 Webhook 与整个营销技术栈连接，实现跨接触点激活洞察并协调无缝的用户体验。与 CRM 平台、营销自动化工具、内容管理系统、客户服务工具以及其他系统的集成，确保了全面而非孤立的优化。通过结合大数据管理、机器学习、数学优化、生成式 AI 和 API 集成，自动化营销系统实现了数据分析、洞察提取、内容创建、交互模式交付以及性能优化这一系列过程的系统化和规模化操作，这是人工所无法比拟的。

那么，现今品牌是如何实践自动化营销的呢？以下是一些常见的自动化营销应用场景和早期采纳者示例：

- 程序化广告购买。Google、抖音等广告平台和 Xandr 等程序化平台允许广告商设置广告活动，然后依靠机器学习自动优化竞价、预算和广告位，根据实时表现调整策略。许多平台还提供了 AIGC 功能，能够自动创作广告变体以进行多元测试。
- 动态内容个性化。AIGC 技术创建能够随访问者动态调整的落地页、网站和产品描述。例如，网站个性化平台 Intellimize 利用 AI 优化根据每位访问者的互动和属性调整的文案、图片和布局。邮件营销工具 Rasa.io 则根据每位订阅者的阅读历史自动生成个性化的电子邮件。
- 预测性潜在用户评分。Segment、Infer 和 6Sense 等平台利用机器学习分析过往用户的行为，自动为每个新潜在用户评分，预测其转化为用户的可能性，帮助销售团队安排接触顺序。Versium 则进一步丰富潜在用户数据，添加外部购买信号数据以创建全面的用户档案。

- 自动化营销活动。某些品牌正在利用 AIGC 技术实现整个营销战役构思和创作过程的自动化。大通银行就曾使用 Persado 的语言生成平台自动创建和优化邮件、落地页和广告的文案，实现了点击率提升 450%的效果。Cosabella 则利用 Emarsys 的 AI 工具自动设计和定位数千个基于用户行为的 Facebook 广告变体。

5.2.3　自动化营销的未来：生成式 AI 如何重塑用户互动

本小节将从 4 个主要方面探索自动化营销的未来场景，展望充满希望的新疆界，探索自动化营销未来的发展方向。

1. 智能化、个性化的用户旅程

随着自动化营销的不断发展，我们可以预见，未来品牌将通过完全由 AI 生成的独特旅程来全方位满足每个客户个体的需求、偏好和行为，贯穿每一个触点。

设想一位用户通过社交媒体看到某品牌的广告，广告的文案、视觉元素和行动号召都是动态生成的，以匹配该用户的过往兴趣并最大化点击率。当他访问网站时，不仅产品推荐高度个性化，而且整个网站的布局、导航和内容都是为了给他营造最佳体验而生成的。

如果用户有问题，会有 AI 客服即时提供专业支持，客服的声音和个性经过定制以帮助建立与该用户的良好关系。若用户暂未准备好购买，AI 将制订一份个性化的培育计划，内容和优惠全部根据买家所处阶段精心策划。

用户购买后，品牌不再向用户发送通用的交叉销售邮件，而是自动为其生成源源不断的价值相关且有针对性的内容和建议，帮助用户最大化其所购买产品的价值。忠诚度奖励、推荐激励和挽回策略都将基于用户的使用习惯和预估的终身价值进行个性化生成。

在整个旅程中，不存在一刀切的信息、无关的优惠和通用的视觉元素。每一次互动就如同与老朋友交谈般独特而亲切。通过生成式 AI，自动化营销

系统能够高效地实现一对一、真正的个性化服务，即使是大型企业也能达到这一理想状态。

2. 创意潜能的拓展

生成式 AI 将极大地拓宽营销的创意边界。如今的品牌在做营销时往往受限于有限的手工创作资产、时间与预算，而有了生成式 AI 以低成本瞬间生成无数变体的能力，唯一的局限就是想象本身。

我们可以设想无比动态、沉浸式和互动式的广告战役，它将模糊虚拟与现实之间的界限。比如：视频广告中的角色和对话根据观众的不同而变化；虚拟商店展示能够实时生成包含每位顾客照片的定制插图；互动式"选择你自己的冒险"风格的产品演示，故事根据每位潜在用户的反应自行演化。

生成式 AI 还能帮助营销人员超越传统外向型信息传递，创造出真正为用户提供价值的个性化工具和服务。比如：旅游品牌为每位旅行者生成定制行程和目的地指南；金融服务公司为每位客户提供 AI 驱动的资金管理助手；服装品牌创建针对每位顾客特点和风格的虚拟试穿体验。

生成式 AI 革命将使品牌与用户共同创造，设计丰富的数字化和混合式体验，既吸引人又能娱乐，同时模糊营销和服务之间的界限。那些充分利用这项技术提供真正有用和令人愉快的个性化体验的品牌将与用户建立起更深的信任关系，有利于增强用户忠诚度。

3. 挑战与考量

尽管具备巨大潜力，自动化营销与生成式 AI 的结合也带来了若干重要的挑战和考量，随着技术的进步，这些挑战与考量亟待应对：

- 数据隐私与安全。有效的自动化营销需要收集和激活大量精细的用户数据，这就涉及隐私保护和数据安全的风险与责任。品牌需要优先考虑透明度、同意原则以及采取健全的安全措施来维护用户信任。
- 算法偏见与公平性。若未经仔细设计和监测，自动化营销系统可能会学习并在训练数据中放大社会偏见，导致歧视现象。主动去偏、包容性数据集和人为监督将是关键。
- 创作真实性和披露问题。随着 AI 生成内容日趋复杂和普遍，确保内容真实性并明确披露 AI 生成属性对于防止欺骗和操纵至关重要。这可能需要制定标准和法规。

- 技术依赖性。随着营销活动的日益自动化和趋向于算法驱动，组织可能过度依赖数据和模型，而牺牲人的判断力。找到人与机器之间的正确平衡至关重要。

尽管存在上述挑战与考量，但不可否认的是，营销的未来在于更高层次的智能和 AI 驱动的自动化。那些拥抱自动化营销和生成式 AI，并积极应对风险和局限的品牌将处于有利位置，能够为客户创造更大价值，收获更深的客户关系、更高的忠诚度和业务增长。

4. 充满希望的新疆界

自动化营销代表了行业充满希望的新疆界，有可能彻底改变品牌理解、客户吸引和为客户创造价值的方式。在大数据、机器学习和生成式 AI 的驱动下，自动化营销能够通过无限规模的个性化，让每一次客户互动变得更智慧、更相关、更愉悦。

尽管仍处于发展阶段，但自动化营销正在迅速进步，很可能在不久的将来成为对企业的基本要求。现在就开始探索、学习并通过 AI 视角重新构想客户互动方式的营销人员将获得显著的竞争优势。

同时，要充分发挥自动化营销的潜力，需要营销人员、技术人员和社会各方共同努力，负责任且公正地创新。这将要求各方审视旧有假设，培养新的能力，并推动营销角色和目的的进化，更加注重个体化价值创造，减少对大众说服的依赖。

自动化营销与生成式 AI 的崛起不仅关乎更聪明的广告或营销战役，更关系着如何运用最先进的技术，构建公司与客户之间更具意义、更富有成效和更值得信赖的联系。这对于营销的未来发展来说，无疑是一项值得追求的美好愿景。

5.3　激活智能对话式营销

在数字化营销领域，企业正积极寻求以创新的方式来连接客户并提供个性化体验。对话式营销作为近年来的一个重要发展方向，正日益成为影响企业与客户互动的关键因素。随着生成式 AI 技术，如 ChatGPT 和 Claude 的发展，对话式营销正在经历一场深刻的变革，进入了智能对话式营销时代。在这一节，我们将深入探讨对话式营销，分析其如何发展成智能对话式营销，并探讨生成式 AI 如何重塑企业与客户之间的互动方式。

5.3.1　从对话式营销到智能对话式营销

对话式营销（Conversational Marketing）是一种模拟人类自然语言沟通的营销方式，它强调品牌或企业通过个性化的实时交流来与客户和潜在客户进行双向互动。这一理念的核心在于利用各种营销渠道，如社交媒体平台、电子邮件、实时在线聊天工具以及各类消息应用程序，创建如同日常对话般的自然语言交互，以增强消费者的亲近感和信任度。

对话式营销最早由聊天机器人公司 Drift 在 2010 年提出，并在随后的几年里逐渐成为数字化营销领域的重要工具。2012 年，软件公司 Zendesk 收购了 Everest，并将聊天机器人集成到其客户服务软件中，这是对话式营销在客户服务领域的早期应用。2014 年，Salesforce 收购了 Einstein Bot，在 CRM 平台引入了聊天机器人功能，这标志着对话式营销在销售和营销领域的进一步融合。

对话式营销的一个常见应用场景是在网站访问者或应用用户首次接触品牌时，通过弹出窗口发起对话，例如询问用户的意图或需求。这些聊天机器人不仅能 24 小时不间断地提供服务，还能够逐步学习和优化对话策略，以更加贴近真人对话的方式与客户进行互动，从而大幅提升客户体验。在众多电商平台、服务热线，甚至是社交媒体平台上，对话式营销已被广泛应用，使品牌能够与潜在客户建立更紧密、更高效的沟通桥梁，从而提高转化率和客户满意度。

和其他营销方法相比，对话式营销主要有 3 个特点。

- 对话沟通：采用人工为主、聊天机器人为辅的方式进行自然语言沟通。
- 实时参与：提供即时、回应式的沟通，及时解决客户的需求和疑虑。
- 情境关联：推送与客户在购买旅程当前阶段相符合的内容和支持。

实际上，阿里旺旺也是对话式营销的一种具体体现。尽管它主要以"亲，在吗？"的客服问答形式被我们熟知，但它在功能上同样体现了对话式营销的核心理念。阿里旺旺通过实时、个性化的对话互动，帮助商家快速响应消费者的各种需求、疑问和反馈，从而有效提升消费者体验，促进销售转化，并在沟通过程中积累有价值的用户数据，用于后续的营销策略优化。

此外，微信和企业微信营销也是对话式营销的具体应用。微信公众号后台设置的自动回复功能可根据用户发送的消息内容自动给出相应答复，提供24 小时不间断的服务，这是对话式营销的典型应用。企业可以通过微信平台的模板消息功能，针对不同用户群体发送定制化信息，以此进行客户触达和培育。如果客户对模板消息进行了反馈，企业可以通过营销自动化工具在用户聊天窗口开启一对一的对话，推送更多消息，以聊天的形式进行多轮营销。而企业微信可能是更典型的对话式营销。企业员工可以利用企业微信与客户建立一对一的深度对话。企业员工可以使用产品信息库和内容素材库，根据用户反馈进行产品推介、售后服务等沟通。企业员工也可以使用企业微信的销售助手等功能，了解客户的行为轨迹，为客户提供高度个性化和时效性的服务。这种通过企业微信进行的精细化客户关系管理与互动交流，同样是对话式营销在实际操作层面的有效实践。

尽管对话式营销为更个性化和吸引人的客户互动奠定了基础，但它依赖人工代理来处理对话。聊天机器人的回复也往往基于预先设定的规则和模板，缺乏足够的灵活性和深度理解，难以对客户的实际需求产生真正个性化的响应。早期的聊天机器人技术对自然语言的模拟相对机械，充满了"机器人"般的程序化和冰冷味道，无法像人类那样准确把握情感、语境上的细微差别，因此在用户体验上并不总是那么理想。

然而，随着 AI 和自然语言处理技术的进步，尤其是 AIGC 的应用，这种情况正在发生根本性的转变，现在的聊天机器人能够提供更加流畅、贴切且富有情感色彩的对话体验。ChatGPT、Claude、通义千问、智谱清言等先进的语言模型，经过大量数据训练，具有生成类人文本、进行情境对话和对广泛查询提供智能回应的能力。

AIGC 将对话式营销推向新的高度，使企业能够提供高度复杂且动态的对话体验，让智能对话式营销成为可能。智能对话式营销（Conversational AI Marketing）是建立在对话式营销基础上的营销方法，它利用 AIGC 技术生成更人性化的内容，通过 AIGC 的聊天机器人、虚拟助手或语音助手等其他智能交互界面，与消费者进行实时、个性化、情景化的自然语言交互，提供高度定制化的信息、购物、服务和售后等体验。

　　生成式 AI 融入对话式营销，为企业创造了无尽的可能，使其能够提供真正智能且引人入胜的客户体验。通过利用 ChatGPT 和 Claude 等语言模型，企业能够在大规模服务的基础上提供个性化、情境相关的对话，进而加强客户关系并推动业务增长。

　　智能对话式营销除了简单的问答，还能根据用户的所处情境、历史行为和反馈动态调整对话内容，从而促进销售转化、提升客户满意度，并在购买旅程的各个环节中深化客户关系。随着 AIGC 技术的发展，智能对话式营销已经能够实现更丰富、更自然、更具情境感的对话体验，帮助企业更有效地触达、了解和服务客户，提升营销效果和商业成果。

　　表 5-2 详尽地对比了传统对话式营销与智能对话式营销的不同，以进一步揭示智能对话式营销的核心特点和优势。

表 5-2　传统对话式营销与智能对话式营销的对比

维度	传统对话式营销	智能对话式营销
交互主体	人工客服 / 销售代表，依赖人的沟通技巧和服务态度	AIGC 驱动的聊天机器人、虚拟助手等
实时性	可能受限于人工响应速度，服务时段有限制	实时自动化响应，实现 7×24 小时全天候无缝服务
个性化能力	依赖客服经验和积累的客户历史数据进行个性化服务	基于大数据分析、精细用户画像和先进算法，提供高度个性化的体验
成本效益	需要持续投入大量人力成本维持客服团队	低成本运维，能够规模化地服务于广大用户，显著减少人力成本
精准度	人为因素可能导致信息传递不准确或遗漏重要信息	数据驱动型决策，精准推送相关信息，保证信息的高准确性和完整性
可扩展性	扩展能力受限，增加客服人数会带来管理复杂度增加和高昂成本	易于大规模部署和灵活扩展，不受地理位置限制，实现无限量级服务
情绪识别与处理	人工客服可根据语气、表情等非语言信息感知和处理情绪	利用自然语言处理（NLP）技术识别用户情绪，并尝试模拟真实情感反馈
学习能力	人工客服需不断接受培训和积累实战经验以提高服务质量	内置机器学习模块，能够自主学习和迭代优化，持续提升对话质量
数据收集与分析	手动或半自动的数据收集和分析过程，时效性及精确度存在局限	实时数据采集与智能分析，为营销策略的动态调整提供有力支持
合规性与隐私保护	必须遵守严格的公司政策和相关法律法规，防止数据泄露	集成高级加密技术和隐私保护机制，确保全程符合国际与地区隐私法规要求
多语言支持	依赖人工客服的语言技能，可能需要组建多语种客服团队	自带自动翻译功能，可在不同语言环境下自由切换，满足全球用户的语言需求，不需要额外的人力资源配置

通过上述对比可见，智能对话式营销不仅在服务效率、精准度和扩展性等方面远超传统对话式营销，还在个性化服务、多语言支持以及隐私保护等方面展现出强大优势。

5.3.2　智能对话式营销的工作原理和应用场景

接下来，我们将深入探讨智能对话式营销背后的工作原理，并结合最新的市场研究和发展动态，具体分析现阶段智能对话式营销系统在营销实践中的应用场景。

1. 智能对话式营销的工作原理

智能对话式营销是人工智能技术、大数据分析技术和营销科学理念深度交织与发展到一定阶段的产物，其工作原理如下：

（1）AIGC

AIGC 作为智能对话的基础，使机器能够理解、解释并生成人类日常使用的自然语言，确保对话式营销系统与用户之间的交互流畅、准确且具有人性化特点。

（2）对话管理

仅仅依赖 AIGC 这类生成式 AI 可能不足以完美地满足对话管理的所有要求。特别是对于长期对话状态保持和用户个性化信息的记忆，通常需要额外的技术或方案来增强其功能。这些技术和方案涉及对话状态追踪、会话历史存储与检索、多模态记忆网络、会话策略管理，以及下面要提到的外部系统集成，可以简单理解为我们要给 AIGC 配备额外的助手，来让它们能够记忆、存储和调取某一用户的信息和数据。

（3）机器学习与深度学习算法

通过不断学习和迭代优化，智能对话式营销系统能够基于大量的用户交互数据，自动改进其对话策略，精准识别用户意图，提供个性化服务和内容推送。

（4）知识表示与推理

智能对话机器人若要实现高质量且富有意义的对话交互，就必须对其所服务的特定领域有深入、细致的理解能力。这一需求恰好凸显了知识表示与推理技术的关键作用。知识表示是一个将人类积累的领域专业知识系统性地转化为计算机可以识别、存储并运算的内容的形式化过程。例如：在制药行业，知识表示可以帮助机器人理解药物成分、药理作用机制及适应证等专业内容；而对于化学试剂公司而言，智能对话机器人能通过知识表示掌握试剂特性、适用实验场景以及选用适宜试剂等具体考量因素。同时，推理技术则在此基础上进一步让机器人能够根据已有的知识进行逻辑推断和解答未知问题，从而真正实现智能对话的功能价值。

（5）对话管理和情境感知

系统采用先进的对话管理技术，不仅能够有效组织和维护用户对话的连续性与逻辑性，还能根据上下文情境灵活调整回应策略，提供情境相关的营销信息和服务。

（6）跨平台集成与自动化流程

智能对话式营销系统整合了多个线上与线下渠道，实现与 CRM、ERP、社交媒体等第三方平台的数据互联互通，自动化执行营销任务。这些外部系统通常包括存储用户数据、购买历史和互动记录的 CRM 系统和营销自动化系统，查询库存、价格和物流信息的 ERP 系统，集成企业支付、对账和应付账款的企业支付系统，以及 CDP（客户数据平台）。

2. 智能对话式营销的应用场景

智能对话式营销是一种创新的营销方式，它利用人工智能技术和自然语言处理技术，通过模拟真人对话，为客户提供个性化的交互体验，并在多种营销场景中发挥关键作用。

（1）客户服务和客户支持

智能对话机器人是智能对话式营销在客服服务和客户支持领域的一个主要应用。它不仅能够模拟人类客服代表的语言，以提供即时、高效的服务和支持，而且能够提供更准确、更相关的解答，并快速进行反馈，从而提高客户满意度和服务效率。

在具体应用方面，智能对话机器人支持多样化的交互方式，比如文字、语音、图像甚至视频等，客户可以通过不同的方式与其进行交互，更加便捷地获取所需的信息和服务。同时，智能对话机器人还可以通过多渠道集成，例如电话、微信、短信等，为客户提供更加全面的服务支持。

智能对话机器人还可以与企业的业务流程进行集成，实现智能化流程管理。借助智能对话机器人，企业可以更加高效地完成客户管理、订单处理、售后服务等业务流程。同时，智能对话机器人可以通过数据分析和挖掘，为企业提供更加精准的营销策略和决策支持。此外，智能对话机器人还可以通过分析客户需求，提供个性化的推荐服务。例如，根据客户的购买历史和兴趣爱好，智能对话机器人可以为其推荐相关的产品或服务，以提高客户的满意度和忠诚度。

在航空行业，智能客服系统的建设已成为全球各大航空公司提升服务质量的重要举措。以美国知名航空公司达美航空为例，其业务覆盖全球六大洲近 300 个目的地，每年服务超过 1.9 亿名乘客。和其他航空公司一样，达美航空传统的客服热线常常遇到高峰期拥堵，无法迅速解决客户问题，而且人工服务成本较高，难以实时跟踪并处理大规模的客户咨询和投诉。因此，达美航空急需一套能够自动应对常见问题、快速提供信息支持并且具备高度互动性的智能客服系统。

为了应对这一挑战，达美航空推出了基于 AI 和机器学习技术研发的 Ask Delta 智能客服系统。该系统集成了自然语言处理和大数据分析功能，可以模拟真人对话，为客户提供全天候的在线服务。无论是航班查询、座位选择、行李追踪，还是行程变更等，Ask Delta 都能准确理解并快速回应客户需求，大大减轻了人工客服的压力，同时极大地提升了客户体验。

推出 Ask Delta 智能客服系统后，达美航空实现了客户服务效率的显著提升。据统计，该系统的应用使客户服务中心的电话呼入量减少了 20%，客户等待时间明显缩短，问题解决速度加快。与此同时，借助 AI 技术的精准推荐和个性化服务，客户满意度得到大幅提升，客户对达美航空品牌的忠诚度也大幅提升。

（2）社交媒体互动

智能对话式营销利用 AI 驱动的聊天机器人和自然语言处理技术，使品牌能够在社交媒体平台上提供即时、个性化的互动体验。例如，当用户在帖子下方留言或私信提问时，聊天机器人能够快速准确地回复用户，完成提供产品信息、解答疑问或引导用户购物等互动流程。

比如快餐连锁品牌达美乐（Domino）推出 Anyware Ordering（随时订）智能聊天机器人。借助这个聊天机器人，顾客只需输入 Pizza 这个单词或发送一个比萨的表情符号，即可启动订餐流程。随着聊天机器人的持续优化，用户甚至可以直接通过聊天机器人完成整个订单的提交流程。

同时，智能对话系统能够根据用户的行为轨迹、兴趣标签和个人资料，为用户提供个性化的产品推荐、优惠信息和内容分享，从而提升用户的参与度和品牌黏性。举例来说，一家化妆品品牌可以在其 Facebook 官方页面上设置聊天机器人，当粉丝提出关于产品成分、使用方法或最新促销活动的问题时，聊天机器人可以给出详细且针对性强的答案。此外，通过集成多源数据，机器人还可以根据用户的肤质、年龄等信息，推送与其需求相匹配的产品试用装或护肤建议。

不仅如此，智能对话式营销还可以通过分析社交媒体上用户的情感反馈和讨论热点，帮助企业调整市场策略，优化产品线，甚至预测未来趋势。例如，当某一新品上市引发热议时，聊天机器人不仅可以实时跟进用户评价，还能够将这些信息反馈至企业内部，辅助决策层进行更为精准的市场定位和产品迭代。

（3）销售线索培育和转化

智能对话式营销在销售线索培育与转化方面同样扮演着至关重要的角色。销售线索培育是指通过一系列个性化、及时的互动过程，将潜在客户逐渐转化为高质量销售线索的过程。智能对话机器人在此环节中，能够依据预先设定的策略，对用户的行为、兴趣和需求进行精准识别和追踪，进而提供相应的价值信息和个性化服务，有效推动线索向销售机会转化。

例如，某 B2B 软件公司通过在官网和社交媒体平台上部署智能对话机器人，能够实时与访问者进行互动。当潜在客户浏览特定的产品页面或下载白皮书时，机器人会主动发起对话，了解客户需求，提供相关产品的详细介绍和演示视频链接，并在合适的时机引导用户注册并免费试用或预约线上演示。通过这种方式，机器人能够根据用户的不同阶段和兴趣点，实时调整沟通策略，逐步培养和加深用户对公司产品的认知与信任。

此外，智能对话机器人还能通过持续学习，不断优化销售线索培育流程。通过分析和挖掘历史对话数据，机器人能够识别出哪些内容或策略最能引起潜在客户的兴趣，哪些问题或痛点最能促使他们采取下一步行动。这样一来，企业便能更有针对性地优化产品卖点和营销文案，甚至细化销售漏斗各阶段的转化策略。

在实际的应用场景中，智能对话式营销功能都会集成在 CRM 或者营销自动化软件中。比如，HubSpot、Zendesk、Sprinklr 就把智能对话式营销融入销售线索管理中。通过集成智能对话机器人功能，这些平台能够实时捕获用户行为数据，自动进行线索评分并启动个性化的对话，提供符合潜在客户需求的解决方案，为后续的销售跟进做准备。这种智能化的线索培育方式显著提高了线索质量和转化率，降低了获取线索的成本，同时极大地提升了销售团队的工作效率和产出。

（4）客户洞察及市场调研

智能对话式营销在客户洞察及市场调研方面也展现出巨大的应用价值。通过运用 AI 驱动的聊天机器人和自然语言处理技术，企业能够直接与目标客户群体进行互动交流，从中获取宝贵的第一手客户反馈和市场趋势信息，进而实现更精准的市场定位和产品优化。

例如，某消费品品牌在自家网站和社交媒体平台上部署了智能对话机器人，通过对客户日常咨询、评论和投诉的自动分析，不仅能实时解决客户问题，提升客户满意度，还能深入挖掘客户的购买动机、使用习惯和潜在需求，为产品创新和市场战略调整提供有力的数据支持。

此外，智能对话机器人还可以主动开展市场调研活动。企业可以通过机器人设计调查问卷或者进行开放式问答，针对新产品设计、广告宣传效果或竞争对手策略等主题展开深入探究。机器人可以全天候运行，并且能针对不同受访者的个性化反应提供定制化问题，从而大大提高调研样本的数量和质量，帮助企业获得更为全面、细致的市场洞见。

比如，联合利华、欧莱雅等品牌已经开始利用智能对话机器人在社交媒体平台上进行产品偏好测试和市场反馈收集。其智能对话机器人向用户发起互动式的问卷调查，收集了大量的用户对新产品的偏好意见，品牌根据反馈调整了产品配方和推广策略，提高了新品上市的成功概率和市场接受度。这种智能对话式营销方式不仅帮助企业节省了大量人力和时间成本，而且互动性强，反馈速度快，使得市场调研更为敏捷和精准。

5.3.3　智能对话式营销的未来展望

前文探讨了对话式营销的基础原理及其演变为智能对话式营销的过程，以及智能对话式营销的实际应用。当我们展望未来时，显然 AIGC 将在塑造对话式营销格局中起到决定性的作用。本小节将进一步深入探讨智能对话式营销未来的发展趋势。

1. 更自然的自然语言交互

以 ChatGPT、Claude、通义千问、智谱清言等大语言模型为代表的 AIGC 已经展现出理解和生成类人文本、进行情境对话以及提供智能回应的能力。然而，AIGC 的发展远未止步。

一个关键的进步领域在于 AIGC 理解和响应更广泛的用户意图和上下文情境的能力。随着训练数据规模的不断扩大和机器学习算法的精炼，AIGC 将能更好地处理复杂的、连续的、符合自然语言沟通的对话，从而使智能对话式营销能够为用户的查询和请求提供更加精确、个性化、与情境相关的回应。

另一个重大的发展将是 AIGC 越来越强大的集成多模态功能。超越文本对话范畴，生成式 AI 模型有望获得理解和生成其他形式媒体（如图像、视频和音频）的能力。这将为智能对话式营销开辟全新可能，使企业能够创造沉浸式和互动式的体验，通过多个感官通道吸引客户。

2. 更强大的个性化

个性化一直是有效营销的关键驱动力，而由 AIGC 驱动的智能对话式营销将进一步提升个性化程度。通过分析包括交互、偏好和行为在内的海量客户数据，AIGC 将使企业能够以前所未有的规模提供超个性化的体验。

我们可以预想一下这样的未来营销场景：

智能对话式营销工具不仅能理解并响应个体客户的特定需求，还能预测他们的愿望，提供定制化的建议和解决方案。

智能对话式营销工具能够理解用户的情绪，并为用户带来情绪反应和情绪价值。

利用 AIGC，企业将能够创建真正的一对一交谈，让对话真实、富有同理心且高度个性化。

这种级别的个性化不局限于对话的内容。智能对话式营销将使企业能够根据单个客户的喜好定制对话的语调、风格，甚至赋予聊天机器人相应的性格特征，从而营造一种熟悉感和信任感，使客户感到被重视和理解。

3. 更主动的有效互动

传统对话式营销主要采取被动响应的方式，即企业在收到客户咨询和请求时才做出回应。然而，智能对话式营销未来将转向主动参与，这得益于AIGC的预测能力。

通过分析客户行为的模式和趋势，AIGC将能够识别出主动接触和互动的机会。这可能涉及基于客户购买历史发送个性化的优惠和促销信息，向客户适时发送商品补给提醒，或者在客户意识到自己需要帮助之前就提供指导和支持。

智能对话式营销的主动参与不仅能提升客户体验和客户满意度，还将激发客户的期待感和愉悦感。客户将感受到品牌不仅真正理解自己的需求，而且在致力于满足这些需求，因而会更加忠于品牌并主动宣传品牌。

4. 真正的全渠道营销体验

智能对话式营销将使企业能够创建一致且协调的对话体验，自然地跨越多个渠道和触点，允许客户在自己喜欢的平台上与品牌互动而不丢失上下文或连续性。

例如，客户可能首先在品牌网站上通过聊天机器人咨询某个产品，随后在消息应用程序上继续对话，此时聊天机器人或者虚拟助手能够无缝衔接之前的话题，提供个性化的建议并回答后续问题。对话还可以转移到语音助手，使客户在外出时无须动手就能完成购买。

这种由生成式AI驱动的全渠道营销将为客户创造无摩擦且便捷的体验，消除重复对话，减少互动所需的额外努力，并为企业提供用户旅程的全景视图，从而优化交互体验并传递更精确有效的营销信息。

5. AR 与沉浸式体验

生成式AI与AR技术的融合将彻底改变企业通过对话式营销与客户互动的方式。通过自然语言处理和计算机视觉技术，生成式AI将催生沉浸式和互动式的AR体验，模糊数字世界与物理世界的界限。

想象这样一个场景：客户在 AR 环境中与虚拟助理对话。由生成式 AI 驱动的虚拟助理能理解客户的口头指令和手势，并提供个性化的指导和建议。例如，客户可以虚拟试穿衣物，虚拟助理可以根据其偏好提供搭配建议和互补配饰。

在产品可视化领域，生成式 AI 可以创建逼真且动态的 3D 产品模型，使客户在 AR 环境中探索和互动。虚拟助理可以提供详细信息，解答问题，甚至实时演示产品的特性和功能。

这些由生成式 AI 增强的沉浸式 AR 体验将转变客户的感知及其与品牌互动的方式，创造令人难忘的互动体验，提升参与度、满意度和忠诚度。

6. 用户数据安全和伦理考量

随着生成式 AI 的功能不断扩展，它在对话式营销中的整合逐渐深化，我们必须关注由此产生的伦理考量。在客户互动中使用生成式 AI 引发了一系列关于隐私、数据安全、透明度以及潜在无意识偏见等的问题。

企业必须优先考虑生成式 AI 系统的负责任开发和部署，确保客户数据的收集和存储安全，对数据的使用符合伦理原则。而且透明度至关重要，应告知客户其数据如何被使用，以及 AI 系统如何做出决策和生成回应。

此外，企业必须警惕，在生成式 AI 系统中识别并减轻任何可能出现的偏见，应定期进行审计和评估，确保 AI 系统公平、无偏，并遵循伦理原则。

监管环境随着 AI 技术的进步而不断发展，企业必须紧跟相关指南和最佳实践，确保合规。

对话式营销的未来不仅在于技术进步，还在于为客户创造价值并通过真实和有意义的互动与客户建立信任关系。通过驾驭生成式 AI，同时优先考虑伦理和客户中心化，企业可以塑造这样一个未来：对话式营销成为卓越客户体验和持久品牌关系的催化剂。显然，那些拥抱生成式 AI、挖掘对话式营销潜力的企业将在塑造对话式营销未来的过程中抢占先机。

5.4　案例：Octopus Energy——激活客户满意度

在竞争激烈的能源市场中，客户服务质量是决定客户忠诚度的关键因素。

英国可再生能源公司 Octopus Energy 面临的挑战是，如何在不增加运营成本的情况下提高客户服务的响应速度和个性化水平。传统的客户服务方式耗时费力，难以迅速满足客户需求，因此该公司需要一种更高效的解决方案。

1. 自动化邮件回复

Octopus Energy 决定利用 AIGC 来实现自动化的激活：使用 AIGC 撰写邮件并自动回复。

该公司的 AIGC 系统能够分析客户的邮件内容，迅速理解客户的需求和情绪，并生成个性化的回复。这种自动化处理方式确保了每个客户都能获得及时且有针对性的回复。这个系统能够全天候工作，处理大量客户邮件，大幅缩短客户等待回复的时间。这不仅提高了客户满意度，还减轻了客户服务团队的工作压力。

此外，AIGC 系统会根据客户的邮件问题和回复，帮助营销和客服人员生成客户洞察，并且提供相应的策略建议，帮助设计促销信息和客户服务。

2. 更多的自动化激活

Octopus Energy 计划进一步优化 AIGC 系统，扩展其在客户服务中的应用范围。

作为该计划的一部分，Octopus Energy 希望实现产品的自动化推荐。AIGC 可以根据客户的历史数据和当前需求，提供个性化的产品和服务推荐。随后，AIGC 系统将根据这些推荐生成个性化的推荐信息，并根据客户的购买行为选择合适的渠道推送给客户。

此外，这家公司还希望使用边缘计算等技术，让 AIGC 系统可以分析设备数据，预测潜在故障。这些信息将被 AIGC 系统进一步分析，根据重要性和紧急性自动通知客户服务和技术支持团队，以防止服务中断。

通过激活自动化客服和营销流程，该公司的客户满意度从 65% 上升至 80%。此外，Octopus Energy 提高了运营效率，减少了人工处理的时间和成本，使客户服务团队能够专注于更复杂的客户需求。

第 6 章

增强：用户协作和共创下的新型品牌与用户关系

AI 不仅可以进行个性化内容的生成和实时互动的激活，还可以持续优化营销效果。本章将重点讨论 AI 在增强人、流程和效果上的作用。

6.1   AIGC 增强用户对品牌的支持度和忠诚度

用户忠诚度的培养和用户推荐的激发，成为品牌建立持久竞争优势的关键所在。随着 AIGC 的兴起和在营销领域的应用，企业迎来了前所未有的机遇。通过精准的数据分析和个性化的内容创造，企业可以提高用户对品牌的忠诚度，筛选积极的忠诚用户，同时提升用户推荐的积极性和效率。

本节将深入探讨 AIGC 如何在增强用户对品牌的支持度和忠诚度方面发挥其独特的作用，以及如何通过 AIGC 技术系统性地筛选并培育忠诚用户群体，进而构建一个充满活力和忠诚度的品牌社群。

6.1.1   AIGC 时代的用户忠诚度培育与用户推荐协同机制

用户推荐（Customer Advocacy）是指消费者或用户对某个品牌、产品或服务持有高度的信赖和好感，从而自发自愿地为企业进行正面宣传、产品推荐和辩护。

这类用户不仅是坚定的品牌拥趸，更是品牌活力与价值传播的积极推动者。我们也习惯称他们为死忠粉、铁粉或真爱粉。这类群体有三个重要的特征：

其一，他们把自己喜欢的品牌当作一种表达自我的方式。巴塔哥尼亚（Patagonia）的热销单品比如毛猴外套和抓绒马甲不是很时尚，但是它的死忠粉喜欢这种做工环保、久穿不坏的衣服。因为这是他们对环保理念、可持续生活和探险精神的认同与自我表达。

其二，他们愿意为自己喜欢的品牌发声。比如，哈雷戴维森的铁杆车迷，乐于分享他们驾驶哈雷摩托的独特体验和改装心得。哈雷车主往往不仅仅是一个交通工具的使用者，更是生活方式和自由精神的传播者，他们在社交媒体上晒出骑行照片、参加品牌活动，为哈雷戴维森在全球范围内赢得了知名度和口碑。这类内容属于用户自创内容（User Generated Conent，UGC）的一种。

其三，他们期望与品牌一起，实现更高的价值和目标。例如华为手机的铁粉，他们不仅期待华为持续提供优质的智能手机，同时也希望华为能引领全球的创新并愿意参与其中。他们对华为在 5G、云计算、AI 等前沿领域的研发投入寄予厚望，期待通过购买华为产品，为华为的发展创新助力。

这类忠诚的用户是品牌最宝贵的资产，也是品牌最强大的营销伙伴。因为他们的行动可以降低获客成本，增加品牌口碑，带动销售，并形成强大的竞争优势。企业通常会通过客户服务、个性化体验、激励计划以及有效利用社交和技术手段来培养忠诚用户。

随着 AIGC 的引入，用户忠诚度培养和用户推荐将步入一个崭新的阶段，其中，AIGC 技术不仅强化了品牌与用户之间的互动与个性化沟通，而且增强了品牌的忠诚用户培育能力，提高了用户推荐的精准性与效率。

1. AIGC 增强忠诚用户培育

首先，AIGC 技术通过深度分析用户行为、购买历史和社交媒体反馈，能够生成高度定制化的内容，如个性化的产品推荐、专享优惠或定制体验。这些内容精准对接了用户的个性化需求，从而极大地提升了用户对品牌的认同感和满意度，促进了忠诚度的深化。

其次，借助 AIGC 的自动化与智能化能力，企业能够更高效地管理与优化用户忠诚度计划。通过 AI 驱动的分析工具，企业可以实时追踪并分析用户行为数据，精准识别出最具影响力的拥护者，并针对他们发起针对性的营销活动和奖励机制。同时，AIGC 能够自动执行繁复的任务，如定制感谢信、发放积分奖励或策划专属活动，进一步巩固用户关系，激发其成为品牌的积极倡导者。

最后，AIGC 还能根据用户的行为模式和兴趣变迁实时调整沟通策略，使品牌始终保持与用户需求同步更新的状态，实现动态的品牌形象塑造和价值输出。

2. AIGC 提高用户推荐效率

AIGC 能够赋能用户本身，让他们以更富创意和吸引力的方式分享品牌故事与使用体验。例如，AIGC 可以辅助用户创建个性化的产品评价、社交帖子或短视频，这些内容因其独特性和真实性，更易引发潜在消费者的共鸣和信任，从而提高用户推荐的有效性和传播范围。

此外，AIGC 还可应用于搭建和管理品牌社区，通过 AI 聊天机器人等工具，提供全天候的服务与支持，增强社区内成员的互动体验，促进用户间的交流和推荐。AIGC 能够及时捕捉优质的用户分享，并以此为基础，生成用户体验故事、产品评测、问答集锦等多样化的内容。

不仅如此，应用 AIGC 的品牌社区还可以举办线上活动，例如创意征文、话题讨论等，AI 可以快速整理汇总参与者的意见和作品，甚至引导生成新的讨论热点，确保社区活力持续不断。另外，当用户提出问题或者寻求帮助时，AI 能快速响应，提供个性化的解决方案和建议，这不仅能减轻人工客服的压力，更能有效提高用户满意度和忠诚度。

最后，基于 AIGC 的推荐算法能够更有效地挖掘潜在的用户关系网络，利用 AI 生成的高质量内容，鼓励用户之间进行分享和推荐，形成自发性的口碑传播效应。这样既能够扩大品牌影响力，也能通过用户间的互荐行为有效激活沉默用户，吸引新用户加入，从而构建起更具活力和可持续性的用户社群体系。

在探讨 AIGC 时代用户培育与推荐策略革新所带来的深远影响时，表 6-1 是一份详细的对比分析图表，清晰地展示了这一转变的关键点。

表 6-1   传统模式与 AIGC 时代用户培育与推荐策略对比分析

比较维度	传统用户培育与推荐策略	AIGC 时代用户培育与推荐策略
品牌个性化内容创作难度	较高，依赖人力创新	降低，AI 辅助创作个性化内容
品牌个性化推荐难度	较高，基于粗糙用户画像	降低，AI 精准分析用户行为和偏好
用户响应追踪难度	中等至较高，依赖手动分析	降低，AI 实时监测和学习用户反馈
UGC 创作难度	内容创作与分享依赖用户自发	AI 辅助创作，简化分享流程，鼓励用户创作
社交媒体推荐方式	依赖用户自觉分享，传播范围有限	AI 生成内容易于分享，扩大传播范围
UGC 创作激励机制	固定奖励制度，个性化不足	AI 辅助动态调整激励措施，提高参与度
口碑传播效力	口碑传播较慢，不易规模化	AI 辅助生成批量 UGC，短时间内形成口碑效应
合作推广形式	人工筛选活跃的忠诚用户，耗时耗力	AI 辅助匹配活跃忠诚用户和品牌大使，提高效率
推荐的准确性与多样性	难以平衡，容易受单一热门内容影响	AI 推荐多样化，更灵活地平衡个性化与普适性

表 6-1 展示了 AIGC 技术如何显著改善用户培育与推荐策略的各个环节。在 AIGC 时代，企业不再受限于传统模式下的诸多难题，而是借助 AI 的力量极大地提升了用户参与度，优化了互动体验。例如，用户不再受限于自身的创造力和精力，而是可以通过 AIGC 轻松生成并分享优质内容。同时，AIGC 能够准确捕捉用户的细微喜好，实现精细的个性化推荐，使得用户更容易发现并享受符合其兴趣的内容。

此外，AI 技术的应用还带来了更加高效的合作推广模式，更加快速、精准的忠诚用户定位，以及更强大的口碑传播能力。总体而言，AIGC 技术不仅推动了用户培育手段的创新升级，也极大促进了用户推荐策略的有效实施和广泛应用，为企业在竞争激烈的市场环境中赢得了更大的发展空间与竞争优势。

6.1.2　AIGC 增强忠诚用户的筛选和培育

接下来，我们将进一步聚焦于如何运用 AIGC 技术来系统性地筛选并精心培育忠诚用户群体。

这一过程不仅要求对用户行为进行全面的数据挖掘与深入分析，而且要结合多维度评估标准，精准刻画出潜在忠诚用户的特点。通过对用户评论、社交媒体活动、购买行为等各种数据源的有效整合与智能化解读，我们将揭示如何通过 AIGC 技术实现用户忠诚度、社交影响力、参与度、互动性、信任度、权威性和价值观契合度等核心指标的量化识别与评估。

首先，我们可以利用 AIGC 收集和分析相关用户数据，包括来自各种来源的用户评论和反馈、社交媒体互动、品牌社群互动、私域运营用户行为，以及用户的购买历史等数据。

我们可以手动搜集数据，然后保存为 PDF、csv、xls 等格式，上传到 AIGC 工具中，然后使用指令，让 AIGC 帮助我们分析用户行为和情绪，找到潜在的品牌拥护者和支持者。

我们也可以借助 Sprinklr、Sprout Social、Brandwatch 等社交媒体管理和舆情监测工具来进行数据收集和分析，或者将下载的数据放入 AIGC 工具中进行识别。

1. 筛选忠诚用户

一旦完成用户数据分析，下一步就是根据他们的参与度、影响力以及与品牌价值和目标的一致性来识别和细分潜在的倡导者。我们一般可以参考下面的维度，来识别和筛选活跃忠诚用户。

（1）忠诚度与满意度

- 持续购买行为：考察消费者是否频繁购买或使用品牌产品，是否有长期稳定的消费记录。
- 用户满意度调查：通过调查问卷、评价系统等方式了解消费者对产品或服务的满意度。

指令示例：

通过分析用户 [USER_ID] 的详尽购买历史数据，计算其平均购买频率、识别稳定的消费间隔模式以及汇总所有产品评价的平均星级。若该用户呈现出高频次购买行为、展现出连续且持久的购买习惯，并且在产品评价中整体趋向于给出 4 星或 5 星的高度满意评价，请系统自动将该用户标记为潜在的品牌忠诚拥护者，并为此类用户建立内部评分体系，赋予其一个 1～5 之间的分数评级，具体分数根据购买频率、消费稳定性以及满意度评分综合评估得出。请最后生成文档下载链接。

（2）社交影响力

- 社交媒体活跃度：在社交媒体上的活跃程度和粉丝基数，以及他们发布的内容是否经常涉及品牌话题。
- 网络口碑传播：检查用户是否自发地撰写正面的产品评价、微信文章，或分享抖音视频以及在社交媒体上推荐品牌。

指令示例：

查询用户 [USER_ID] 在社交媒体平台上的表现，统计其关于本品牌的提及次数、点赞数、转发数以及总体影响力指数。若该用户关于品牌内容的互动量大且积极正面，那么请将其标记为潜在品牌拥护者，并赋予一个 1～5 之间的分数评级，具体分数根据上述分析维度评分综合评估得出。请最后生成文档下载链接。

（3）参与度与互动性

- 用户反馈与建议：关注消费者是否积极参与品牌活动、讨论或给出建设性反馈。
- UGC 生成：观察用户是否创作并分享与品牌相关的内容，如用户评测、故事、照片等。

指令示例：

分析用户在社区论坛或品牌官网上的互动行为，包括但不限于发帖数量、回复他人的次数以及参加品牌活动的积极性。如果用户 [USER_ID] 表现出持续而积极的参与度，例如，发布了多篇有关品牌体验的长文，经常参与问答或讨论并给予有价值的回复，积极参与并完成品牌挑战或促销活动，则将其视为高参与度和互动性的品牌拥护者候选，赋予其一个 1～5 之间的分数评级，具体分数根据上述分析维度评分综合评估得出。请最后生成文档下载链接。

（4）信任度与权威性

- 行业影响力：某些消费者可能在特定领域具有一定的权威性或影响力，他们的推荐更有说服力。
- 口碑推荐记录：了解消费者是否曾成功引导他人购买或选用品牌产品。

指令示例：

分析用户 [USER_ID] 在社交媒体或其他平台上推荐品牌的相关记录，如果发现该用户曾经成功影响他人决策或有大量的跟随者采纳其建议购买品牌产品，请标记该用户具备较高的信任度和权威性，可作为品牌拥护者人选，并赋予其一个 1～5 之间的分数评级，具体分数根据上述分析维度评分综合评估得出。请最后生成文档下载链接。

（5）价值观契合度

- 品牌文化认同：消费者是否认同并支持品牌的使命、愿景和核心价值观念。
- 生活方式匹配：消费者的个人形象、生活方式及价值观是否与品牌形象相符。

指令示例：

通过情感分析和关键词分析，深入理解用户 [USER_ID] 在其公开发布的社交媒体内容中所体现的价值观、兴趣爱好和生活方式是否与本品牌的核心理念和市场定位一致。如果用户的内容多次反映并强调与品牌共享的价值观，并在日常生活中自然融入品牌元素，则可初步认定其为价值观契合的品牌拥护者候选者，并赋予其一个 1～5 之间的分数评级，具体分数根据上述分析维度评分综合评估得出。请最后生成文档下载链接。

确定了优先级的忠诚用户名单后，为了持续有效地培育忠诚用户，在现有网络社群和私域运营的基础上，我们不仅把 AIGC 作为一种高效的个性化内容生成工具和智能化交互工具，同时也将其作为用户行为分析和洞察工具，来为忠诚用户提供独一无二的内容体验、及时的认可与激励措施，以及动态更新的个性化服务。

2. 培育忠诚用户

培育忠诚用户的具体场景和案例如下。

（1）忠诚用户个性化推送

我们可以利用 AIGC 工具，根据每个忠诚用户的兴趣偏好、购买记录和社交行为等数据，自动创建具有针对性的推送内容。例如，对于购买特定产品的忠诚用户，我们会运用 AIGC 生成一份个人专用的产品使用手册，并根据该用户的实际使用场景提供更有针对性的产品使用说明。此外，我们还可以大规模生成仅限忠诚用户获取的"内幕消息"与"独家报道"，涵盖新品发布预告、新品研发动态，甚至是品牌故事。

（2）智能化交互与认可

我们可以为忠诚用户搭建专门的社群，并启用 AIGC 作为智能助手角色，在微信社群、品牌 VIP 论坛等私域平台上实现与用户的实时互动交流。在此情境下，我们可以设计面向忠诚用户的聊天机器人。

（3）个性化奖励机制设计

根据 AIGC 分析得出的用户行为模型，品牌可设计出灵活的忠诚用户奖励和认可计划，包括等级晋升、忠诚用户特权等个性化奖励方案。例如，当系统识别到某个忠诚用户近期对某种新产品表现出强烈兴趣时，AIGC 可以自动发送一封邮件，告知用户由于他们的忠诚度获得了新产品试用机会或者一定折扣的奖励。

（4）用户行为洞察与个性化服务

我们可以通过持续监控和分析用户行为，使用 AIGC 和其他工具预测用户未来可能的需求变化，进而提前为忠诚用户提供定制化的服务和解决方案。例如，当发现一位忠诚用户减少了在健身房的活跃度而增加了户外徒步活动的频率时，AIGC 能迅速调整推送内容，推荐与其新的生活方式相匹配的户外运动装备，并安排相应的户外活动优惠券或线下活动邀约。

通过融合 AIGC 技术，我们能够显著提高培育忠诚用户的效率和规模。传统的忠诚度计划的执行往往受到人力资源的限制，导致忠诚用户的培养缺乏个性化关注，使得他们未能享受到差异化的体验。

然而，值得注意的是，培育忠诚用户不仅需要技术的辅助，还需要人机协作的协同效应。我们可以通过组织线下活动，使忠诚用户与品牌间建立更紧密的沟通关系。在某种程度上，培育忠诚用户的过程应类似于培育意见领袖，我们需要投入相应的关注和资源，以确保他们能够真正感受到品牌的价值以及获得独特体验。

6.1.3　AIGC 提高用户推荐的效率

在营销实践中，用户推荐是基于用户生成内容来实现的。

UGC 是指由用户而不是品牌创建的针对某一品牌或者产品和服务的任何形式的文本、图像、视频或音频。它可以包括产品评论、社交媒体帖子、博客文章、照片、视频等。随着消费者越来越依赖于同龄人的真实体验和建议，有效利用 UGC 和用户倡导的品牌在信任、参与度和忠诚度方面将获得显著的竞争优势。

如果用户生成内容是正面和积极的，并且符合品牌的价值，它就可以成为用户推荐内容。我们将在后文详细讨论品牌如何使用 AIGC 赋能用户生成内容。在这一节，我们将首先把焦点放在如何增强忠诚用户的用户推荐上。

相比用户生成内容，用户推荐有更高的"门槛"。网络上的"评论家"随处可见，但是品牌的死忠粉却珍贵稀缺。这是因为，用户在网络上自愿推荐某个品牌和产品，需要各种条件的累计才能触发其意愿。虽然奖励机制和口碑效应可以促进用户推荐，但是这些不足以引发用户推荐。用户推荐需要一些特殊的触发条件，这些触发条件包括：

- 高度的认可：当用户对产品或服务高度满意时，他们才会自愿向他人推荐。
- 独特性与稀缺性：独特的用户体验或独家特权等因素可能引发用户的炫耀心理或利他心理，促使他们乐于分享给亲友。
- 价值认可：当用户对某品牌的使命和价值高度认可时，更容易进行资源推荐，即使这一品牌的产品不是市场上性价比最高、使用体验最好的。
- 情感连接：用户如果与品牌建立起强烈的情感联系，比如认同品牌价值观、喜欢品牌故事或者成为品牌社区的一部分，那么他们就更有可能主动推荐品牌。

借助先进的 AIGC 技术，品牌可以进一步提升用户推荐的效率与质量，降低推荐的门槛，同时放大忠实用户的声音，使其更广泛地传播到潜在用户群体中。以下是如何利用 AIGC 赋能品牌，增强用户推荐的具体策略：

（1）超级体验

AIGC 可以针对已经筛选出的忠诚用户，设计超级个性化的用户体验旅程。AIGC 可以根据用户的行为模式和喜好，生成定制化的产品使用指南，让用户感受到品牌对其个人需求的关注和重视，从而提高他们对产品的满意度。当用户对产品表达满意时，AIGC 驱动的聊天机器人或智能助手能即时响应，生成感谢用户的个性化回复。

（2）独家素材

针对忠诚用户，我们可以采用 AIGC 技术为其打造专享的推广资源，包括个性化设计的海报、符合该用户的金句和表达方式，乃至依据用户需求量身定制的推荐故事，确保用户能够轻松一键分享至各大社交媒体渠道。

为进一步提升用户体验与参与度，品牌可整合聊天机器人功能或专门构建一个用户专属的分享内容生成平台。这一平台允许用户主动参与，通过与 AIGC 系统的交互，自行创作和优化推荐素材，赋予他们更高的自由度与创造力。

　　这和我们常用的营销自动化平台员工分享或者用户群发的功能类似，不过更为先进的是，品牌不仅预先提供了丰富的创意灵感、话题导向及高质量的内容素材库，而且借助 AIGC 技术实现了素材智能化生成。用户只需输入特定关键词或意向描述，即可迅速获得与之匹配的精彩分享文案，极大增强了推荐的真实性和有效性。

　　（3）价值共鸣

　　AIGC 可以分析用户的数据，识别他们可能认同的价值观和信念，然后创作内容来强调品牌与这些价值观的一致性。例如，如果用户对环保有强烈关注，AIGC 可以生成展示品牌可持续发展实践的内容，以此来强化用户对品牌的正面情感。

　　（4）情感连接

　　个性化的品牌沟通方式。利用 AIGC 生成的视觉内容，如图片、视频或动画，可以传达品牌的情感和氛围。AIGC 可以基于用户偏好生成具有特定情感调性的视觉内容，如温馨、激励或幽默，以此来吸引用户并建立情感连接。

　　增强参与感。AIGC 可以通过生成社区讨论主题、活动建议或用户间的互动提示，鼓励用户参与到品牌社区中来。这种参与感和社区支持可以让用户感到自己是品牌故事的一部分，从而增强他们对品牌的忠诚度。

　　AIGC 技术在提升用户忠诚度和推荐效率方面具有巨大的潜力和价值。它不仅能够帮助企业更好地理解和满足用户的需求，还能够通过个性化的内容和体验，加强用户与品牌之间的情感连接。AIGC 技术的应用，使得品牌能够以更加智能化和人性化的方式与用户互动，从而在激烈的市场竞争中脱颖而出。

　　然而，技术只是手段，真正的关键在于品牌如何运用这些工具来传递其独特的价值主张，并建立起与用户之间的真诚对话。在这个过程中，品牌需要不断地创新和优化策略，确保技术的应用与品牌的核心价值和用户的真实需求相契合。

　　技术加上人工协同，品牌不仅能够培养出一批忠诚的用户，还能够激发这些用户的推荐潜力，让他们成为品牌的自然代言人。这样的用户推荐不仅能够降低品牌的获客成本，还能够提高品牌的市场影响力和口碑，为企业带来长期的业务增长。随着 AIGC 技术的不断进步和完善，我们有理由相信，它将继续在品牌建设和用户关系管理方面发挥越来越重要的作用。

6.2　增强用户共创和用户协作

在营销领域，用户共创（Customer Co-creation）一般指品牌与消费者之间的共同创造，包括产品共创和内容共创。在产品共创中，消费者参与产品和服务的设计、开发与改进。而在内容共创中，消费者通过创造内容，参与到品牌建设中。

用户共创已经成为品牌创新和增长的关键驱动力。通过与用户的紧密合作，企业能够更好地理解市场需求，激发创新思维，创造出独特的产品和服务，从而在激烈的市场竞争中脱颖而出。

AIGC 将释放用户共创的潜力，为企业和用户之间的协作提供更多可能性和创新路径。本节将深入探讨 AIGC 如何增强内容、产品以及价值创新上的用户共创。

6.2.1　AIGC 重新定义用户共创

用户共创的概念可以追溯到 20 世纪初。当时，一些公司开始邀请用户参与产品设计和测试。例如，1922 年，福特汽车公司邀请用户参与新车型的设计。进入 20 世纪 90 年代后，随着互联网的兴起，用户共创得到了广泛应用。许多公司开始创建在线社区，鼓励用户分享他们的想法和建议，例如，LEGO Ideas 平台上线，允许用户提交自己的乐高积木设计。

在 21 世纪，用户共创已成为一种重要的营销策略。许多公司将其视为一种与用户建立联系、提高品牌忠诚度和创造新价值的方式。

AIGC 的出现给品牌如何接近和利用这一强大战略带来了范式转变。传统的共创涉及让用户参与产品或服务的创意、设计和开发，通常是通过焦点小组或在线平台进行。然而，这些方法在规模、范围和效率上常常受限，严重依赖手动流程和人为解释。

现在，生成式 AI 这一改变游戏规则的技术正在重新定义用户共创的本质。生成式 AI 指的是能够基于学习到的模式和输入创造新的原创内容或设计的人工智能系统。与传统的基于规则或预测性的 AI 不同，像 ChatGPT、

DALL-E 和 Stable Diffusion 这样的生成式 AI 可以自主生成类似人类的文本、图像、音乐甚至代码，为品牌和用户之间的创造性合作提供了前所未有的可能性。

在用户共创的背景下，AIGC 将为用户共创赋能，并带来一些实质性的价值和改变。

1. 创造力的普及

随着 AIGC 时代的到来，产品的设计和创新、高质量内容的生成已不再是少数专业人士独享的领域。AIGC 消除了用户在创意表达和问题解决上的技术壁垒，使原本不具备专业设计或创作技能的广大用户也能轻松地参与到品牌内容的共创活动中。这种普及化趋势对于企业和用户而言都具有深远意义。

例如，可口可乐曾推出"分享一瓶可乐"活动，邀请消费者在官网上定制个性化的可乐瓶标签，这一举措引发了大规模的社交媒体分享热潮，使得可乐不再仅仅是一种饮品，而是变成了传递个人信息、情感和友情的独特载体。然而，这个活动虽然创新性十足，但个性化设计的创作门槛对于部分消费者来说仍相对较高。

在可口可乐的例子中，"乐享无界"活动利用 AIGC 技术打破了创意设计的专业边界，让每一位参与者都能成为自己可乐瓶故事的设计师和讲述者。通过这样的共创体验，品牌成功搭建了一个开放、包容且充满活力的平台，鼓励用户发挥自身的想象力和创新能力，创造出无数个独特的故事和视觉呈现，进而形成了一种全新的、由用户驱动的品牌叙事方式。这一转变极大地提高了消费者的参与度和互动乐趣，消费者能够通过这些尖端技术表达独一无二的自我风格，并与品牌建立更紧密的情感联系。这不仅让更多消费者积极参与到品牌互动与传播中，品牌也因此收获了来自广大用户的海量原创内容，进一步丰富了品牌形象，并提升了消费者对品牌的认同感和忠诚度。

创造力的普及不仅意味着技术民主化，还深刻改变了品牌与用户之间的传统关系。在 AIGC 时代，产品和服务的设计过程被赋予了更多的社群参与元素，用户从被动接受者转变为积极的创造者，他们可以通过实时反馈和个性化创作来共同塑造品牌的未来。这种基于 AIGC 技术的品牌共创模式，不仅能够帮助品牌挖掘潜在市场价值，品牌还能通过倾听和采纳大众智慧，不断迭代和完善自身的产品及营销策略。

同时，当用户感受到自己的创意被尊重和认可时，他们会更愿意主动分享这些作品，进一步扩大品牌的影响力和口碑效应。此外，这种共创行为有助于培养用户的归属感和对品牌的长期忠诚度，因为他们不仅是品牌的使用者，更是品牌文化内涵的共同创作者和传播者。

2. 共创能力的辅助

在内容共创领域，生成式 AI 能够自动生成高质量的音频、视频片段、图像素材甚至 3D 模型，为内容创作者提供丰富多样的原始材料。在 AIGC 的支持下，内容共创突破了传统的限制，无论是专业的设计师还是普通的消费者，都能够借助智能工具将自己的想象变为现实，共同构建一个更加多元、更具创新力的产品世界。

一旦用户产生了某些初步想法，他们就能利用 AIGC 把这些想法变成新的创意。AIGC 不仅可以了解用户的意图，而且可以在头脑风暴过程中将用户的原始想法进一步拓宽、深化和创新，形成更个性化且逻辑自洽的创意和解决方案。举例来说，假设用户想为自己设计一款新口味的冰激凌，他一开始的想法可能仅仅限于"我希望有一款新口味的冰激凌"。根据以往和这个用户的沟通记录或者用户数据，AIGC 了解到用户喜欢牛油果、草莓和龙舌兰酒的味道，然后把用户不易捕捉的"混沌需求"变成生动鲜活的"口味清单"。

以下是 AIGC 生成的新口味冰激凌。

"醉美龙舌兰果悦冰激凌"

原料：高品质成熟牛油果，以其醇厚奶油质地带来浓郁的热带风情；新鲜饱满的草莓，确保酸甜适中的果香；特选墨西哥优质龙舌兰酒，用于增添一丝微醺的独特酒香。

制作方法：首先选取熟透的牛油果和新鲜草莓，分别制成果泥，再将二者融合，适度添加糖分以调和甜酸比。接着，选用无酒精或经低温烹饪挥发掉酒精成分的龙舌兰酒元素，将其融入果泥中，增添一抹异国情调。随后将混搭好的果泥与优质牛奶及淡奶油充分搅拌，调配成冰激凌基底液，冷冻过程中注意适时搅拌，保证各风味均匀分布。最后，成就一款集牛油果醇厚、草莓甜美和龙舌兰独特韵味于一体的"醉美龙舌兰果悦冰激凌"。

如果用户需要一款不含酒精的冰激凌但同时又喜欢龙舌兰的味道，AIGC
同样可以生成一款无酒精版的口味。

"牛油果草莓醇香菠萝玛格丽特冰激凌"

原料：选取成熟度适中的牛油果、当季新鲜饱满的草莓、菠萝汁和鲜榨
橙汁。

制作方法：先分别将牛油果和草莓打成果泥，保留各自的口感特点。针
对龙舌兰风味的模拟，我们巧妙地选用新鲜榨取的菠萝汁与橙汁按特定比例
调和，这两种果汁相互交融，既能模拟出龙舌兰的微酸与果香特征，又能为
冰激凌增添一股清新的热带风情。然后将果泥与以全脂牛奶、淡奶油、糖和
柠檬汁调配而成的基础冰激凌基底混合均匀，再将整个混合物倒入专业冰激
凌机中，通过反复冷冻搅拌，确保冰激凌质地细腻顺滑，充满空气感。

对这款新口味牛油果草莓龙舌兰风味冰激凌，我们可以借助如
Midjourney、DALLE 等文生图工具，或功能更为复杂的 Stable Diffusion 和
3D 产品设计模型，通过输入精准的文字指令，生成一系列富有创意与细节的
图片。我们甚至可以使用 Sora 基于静态的图片生成一段动态视频，对这个新
口味冰激凌进行更动态的描绘。

通过这种方式，AIGC 不仅在创意构思阶段协助用户，还在实际执行层面
提供了具体可行的方案。在食品行业如此，在其他诸如服装设计、家居装饰、
广告策划等众多领域亦然。用户可以迅速将想法转化为概念，将概念落地为
原型，从而把自己的想法高效地反馈给品牌。

此外，用户还可以借助 AIGC 技术进行虚拟试穿、虚拟试用或预览设计
效果，即时分享自己的反馈，帮助品牌进一步优化和调整设计方案。这种共
创过程不仅增强了用户的沉浸式体验，也促进了品牌和用户之间的深度交流
与合作。

在这个过程中，品牌不仅能获取到源源不断的创意源泉，还能建立起与
用户间的强连接，提升品牌口碑和用户满意度，真正实现了品牌与用户共创
的价值共享和共赢共生。

3. 超个性化的共创

AIGC 具备深入学习和理解用户个性化需求的能力，通过对用户行为、

兴趣、历史记录的分析，它能够生成极具针对性和个性化的创意内容。这一特性深刻影响了用户在产品设计环节的参与方式。

在内容共创方面，电影公司可以运用 AIGC 技术与观众一起打造前所未有的观影体验。比如一部科幻题材的互动式电影短片，该短片的核心剧情由专业编剧团队编写，而观众个体的观影历史、兴趣爱好及其他个人信息将被用于生成无数段个性化的短片。

举例来说，如果某些观众是爱犬人士，AIGC 系统会自动识别这一偏好并在电影的关键场景中嵌入金毛犬的角色，它可能是主角的忠诚伙伴，或者是在紧张气氛中带来温暖瞬间的温情角色。对于喜欢猫咪的观众，AIGC 则会在城市场景中加入一只悠闲漫步的缅因猫，增添生活的趣味和温馨感。

更进一步，该电影将允许观众在观看过程中选择不同的分支剧情走向，甚至可以在线上平台提交自己的创意，定制属于个人版本的故事结局。例如，观众可以选择主角最终的命运走向，或者决定电影中的哪些关键道具如何发挥作用。如此一来，AIGC 技术使得每一位观众都能参与到电影内容的共创之中，从而获得前所未有的沉浸式观影体验。

在产品共创方面，如果用户希望为自己的房间增添几个家具，既体验中式禅意又具有北欧简约风格，同时还能更好地满足自己对阅读和园艺爱好的需求。AIGC 可以学习用户的居住习惯、浏览过的家居图片、购买历史的数据，并提供一套结合了竹编吊灯、原木家具，以及嵌入式书架与绿植墙的个性化设计方案。这个设计方案将发给家装公司或者家具公司进行定制。

不仅如此，在游戏产业中，AIGC 也能实现玩家与游戏世界的深度互动及个性化塑造。比如，基于玩家的游戏类型偏好、操控习惯以及角色扮演喜好，游戏可以通过 AIGC 技术动态生成符合玩家个性的角色外观、故事情节和任务线。这样一来，每位玩家所体验到的游戏世界都是独一无二的，仿佛为自己量身定制一般。

同样地，在音乐领域，通过分析听众的听歌记录、情绪倾向及特定场合下的音乐需求，AIGC 能够创作出符合听众独特品位的曲目，甚至能结合实时情境生成背景音乐，从旋律、节奏到歌词都能够体现出个性化的审美取向。

此外，在教育领域，AIGC 亦可应用于智能教学系统中，针对每个学生的知识掌握程度、学习风格及兴趣特长，生成最合适的教学方案与个性化练习题目，让教育过程更为精准高效且富有吸引力。

随着 AIGC 技术的不断发展与应用拓展，无论是娱乐、生活消费还是教育等各个领域，都将迎来一个全新的"用户中心"时代。在这个时代，用户不仅是产品的消费者，更是内容创造的参与者，他们的个性化需求和创意想法将在 AIGC 技术的支持下得到最大限度地实现与尊重，创造出真正意义上的个性化用户体验和产品生态。

4. 反馈流程和迭代的加速

在传统的用户共创过程中，用户提供的反馈转化为产品实质性更新通常需要历经多个阶段，包括深入的市场调研、精细的设计构思、严谨的生产制造以及全面的功能测试等环节。然而，随着 AIGC 技术的革新应用，这一冗长链条得以重塑，极大地促进了用户需求与产品迭代之间的紧密联动，实现了近乎实时的响应与优化。

首先，产品设计阶段，我们以汽车行业复杂的设计为例，AIGC 将加速用户的反馈和品牌设计流程。用户不再仅限于被动接受既定产品，而是能够直接参与到车辆设计的创新流程中。利用先进的 AIGC 系统，用户能够在虚拟现实环境中与未来座驾实时互动，直观表达对车型外观、内饰材质、色彩搭配等具体细节的个性化见解。系统迅速捕捉这些反馈信息，并生成可视化设计方案供用户即时评估和选择。这样一来，设计师能够精准掌握市场需求，大幅度加快设计迭代的步伐，使得整个产品开发周期显著缩短。

在产品使用阶段，AIGC 技术同样扮演了关键角色，帮助品牌搭建起高效的用户反馈与产品升级体系。我们以智能家居为例，当智能音箱用户反映设备存在语音识别准确率不足或无法识别特定方言的问题时，搭载 AIGC 技术的反馈系统能迅速收集这些诉求，并据此优化语音识别模型。短时间内，系统就能通过云端向智能音箱推送性能升级包，使得音箱在短短几天乃至几小时之内便能提升识别能力，兼容更多语言及方言变体，从而达到快速迭代、持续优化用户体验的目标。

此外，AIGC 技术不仅变革了产品设计与初步上线后的调整阶段，还为后期维护和长期优化提供了前所未有的便捷。比如，在软件行业，以往修复漏洞、增加新功能或改进用户界面可能需要经过多轮版本更新和测试。而运用

AIGC，可以基于用户的大数据反馈实时生成潜在问题解决方案和改进建议，辅助开发者快速定位和修复代码缺陷，同时还能自动生成符合用户偏好的界面设计方案。

不仅如此，对于硬件产品的升级换代，AIGC 也能通过智能化预测和模拟用户的行为模式，提前预见可能出现的问题并提出预防措施，降低故障发生率。结合 3D 打印和智能制造技术，部分零部件的优化设计甚至可以在接收到用户反馈后立即进行调整和重新制造，极大提高了产品迭代的速度和灵活性。

AIGC 技术的引入彻底变革了传统的产品生命周期管理方式，它通过打破横亘于用户与产品开发者之间的沟通壁垒，实现了从产品构思、设计、生产直至售后维护全过程的无缝对接与敏捷迭代。这不仅提升了企业的市场竞争力，也使用户享受到更加个性化、高效且贴合实际需求的高质量产品体验，开启了用户参与共创与企业智能化生产的崭新时代。

6.2.2　AIGC 增强的内容共创

品牌营销面临的主要矛盾之一，就是品牌内容供给与用户日益多元化、个性化的内容需求之间的错配。一方面，品牌往往努力维持对品牌内容的控制，期望通过独特的叙事、创新的设计以及有说服力的信息来吸引潜在消费者，然而，在内容生成的广度、深度及更新速度上会遭遇诸多挑战，诸如资源有限、创意枯竭、内容雷同、差异化弱等问题。另一方面，消费者期待的是更加贴近个人喜好、满足特定场景需求的定制化内容体验，他们不再满足于单一的推销信息，而是寻求情感连接、价值共鸣和深度参与的品牌关系。

内容共创是解决这一矛盾的重要营销战略。首先，内容共创鼓励用户直接参与到品牌内容的构思、设计与传播过程中，这使得内容能够更加准确地反映目标群体的兴趣与需求，从而增加用户的归属感和满意度。其次，通过与用户的实时互动与合作，品牌能够根据用户的反馈和创意迅速调整内容策略，实现内容的个性化定制，增强内容与消费者实际需求的契合度。

同时，内容共创将带来社交货币效应。社交货币效应是指在社交媒体或线下社交环境中，人们分享某个品牌、产品、活动或信息时，如同在交换一种无形的货币，通过分享这些内容来展示个人的社会地位、品味、价值观或者获得他人的认同与赞赏。当用户参与并分享品牌相关的"社交货币"时，他们在社交圈中增加了可见度、建立了个人形象，并间接提升了品牌的知名度和影响力。用户在共创内容时会产生强烈的主人翁意识，他们会更乐意分享这些带有自我印记的作品，进而形成自发性的口碑传播，提高品牌的影响力和信誉度。

然而，在传统的运作模式中，内容共创实践遭遇了显著的困难与局限。通常情况下，众多品牌在策划和执行各种线上线下的活动时，尽管投入大量的资源，却仍然难以吸引广大用户积极参与到内容创作和分享的过程中。这源于多方面原因，包括用户参与成本（时间、精力、创造性思维等），以及活动本身是否具有足够的吸引力和激励机制。

因此，许多品牌不得不首先聚焦于挖掘一小部分具有较高活跃度和影响力的"种子用户"，通过他们的示范作用和引领效应，期望能触发更多用户的关注和跟进参与。即便如此，活动一旦进入执行期，由于缺乏有效的共创机制和社交货币加持，普通用户的参与热情往往会快速降温，导致整个活动难以实现最初的构想。

品牌可以通过 AIGC 突破传统瓶颈，有效降低用户参与门槛，大幅提升内容生产的效率和多样性。例如，品牌可以运用 AIGC 技术开发智能创作助手，引导用户基于自身经历、想法和情感输入，快速生成个性化的故事、图片、视频或其他形式的内容。AIGC 能够学习和理解用户的行为、兴趣和情感，帮助用户轻松创作出既符合个人风格又体现品牌形象的内容作品。

1. 用户智能生成内容

用户使用 AIGC 辅助生成的内容，称为用户智能生成内容（User AI-Generated Content，UAIGC）。用户智能生成内容，是用户生成内容（UGC）的升级，是创意能力普及和超个性化共创带来的产物。用户生成内容和用户智能生成内容的比较见表 6-2。

表 6-2　用户生成内容和用户智能生成内容比较

比较维度	用户生成内容（UGC）	用户智能生成内容（UAIGC）
定义	用户自发创建、分享的内容，通常基于个人经验、兴趣和创造力	用户利用 AI 辅助或主导创作的内容，结合了人的创意与 AI 的能力
创作主体	积极的普通用户和忠诚用户	更大范围的普通用户

（续）

比较维度	用户生成内容（UGC）	用户智能生成内容（UAIGC）
创作过程	依赖人工、个人技能和时间投入	AIGC 工具自动化或半自动化地帮助快速创作和优化内容
内容类型	以图文为主	图文、视频、音频，甚至虚拟人视频等更加多样的形式
内容质量	质量参差不齐，取决于用户的专业程度和个人能力	有望实现更高质量和标准化，但可能受制于 AIGC 模型的能力与训练数据的质量
原创性	可能包含大量原创观点和个性表达	AIGC 可以帮助用户探索更多元、更新颖的创意空间，但也可能导致原创性争议
制作成本与时效性	制作成本相对较低，但耗时较长，尤其对于复杂内容	利用 AIGC 可提高内容生成效率
控制性与规范性	内容控制相对较弱，易出现不良信息	可通过 AIGC 的过滤、审核机制提升内容合规性
创新能力	创新来源于个体的独特经验和思考	可借助 AIGC 大数据分析、模式识别等能力增强创新能力

　　UGC 的核心是用户直接参与创作，强调的是大众化、多样性以及社区互动，而 UAIGC 则是用户与 AI 相结合的产物，旨在通过智能化手段提升创作效率、质量，并且降低用户分享的门槛。

　　以往，用户共创的内容大多集中于相对静态的图片和文字，而用户智能生成内容则极大地拓宽了用户参与创作的维度，让用户得以涉足音乐、视频等更为复杂的内容生成。

　　例如，音乐人 Grimes 近日在一个创新平台上发起了一个与粉丝互动的共创活动，让粉丝们利用基于 AIGC 技术的软件，分析并使用她本人的声音来创作全新的音乐作品。Grimes 的团队研发了一套能够高度仿真她独特声线的 AI 程序，并且把原始音频文件片段及采样素材上传至这个程序，以便粉丝和其他创作者借此训练出更加精准的个人声音模型。

　　为了让这个活动实现真正的"共创"，Grimes 允许所有参与者通过她的官方网站登记相关的音乐创作，并愿意分享高达 50% 的版权收入给创作者。

　　我们能从上面的案例中，寻找一些 Grimes 运用 UAIGC 的经验和灵感：

　　1）AIGC 技术驱动：Grimes 通过将 AIGC 音乐生成技术应用到音乐创作中，成功吸引了大量粉丝参与到原本专业门槛较高的音乐制作领域。品牌可以通过类似方式，借助 AIGC 技术打破传统创作壁垒，鼓励用户跨越技术门槛，共同创造更具吸引力和独特性的内容。

在具体实践中，品牌可以打造在线的 AIGC 创意小程序、网页版智能编辑器或者定制聊天机器人等平台，通过个人任务竞赛、团体挑战赛等多种形式，打造用户共创的机制。

2）共创式参与：共创式参与的核心在于赋予消费者更多的能力，让他们能够直接参与并影响品牌内容的塑造。在 Grimes 的案例中，她开放了自己独特的音乐声音模型给粉丝使用，这不仅是对音乐创作边界的重塑，更是对粉丝社群深度互动模式的一种创新实践。通过此方式，粉丝不再仅限于被动地欣赏和消费音乐作品，而是转变为主动地创作和分享，他们能够结合自己的创意与 Grimes 的声音，创作出独一无二的作品，这种过程极大地增强了粉丝与 Grimes 个人品牌之间的情感绑定和身份认同感。

对于其他品牌来说，借鉴此类做法意味着需要将 AIGC 技术融入产品设计与内容营销策略中。例如，一个服装品牌可以利用 AIGC 技术，让用户上传他们的个性化需求，然后由 AI 协助设计出符合用户特定审美与风格的配饰，并且进行分享。

对于绝大部分品牌来说，我们可以上线 AIGC 的品牌共创平台，邀请用户按照自己的喜好设定故事情节、角色特性等要素，从而生成独一无二的品牌故事。通过消费者的主动参与和创造性表达，让品牌故事更加生动和自然。

3）权益共享激励机制：通过分享高达 50% 的版权收益，Grimes 开创了一种新型的知识产权合作模式，这不仅鼓励了更多高质量内容的产出，也展示了品牌对于用户创造力的尊重和价值认可。这一举措不仅打破了传统的艺术家与受众之间的界限，还成功激发了粉丝群体的创新潜能和参与热情。这样的合作模式使得每位贡献者都能从自身的艺术创造中获得实际回报，进而鼓励了更大规模、更高水平的内容创新。

在过去，品牌惯常采用实物奖品或者现金奖励的形式来激励并奖励那些排名靠前的用户。然而，这种单一的奖励模式存在明显的局限性，它难以充分调动大多数用户群体的持续参与，并可能引发投票作弊等不正当竞争。尤其是对于致力于长远发展的品牌而言，仅仅依赖短期的物质激励并不能够有效建立与用户之间的深度联结和有效的内容共创。

为了解决这个问题，品牌应转向建立一个公平、透明且多元化的激励机制，对用户在共创内容过程中的贡献予以合理的价值回馈，实现从内容共创到权益共享。这种权益共享可以通过收益分成、积分累计等多种奖励方式实现。这样一来，品牌不仅能够持续获得优质的用户共创内容，同时也有助于累积品牌的社交货币。

4）品牌故事与内容共创融合：通过 UAIGC 技术，品牌不再仅仅是内容的输出方，而是成为内容创新的引导者和平台提供者。像 Grimes 这样开放式的共创活动，让品牌故事与用户的故事交织在一起，形成丰富的叙事网络，有效提升了品牌故事的多元性和传播力度。

2. 用户共创的规模化和智能化

用户智能生成内容推动了用户内容共创的规模化和智能化。这一新型的品牌建设路径突破了传统的单向传播模式。借助 AIGC 技术，用户的创造力得以空前释放，他们的作品不再仅仅是内容消费的一环，而是深度参与到品牌内涵的塑造与扩展过程中，进而构筑起一个开放、互动并充满活力的品牌共建生态系统。

AIGC 技术凭借其强大的数据处理能力，能够实时解析海量用户行为及偏好数据，从而精确捕捉市场风向和消费者情感动态，指导品牌及时优化内容策略，打造更贴合用户需求、富有创意和吸引力的品牌内容。

品牌可以通过精心设计并应用预先设定的灵活共创模板及趣味性任务策略，有效地激发用户的参与热情，使他们在轻松愉快的互动体验中自然而然地成为品牌故事的共同创作者和传播者，从而营造一种积极正向且充满活力的共创环境。例如，我们可以借助先进的 AIGC 技术开发一款创新的互动式小程序，其中集成了丰富的个性化共创模板和一系列富有吸引力的任务挑战。在这个小程序中，用户能够依据品牌提供的预设模板，充分发挥自己的创造力来设计独一无二的跑鞋外观，包括但不限于选择色彩组合、材质，添加自定义图案等，甚至可以通过上传个人照片或签名实现深度定制，从而将自己的故事和情感投射到品牌产品上。

尤为关键的是，AIGC 技术正在赋能品牌构建一种全新的社交货币交换机制。通过智能匹配与个性化推送，品牌能够针对各类用户群体量身定制极具特色的内容分享计划，激发用户自发地在社交网络上分享那些具有高价值和广泛共鸣力的内容，有效提升品牌的社交曝光度和口碑传播效率。

在此基础上，品牌还可运用 AI 算法构建积分奖励体系，客观公正地衡量用户共创内容的品质、关注度和扩散程度，回馈参与者以各种虚拟或实体奖励，进一步激发用户的参与热情，提高品牌忠诚度。

AI 驱动的内容共创不仅是技术创新层面的飞跃，更是品牌建设理念的根本转型。它成功消解了品牌方与消费者在内容生产与消费需求之间的隔阂，在二者间构建起紧密相连、持续深化的合作纽带。在 AIGC 技术的有力支撑下，品牌得以开启规模化、个性化的用户内容共创时代，不断拓宽品牌影响力的边界，并累积品牌资产的深层价值。

6.2.3　AIGC 增强的产品共创

传统上，用户参与产品设计仅限于焦点小组、调查或 Beta 测试，只能提供有价值但通常是表面和被动的反馈。然而，随着像 DALL-E、Midjourney 和 Stable Diffusion 这样的 AIGC 工具的出现，品牌现在可以在整个产品设计过程中，从概念到迭代再到实施，将用户作为态度积极、富有创造力的合作伙伴。

AIGC 能够有效增强产品共创，具体表现在：

- 效率的增强：AIGC 可以帮助用户按照需求生成产品改进的想法，接着品牌快速生成和测试无数设计变体与原型，减少传统产品开发的时间和成本。
- 定制化和个性化的增强：在设计过程中充分吸收每位用户的独特偏好和具体需求，AIGC 能够助力打造出精准契合个别用户或特定市场细分群体的定制产品。品牌不仅可以提供千人千面的内容，还可以设计千人千面的产品。
- 多样化创新的增强：AIGC 技术能够深入挖掘设计领域的无限可能性，通过前所未有的方式融合各种元素，催生出更具创新性和独特性的产品理念。这些理念往往超出了单纯依赖人类智慧所能触及的范畴，为用户与品牌之间的共创合作开辟了新的视野，从而带来更加丰富和多元化的创新成果。
- 产品体验反馈和设计迭代的增强：利用 AIGC 技术，品牌可以根据用户的直接反馈和实际使用数据来模拟、改进产品性能。这种方法不仅加快了设计迭代过程，还确保了产品能够提供更加直观、高效和愉悦的用户体验，从而提升用户满意度和品牌忠诚度。

那么，这种共创模式具体是如何运作的呢？我们可以将品牌与用户共同创造产品的模式和实现方式，按照品牌与用户在共创过程中的互动方式和侧重点，划分为反馈式、协作式和启发式三种类型。每种模式均具有各自的特点和适用场景。

1. 反馈式共创

反馈式共创是一种高效的产品创新及优化管理机制。品牌在产品整个生命周期的各个阶段，特别是设计、开发到更新的全流程中，积极邀请并整合用户参与其中，聚焦用户在实际应用中的真实体验。

这一策略的核心是在深入理解用户需求和满意度的基础上，通过系统性地收集和分析用户的直接反馈、建议及痛点问题，指导产品设计和服务方式的不断调整与升级。在 AIGC 的辅助下，品牌可以构建在线反馈机器人或者人机互动平台，利用先进的 AIGC 技术进行用户调研，精准洞察用户期望与行为模式。同时，品牌可以借助 AIGC 强大的数据分析能力，对海量用户反馈进行智能解析和洞察提炼。

反馈式共创在实际操作中涉及一系列严谨且细致的步骤，以确保用户反馈能够有效融入产品优化流程。

1）搭建智能化反馈通道。搭建智能化用户反馈渠道，利用 AIGC 技术自动生成个性化的调查问卷或者社区问题。

2）智能收集与规整反馈。利用 AIGC 工具进行自动化数据采集，涵盖用户发表的文本评论、评分、截图、视频等各种形式的反馈。同时，利用 AIGC 技术对非结构化数据进行初步梳理和标准化处理，使得海量的用户反馈变得易于管理和分析。

3）深度解读用户心声。应用先进的数据分析技术，如情感分析和文本挖掘，结合 AIGC 的自然语言处理能力，深入解读用户反馈背后的深层含义、情绪倾向以及隐藏需求。通过 AIGC 生成的详细报告，品牌能够快速识别出用户的普遍痛点、高频需求以及满意度热点。

4）智能洞察与趋势预测。结合 AIGC 的机器学习能力，对用户反馈进行深度挖掘，发现用户行为和需求的趋势变化，并对未来可能出现的问题和机遇进行预测，从而提前布局产品优化策略。

5）快速响应与迭代改进。根据 AIGC 工具分析得出的结果，建立快速响应机制，将用户反馈迅速转化为具体的产品或服务改进措施。品牌可以利用 AIGC 生成可供用户可视化体验的迭代方案，让用户参与到改进决策过程中，进一步增强共创体验。

6）闭环反馈机制。将整个反馈式共创过程视为一个闭环，持续跟踪用户对改进后产品的反馈，通过 AIGC 工具再次进行数据收集、分析和响应，确保产品始终处于不断优化和进步的状态。

通过上述步骤，反馈式共创结合 AIGC 工具，使得品牌能够更高效地利用用户反馈，推动产品和服务的不断创新与优化，实现与用户需求的紧密对接。

反馈式共创广泛适用于各类企业，尤其对于服务行业，它是改进服务质量、优化服务流程的重要途径，通过倾听用户的实时体验反馈，及时调整服务细节，确保服务内容始终贴近用户需求。

同样，在实体产品领域，特别是在新品上市前后，反馈式共创也同样可以扮演重要角色。它能帮助企业迅速响应市场和用户的即时反馈，从而推动产品快速迭代并实现最佳的市场适应性优化。

2. 协作式共创

协作式共创则是在反馈式共创基础上的升级，它不仅关注用户反馈的接收与转化，更强调用户作为共同创造者应深度参与到产品或服务的设计与创新之中。这种模式鼓励用户从被动接受转变为积极参与，与企业一起塑造更具价值和竞争力的产品。

1）建立协同创新平台。创建线上线下的协同工作环境，运用 AIGC 工具搭建用户共创平台，让用户能够直观表达创意、分享观点，甚至直接参与到产品原型设计或功能完善中。例如，使用 AIGC 技术模拟展示用户提出的概念设计，提升共创效率与质量。

2）引导用户参与设计。通过 AIGC 驱动的交互设计工具，允许用户自行定制部分产品特性或服务选项，实现个性化需求与大众需求的有效融合。比如，用户可以利用 AIGC 工具进行虚拟试用，提出修改意见，企业据此动态优化设计方案。

3）开展共创活动与竞赛。组织线上线下相结合的共创活动，如创意征集大赛、研讨会、工作坊等，利用 AIGC 技术支持现场讨论记录、创意汇总分析，促进用户之间及用户和企业的深度交流与合作。

4）构建共创社群文化。借助 AIGC 技术赋能社群运营，培养用户间的互动习惯，形成良好的共创氛围。例如，利用 AIGC 创建的知识图谱分析社群内用户的特长与兴趣点，推动针对性的话题讨论和项目合作。

5）评估共创成果与激励机制。AIGC 工具可以帮助企业追踪和评估每个共创环节的成果，针对有价值的用户贡献给予相应奖励，如积分、优惠券或荣誉认证等，以此激励更多用户参与共创过程。

6）持续迭代与用户教育。协作式共创不仅在于初期的产品设计阶段，更贯穿于产品的整个生命周期。企业通过 AIGC 技术提供持续的产品教育资料与教程，帮助用户了解最新的功能更新和使用技巧，并同步获取用户的学习反馈，不断优化产品与服务体验。

协作式共创在强调团队合作、资源共享和创新能力的企业环境中发挥着重要作用，其应用领域十分广泛。在产品设计与开发中，企业通过协作式共创平台邀请用户、设计师等共同参与，确保产品既符合市场趋势又满足用户需求，如汽车制造商让用户参与概念车设计，家具品牌让用户投票选择新品的颜色与材质搭配。

协作式共创在充分利用 AIGC 技术的同时，赋予了用户更高的参与权和决定权，实现了从"我为你设计"到"我们一起创造"的转变，让产品或服务更加符合市场的真实需求，也极大增强了品牌的用户黏性和口碑传播效应。

3. 启发式共创

启发式共创是一种更为高级和前瞻性的创新管理模式，它结合了 AI（尤其是 AIGC）与人类智慧，通过探索性的问题设定、情景模拟以及未来展望来激发全新的设计理念和解决方案。在启发式共创过程中，企业不只是收集和应用用户反馈，而是主动引导用户跳出既有框架，挑战传统思维，共同探寻潜在可能性。

1）设立开放性挑战与探索议题。启发式共创首先要求企业提出具有开放性、前瞻性和挑战性的议题，这些议题旨在激发用户群体的深度思考和创造性想象。通过 AIGC 技术构建生动逼真的未来场景，促使用户思考如何应对未来可能遇到的问题或挑战。

2）智能引导与构思孵化。AIGC 工具在此过程中发挥着智能导师的角色，它可以提供相关领域的前沿知识、案例研究以及跨行业的灵感参考，协助用户拓宽思路，孕育独特的创新想法。此外，AIGC 还可用于模拟不同构思方案的实际效果，加速创新构想的验证与迭代。

3）共创研讨与脑力激荡。企业组织线上线下混合式的共创研讨会议，借助 AIGC 技术实时记录、整理和分析会议内容，提取关键观点和潜在创新点。通过 AIGC 智能生成的思维导图或概念模型，有助于参与者们相互启发，共同构建未来的理想产品形态。

4）共创实验室与虚拟现实体验。利用 AIGC 与 VR/AR 技术构建沉浸式的共创实验室，用户可在模拟环境中亲手实践自己的创新构想，进而产生更具可行性的设计提案。AIGC 能够实时捕捉并解析用户在虚拟实验中的行为数据，为后续的产品优化提供有力支持。

5）多元视角融合与共识形成。在启发式共创中，企业鼓励跨学科、跨领域的多元视角碰撞与融合。AIGC 技术可将各种不同的见解和设想综合起来，生成综合分析报告，帮助各方达成共识，确定最具潜力和影响力的产品创新路径。

6）长期战略规划与预见性设计。启发式共创不仅仅是解决眼前的问题，还致力于为企业制定长远的战略规划。基于 AIGC 对未来趋势的预测能力，企业和用户携手探索远期愿景，共同设计既满足当下需求又具备未来适应性的产品和服务。

启发式共创以 AIGC 技术为载体，通过深度互动和前瞻性思考，引领用户与企业一道跨越当前认知边界，探求前所未有的产品和服务解决方案，从而更好地迎接未来的挑战与机遇。

启发式共创作为一种创新协作方法，其应用场景广泛，适用于需要激发集体智慧、解决复杂问题、推动创新变革的各种情境。在新产品的构思、设计与优化阶段，通过启发式共创，企业可以汇集工程师、设计师、市场研究人员、潜在用户等多方智慧，共同探索创新概念、评估市场需求、打磨产品细节，确保产品既符合用户期望，又具有市场竞争力。在制定或调整企业战略时，通过启发式共创，企业高层、各部门负责人、员工代表、外部顾问等可以共同探讨市场趋势、竞争格局、内部资源与能力，共创出具有前瞻性和落地性的战略路径及行动计划。

6.2.4　AIGC 增强的价值创新

在当今迅速变化的商业环境中，创造和捕获价值比以往任何时候都更加重要。用户不仅要求更好的产品和服务，还要求更有价值和意义的体验。品牌要想持续获得成功并应对日益增长的用户需求，必须调整其战略重心，从传统的依赖现有资源和市场地位的"规模增长"模式，转向更侧重于创新思维、开拓新市场和创造全新价值的"价值创新"模式。

价值创新的概念，最初由 W. Chan Kim 和 Renée Mauborgne 在其著作《蓝海战略》中提出，指的是同时追求差异化和低成本，为公司及其用户创造价值的飞跃。价值创新者不是在现有的市场空间或"红海"中竞争，而是通过重构行业边界、重新定义问题和重新想象用户体验，寻求创造无竞争的市场空间或"蓝海"。

这需要从根本上重新思考价值是如何被创造、交付和被用户感知的，以及采取一种更注重协作和包容的创新方法，超越原本品牌和营销的边界。

引入 AIGC、进行价值共创是一种强大且具有变革性的方法，使品牌能够吸引用户、员工、合作伙伴甚至非用户参与到新颖且有影响力的价值主张的创意、设计和实现过程中。品牌可以挖掘其利益相关者的集体智慧和创造力，发现以前隐藏或未被开发的新价值和差异化来源。

AIGC 为促进和加速价值创新提供了强大的工具和平台，以支持该过程的关键阶段。

1. 价值探索

价值探索是指为了识别、理解并量化潜在用户、消费者、市场或特定场景中所蕴含的价值需求、价值创造机会以及价值实现路径而进行的一系列系统性研究、分析与洞察生成活动。这一过程旨在帮助企业、组织或个人深入理解市场需求、创新产品或服务、优化商业模式、制定有效战略，从而实现价值最大化。

传统的价值探索过程主要依赖于人类专家的经验、直觉、市场调研手段以及相对较为基础的数据分析工具。这个过程往往较为耗时且成本较高，尤其是在面对海量信息、快速变化的市场环境以及高度个性化的用户需求时，传统的手段可能难以及时捕捉到细微的市场动态、精确量化价值要素，以及全面揭示深层次的消费者行为动机。

企业内部专家或者咨询公司的经验虽有价值，但易受个体认知偏误、信息不对称及过往经验局限的影响，可能导致对市场机遇的识别不够精准，对潜在风险的预估有所偏差。

此外，传统的调研方式如电话访问、焦点小组访谈、在线问卷等在覆盖范围、样本质量以及数据质量控制方面存在问题，难以实现大规模、实时、高精度的数据采集与分析。基础的数据分析工具可能无法处理复杂的数据关系，也无法进行深度学习或预测模型构建。

随着数字技术的引入，价值探索过程正在经历深刻的变革。大数据、人工智能、云计算、物联网等先进技术的应用，使得数据采集更加全面、实时，数据分析更为精细、智能化。企业现在能够利用先进的数据挖掘技术、预测算法、消费者画像、社交网络分析等工具，以前所未有的深度和广度来进行价值探索。

AIGC 的引入，将进一步提升价值探索的智能化水平与敏捷响应能力。AIGC 为品牌提供了前所未有的工具，助力其深入挖掘和精准把握新兴的用户需求、偏好和痛点，以及预判可能塑造未来价值机会的新变革和新趋势。

首先，AIGC 技术能够高效地聚合和解析海量的结构化与非结构化数据源。这包括但不限于社交媒体平台上的用户言论、产品评价、话题讨论，电商平台上的用户购买行为、搜索记录、购物车数据，以及各类专业数据库如专利库、学术期刊、行业报告等。这些数据犹如一座蕴含丰富价值信息的矿藏，但传统的人工分析方式受限于时间和人力，难以进行全面、深入的挖掘。而 AIGC 凭借其强大的数据处理能力，能够迅速整合、清洗、标准化这些数据，为后续的洞察生成奠定坚实基础。

其次，AIGC能够通过先进的自然语言处理、深度学习、知识图谱构建等技术，对处理后的数据进行深度分析和解读。它可以识别出隐藏在数据背后的模式、趋势和关联，揭示用户需求的细微变化、潜在的市场空白、未被满足的痛点，甚至是尚处于萌芽阶段的新兴趋势。例如，AIGC可能通过分析社交媒体上的讨论，发现消费者对环保材料在家居产品中的应用关注度显著上升，预示着绿色家居将成为未来市场的主流趋势。又如，通过对用户评论的语义分析，AIGC可能发现某款产品的某个功能虽未被广泛宣传，但深受用户喜爱，提示品牌应加大对此功能的宣传力度或做进一步优化。

最后，AIGC还能通过生成式模型，自动输出高质量的洞察报告、趋势分析、创新建议等，为品牌决策者提供直观、易懂、有针对性的指导。这些生成内容不仅包含对现有数据的解读，还能结合历史数据、行业知识、专家观点等多元信息，进行情景模拟、假设检验、未来预测等高级分析，帮助品牌提前布局，抢占市场先机。

AIGC在价值探索中的应用，不仅极大地提升了品牌获取和理解数据的能力，也为其提供了更深入、更全面、更具前瞻性的市场洞察，助力品牌精准定位用户需求，快速响应市场变化，创新产品和服务，实现持续的价值创造和竞争优势构建。

2. 价值创意

价值创意是指通过创新思维、方法和技术，创造出具有显著经济、社会、环境或文化价值的新颖产品、服务、商业模式、解决方案或艺术表现形式。价值创意不仅需要具有原创性和独特性，还应能够解决问题、满足未被充分挖掘的市场需求、推动行业进步。

以往，价值创意是价值创新中最关键也是难度最高的环节。在这个环节中，我们往往受困于"知识诅咒"。知识诅咒，也被称作专家诅咒，是一种认知偏差，发生在个体与他人交流时，错误地假设其他人也拥有只有自己才知道的信息，认为他们具有相同的背景知识和理解力。例如，辅导孩子作业的家长可能会难以理解为何简单的算术题对孩子来说如此难懂，因为他们早已习惯了这些逻辑，忘记了自己初学时的困难。又比如，顶级篮球运动员出身的教练在看自己的球员打球时，可能会因为无法忍受他们在战术执行上的迟疑，而感到是一种受罪。

　　人的思维受制于个人经验、知识结构、文化背景等因素，在已知框架下往往很难进行跨界思考。即使我们常采用新的思维工具和创意方法，比如六顶思考帽、TRIZ 理论、头脑风暴、设计思维等创新工具，鼓励多元观点碰撞，促进跨界融合的创意产生。但是，这些方法仍然难以完全摆脱知识诅咒，尤其是在面对高度复杂、快速变化的市场环境时，传统创新工具的效用可能会大打折扣。

　　知识诅咒不仅阻碍产生新的想法和创意，而且这些新的想法和创意可能偏离用户需求和期望。这就能解释为什么我们经常会遇到许多"想当然"的产品功能或者"自嗨式"的体验设计。知识诅咒使得创新者在设计产品功能时，容易基于自身专业知识和经验，假设用户理应理解并接受某些复杂的操作逻辑、专业界面或功能设定。例如，一款专业软件可能充斥着行业内的专有名词和复杂的操作流程，而忽视了对初级用户的友好性考虑。在用户体验设计中，知识诅咒可能导致创新者过于沉浸在自己的专业领域内，提供一些看似高端、前沿，实则脱离用户实际需求的服务。例如，一家汽车公司可能热衷于引入各种创新材料和大屏幕，却忽视了顾客对续航里程、性价比、电池寿命等基本需求的关注。

　　AIGC 通过算法模型对海量数据进行深度学习和智能分析，揭示隐藏的市场趋势、消费者行为模式和未被满足的需求，为品牌提供客观、全面且有时效性的洞察。这些洞察不受限于品牌内部知识体系，有助于打破固有认知边界，启发创新团队从全新的视角审视问题，提出更具市场适应性的价值创意。此外，AIGC 还能根据用户数据生成多样化的产品概念、设计草案或营销策略，为品牌提供丰富的创新素材，进一步拓宽创新思维的疆界。

　　此外，用户共创是另一种有效打破知识诅咒的方式，它使品牌能够直接从用户那里获取真实、鲜活的见解和需求。通过在线调查、用户论坛、共创工作坊等形式，品牌可以邀请用户参与到产品设计、服务优化、营销策划等创新过程中，倾听用户的声音，理解他们的痛点和期望。用户共创不仅能够提供与市场紧密相连的原始数据，还能够激发品牌团队跳出自身视角，从用户的角度审视问题，形成更具共鸣和实用性的创新解决方案。用户共创的过程本身就是对知识诅咒的一种解构，它迫使品牌团队放下专业知识的权威，谦卑地向用户学习，从而实现知识的更新与思维的解放。

AIGC 与用户共创双管齐下，助力品牌挣脱知识诅咒，实现价值创新的精准化与市场化。

3. 价值验证

价值验证是指企业或品牌在产品开发和市场投放过程中，系统性地评估其产品或服务是否真正为目标用户创造了价值，以及价值创造的程度是否符合预期。这是一个旨在确认产品概念、功能设计、用户体验、定价策略等核心要素能否有效满足市场需求、解决用户痛点、激发购买意愿和提高忠诚度的过程。价值验证的核心目的是确保企业的资源投入能够产生可持续的商业回报，避免因产品与市场需求不匹配导致的失败。

价值验证主要包括概念测试和原型测试两个阶段。在概念测试阶段，我们以文字描述、草图、二维模型等形式呈现产品的初步设想，邀请目标用户或者自己扮演用户角色，对概念进行评价。在原型测试阶段，我们使用简单的道具，或者制作物理或数字原型，邀请用户进行试用或交互，观察其在实际使用中的反应，收集关于功能、界面、易用性等方面的反馈。

但是这个过程耗时耗力，而且搜集的数据往往不准确。物理原型制作、大规模市场调研、试点推广等活动通常耗费大量人力、物力和时间，尤其是在产品尚处于早期概念阶段时，这些投入可能带来较高的风险。传统验证流程涉及多个线下环节，反馈周期较长，不利于快速响应市场变化和用户需求的动态调整。而且，这些反馈依赖少数用户的主观表述和有限的使用场景模拟，可能不够全面、深入，难以揭示潜在的用户行为模式、隐藏需求或极端情况下的产品性能。

AIGC 技术能够有效地弥补上述传统价值验证过程中的缺陷。

- **降低成本与缩短周期**：AIGC 可以迅速生成高质量的 2D 图片、3D 模型、虚拟现实体验、交互式演示等多元化的数字内容，替代部分物理原型制作，大幅降低材料成本和制作时间。同时，通过在线测试和模拟，企业能在短时间内收集大量用户反馈，加快验证速度。

- **增强互动与沉浸感**：AIGC 创建的逼真模拟环境能让用户如同亲身体验般与产品互动，提供更丰富、立体的反馈信息。例如，用户可以"试穿"虚拟服装、在元宇宙空间中操作设备，甚至参与由 AI 驱动的虚拟市场环境，这些高度互动的场景有助于揭示深层次的用户偏好和使用习惯。

- 数据驱动的精细化洞察：结合大数据分析与 AI 算法，AIGC 平台能够实时监测用户在虚拟体验中的行为数据，精准量化产品的各项性能指标，如用户停留时间、操作路径、情绪反应等。这些精细化数据有助于发现传统方法难以察觉的细微问题和机会，为决策提供更为扎实的依据。
- 灵活迭代与优化：基于 AIGC 生成的内容易于修改和更新，企业可以根据收集到的反馈迅速调整产品设计或价值主张，并立即重新进行验证。这种敏捷开发模式使得产品能够更快地适应市场变化，提高创新成功率。

通过 AIGC 生成或创建的数字内容，如 3D 模型、虚拟体验或数据驱动的情景，AI 算法可以帮助品牌快速收集真实的反馈，识别潜在的障碍或意外风险，并迭代改进产品的设计和交付。

4. 价值实现

价值实现是指企业在识别并验证了其产品或服务能够为特定市场创造价值后，成功将其转化为实际的商业成果，即通过有效的市场进入、销售、服务和维护策略，将价值创新转化为盈利、市场份额增长、品牌影响力提升等具体经济和社会效益的过程。

AIGC 在增强价值实现阶段发挥着重要作用，主要体现在以下几个方面：

- 精准营销：AIGC 能够生成个性化、定制化的营销内容，根据消费者画像和行为数据进行精准推送，提高营销效率和转化率。
- 智能定价：AIGC 可以分析海量市场数据、竞品价格、消费者支付意愿等因素，协助品牌制定动态、差异化的价格策略，实现收益最大化。但请注意，这里的智能定价，不是针对同一产品不同人群的"大数据杀熟"，而是针对不同人群进行不同产品配置和定价的"智能价格匹配"。
- 需求预测：AIGC 技术结合大数据分析，能够预测市场需求变化趋势，为企业的生产和库存提供参考。
- 客户服务：AI 聊天机器人、虚拟助手等技术可提供即时的客户服务，如解答疑问、处理投诉，提高用户满意度和留存率。

AIGC 通过赋能企业在资源配置、供应链协调、用户参与等关键环节的智能化运作，显著提升了价值实现的效率与效果。它不仅帮助品牌精准对接市场需求，提供个性化的服务体验，还支持企业动态适应市场变化，持续创新，确保价值创造活动的持久性和竞争力。

AIGC技术为增强用户共创和协作提供了强大的支持和无限的可能性。通过AIGC，企业能够更深入地洞察用户需求，更快速地响应市场变化，更有效地激发创新思维，从而与用户共同创造出更多价值。AIGC不仅提升了用户参与的深度和广度，还优化了共创过程的效率和质量，使得用户共创成为企业持续创新和领先市场的重要策略。

在用户共创的实践中，AIGC技术的应用覆盖了从价值探索、价值创意、价值验证到价值实现的全过程。它通过智能化的数据分析、交互式的用户体验、实时的反馈循环和精准的市场定位，极大地提高了共创活动的成效和价值转化的可能性。AIGC技术的应用不仅推动了产品和服务的创新，还促进了商业模式和营销策略的革新，为企业和用户共同探索新的市场空间和增长机会提供了有力工具。

总之，AIGC技术正在重塑用户共创和协作的面貌，为品牌和用户之间的互动开启了新的篇章。通过充分挖掘AIGC的潜力，企业能够更好地满足用户需求，提升用户体验，加强用户忠诚度，最终实现可持续的业务增长和成功。随着AIGC技术的不断进步和应用范围的不断拓展，我们有理由相信，用户共创和协作将成为企业获取竞争优势、实现长期发展的关键所在。

6.3　AIGC增强品牌与用户关系

随着AIGC时代的到来，消费者的角色正在经历深刻的转变。他们不再仅仅是内容和产品的被动接受者，而是越来越多地成为内容的创造者和产品与服务设计的参与者。这种转变是由AI技术的快速发展所推动的，这些技术赋予了消费者新的创意、创新以及与品牌共创的能力。

6.3.1　AIGC赋能新的品牌与用户关系

传统的消费者行为模型，以意识、考虑、购买和购后评估的线性过程为特征，正被一种新范式所改变。在新范式下，消费者行为模型呈现出非线性、实时互动、用户共创和社会化等特征，它打破了传统模型的线性局限，反映了消费者在数字化时代下更加自主、多元和社交化的行为模式。

- 非线性决策：消费者能够在任何时间、任何地点轻松获取信息、比较产品，这打破了传统模型的线性顺序。消费者可能在"行动"阶段后重新回到"意识"或"兴趣"阶段，形成循环往复、跳跃式的决策过程。

- 实时互动：AIGC 技术如聊天机器人、虚拟助手等，实现了品牌与消费者之间的即时沟通。消费者可以直接询问产品细节、获取个性化推荐、解决购买疑问，无须按照传统的线性步骤等待信息收集。这种实时互动大幅缩短了决策周期，增强了购买体验。

- 用户共创：AIGC 赋能消费者参与产品设计、内容创作等环节，消费者从被动接受者转变为品牌的共创者。例如，消费者可以利用 AI 工具定制个性化产品，或通过用户社区提交改进建议，直接影响产品迭代。这种深度参与改变了消费者与品牌的关系，使消费者在购买决策前就已深度融入品牌生态。

- 社交影响：用户智能生成内容兴起后，生成的高质量、个性化内容易于在社交网络中传播，加速了信息扩散和购买决策过程。消费者的购买决策往往受到社交圈子、KOL（关键意见领袖）及算法推荐的影响，而非完全依赖个人独立的线性探索。

在这一新模型中，消费者不仅仅是购买者，还是共创者、影响者和倡导者，他们在品牌的塑造中发挥着关键作用。

AIGC 使消费者能够根据自己的独特需求和偏好创建、定制个性化的产品和服务。从产品设计和开发到营销和客户服务，AIGC 让消费者在与品牌的互动中拥有了前所未有的力量和控制权。例如，AIGC 可以根据用户的个人偏好创建个性化的服装设计。通过输入尺寸、风格偏好甚至社交媒体动态，用户现在可以共同创造自己独特的时尚单品。这种个性化和定制化的方式不仅限于时尚行业，而是正在广泛应用于各个行业，从食品和饮料到医疗保健等。在每一种情况下，AIGC 都在帮助消费者在他们消费的产品和服务的创造和发展过程中扮演更积极的角色。

AIGC 对消费者行为的影响不仅限于个性化和定制化，它还使消费者能够通过互动和沉浸式体验等新的创新方式与品牌互动，这些方式模糊了物理世界和数字世界之间的界限。

一个例子是 AI 驱动的聊天机器人和虚拟助手的使用，它们在与消费者的互动中变得越来越复杂和类似人类。这些工具不仅为用户提供了实时的支持和帮助，而且还在用户允许的情况下，收集、分析和应用有关消费者行为和偏好的数据。另一个例子是增强现实（AR）和虚拟现实（VR）技术的使用，这些技术使消费者能够以新的沉浸式方式体验产品和服务。从虚拟产品演示和游览到互动游戏和娱乐体验，AI 为品牌创造了与消费者在更深层次和更有意义的层面上互动的新机会。

随着社交媒体和用户生成内容的兴起，消费者现在有能力大规模塑造公众舆论和影响购买决策。AIGC 将这一趋势提升到了一个新的水平，使消费者能够创建和分享个性化更高、创意更强，以及质量更高的内容，这些更容易引发共鸣和传播。从智能生成的产品评论、个性化推荐到定制的视频内容，AIGC 帮助普通的消费者成为意见领袖。

因此，品牌和消费者之间的传统界限开始模糊，因为消费者越来越多地承担品牌大使、倡导者，甚至共创者的角色。这种转变为品牌创造了与消费者以有意义和互利的方式合作的新机会，通过共创、用户生成内容影响营销活动。

但是，消费者角色的演变也为品牌带来了新的挑战和风险。随着消费者能力和影响力的提升，品牌必须更加努力地赢得他们的信任和忠诚，在每一个触点都要提供卓越的体验和价值。

这需要品牌从根本上改变它们与消费者的关系，从"买卖双方"的关系转变为"合作伙伴"的关系。品牌必须学会倾听，向用户学习，并在 AIGC 的帮助下让用户积极参与内容创造、产品改进，以及体验设计的整个过程。

同时，品牌还必须认真思考和应对 AIGC 带来的一系列用户隐私、数据安全，甚至伦理问题。从数据隐私和安全到知识产权和内容审核，品牌必须制定完善的政策和制度，保护消费者和自身的利益。

6.3.2　赋能"人货场流"，共塑数字化消费新生态

消费者的角色正在发生深刻转变。他们不再仅仅是被动的信息接收者和

购买者，而是转变为积极参与的品牌共建者、意见领袖和个性化需求的主导者。面对这一变革，企业必须全面审视并革新商业模式，尤其是构建与消费者紧密相连的"人货场流"体系。

消费者角色的转变，体现为他们在产品选择、购买路径、信息获取及互动方式等方面展现出前所未有的主动性和个性化需求。他们期待与品牌建立更深层次的连接，寻求个性化体验，同时渴望参与品牌的创新过程。这种转变驱动企业重新审视"人货场流"，即消费者（人）、商品（货）、销售与体验场景（场）以及贯穿其中的数据、价值与信息流（流）的构成和交互模式。

1. 人："生产消费者"的崛起

AIGC 技术赋予消费者前所未有的能力，使他们能够积极参与甚至主导产品与服务的改进、设计乃至生产过程。这种趋势催生了"生产消费者"这一新角色，他们既是产品的使用者，也是其创新与改进的推动者，从而显著模糊了生产者与消费者之间的传统界限。

借助 AIGC 工具，消费者可以定制个性化商品、参与产品迭代讨论、通过众包方式解决品牌难题，甚至创建全新的产品概念。AIGC 技术提供了强大的个性化定制工具，使消费者能够根据自身喜好、需求和生活方式，参与到商品的设计与定制过程中。例如，消费者可以使用 AI 辅助设计软件，定制独一无二的服装款式、家居装饰、电子产品外观等。这种参与不仅满足了消费者对个性化和独特性的追求，还让品牌能更好地理解并响应市场需求，实现精准营销和按需生产，减少库存压力。

品牌应积极拥抱这一变化，通过搭建共创平台、举办创意竞赛等方式，鼓励并引导"生产消费者"发挥其潜力，共同推动品牌发展。在 AIGC 的赋能下，消费者不再仅仅是现有产品的使用者，他们有可能创造出全新的产品概念。例如，利用 AI 辅助创新工具，消费者可以设想并模拟实现从未有过的产品形态、服务模式或技术应用，这些新颖的想法可能引领行业未来趋势，为品牌开辟新的业务领域。

2. 货：智能选品与动态供应链

AIGC 助力企业进行智能选品与新品开发，通过算法模拟市场趋势、预测消费者喜好，快速生成符合市场需求的产品设计方案。此外，AIGC 实时分析销售数据与库存状况，动态调整供应链策略，确保商品精准匹配市场需求，减少库存积压与缺货的风险。这种敏捷响应能力有助于企业在瞬息万变的市场环境中保持竞争优势。

- 智能共创的产品与体验：在消费者赋权和影响力增强的背景下，商业模式将更强调协作、共创与共享价值创造。
- 基于订阅的服务：消费者不再是单次购买产品，而是通过订阅的形式持续参与产品的更新与升级，AIGC 可助力按需定制、个性化推送，提升订阅服务的价值。
- 点对点需求对接：AIGC 赋能个人创作者制作专业级内容，推动去中心化的交易市场发展，消费者可以直接与创作者交互，共同塑造市场需求。
- 众包式研发与设计：企业借助 AIGC 搭建开放创新平台，鼓励消费者、业余爱好者与专业人士共同参与产品的研发与设计过程，提交创意、评价原型、优化方案。AIGC 能够高效地辅助概念验证、可视化设计等环节，缩短创新周期，确保最终的产品可以更好地满足多元化的市场需求。

品牌需要不断创新互动方式，通过 AIGC 技术支持的个性化推荐、联合设计、实时反馈机制等，深度融入消费者的生活场景，从与消费者的紧密关系中持续创造价值。

3. 场：无缝融合线上线下体验

AI 技术驱动的沉浸式互动体验将进一步打破物理世界与数字世界的边界，营造无界零售与服务的场景，实现线上线下消费体验的深度整合。

- 虚拟试穿与产品演示：AIGC 可生成高度逼真的虚拟产品模型，结合实时渲染与人体追踪技术，让消费者不需要实物即可在虚拟环境中完成精准的试穿、试戴、试用等操作。这种数字化试用方式不仅能够模拟产品在实际使用中的形态与效果，还支持个性化的尺寸调整与风格搭配，极大地提升了购物决策的效率与满意度，减少退货率，并且适用于服装、配饰、家居装饰、电子产品等多种商品类别。
- 增强现实（AR）购物体验：融合 AR 技术的 AIGC 应用利用智能手机、

智能眼镜或其他 AR 设备，将虚拟元素无缝叠加到消费者的现实视界中，创造出混合现实的购物环境。例如，消费者可以通过 AR 功能在家中实时预览家具的摆放效果，调整其尺寸、颜色和位置，确保购买的家具与现有室内风格完美融合。在美妆领域，AR 试妆技术能够让用户瞬间尝试不同品牌的彩妆产品，实时查看上妆效果，省去了反复试色与卸妆的烦琐步骤。此外，AR 技术还可用于汽车配置选择、艺术品展示、旅游景点导航等多元场景，让消费者在购买前就能直观感受到产品的实际应用价值，极大地丰富了购物体验，增强了购买意愿。

AIGC 与 AR 技术支持的远程协助工具允许专家或客服人员通过共享用户的实时视频流，叠加指导标记或虚拟指示物，远程指导消费者安装、维修产品或解决使用问题。这种即时、直观的交互方式大幅提升了售后服务的质量与效率，降低了上门服务成本，增强了消费者的信任感。

AI 技术驱动的无缝融合线上线下体验，不仅革新了传统的购物方式，也深刻影响了价值交付、品牌互动与消费者的行为模式，构建起一个高度个性化、互动化与智能化的消费环境，为商业生态带来了深远影响。

4. 流：数据流、价值流与信息流的协同优化

这里的"流"涵盖了数据流、价值流以及信息流，分别对应数字化运营的关键要素、价值创造与传递的过程，以及信息的有效流通与管理。

（1）数据流

数据流涉及企业内部及外部数据的采集、传输、存储、处理与分析的全过程。AIGC 技术不仅能够高效生成大量高质量数据，还能够通过自动化、智能化手段优化数据流管理，如实时监测数据状态、预测数据需求、自动清洗与整合数据等，从而提升数据的可用性与决策支持能力。品牌应构建稳健的数据基础设施，确保数据的安全、准确与及时流通，为其他"流"的顺畅运作奠定基础。

（2）价值流

价值流关注的是从原材料到最终产品或服务交付给用户的过程中，价值如何被创造、增值与传递。在 AIGC 赋能下，企业能够精准定位价值瓶颈、优化资源配置、实现个性化定制与快速响应市场需求，从而提升整个价值链

的效率与效益。利用 AIGC 进行模拟、预测与优化，企业能够动态调整价值流布局，确保价值持续、高效地流向消费者。

（3）信息流

信息流关乎企业内外部信息的有效传播、理解和利用。对内，AIGC 能够生成易于理解的可视化报告、智能通知、个性化推荐等内容，促进信息在组织内部的快速流通与准确解读，提高跨部门协作与决策的效率。对外，AIGC 助力品牌构建与消费者的双向沟通渠道，通过精准推送、实时对话与个性化互动，提升消费者的信息获取满意度，深化品牌关系。

"流"这一维度涵盖了数据流、价值流与信息流的协同优化。在 AIGC 的赋能下，企业需聚焦数据管理的精细化、价值创造过程的敏捷化以及信息传播的智能化，以实现运营效率提升、价值最大化传递以及消费者关系深化，适应数字时代的商业竞争。

面对消费者角色的深刻转变，企业通过 AIGC 赋能"人货场流"，不仅能提供高度个性化、沉浸式的消费体验，还能实现供应链的敏捷响应与全渠道的无缝融合。这种模式下的"人货场流"体系不仅满足了消费者的新需求，也为企业构筑了竞争优势，共同推动了数字化消费新生态的形成。未来，随着 AIGC 技术的进一步发展与应用，我们期待看到一个更加智能、互联、个性化的消费世界，企业与消费者携手共创，共享数字化带来的无限可能。

6.4　案例：可口可乐——AIGC 驱动的消费者深度共创实践

随着消费者行为模式的变化，特别是年轻一代对个性化、参与感和即时满足的需求的增加，可口可乐必须找到一种方法在品牌故事及产品体验与新时代消费者之间建立更紧密的联系，同时，需要更快、更准确地理解消费者对未来产品的需求和期望。

早在 2021 年，可口可乐就启用了全新的品牌战略平台——乐创无界（Create Real Magic），意在突破传统的品牌边界，构筑一个包容、多元的共创环境，不仅联动合作方与艺术家，更广泛吸纳普通消费者的创意力量，共同将可口可乐蕴含的"魔力"理念融入日常生活，进行生动而鲜活的演绎。根据可口可乐官方网站的解释，乐创无界是一个全球视角下的创新思维交汇点，通过发布限量版产品、提供沉浸式互动体验，以及紧贴年轻一代审美趋势的文化创意内容，彻底重塑并丰富了可口可乐这一标志性品牌的内涵表达和价值感知。

自 2022 年 11 月 30 日 OpenAI 推出 ChatGPT 以来，生成式 AI 技术引起了广告、科技和文化等领域的广泛关注。2023 年初，可口可乐便携手管理咨询公司贝恩公司与 OpenAI 开始探索如何使用 AI 特别是 AIGC 来赋能乐创无界这一新的品牌战略。

1. 创造真正魔力的用户共创

作为一次突破性尝试，可口可乐公司利用了包括 DALL·E 2 和 GPT-4 在内的多种工具，并将它们整合进 createrealmagic.com 网站，以提升与艺术家和用户的共创规模与效率。

在营销活动的具体执行中，用户可以登录 createrealmagic.com 网站，使用 DALL·E 2 提供的接口和可口可乐的经典视觉符号（例如轮廓瓶等）进行图像创作。这个活动通过融合尖端 AI 技术与传统品牌元素，构建了一个高度互动和个性化的用户体验环境，赋予消费者品牌故事共同创造者的角色，同时为可口可乐品牌注入了新的活力和魅力。

这个新的 AIGC 赋能的平台可以帮助艺术家有效利用可口可乐的品牌元素和视觉素材，更好地把品牌元素融入自己的创意中。同时，这个平台也延伸到与消费者的共创，帮助消费者创作故事、社交媒体分享文案以及指令。参与者可以根据自己的想象和创意，输入文本描述或由 GPT-4 生成的指令，利用 DALL·E 等 AIGC 工具生成独特的艺术作品或与可口可乐相关的视觉素材。

比如在圣诞节期间，用户可以借助可口可乐推出的 AIGC 圣诞卡片制作工具，为家人和朋友定制一份圣诞节的祝福。用户只需轻松注册一个免费账号，或者使用自己的 Google、Facebook、Apple 账户授权登录，就可以完成登录过程免费使用。

可口可乐生成式人工智能全球负责人普拉蒂克·塔卡尔（Pratik Thakar）表示，可口可乐正在将文化、创造力和技术之间的点连接起来。乐创无界平台邀请消费者使用 AI，利用可口可乐档案中的标志性创意元素来制作艺术品，这是可口可乐与消费者共同庆祝节日的完美方式。

2. 乐创无界的产品和体验共创

在产品研发领域，可口可乐也充分利用 AIGC 的优势。它依据市场数据深度分析消费者的口味喜好，并利用 AI 推荐系统洞察消费者的需求和口味，在无糖可口可乐固有醇香的基础上融入创新、丰富、多元的味道层次，从而研发出"未来 3000 年（Y3000）"这款产品。

在包装设计工艺上，AIGC 同样扮演了重要角色。AIGC 为可口可乐设计团队生成以未来感为主题的设计方案，为包装的主视觉设计提供灵感来源。从外观上看，整体色调清新活泼，充满活力的气泡图案构成了可口可乐"乐创无界"标识。采用流动点状元素修饰的可口可乐标志性的斯宾塞字体，则表达了未来更加紧密的人与人的关系。包装上持续流动变换的液态形态及色彩变化，为消费者呈现了未来 3000 年的图景，与"未来 3000 年"主题形成巧妙呼应。

在用户共创方面，可口可乐联合国内智能科技品牌小度，让每一位消费者都能够开启一场"释放快乐，演绎精彩"的独特旅程。消费者通过扫描瓶身或罐身上的二维码，进入可口可乐吧小程序，登录"未来畅想平台"，即可开始使用 AIGC 生成自己的未来体验之旅。消费者可以利用定制的"未来 3000 年"AI 滤镜上传自己的照片，大胆想象自己在 3000 年后未来世界中的面貌。

第三部分
组织转型与流程变革

AIGC 技术的出现，不仅革新了内容创作的方式，还深刻影响了营销组织和流程的各个环节。我们将在本部分介绍如何将 AIGC 技术有机融入组织，构建高效、灵活和智能化的营销流程，全面提升企业的市场竞争力和品牌价值。

第 7 章

适应 AIGC 的
组织转型

随着 AIGC 和相关技术的发展与应用，它确实不仅仅是技术的挑战，更涉及了企业的战略规划、业务流程、人才管理等多个方面。这需要企业不仅要在技术上保持领先，同时还要在组织架构和管理模式上进行创新，以适应这些变化。

7.1 AIGC 时代的领导力：适应和敏捷

AIGC 通过自动化任务、增强决策能力和实现创新，有可能彻底改变我们熟悉的行业和商业模式。然而，我们依然很难知晓 AIGC 在未来的影响。在 AIGC 迅速发展的过程中，拥抱适应性（Adaptability）和敏捷性（Agility）的组织更有能力利用生成式 AI 实现未来的增长。

7.1.1 打造组织的适应性和敏捷性

AI 是生产力工具。AIGC 可以自动生成文本、缩短产品设计周期，并带来更加个性化的用户体验。麦肯锡公司的研究报告《人工智能客服如何引领客户互动的新前沿》显示，到 2030 年，AI 每年可能将全球生产力提升 1.5%，而埃森哲 2023 年的一项研究发现，AI 对员工生产力的提升高达 40%。

但是，这种变化不是被动发生的，而是需要企业积极适应变化。这个变化的过程，我们也称之为企业的智能化转型。这个转型需要企业积极拥抱变化，培养适应性和敏捷性。

组织适应性是指一个企业或者组织在面对各种外部和内部的变化时，能够灵活地调整自己的策略、结构、做事的方式和企业文化，以便在变化中生存和发展下去。而组织敏捷性则是指企业在面对快速变化的环境时，能够快速做出反应，灵活地改变自己的方向、结构、工作流程、资源分配和做决定的方式。两者在概念上有很多相似之处，但是也有所侧重，适应性着眼于长期的战略、结构、文化等深层次的调整，强调的是组织与环境之间的动态平衡，而敏捷性则更关注短期的快速响应和战术调整，强调的是组织对环境的灵活应对。

适应性使组织能够快速响应 AIGC 的新发展，并相应调整其战略。这不仅包括采用新技术，还包括改变工作方式和决策方式。敏捷性则使组织能够以灵活和迭代的方式实施 AIGC 解决方案，允许持续改进和方向修正。

在 AI 时代，适应性和敏捷性就是新的企业领导力。如果企业和企业管理层不能迅速采取行动，那么即使是被最先进的 AI 增强的决策支持系统也无法帮到组织。如果企业不能迅速采取行动、分配资源、匹配具有适当经验和技能的顶尖人才，那么机会可能就会转瞬即逝，而这就是组织反应过慢的表现。

1. 增强适应性的战略布局

组织适应性最关键的因素是拥抱变化和持续学习的文化。这需要企业转变心态，从将变化视为威胁转变为将其视为成长和创新的机会。

企业的管理层在企业文化向适应并充分利用 AIGC 的转变过程中扮演着至关重要的角色。管理层应首先明确将 AIGC 纳入企业整体发展战略，阐明其在推动创新、提升效率、优化服务、增强竞争力等方面的定位与作用；还需要规划全面的员工培训计划，确保员工了解 AIGC 的基本原理、应用场景及操作方法，提升员工与 AIGC 协作的能力。在组织架构变革中，企业管理层应该推动建立跨职能的 AIGC 项目团队，促进 IT、业务、法务、人力资源等部门间的紧密协作，共同解决 AIGC 应用中的问题，确保 AIGC 项目顺利落地。

鼓励创新和试错是培养组织适应性能力的关键途径之一，特别是在引入和应用 AIGC 的过程中。要使员工积极地探索 AI 的新应用，提出利用该技术改进流程或催生新产品和创意的想法，组织应当营造一种包容失败、善于从错误中汲取教训的文化氛围，并构建心理安全的环境，以激励员工放心地进行探索和尝试。

适应性的另一个关键方面是持续学习。随着 AIGC 技术的发展，员工能否持续学习新技能和知识至关重要。这可以是正式的培训学习，也可以是参加会议、参与在线社区和与同行合作等非正式学习。组织可以通过提供在线课程、导师计划和自我学习时间等资源来支持持续学习。

AIGC 的引入，使得信息处理、决策制定、创新活动等核心职能不再高度依赖于传统的层级结构。AI 系统能够实时分析海量数据，快速提供精准洞察，赋能各级员工即时响应市场变化，从而减少了对集中式指挥与控制的需求。

2. 提升敏捷性的战术措施

敏捷性最初是在软件开发项目管理中提出的，旨在应对传统瀑布式开发模式在面对快速变化的需求和市场环境时表现出的低效和僵化。2001 年，17 位软件开发专家共同签署了《敏捷宣言》（Agile Manifesto），正式确立了敏捷软件开发的核心价值观和原则。敏捷方法论强调以人为本、迭代交付、持续反馈和适应变化，代表性方法包括并列争求（Scrum）、看板（Kanban）、极限编程（Extreme Programming）等。

随着时间的推移，敏捷理念不再仅限于软件开发领域，其核心原则和实践也被越来越多地应用于其他行业和业务领域，如产品管理、市场营销、人力资源、项目管理等，形成了所谓的"敏捷型企业"（Agile Enterprise）或"敏捷组织"（Agile Organization）。这类组织注重快速响应市场变化、持续创新、跨部门协作、员工赋能以及灵活适应不确定性，将敏捷性从软件开发扩展为一种全面的企业管理和运营哲学。

敏捷性的组织和工作模式有助于企业实施 AIGC 解决方案。敏捷方法涉及将项目分解成较小且可管理的部分，并通过迭代周期逐步进行试错、反馈、优化和再反馈。

7.1.2　建立敏捷型项目团队

在将敏捷方法应用于 AIGC 项目实施时，组织可以组建跨职能团队，将设计研发、产品管理、IT、市场营销、供应链管理、客户服务、法律等不同部门的人员汇集在一起。这些团队应协作定义要解决的问题，确定相关的数据源，并共同参与选型、开发和测试 AI 模型。

这些部门将围绕 AIGC 项目，完成下面的敏捷性开发和部署。

1. 明确目标

在团队协作中，明确 AIGC 项目的整体目标至关重要。因为它们为团队确立了共同努力的方向，确保资源的有效配置，以及协调各方工作以达成预期目标。这对由跨部门人员组成的项目团队来说是最核心也是最致命的要素。AIGC 项目的目标通常可以分为三大类别，分别从不同维度来确定项目的目标，并决定了之后的实施路径。

第一类是流程优化与效率提升。这个目标旨在利用 AIGC 技术优化现有的工作流程，以提高效率。我们在设定此类目标时，可以参考下面的目标设定：

- 内容生产效率提升：通过 AIGC 自动生成文本、图像、音频、视频等多种类型的内容，大幅缩短创作周期，减轻人类创作者的工作负担。

- 资源优化配置：使人力得以从重复性、低创造性的工作中解放出来，更多地投入高附加值的活动中，如创意构思、策略规划、客户开发、质量控制等。
- 标准化与一致性：利用 AIGC 确保内容的标准化输出，减少人为错误，提升内容质量的一致性，降低审核成本，并确保内容的准确性和合规性。
- 实时响应与动态更新：利用 AIGC 实现内容的即时生成与更新，适应快速变化的信息需求，如网络舆论监控、市场分析、竞争对手动态等。
- 成本效益最大化：通过 AIGC 替代部分或全部人工创作，显著降低内容生产的直接成本和间接成本，提高整体运营效益。

第二类是创新流程与价值创造，关注使用 AIGC 技术构建新的业务模式和服务，以探索新的市场细分并创造新的商业价值。具体包括：

- 个性化体验增值：利用 AIGC 为用户提供高度定制化的内容服务，如个性化故事、定制化教程、专属艺术品等，增强用户粘性，提高满意度。
- 创新产品与服务：开发基于 AIGC 的新型产品和服务，如 AIGC 辅助产品等，开拓新的营收渠道。
- 跨领域融合与应用拓展：推动 AIGC 在医疗、金融、教育、娱乐等多元领域的深度应用，如 AI 生成的诊断报告、投资建议、个性化学习资源、虚拟现实内容等。
- 数据洞察与决策支持：利用 AIGC 生成的数据分析报告、市场预测、竞争情报等，为管理层提供及时、精准的决策依据。
- 知识产权积累与变现：通过 AIGC 生成大量原创内容，积累知识产权资产，或者使用 AIGC 对现有的 IP 进行二次创作，寻求商业化途径，如授权、销售、广告植入等，实现知识资本的价值转化。

第三类是技术探索与前沿研究，此类目标专注于 AIGC 领域的技术创新和应用突破，旨在探索新的产品形态和商业模式，推动技术边界扩张，并为行业的健康发展提供理论支撑与实践指南。具体可细分为以下几个方面：

- 元宇宙 AIGC 集成：研发适用于元宇宙环境的 AIGC 解决方案，如实时生成沉浸式场景、交互式角色对话、动态虚拟商品等，助力构建丰富、生动的虚拟世界。

- 数字孪生应用：利用 AIGC 生成高保真、实时更新的数字孪生模型，用于工业仿真、城市规划、环境监测等领域，提升决策的精准度和效率。
- 边缘计算融合：研究 AIGC 模型在边缘设备上的轻量化部署与实时生成，实现低延迟、高响应的内容生成服务，满足物联网、移动终端等场景需求。
- 跨模态生成：探索多模态数据（如文本、图像、音频、视频）之间的相互转换与生成，开发一体化的 AIGC 平台，满足多样化、复合型的用户需求。
- 人机协同创作：研究人与 AI 在内容创作过程中的深度融合机制，设计创新型人机协作界面与交互方式，提升创作效率与创新潜力。

2. 确定数据源与标准

确定数据源与标准涉及多个部门的紧密协作，旨在选取适用于 AIGC 模型训练、优化、定制，甚至私有化部署的高质量数据集。

以下是一些关键数据：

- 历史营销数据：收集过往的广告投放记录、促销活动效果、市场调研报告、销售数据等，这些数据有助于 AI 模型理解营销策略及其与消费者行为的关系。
- 用户行为数据：包括网站、应用程序、落地页、营销自动化系统记录的用户访问轨迹、页面停留时间、点击率、转化率、购物车行为、搜索关键词等，揭示用户的偏好、兴趣和购买决策过程。
- 社交媒体互动数据：社交媒体平台上的用户点赞、分享、评论、话题参与等数据，反映品牌影响力、用户情绪及社交网络效应。
- 客户反馈数据：整理客户服务记录、投诉与建议、满意度调查结果、产品评价等，直接获取用户对产品或服务的意见和期望。
- 第三方数据：购买或合作获取行业报告、市场趋势分析、竞争对手情报、客户工商登记信息等外部数据，补充内部数据的不足。
- 公开数据集：包括政府公开数据、学术研究成果、开源项目等公开可用资源，有时可提供宏观市场信息或基准数据。

3. 需求分析与工具选型

在收集好数据后，AIGC 工具的选型和部署也是一个涉及跨部门协作的关键阶段。这一步将确保所选择的工具既能满足业务需求，又能成功融入企业现有的 IT 架构，并且符合法律法规要求。以下详细说明这一关键阶段中跨部门合作的具体内容。

（1）业务部门（如营销、客服、产品等）

- 明确应用场景：业务部门需要清晰阐述 AIGC 工具在实际业务中的应用场景，例如用于快速生成营销文案、自动回复客户咨询、自动生成产品描述等。
- 定义生成标准：设定 AIGC 产出内容的质量标准、风格要求、信息准确性等，确保生成内容符合品牌形象和业务目标。
- 评估业务影响：分析 AIGC 工具引入后对工作效率、客户服务、用户满意度、成本效益等方面可能带来的变化。

（2）IT 部门

- 技术评估：考察 AIGC 工具的技术架构、接口兼容性、系统稳定性、可扩展性等，确保其能无缝对接企业现有的 IT 基础设施。
- 资源规划：估算部署工具所需的硬件资源（如服务器、存储）、网络带宽、计算能力等，并进行相应的资源配置与优化。
- 安全与合规审查：评估工具的数据安全措施、访问控制机制是否符合企业内部的信息安全政策及外部法规要求。

（3）数据科学与 AI 团队

- 功能对比：针对 ChatGPT、通义千问等候选工具，从模型能力、训练数据质量、语言理解与生成能力、定制化潜力等方面进行全面比较。
- 性能测试：如有条件，可以进行初步的性能测试，包括响应速度、生成质量、模型泛化能力等，以量化评估工具的实际表现。
- 技术适应性：分析工具是否支持企业所需的数据接入方式、API 调用模式、模型更新策略等，以及是否具备足够的技术支持与文档资料。

（4）法务与合规部门

- 合同与许可审查：检查 AIGC 工具的使用许可协议，确认使用范围、费用结构、责任归属等关键条款，避免潜在的法律风险。

- 数据处理合规：确保工具的数据处理方式符合 GDPR、CCPA 等数据保护法规要求，特别是关于采集、存储、使用与转移个人数据的规定。
- 知识产权考量：明确生成内容的版权归属、使用权限等问题，保护企业对生成内容的合法权利。

上述各个部分的合作需要进行跨部门沟通。我们可以组织由业务部门、IT 部门、数据科学与 AI 团队、法务与合规部门共同参与的内部研讨会。各团队分享前期对 AIGC 工具的研究分析成果，包括候选工具的功能特性、技术评估、合规性审查等内容。

此外，我们需要进行集体决策。基于分享的信息，全体参会人员展开深入讨论，比较各候选工具的优缺点，结合企业具体需求、预算、战略目标等因素，共同决定最符合企业需求的 AIGC 工具。研讨会应形成清晰的会议纪要，记录决策依据和最终选择，以便后续的执行与追溯。

4. AIGC 工具部署与集成

在试点验证取得满意结果后，企业可以进入正式的工具部署与集成阶段，此时仍需各相关部门持续协作，确保工具顺利落地并发挥效用。

（1）业务部门

- 用户培训：组织面向试点用户的培训活动并在未来全面推广，讲解 AIGC 工具的使用方法、最佳实践以及注意事项，提升用户的接纳度和使用效率。
- 推广策略制定：与市场、销售等部门合作，制定 AIGC 工具在企业内部及外部的推广策略，包括宣传材料制作、案例分享、激励机制设计等，以促进工具的广泛应用。

（2）IT 部门

- 规模化部署：基于试点经验，进行 AIGC 工具的规模化部署，确保工具在企业全范围内稳定、高效运行。
- 持续集成与维护：随着业务发展和技术迭代，IT 部门需持续跟踪 AIGC 工具的更新情况，及时进行系统升级、补丁安装等工作，同时监控系统运行状态，快速响应并解决可能出现的技术问题。

（3）数据科学与 AI 团队

- 模型持续优化：基于对用户反馈和生成数据的分析，持续调整和优化 AIGC 工具的模型参数或算法策略，不断提升生成内容的质量和相关性。
- 效果监测与报告：建立 AIGC 工具效果监测体系，定期生成使用报告，分析工具对企业业务的影响（如效率提升、成本节约、客户满意度变化等），为高层决策提供数据支持。

（4）法务与合规部门

- 法规更新应对：持续关注数据保护、知识产权等相关法规动态，及时更新企业内部政策，确保 AIGC 工具的使用始终符合最新法规要求。
- 合规审计：定期进行有关 AIGC 工具使用的合规性审计，检查数据处理流程、用户授权、内容生成记录等是否符合法规及企业内部规定，提出改进建议并督促落实。

5. 持续优化与迭代

在企业成功部署 AIGC 工具并开始使用之后，持续优化与迭代是确保工具长期有效且适应企业发展需求的关键环节。这一阶段的跨部门协作主要围绕以下几个方面展开。

（1）数据科学与 AI 团队

- 模型性能监控：持续跟踪 AIGC 工具的模型性能，包括生成内容的质量、速度、多样性、精准度等关键指标，通过数据分析发现潜在的性能瓶颈或异常趋势。
- 用户反馈分析：定期收集和分析用户对 AIGC 生成内容的直接反馈以及间接表现（如用户行为数据、业务转化率等），识别用户的喜好变化、新需求或不满意之处，为模型优化提供方向。
- 模型迭代开发：根据监控与分析结果，对 AIGC 工具的底层模型进行迭代开发，包括但不限于调整模型参数、引入新的训练数据、融合其他模型、研究并应用前沿算法等，以提升模型整体性能。
- 功能扩展与定制：针对特定业务场景或用户群体的需求，开发新的功能模块或进行个性化定制，增强 AIGC 工具的适用性和竞争力。

（2）业务部门

- 需求收集与反馈：作为与用户直接接触的一线部门，业务部门应及时收集用户对 AIGC 工具的新需求、痛点及改进建议，通过正规渠道传递给数据科学与 AI 团队。

- 使用案例更新：随着工具的优化与迭代，不断积累并更新成功案例，用于内部培训、外部推广以及与数据科学团队共享，以驱动更精准的模型优化。

- 效果评估与汇报：定期评估 AIGC 工具在业务中的应用效果，包括工作效率提升、成本节省、客户满意度提升等量化指标，以及业务创新、市场影响力等定性指标，并向上级管理层汇报以寻求进一步的支持。

（3）IT 部门

- 系统升级与维护：配合模型迭代与功能扩展，进行必要的系统升级与维护工作，确保 AIGC 工具的稳定运行，同时优化系统性能，提升用户使用体验。

- 数据接口与集成：随着业务发展，可能存在与其他系统或平台对接的需求。IT 部门应负责协调数据接口的开发与维护，确保 AIGC 工具能无缝融入企业现有的技术生态。

- 安全防护与合规更新：随着法律法规、行业标准的变化，以及安全威胁的演变，IT 部门需持续加强 AIGC 工具的安全防护措施，同时确保其操作流程、数据处理方式等符合最新的合规要求。

（4）法务与合规部门

- 法规追踪与解读：密切关注与 AIGC 技术相关的法律法规动态，及时解读并传达给相关团队，确保企业在合规框架内进行模型优化与迭代。

- 知识产权管理：针对 AIGC 工具生成的内容，协助制定相应的知识产权策略，处理版权归属、许可使用等问题，防范法律风险。

- 隐私保护审核：参与模型优化与迭代过程中的隐私影响评估，确保数据处理流程符合数据保护法规，尤其是在引入新数据源或改变数据使用方式时。

通过以上跨部门协作，企业能够实现 AIGC 工具的持续优化与迭代，使其更好地服务于业务发展，同时保持对市场变化、用户需求以及法规环境的敏捷响应。这样的闭环流程有助于企业最大化利用 AIGC 技术的优势，持续推动数字化创新和业务增长。

7.2　组织架构的进化

企业的智能化转型，除了培养适应性和敏捷性，另外就是组织架构的变化。在这一节，我们将介绍随着生成式 AI 的进步，企业在底层设计上应如何进化。

7.2.1　首席 AI 官的崛起

2023 年，可口可乐公司任命 Pratik Thakar 为生成式 AI 高级总监，负责将 AIGC 更好地融入品牌创意和营销中。Pratik Thakar 拥有丰富的可口可乐品牌创意背景，这一举措并不是孤立的，而是全球企业对 AIGC 浪潮广泛响应和主动布局的缩影。

无论是 Amazon、SAP 等科技巨头，还是沃尔玛、福特汽车等零售和制造业巨头，都敏锐地洞察到了 AIGC 技术的巨大潜力，并积极进行组织架构的战略调整，纷纷设立专职岗位来引领企业 AIGC 战略的实施和转型进程。这些行动彰显了各行业领军企业对 AIGC 技术的高度期待，以及它们通过 AIGC 技术革新商业模式、重塑产业格局的决心。

这些抱有 AIGC 愿景的企业正在以前所未有的力度推动 AIGC 从概念到实践的转变，通过设立专项领导职务，确保 AIGC 战略的顶层设计、资源整合与落地执行高效协同，加快企业全面进入 AIGC 时代的步伐。

1. 新角色

这些新设的职位，不论是"AIGC 负责人""首席 AI 官"还是其他相关名称，其核心角色都是作为企业内部生成式 AI 技术及其应用的倡导者和引领者。他们站在企业战略的高度，负责多重关键任务，全方位推动并确保企业在生成式 AI 领域的成功转型和持续创新。

首先，他们是企业生成式 AI 战略的设计师和建筑师，负责制定符合企业长远发展目标的 AI 战略蓝图，明确技术应用的优先领域、阶段目标及实施路线，确保 AI 技术与企业核心业务深度融合，帮助企业抢占市场先机，塑造竞争优势。

其次，他们负责推动生成式 AI 技术的落地应用，紧跟 AI 技术的最新动态，识别并引进适用于企业的创新解决方案，领导或指导跨部门项目团队执行 AI 项目，确保技术转化为实际生产力，优化产品创新、客户服务、运营效率等业务环节。

此外，他们还是构建和培养 AI 人才队伍的导师和舵手，规划并执行企业 AI 人才培养计划，提升员工的 AI 素养，吸引和留住顶尖 AI 专业人才，构建一支既懂业务又精通 AI 技术的专业团队，为企业 AI 转型提供坚实的人才支持。

更为关键的是，他们在企业与外部合作伙伴之间搭建桥梁，积极推动共创生态系统。以 Pratik Thakar 为例，他的工作实质上包括了与众多科技企业、AI 平台及创意技术人才的广泛合作，不论这些合作伙伴是自由职业者、独立创新者还是专业团体。他致力于将可口可乐的"乐享无限"品牌创意平台，打造成一个由 AIGC 赋能的共创平台。这个平台致力于汇聚不同行业背景、具备独立技术实力的专家群体，形成一个包容、协同创新的生态系统。目前，该平台的目标是将生成式 AI 技术的应用潜力与全球各地的创新思维有机结合，服务于企业的核心业务和其他战略优先事项。

2. 新能力

这个新的角色需要具备以下几方面的能力：

- 技术理解与领导能力：了解生成式 AI 的技术基础和发展趋势，领导团队探索和实施最新的 AIGC 技术，以驱动业务创新和效率提升。
- 战略规划：与公司管理层一起，制定公司的 AIGC 战略，确保技术投资与公司的长期目标和业务需求相匹配。
- 业务流程创新：识别业务流程中可通过 AIGC 改进的领域，推动业务流程的重构和优化，提高效率和效果。

3. 新团队

首席 AIGC 官还需要建设新的团队，以协调公司内部资源、制定和执行公司的 AIGC 转型策略。

　　首席 AIGC 官在建设负责协调公司内部资源、制定与执行 AIGC 转型策略的团队时，应考虑以下关键角色和构成要素。

　　（1）AIGC 技术专家

- 拥有深厚的人工智能、机器学习、自然语言处理等相关技术背景，负责指导 AIGC 技术的研发、选型和集成。
- 与研发团队紧密协作，推动 AIGC 技术在公司产品和服务中的创新应用，解决技术难点和瓶颈。

　　（2）数据科学家 / 分析师

- 负责收集、整理、清洗、分析与 AIGC 相关的各类数据，为 AIGC 模型的训练和优化提供高质量数据支持。
- 与业务团队合作，挖掘数据背后的价值，通过数据分析指导 AIGC 内容生成策略的优化。

　　（3）项目经理

- 负责跨部门、跨职能的沟通协调，确保 AIGC 项目按计划顺利推进，资源得到有效利用。
- 监督项目进度，管理风险，协调解决项目执行中遇到的问题，确保达成项目目标。

　　以上角色可根据公司规模、业务特性和资源状况进行适当调整和增减，形成一个既有技术深度又有业务广度、既懂创新又懂合规、既懂用户又懂市场的多元化、复合型团队，为公司的 AIGC 转型提供全方位支持。

　　对于任何想要在生成式 AI 领域保持竞争力的组织来说，调整组织架构和管理模式，引入上述角色，是适应这一技术变革的重要步骤。这不仅要求技术的进步，更需要战略、人才和文化等方面的深刻理解和创新。

7.2.2　AI 治理与伦理委员会的设立

　　无论出于主观意愿还是被动接受，AI 技术已经不断融入各个行业和行业组织的日常运营中。AI 技术的快速发展，AIGC 在营销等领域的快速应用，提高了我们的工作效率，为复杂问题提供创新解决方案，并不断为企业和组织拓展新的商业机会和发展路径。

　　技术，是有着自己进化法则的有机体，它时常挣脱人类伙伴的束缚野蛮生长。技术的进化过程，往往也伴随着组织的转型。这个转型的过程往往也伴随着怀疑、恐慌，甚至强大的敌意。这是因为，技术的进化和人类的期望并不总是合拍，逻辑思考和精确算法并不总是照顾我们的情绪并且提供足够的人文关怀。

不合拍往往会带来冲突，这些冲突甚至上升到了哲学的高度：生成式 AI 是善还是恶，我们是否要限制生成式 AI 的发展。这样的争论，即使是人工智能领域的引领者和技术专家，对此也持有不同的意见。

一方面，关于 AI 本质的善恶之争，反映了人们对 AI 能力不断扩张背景下道德责任归属的深刻忧虑。有人主张，技术本身并无道德属性，其善恶取决于使用者的目的和应用方式。如果生成式 AI 被用于创新教育、艺术创作、医疗辅助等领域，为人类带来便利与福祉，则可视为"善"。反之，若被恶意利用进行欺诈、侵犯隐私、制造虚假信息甚至威胁国家安全，则显现出"恶"的一面。这一观点强调了人类作为设计者、监管者和使用者在决定 AI 道德影响上的核心地位。另一方面，也有观点认为 AI 系统的内在设计、算法偏好以及决策过程本身就蕴含了价值取向，从而可能产生独立于人类意愿的"道德后果"。例如，生成式 AI 的训练数据可能存在偏见，导致其输出的内容会反映并强化社会的不公；或者其优化目标可能因对某些利益的过度追求而忽视其他重要的道德考虑。在这种情况下，即使初衷良善，AI 也可能在运行中展现出"内在的恶"。

对于是否应对生成式 AI 实施限制，各方意见分歧明显。支持限制的一方担忧技术不受控地快速发展可能导致不可逆的社会后果，包括大规模失业、社会分化加剧、个体自由受损等。他们呼吁建立严格的法律法规框架，设定研发、应用与监管的标准，确保 AI 的发展服务于人类共同利益，尊重人权，并防止技术滥用。同时，他们倡导透明度、可解释性和责任追溯机制的建设，以增强公众对 AI 系统的信任。反对过度限制的一方则强调技术创新的自由与潜力，认为过于严苛的规定可能会阻碍科技进步，削弱国际竞争力。他们主张通过自我监管、行业准则和最佳实践来引导 AI 的发展，提倡"负责任的创新"，鼓励开发既能发挥 AI 优势又能有效管理风险的技术解决方案。他们认为，只要正确引导和合理利用，生成式 AI 能够极大地推动社会进步，解决传统方法难以攻克的难题。

上述的争论与争议无疑给企业在实际操作层面上推进 AIGC 的应用部署带来了显著的不确定性。这不仅是关乎战术层面的具体操作问题,更是对企业战略定位与长期愿景的深度拷问。

1. AI 伦理规范与治理体系

对于企业和各类组织而言,建立一套完善的 AI 伦理规范与治理体系并不是一道选择题,而是一道完形填空。

如果没有充分的伦理考虑和治理结构,部署 AIGC 技术可能会导致一系列负面后果。倘若使用的训练数据集本身就存在种族、性别、宗教、社会经济地位等方面的偏见,那么生成的内容将不可避免地反映并可能强化这些偏见。此外,AI 在数据搜集和个人数据分析等领域的应用引发了重大的隐私问题,可能侵犯个人的权利和自由。

规范和治理 AI 伦理的必要性在很大程度上源自日益凸显的问责难题。随着 AI 系统做出更多传统由人类做出的决策,出错时确定谁负责的问题变得越来越复杂。具体而言,当涉及诸如自动驾驶技术引发的事故责任归属,或 AI 法律顾问在提供法律意见时出现失误等情况时,现行法律框架往往难以明确界定责任主体,使得追责过程面临重重困难。公众对于新兴技术寄予厚望的同时,也期望看到相应的责任机制配套到位。如果 AI 系统造成损害却无法有效追责,将严重侵蚀公众对 AI 技术的信任,阻碍 AI 技术在社会各领域的广泛应用。建立清晰、公正、可执行的问责机制,是增强公众信心、推动 AI 产业健康发展的重要基础。如果没有明确的治理结构,解决 AI 系统造成的问题可能会很困难,从而导致法律和伦理上的困境。

此外,AI 发展的速度常常超过监管机构跟上技术发展的速度,从而造成监管真空。组织和公司在自我监管方面发挥着关键作用,确保其 AI 倡议不会对社会造成伤害。伦理治理结构可以为这种自我监管提供一个框架,帮助组织在负责任地促进创新的同时,理清 AI 技术的复杂道德景观。

在组织中建立伦理原则和治理结构对于解决 AI 带来的伦理挑战、确保问责制和维护公众对这些快速演变技术的信任至关重要。

2. AI 治理与伦理委员会的早期实践

一些公司和组织已经开始尝试建立 AI 或者 AIGC 的伦理和治理结构,确保 AI 的负责任开发和使用。例如，IBM 开发了一个全面的人工智能伦理治理框架，这个框架包括政策咨询委员会和人工智能伦理委员会。商汤科技于2020 年 1 月正式成立了"人工智能伦理与治理委员会"，明确公司在 AI 伦理领域的目标、方针、工作指南及执行举措，通过具体的 AI 伦理措施推进商汤科技实现 AI 的可持续发展战略。

尽管不同的公司和组织采用了多种方法来建立伦理和治理结构，但一个内部伦理和治理委员会与外部顾问委员会成为众多公司和组织的标配。

（1）内部伦理和治理委员会

这类委员会通常作为公司内部的核心决策和监督机构，负责制定、执行和监督公司内部的人工智能伦理政策与实践。比如微软设有负责任人工智能办公室（ORA）和人工智能、伦理与工程研究委员会（AETHER）以及负责任 AI 战略管理团队（RAISE）等内部机构，分担内部伦理和治理委员会的角色和任务。

它们的主要职责包括：

- 政策制定与更新：基于国际和国内的伦理标准、法律法规，结合公司业务特性和价值观，制定或更新适用于公司内部的人工智能伦理准则、操作手册和风险管控流程。
- 项目审查与指导：对涉及人工智能的项目进行事前伦理审查，评估其潜在的伦理风险，提供改进建议或条件批准；对正在进行的项目进行跟踪监测，确保其遵循已确立的伦理规范。
- 教育培训与文化塑造：组织公司内部的伦理培训课程，提升员工对人工智能伦理的认知和敏感度，推动形成尊重伦理、负责任创新的企业文化。
- 争议解决与合规监督：处理内部关于人工智能伦理的争议或举报，调查违规行为，并执行相应的纠正措施；定期审查公司的人工智能实践，确保其合规性，并向管理层和董事会报告。

（2）外部顾问委员会

外部顾问委员会是由公司聘请的独立行业专家、伦理学者、法律专家、社会科学家等组成的咨询机构，其主要职责在于提供独立的、第三方视角的建议与监督，以增强公司在人工智能伦理治理上的公信力和适应性。SAP 建立了外部 AI 顾问委员会，确保公司的人工智能活动不仅符合伦理规范和法律法规，还符合 SAP 自己的人工智能指导原则。蚂蚁集团成立了科技伦理顾问委员会，由 7 名外部专家构成，为蚂蚁集团的科技伦理建设提供方向性、战略性、针对性的指导建议。顾问委员会的工作包括参与蚂蚁集团重要项目沟通评估、年度科技伦理建设工作评估，以及指导相关课题研究等。

我们结合众多公司的顾问委员会，总结了它们的主要职责。

- 独立审查与建议：对外部顾问委员会而言，由于其成员与公司没有直接的隶属关系，他们能够更客观地审视公司的人工智能项目，对可能存在伦理隐患的地方提出批评意见或改进建议。
- 行业趋势与最佳实践：外部顾问委员会成员通常具有丰富的行业经验与专业知识，能够帮助公司把握人工智能伦理领域的最新发展趋势，借鉴和引入业界的最佳实践。
- 公众信任与声誉管理：通过设立外部顾问委员会，公司展现出对人工智能伦理问题的高度关注和认真态度，有助于赢得公众、客户、监管机构的信任，维护和提升公司声誉。

上面提到的商汤科技、阿里巴巴集团以及蚂蚁集团，都是既有内部伦理和治理委员会又有外部顾问委员会的企业。

我们以商汤科技为例，根据网络上的公开资料，商汤科技 AI 伦理委员会的人员构成既包括内部委员，也包括外部委员，下辖秘书处、执行工作组和顾问委员会，共同配合开展相关工作。伦理委员会的内部委员由公司内与伦理治理紧密相关的高层领导担任；外部委员则由人工智能伦理与治理领域的资深专家组成，这些专家主要来源于学术界、科技企业或第三方智库，由董事会或至少两位内部委员提名。AI 伦理委员会的秘书处作为委员会的常设办公机构，协助委员会的日常运作和工作。执行工作组则由公司内部与伦理和治理密切相关部门的代表组成。专家顾问组由公司内外的专业人士组成，公司综合考量研究领域、学术声誉、行业发展情况及业务需求，以确保顾问组具有广泛的行业代表性和社会影响力。

7.3　组织文化的进化

AIGC 技术的应用不仅需要技术上的准备，更需要组织文化和流程的支持。打造学习型组织，首先要认识到组织要培育哪些新的技能，其次要培育学习型文化。

7.3.1　掌握新技能

工作技能的平均寿命正在以我们肉眼可见的速度衰减。在线学习平台 Udemy 的一项研究表明，我们掌握的硬技能（例如特定软件的使用）的有效期可能只有 2 ～ 3 年。《哈佛商业评论》的一篇文章显示，现在大部分技能的平均半衰期不足 5 年，在某些技术领域甚至低至两年半。

即使像科学、技术、工程和数学（STEM）这类硬核技能的重要性和职业竞争力也在减弱，除非从事深度学习、自然语言处理等相关的深入研究。根据 IBM 公司和巴克莱研究所于 2024 年发布的《人工智能革命：超越效率的影响》报告，STEM 作为关键工作技能的重要性已从 2016 年的 42% 下降到 2023 年的 28%。

工业化和自动化替代了部分体力劳动，而数字化和智能化正在替代部分脑力劳动。机器、机器人和 AI 并没有消灭我们的工作岗位，而是改变了我们的工作内容。

这种变化带来的负面影响显而易见，就像汽车替代了马车一样。生成式 AI 和 AIGC 也导致部分依赖传统技能的工作岗位减少。高盛集团 2023 年 3 月发布的一项报告指出，AI 可以替代 3 亿个人类承担的岗位。马斯克进一步警告说，未来的 AI 可能让人类的工作变得毫无意义。这不仅会影响那些可以由 AIGC 替代的工作岗位，比如翻译、图片设计、数据分析、会计、审计，还会影响相关行业，例如马车对应的行业有马匹饲养员、马场、牧场、马车修理厂和木材加工厂。影响是深远且剧烈的。

然而，我们也要看到正面的影响。就像马车夫可以转行成为汽车司机，这个过程需要新技能的学习和掌握。

为了应对未来，我们需要掌握哪些新技能呢？我们参考了世界经济论坛、麦肯锡等咨询和研究机构的调研，并参考了 Coursera、Udemy 等在线学习平台的调研结果，同时采访了行业专家，列出了打造未来个人竞争能力和职业素质的十大技能：

1. 批判性思维

AI 在自动化方面表现出色，但人类的专业知识对于解决复杂问题、分析情况以及制定战略决策仍然至关重要。批判性思维能够帮助我们在面对复杂问题时进行理性分析和判断。

我们可以通过参加逻辑学、哲学和辩论课程，提高逻辑推理和问题解决能力；多阅读和分析新闻、学术文章，练习批判性思维的应用。

2. 使命感和利他主义

虽然看上去像是一种价值观，但它是未来我们需要具备的重要技能之一。利他主义和使命感能促进突破性灵感和创新。伟大的创意天才常常相信他们的工作将帮助全人类。

我们可以通过志愿服务、参与社会公益活动，培养对社会和他人的责任感；阅读关于社会责任和伦理的书籍，反思自己的价值观和使命感。

3. 感知力

丹尼斯·普罗菲特和德雷克·贝尔在《感知力》一书中指出，我们的思考、感觉以及存在方式都受到身体的影响。了解身体与大脑的密切联系能帮助我们更深刻地理解自己和生活。

我们可以通过冥想、瑜伽等身心练习，增强身体的感知力；参加艺术和自然活动，如绘画、雕塑、园艺，增强对环境的感知。

4. 好奇心

好奇心是激发创新思维的关键。不同种类的好奇心（发散、知识、特定、感知）可以引导我们探索未知领域，发现新的解决方案。

我们应该时刻保持对新事物的兴趣，积极探索未知领域；参加多样化的兴趣小组和活动，广泛阅读书籍和文章，不断拓展自己的知识面。

5. 创造力和创新

尽管 AI 可以生成创意输出，但人类的创造力是无与伦比的。跳出思维定式、开发新想法并指导 AI 工具的能力将是关键。

通过艺术创作、写作、设计等活动，我们可以培养自己的创造力。参加创新工作坊和创意写作课程，也可以学习不同的创意技巧和方法。

6. 艺术鉴赏和审美

在 AIGC 时代，艺术鉴赏和审美能力能够帮助我们更好地理解和创造具有文化价值的内容。它们不仅提升了内容的质量，也增强了用户的体验和情感连接。

在工作之余，我们可以参观美术馆、博物馆，学习艺术史和美学；参加艺术品鉴赏课程，培养对美的理解和欣赏能力。

7. 沟通能力

有效的沟通技巧在 AIGC 时代更为重要，有效的沟通是团队合作的基础，能够促进信息共享、思想碰撞和创意交流，从而推动创新。沟通能力强的团队能够更好地整合不同领域的知识和技能。

8. 合作能力

在复杂的工作环境中，合作能力至关重要。与团队成员有效合作，能够提升工作效率和创新能力。

我们可以参与团队运动和合作项目，学习团队合作和领导技巧；通过团队建设活动，增强团队凝聚力和合作精神。

9. 直觉和感知

直觉和感知在快速决策与问题解决中发挥着重要作用。它们能够帮助我们在不完全依赖数据的情况下做出正确的判断。

我们可以通过冥想和心智训练，增强直觉的敏锐度；多参与复杂问题的讨论和解决，积累直觉判断的经验。

10. 适应性和终身学习

AIGC 和 AI 发展的速度很快，培养适应性以拥抱新技术、新流程和新工作方式至关重要。终身学习是保持竞争力的关键。

我们可以通过在线学习平台（如 Coursera、Udemy、哔哩哔哩），不断更新自己的知识和技能；积极参与专业发展课程和研讨会，保持学习的积极性和主动性。

在 AIGC 时代，掌握这些新技能不仅有助于我们应对快速变化的技术环境，还能在职业生涯中保持竞争力。通过持续学习和实践，我们可以在 AI 驱动的新时代中找到新的机遇和发展方向。

7.3.2　培育新文化

在当前技术飞速发展的时代，培养新技能和新能力是每一个组织都必须面对的挑战。企业的生存和竞争力愈发依赖于其适应能力和创新能力。要在这场变革中取得成功，组织需要转型为学习型组织。

我们建议企业可以通过以下策略来实现这个目标。

1. 建立知识共享平台

通过创建一个在线知识库，企业可以让员工方便地访问和分享 AIGC 相关的知识与资源。这个知识库可以包含 AIGC 教程、最佳实践和案例分析，促进员工之间的经验交流和知识共享。

这个平台可以帮助员工迅速掌握新技能，而最佳实践和案例分析则可以提供宝贵的实战经验，帮助员工在实际工作中应用所学知识。

建立这样一个平台不仅可以提高员工的专业水平，还能增强团队的协作能力和创新能力。通过共享知识，员工可以更快地解决问题，减少重复劳动，从而提高整体工作效率。

2. 新能力培训与发展计划

在 AIGC 和 AI 技术迅速发展的背景下，定期的培训课程、工作坊和学习小组显得尤为重要。这些培训项目可以帮助员工掌握最新的技术和工具，提升他们的技术水平和创新能力。

企业可以定期邀请 AIGC 专家举办讲座和培训，帮助员工深入了解最新的技术趋势和应用案例。通过这样的培训，员工不仅可以更新自己的知识库，还能激发他们的创新思维，推动企业的发展和进步。

3. 促进跨部门协作

在许多企业中，部门之间的信息孤岛效应常常阻碍了资源和信息的有效整合。为了充分利用 AIGC 技术，企业需要鼓励跨部门协作，打破这些障碍。AIGC 的应用往往涉及多个部门，通过跨部门团队的合作，可以更好地整合资源和信息，提升整体创新能力。

市场部门和技术部门可以共同参与 AIGC 项目，结合市场需求和技术创新，推出更具竞争力的产品和服务。通过这种协作，企业可以确保各个部门之间的信息流动顺畅，从而提高工作的效率和效果。

4. 系统思考与创新文化

系统思考是一种从全局视角看待问题的方法，能够帮助员工更好地理解 AIGC 技术对整个组织的影响。培养员工的系统思考能力，有助于他们提出更具创新性的解决方案。与此同时，企业还需要营造一种鼓励创新和冒险的企业文化，激发员工的创造力和积极性。

为了实现这一目标，企业可以设立创新基金，支持员工的创新项目和试验。这种基金不仅可以提供必要的财务支持，还能激发员工的创新热情，让他们敢于尝试新的想法和方法。通过这种方式，企业可以不断推动技术进步和业务创新，保持自身在市场中的领先地位。

在 AIGC 和 AI 技术迅猛发展的今天，企业必须转型为学习型组织，以适应快速变化的市场环境和技术进步。通过建立知识共享平台、制定持续培训与发展计划、促进跨部门协作以及培养系统思考与创新文化，企业可以不断提升员工的技能和创新能力，从而在竞争激烈的市场中保持领先地位。唯有如此，企业才能在这股技术浪潮中立于不败之地，实现可持续发展。

7.4　案例：麦当劳——AI 型组织转型

截至 2023 年 9 月 30 日，麦当劳，这个遍布全球的快餐巨头在世界各地拥有 41 198 家餐厅，并计划到 2027 年底将餐厅数量提高到 50 000 家。

在短短 4 年内开设近 9000 家新餐厅，即使对于麦当劳这个巨头来说也不是一件小事。作为参考，我们来看一个数据，麦当劳在 2022 年 9 月～2023 年 9 月期间仅开设了 1218 家餐厅。为了达成这一目标，麦当劳需要从 2023 年起每年新增约 2200 家餐厅，相比 2022 年 9 月～2023 年 9 月增长率提高约 80%。

而在这一雄心勃勃的计划中，AI 被视为关键所在。

通过与 Google 和咨询公司埃森哲的合作，麦当劳计划采用生成式 AI

技术，变革组织和运营，提升员工技能，并通过 AIGC 等技术优化客户体验。

1. AI 驱动的全球化平台

麦当劳正在部署一套新的全球化平台，并计划在 2024 年为数千家餐厅进行硬件和软件升级。

这个平台将整合谷歌的 Google Distributed Cloud 服务，并部署到全球的麦当劳餐厅中，利用云计算和 AIGC 技术帮助麦当劳进行实时数据分析和 AI 辅助决策。借助 Google Distributed Cloud 的边缘计算能力，麦当劳将能够实时获取餐厅运营和设备运行情况，并及时采取应对措施提升餐厅运营效率。同时这个服务能够减少对员工熟练度的依赖，通过自动化降低设备的操作复杂性，从而使餐厅团队能够专注于客户服务。

在餐厅运营中，任何的设备问题都需要员工介入，这不仅会打断员工的工作，也会影响客户体验。麦当劳希望由 AI 管理设备，而员工则更专注于客户服务。

通过这一平台，麦当劳希望简化餐厅经理和员工的操作流程，使他们能够更高效地发现和解决业务问题。

2. Ask Pickles 员工助手

麦当劳推出了一款名为 Ask Pickles 的 AI 聊天机器人，专门为员工提供即时帮助。无论是清洁冰淇淋机还是处理其他日常任务，员工都可以通过 Ask Pickles 快速获取答案。

这个机器人通过学习餐厅手册和设备数据，提供精准的操作指导和问题解答，极大地提升了员工的工作效率。

麦当劳全球首席信息官 Brian Rice 表示："我们还没有充分发挥技术的全部潜力，也没有充分利用我们的规模优势。通过这项合作，我们将能够更好地支持员工，提升他们的工作效率和满意度。"

3. 打造敏捷和学习型组织

麦当劳与埃森哲合作，通过培训和发展计划，鼓励员工掌握和应用生成式 AI 技术。通过学习和发展项目、在线培训课程和人才训练营，全球员工的数字技能和创新能力得到了显著提升。

Brian Rice 认为，这一举措让麦当劳充分利用云计算和生成式 AI 解决方案的潜力，快速应用这些技术，同时培养和赋能组织内的人才。他说："终身学习和数字技能提升是我们文化和长期增长计划的核心，将这些理念贯穿于整个员工队伍中，将提高我们的业务敏捷性和绩效。"

第 8 章

适应 AIGC 的流程
变革与营销
技术栈

任何数字化转型都是以人为中心，以数据为基础，依靠流程和工具双引擎来驱动的变革。AIGC 智能营销转型也不例外。

AIGC 智能营销转型需要通过组织转型来构建 AIGC 智能营销体系，这已在上一章中进行了深入分析。在本章，我们将深入探讨 AIGC 智能营销组织变革的其他两个重要部分，即营销流程变革（流程）和 AIGC 智能营销技术栈（工具）。

8.1 基于人机协作和智能执行的营销流程

无论是战略制定过程还是策略执行流程，营销组织流程始终处在变化之中。营销组织流程是指企业内部为了实现营销目标而建立的一系列相互关联、相互作用的步骤、活动和任务。在之前的数字化转型中，不仅营销流程从传统的品牌驱动转变为用户驱动，全渠道营销、私域运营、自动化营销三种新的营销方法也重塑了我们设计、执行和评估营销的方式。

AIGC 将进一步推动企业营销组织流程的变革。首先，AIGC 正在从效率提升和内容生成工具变为营销决策辅助助手，帮助我们进行动态的策略优化，发现新的策略机会，拓展创意视野和策略深度。其次，营销组织流程中协作更加重要，这种协作突破了人与人的沟通和协作，更多地聚焦于人机协作。最后，在人机协作的原则下，AIGC 驱动的智能执行将替代现在的决策机制和管理模式。

8.1.1 AIGC 辅助决策流程

传统的营销策略制定通常依赖市场研究和消费者调研来收集数据。这些数据随后由营销团队进行分析，以识别市场趋势和消费者需求。

虽然我们在数字化转型中已经建立了强大的数据分析能力，但是营销策略的分析和制定仍然依赖专业知识、经验以及讨论。由于人为因素的存在，策略分析结果可能存在误差，我们依然依赖团队、第三方广告公司以及公关公司来进行策略的制定。虽然这种方法能够利用团队的集体智慧，但它受限于个人的经验和想象力，也非常容易受到利益、关系以及非理性决策的影响。

AIGC 辅助策略模式利用了 AI 特别是生成式 AI 的强大能力，可以快速、大规模地分析数据，提供更加客观的分析和建议。AIGC 不仅能够处理大量数据，还能够识别数据之间的复杂模式和关联，这是人力所难以比拟的。AIGC 的实时数据分析能力使营销团队能够迅速响应市场变化，调整策略以适应新的市场环境。

在策略执行过程中，AIGC 为营销组织流程带来了前所未有的效率。它不仅能够生成大量创意，还可以通过自动化流程工具加速创意的优化、审核和执行。AIGC 超级个性化的用户体验设计，让营销组织具备了前所未有的用户响应能力，并使内部协作更加紧密。此外，AIGC 的自动化能力显著降低了成本，提高了策略制定的效率，并且让营销部门可以专注于策略创新和战略协作。

这种新的模式主要利用 AIGC 来重塑营销组织流程。为了更好地理解这种模式，我们可以将其与传统营销决策流程进行比较，见表 8-1。

表 8-1　传统营销决策流程和 AIGC 辅助决策流程

特征	传统营销决策流程	AIGC 辅助决策流程
数据分析	依赖手动分析，速度慢，可能存在人为错误	利用 AI 进行快速、大规模的数据分析，准确性高
创意生成	依赖团队头脑风暴，受限于个人经验和想象力	AI 能够生成大量创意，结合历史数据和趋势，提供新颖视角
内容个性化	依赖市场细分和用户调研，难以实现高度个性化	AI 能够根据用户行为和偏好实时生成个性化内容
实时调整	依赖定期评估和调整，响应市场变化的速度较慢	AI 能够实时监控市场动态，快速调整策略
成本效益	需要大量人力进行数据收集和分析，成本较高	AI 自动化处理，降低人力成本，提高效率
执行速度	从策略制定到执行需要较长时间，流程烦琐	AI 快速生成策略，加快执行速度
用户参与度	依赖传统的用户调研和反馈收集，参与度有限	AI 能够通过交互式内容提高用户参与度
竞争优势	依赖市场研究和竞争对手分析，优势可能不明显	AI 能够识别市场空白和竞争对手的弱点，制定更具竞争力的策略

1. 策略动态优化

在传统的营销策略制定中，一旦策略被制定并开始执行，对其进行调整通常需要一定的时间。这是因为传统的市场研究方法往往有固定的周期，例如季度或年度报告，而且数据的收集和分析也需要时间。这就意味着，当市场发生变化时，营销团队可能无法立即做出反应，从而错失机会或面临不必要的风险。

相比之下，AIGC 辅助的策略制定模式能够实现实时监控和调整。AIGC 系统可以连续不断地收集和分析数据，从而快速识别市场动态和消费者行为的变化。一旦发现重要的趋势或事件，AIGC 可以立即向营销团队发出通知，并提供相应的策略调整建议。这种快速响应能力使营销团队能够更加灵活和有效地应对市场变化，实现最大化的营销转化。

在当今迅速变化的市场环境中，这种动态的调整尤为重要。具有实时监控和分析能力的 AIGC 工具几乎可以即时搜集和分析消费者行为与市场趋势的变化，让营销策略更快地进行有效调整。

2. 新策略识别

AIGC 具有多个行业和领域的知识储备，并且能够分析海量的非结构化数据，这种专业能力和数据能力是非常重要的。通过不断分析来自各种来源的数据，包括社交媒体、客户反馈和在线行为模式，AIGC 可以识别出我们容易忽略的新变化和新需求。这种能力能够帮助营销组织提升策略水平，在新市场中创造新增长，在老用户身上挖掘新机会。

这种以海量数据和算法为基础的机会和策略识别，将有效消除沟通和协作的障碍，建立一个以全面事实为主导的流程。所谓全面事实，是指沟通和决策不再依赖未经验证的观点和单方面的事实，而是建立在全面、客观的数据分析之上。通过 AIGC 技术，营销部门能够获取并分析来自不同渠道的庞大数据，确保决策和沟通建立在可靠、准确的数据基础之上。这种全面事实主导的流程，不仅提高了营销决策的准确性和效率，而且增强了营销部门在整个企业中的地位和影响力。

生成式 AI 不仅能够识别和优化营销策略，还能拓宽创意视野和战略深度。它能够结合历史成功案例和新兴市场趋势，为营销团队提供创新的思路和方向。这种将创意与分析相结合的能力，使营销团队能够跳出传统的思维模式，探索新的创意领域，同时保持对性能指标和观众参与度的关注。此外，AIGC 的自动处理能力也可以释放营销团队的人力资源，使他们能够更加专注于创新和战略规划。

8.1.2　人机协作

人机协作是指人类与 AI 系统之间的配合和协同。在这种工作方式中，人类利用自己的创造力、直觉、情感和决策能力，而 AI 则利用其数据分析、模式识别、自动化执行等能力，两者相互补充，共同完成复杂的任务。

营销流程中的人机协作，不仅包括人类通过指令来引导 AIGC 生成并优化内容，避免 AIGC 的幻觉、偏见和法律风险，还包括认识人类和 AI 在营销领域中各自的角色定位、任务划分，以及协作机制。

1. 角色定位

人类在同理心、创造力、价值判断及决策方面依然保持着对 AI 的优势。

在创造性和情绪感知方面，同理心是人类的一大优势。在设计广告内容或与客户交流时，同理心使我们能够深入理解并有效回应消费者的情感和需求。这种能力不仅能帮助我们构建与消费者之间的情感连接，还能够在市场营销活动中创造出更具吸引力和说服力的内容。通过这种方式，我们不仅在传达产品信息，更是在传递一种理念、一种情感，这在塑造品牌形象和提高用户忠诚度方面起着决定性的作用。在制定长远的商业战略和目标时，人类更能够处理复杂的选择，并且创造新的选择。

此外，人类的灵活性在应对快速变化的市场环境中显得尤为重要。我们不仅需要在计划和实施策略时展示出刚性的逻辑和结构，更需要展现出适应性和灵活性，以便应对偶然事件和危机。

如果说人类善于发现问题，那么 AIGC 则擅长解决问题。AIGC 在数据分析、趋势预测、自动化处理方面具备优势。

AIGC 能够处理和分析海量数据，从中识别出消费者的行为模式，提供基于数据的深刻洞察。这些洞察为我们解决问题提供所需的事实依据和数据支持。利用 AIGC 技术，企业可以实时监控市场和营销活动的表现。当我们在营销策略执行过程中遇到问题时，AIGC 系统能够快速分析广告投放的效果、客户互动的质量以及销售数据的变化，从而提供即时的反馈。

AI 的另一个优势是自动执行重复性高且耗时的任务，例如数据整理、报告生成和市场监控等。通过自动化这些过程，AI 不仅提高了工作效率，还确保了数据处理的准确性和一致性。

2. 任务划分和协作机制

20 世纪 60 年代，在一篇名为《人与仪器在宇宙飞船控制和导航系统中的作用》的论文中，阿波罗导航计算机的设计者探讨了人与机器在决策中的任务划分和协作模式。他们根据决策的性质，将任务分为三种类型。

第一种任务是可预见的事件，有预设的响应，例如自动按预定速度分离火箭。这类情况适合机器自动化处理。

第二种任务同样涉及可预见的事件，但由于环境的复杂性，无法提前规划具体的行动，例如在月球任意地点着陆。对于这类事件，虽然不能完全自动化，但可以通过适当的人工干预和辅助，由机器来完成。

第三种任务是不可预见的事件。在这些信息不完整、未来不可预测的情况下，人类做出决策的能力可能超过自动化系统。

我们也可以把营销中的任务按照上述三种类型进行分类，见表 8-2。

表 8-2　三种不同的营销任务和任务划分

任务类型	描述	营销中的应用	人类与机器的任务划分
第一种任务	可预见的事件，有预设的响应	定期电子邮件营销、社交媒体帖子发布	机器自动化处理，提高效率和一致性
第二种任务	可预见的事件，但行动无法事先规划	个性化推荐，实时市场动态调整	机器部分自动化，人类监督和干预
第三种任务	不可预见的事件，需要及时响应	危机公关应对，创新产品需求捕捉	人类主导，利用直觉和经验做出决策

表 8-2 总结了营销活动中人与机器协作的不同任务场景，明确了在不同类型的任务中，人类和机器各自的角色与职责。这种明确的任务划分和协作模式，有助于营销团队更高效地完成工作，同时保持对市场变化的快速响应能力。

通过合理分配任务，营销团队可以充分发挥人类和机器的优势，实现人机协作的最大效益。在可预见的事件中，有预设响应的情况下，机器自动化处理可以提高效率和一致性；在可预见的事件中，行动无法事先规划的情况下，机器辅助人类做出决策；在不可预见的事件中，人类主导决策，利用直觉和经验做出快速响应。这种灵活的任务划分和协作模式，将有助于营销团队在竞争激烈的市场中保持领先地位。

需要注意的是，即使是自动化的工作，依然需要人类的介入。我们不仅需要监督 AIGC 生成内容的准确性，还要确保内容的吸引力。例如，我们需要根据用户的情感反馈和情绪传达调整 AIGC 的内容风格和语调。

人类的创造力与 AIGC 的效率相结合是提高营销活动成功率的关键。人类团队负责策略制定和创意产出，而 AI 则负责数据分析和内容生成，这种协作模式不仅能提高工作效率，还能确保营销活动的个性化和针对性。通过这种方式，企业能够更好地与用户沟通，理解他们的需求，从而不断优化产品和服务，提高用户满意度和品牌忠诚度。

8.1.3　智能执行

智能执行是指利用 AI 技术，特别是 AIGC，来自动执行和优化营销工作流程。这不是简单的自动化，而是通过 AI 的能力对营销活动进行深度分析和优化，从而实现更精准的目标定位、更高效的资源分配和更个性化的客户体验。

为了实现 AIGC 的智能执行，企业必须重新审视和优化其营销工作流程，以便更好地利用 AIGC 技术。这不仅是对现有流程的一次全面梳理，更是一个识别自动化潜力、探索 AIGC 辅助和增强作用的机会。通过精心绘制工作流程图，企业可以清晰地识别每个环节，从而为优化工作流程和提升营销效率奠定基础。

接下来，我们梳理 AIGC 在流程中的应用。从自动化执行常规任务，到辅助专业决策，再到增强战略规划和个性化营销，AIGC 技术的应用需要根据任务的性质来逐一识别。在此基础上，我们设计自动化的营销工作流，并通过代理工作流程（Agentic Workflow）进一步提升 AIGC 的辅助和增强效果。

1. 梳理现有工作流

工作流优化的第一步是全面了解现有的工作流程。企业需要详细分析每个步骤，识别其中可以自动化或优化的环节。

首先，需要统计涉及营销的任务、流程、数据和人员，并绘制一张详细的工作流程图。这张流程图需要包括所有的营销任务以及相关的流程，如内容创作、社交媒体管理、广告投放、客户关系管理、数据分析等。每个步骤都应该被清晰地记录下来，以确保对整个工作流程有一个全面的理解。

接下来，对每个任务进行分析，决定 AIGC 的应用层次——自动化、辅助和增强。

- 自动化（Automation）：自动化适用于那些可以被明确定义的重复性和规则性的任务，比如营销活动报告生成、市场趋势分析、客户细分等。

- 辅助（Assistance）：辅助适用于那些需要专业判断和调整的任务，如创意初稿、用户旅程设计和预算分配。在创意初稿方面，AIGC 可以生成营销创意的初稿，如广告概念、社交媒体帖子等，然后由专业人员进行审查和修改。在用户旅程设计方面，AIGC 可以辅助设计用户旅程，提供不同触点的建议，但最终的设计需要营销专家调整和确认。在预算分配方面，AIGC 可以辅助预算分配决策，提供基于历史数据的预算分配建议，但最终决策需要营销经理批准。

- 增强（Augmentation）：增强适用于那些需要深入洞察和规划的任务，如战略规划、个性化营销和危机管理。在战略规划方面，AIGC 可以增强战略规划过程，通过分析市场趋势和竞争对手数据，提供战略决策的见解。在个性化营销方面，AIGC 可以增强个性化营销的能力，通过分析用户行为和偏好，提供个性化的营销策略。在危机管理方面，AIGC 可以辅助制定应对策略，但最终决策需要营销团队发挥集体智慧。

随着 AI 技术的不断发展和 AIGC 工具的持续进步，越来越多的流程可以由 AIGC 来完成。AIGC 的自动化能力不限于生成报告和初步分析，它还可以自动执行营销活动的策划和执行，如自动发布社交媒体帖子、调整广告投放策略等。此外，AIGC 还可以通过机器学习算法不断优化其生成的营销内容和策略，实现更好的营销效果。

2. 自动化营销工作流

在数字化转型中，大部分企业已经开始使用社会化 CRM 系统和自动化营销工具来实现初步的营销工作流自动化。这种自动化针对重复性的任务，依靠人工设定触发条件和后续行动，自动化处理营销任务，比如微信模板消息推送、社交媒体内容发布等。

然而，这种初步的自动化仅限于任务执行层面，并未深入完整的营销流程。它们缺乏自动化决策和执行的能力，这使得营销策略的制定和执行往往缺乏灵活性和个性化。

相比之下，AIGC 技术的引入为营销自动化带来了新的飞跃。从自动化工具 Make 和 Zapier，到支持 AIGC 的营销自动化工具，AIGC 技术不仅提高了自动化的效率和效果，还能生成新内容和预测用户需求，甚至基于复杂的数据分析做出决策。

Make 和 Zapier 等在线自动化工具，帮助用户把 ChatGPT 接入不同的平台和工作流程，实现更加智能的自动化。以 Zapier 为例，用户可以使用 ChatGPT 生成内容并自动发布到社交媒体平台。首先，Zapier 设定一个触发事件，如某一时间（每天上午 8 点）或某一事件（用户讨论某一款产品），然后捕获相关数据。这些数据作为输入提示传递给 ChatGPT，并生成社交媒体内容。接着，Zapier 自动连接社交媒体管理工具自动发布这些帖子，并监控其表现。整个过程不仅能节省时间、提高效率，还能确保内容的个性化和品牌一致性，同时为营销人员提供关键的数据分析以优化未来的社交媒体策略。

包括 Act-On、Bloomreach、Drift、Zendesk 在内的营销自动化、销售管理以及客户服务工具已经开始尝试集成 ChatGPT 和其他 AIGC 工具，以提升营销自动化的智能执行水平。比如，Act-On 基于 ChatGPT 的内容生成功能，可以批量生成更加个性化的电子邮件，并整合进现有的营销自动化模块中。这意味着，每个客户收到的邮件都将是不同的。除了内容生成的个性化，Act-On 还利用 ChatGPT 进行内容质量评分、预测发送时间，并进行自动群组划分，自动生成用户旅程并执行。Zendesk 同时采用 ChatGPT、Claude 3 以及 Amazon Bedrock 识别客户的提问，并且自动化执行常规任务，让客户代表只需要处理复杂的客户提问。

除了内置 AIGC 工具或者提供 AIGC 接入支持外，营销工具平台也在开发自己的 AIGC 工具。以 Adobe 公司为例，它在推出 Firefly 工具的同时，也推出了 Adobe Sensei Generative AI Services（简称 Sensei GenAI 服务）。Sensei GenAI 服务利用了 Adobe 自主大语言模型和 Azure OpenAI 服务，自动化内容生成、用户旅程设计，以及内容发布和监控。

3. 辅助和增强工作流程

我们还可以采用更高级的代理工作流程来提升 AIGC 的辅助和增强功能，用于处理更为复杂的任务。

代理工作流程是一种全新的与 LLM 互动并完成任务的方式。传统上，当与 AIGC 互动时，我们会输入一个提示，然后 AIGC 基于这个提示生成一个输出。这种方法就像是一次性要求某人从开始到结束一气呵成地写一篇文章，而没有重复修改和迭代的机会。

相比之下，代理工作流程更像是将写作过程分解为多个步骤：首先，根据主题大纲写一个草稿，然后分析、修改和补充草稿，接着进行进一步的完善和润色，如此循环往复，直至产生满意的结果。在这个过程中，我们不是直接指示 LLM 完成"写一篇文章"这样的任务，而是将任务分解为多个子任务，并指导 LLM 一步步完成每个子任务。每个子任务的输出作为下一步的输入，循环进行。

一些代表性的代理工作流程工具和平台，如 Microsoft 的 Project AutoGen、Allen Institute for AI 的 Lumos 以及 Moveworks 的 Next-Gen Copilot，利用 AI 的高级推理和计划能力，自动设置目标、计划和执行复杂的工作流程，从而在多个行业中实现高效的自动化操作。此外，Agentic RAG 和 LlamaIndex 等平台展示了如何通过多个 AI 代理协同工作来优化信息检索和数据整合过程，进一步增强了处理复杂查询和大数据集的能力。这些工具和平台的应用，不仅提高了工作效率，还为企业带来了更高的灵活性和创新能力。

在营销上，专业的营销平台（如 Drift）和通用平台（如 Beam AI）已经推出针对营销流程的代理工作流程应用。比如，Beam AI 推出了针对市场推广的工作流程工具，整合了市场研究、目标受众识别、内容营销、渠道选择和效果跟踪等功能，帮助品牌实时优化营销策略。

首先，在营销流程的辅助和增强过程中，代理工作流程通过将复杂的营销任务分解为多个子任务，并利用 AI 技术逐步完成这些子任务，大大提高了工作效率。例如，在进行市场调研时，AI 可以帮助分析大量的数据，快速提供市场趋势和消费者偏好的洞察，从而为营销策略的制定提供有力的支持。

其次，代理工作流程使得营销流程具有更高的可塑性和适应性，能够更好地帮助营销人员进行营销决策。在代理工作流程中，每个子任务的输出都可以作为下一个子任务的输入，循环往复，直至达到预期的结果。这种迭代的过程使企业能够根据市场反馈和数据分析及时调整和优化营销策略，提高营销活动的效果。

8.2   基于 AIGC 的营销技术栈

营销技术栈是营销流程的技术支撑和实现工具。我们不仅需要建立一个基于人机协作和智能执行的营销流程，还要构建一个基于 AIGC 的营销技术栈，以确保流程的有效性和高效性。

本节将深入探讨 AIGC 智能营销技术栈的概念，并介绍如何选择合适的 AIGC 工具和平台。此外，将提供一系列具体的步骤和指导，帮助企业建立一个有效的 AIGC 智能营销技术栈。通过这些步骤，企业可以确保它们的 AIGC 智能营销技术栈能够与营销流程无缝对接，并最大化业务价值。

8.2.1   AIGC 智能营销技术栈

营销技术栈（Marketing Technology Stack，MarTech Stack）是指企业用于执行营销活动、提高营销效率和效果的一系列技术工具和平台的集合。这些工具和平台可以包括内容管理、CRM、营销自动化、数据分析、社交媒体管理、搜索引擎优化（SEO）、在线广告投放、项目管理与协作等工具和平台。

营销技术栈可以帮助企业打破数据孤岛，打通部门协作，打造一个以用户为中心、以效率提升和效果优化为核心的营销流程。营销技术栈能够帮助我们更好地理解客户需求，制定有效的营销策略，并通过自动化流程提高营销活动的执行效率。

营销技术栈通常由多个工具和平台组成，每个工具或平台都有其特定的功能和优势，共同为企业提供全方位的营销支持。一般公司的营销技术栈可能由 10 余个工具组成，而大型公司的营销技术栈包含的工具和平台可能超过 30 个，比如微软公司的营销技术栈由 40 多个工具和平台组成，飞利浦公司营销技术栈中的工具和平台也超过了 30 个。

确实，随着 AIGC 技术的进步和相应工具的出现，营销技术栈正在经历一场从传统数字化营销技术栈向 AIGC 智能营销技术栈的转型。这种转型带来了几个关键变化：

- 自动化和个性化：AIGC 工具能够自动生成个性化的内容，如定制的广告、新闻稿、社交媒体帖子等，从而提高营销活动的效率和个性化水平。
- 创意生成：AIGC 工具可以创造新的创意和设计元素，这为营销人员提供了更多的创意选择，同时减少了创意瓶颈。

- 数据分析增强：AIGC 工具能够处理和分析大量数据，帮助营销人员更好地理解消费者行为，从而制定更精准的营销策略。
- 快速响应能力：AIGC 工具能够快速生成内容，使营销团队能够更快地响应市场变化和客户需求。

这种转型意味着营销技术栈需要整合更多的 AIGC 工具。下面来分类介绍这些工具。

1. 内容创作工具

内容创作工具应包括文本生成、图像生成、音乐生成和视频生成等模块，分别采用大语言模型、AI 图像生成器、文字转音乐生成工具和 AI 视频生成平台等先进技术。

（1）文本生成

- 大语言模型：如 GPT-4、Claude、通义千问、智谱清言等，用于生成各种文本内容。我们可以通过斯坦福大学网站 HEML 等了解对大语言模型的评估。
- 文案优化工具：如 Jarvis、Copy.ai 、Kimi 等，帮助优化文案风格。

（2）图像生成

- AI 图像生成器：主要是文生图以及图生图工具，如 DALL・E、Midjourney、Stable Diffusion、Adobe Firefly 等，根据文本描述生成各种风格的图像。
- 图像编辑工具：对图像进行编辑，这些工具包括我们常用的带有 AI 功能的 Photoshop、剪映、Canva、RunwayML、Luminar AI 等，利用 AI 进行图像增强、修复和风格转换。
- 产品图和图文设计：应用于产品视觉的工具，包括 Adobe Firefly、Pic Copilot、Stable Diffusion 等。

（3）音乐生成

文字转音乐生成工具：如 Suno、天工 SkyMusic。

（4）视频生成

- AI 视频生成平台：分为文字生成视频网站，如 Sora、Pika、haper.ai，以及虚拟形象视频工具，如腾讯智影、Synthesia、HeyGen 等。

- 视频编辑工具：集成大语言模型和 AIGC 工具的视频剪辑工具，包括 RunwayML、剪映、Descript 等，利用 AI 进行视频剪辑、特效制作和字幕生成。

2. 数据分析和洞察工具

数据分析和洞察工具应包括客户数据平台、营销自动化平台、社交媒体分析工具和 AI 洞察平台，以实现客户数据的统一管理和分析，预测趋势并提供个性化推荐。

- 数据平台：集成生成式 AI 的数据平台，如微软 Azure、亚马逊云等构建的数据平台，用于统一管理和分析客户数据，构建用户画像，洞察用户行为和偏好。
- 营销自动化平台：如集成生成式 AI 的营销自动化平台等，用于自动化营销流程，并提供数据分析和报告功能。
- 社交媒体分析工具：如在 Coze.cn 上搭建的微信、抖音、小红书等社交媒体监测和数据分析工具。
- AI 洞察平台：如 Google AI Platform、Amazon SageMaker 等，利用机器学习模型分析数据、预测趋势和提供个性化推荐。

3. 个性化和自动化平台

个性化和自动化平台应涵盖推荐引擎、动态创意优化、聊天机器人和虚拟助手以及营销自动化工具，用于个性化内容和产品推荐、个性化广告创意的生成以及 7×24 小时客户服务等。

- 推荐引擎：根据用户行为和偏好，推荐个性化内容和产品。
- 动态创意优化：根据用户特征和应用场景，实时生成个性化广告创意。
- 聊天机器人和虚拟助手：提供 7×24 小时客户服务，回答问题并引导用户完成购买流程。
- 营销自动化工具：自动执行重复性任务，如邮件营销、社交媒体发布等。

4. 伦理和合规工具

伦理和合规工具应包括 AI 偏见检测工具、数据隐私保护工具和 AI 解释性工具，以确保 AI 模型的公平性、用户数据的安全性和 AI 决策过程的透明度。

- 版权检查工具：版权检查工具让我们可以检查生成的内容是否有版权问题。我们可以使用 Copyleaks、Turnitin 等工具，但是这些工具大部分是基于英文文本的，对中文文本的支持不好。
- AIGC 内容检查：检查内容是否由 AI 生成，我们可以把文本直接输入 AIGC 工具，使用指令的方式进行提问，也可以使用 GPTZero、Smodin 等专业工具进行检查。

5. 其他工具和平台

其他工具和平台如项目管理工具和云计算平台，有助于管理和优化 AIGC 项目的执行以及 AI 模型的训练与部署。在选择技术栈时，企业应根据具体需求和目标，确保所选工具能够相互兼容，并与现有的营销技术生态系统集成，以实现高效的 AIGC 智能营销。

- 效率：包括效率办公工具，如微软的 CoPilot、酷表 ChatExcel、PPT 生成工具 Tome、Gamma 等。
- 项目管理和流程优化：如 Timely、扣子及其国际版 Coze、Beam AI、Cogniflow。

8.2.2　AIGC 工具选型

在建立 AIGC 智能营销技术栈的过程中，工具选型无疑是一个至关重要的环节。

在进行选型之前，我们首先需要明确我们的目标和主要应用场景，这有助于更好地定位需求。这包括确定 AIGC 工具需要解决的核心业务问题，例如自动化内容生产、个性化推荐、创意辅助设计等。明确业务需求有助于我们确定工具的应用方向和预期效果。

其次，我们需要描绘具体的应用场景。这涉及将 AIGC 工具应用于各种不同的场景，例如社交媒体内容生成、电商平台商品描述、教育资料制作、游戏资产创建、广告创意设计等。通过描绘具体的应用场景，我们可以更清晰地了解 AIGC 工具在实际应用中的表现和效果。

最后，我们需要设定对生成内容的质量、速度、多样性和定制化程度等方面的具体要求。这有助于我们评估 AIGC 工具的实际性能和适用性。我们可以从其他公司的应用中获取一些反馈，这些反馈可以帮助我们了解 AIGC 工具在不同场景下的表现和用户体验，从而更准确地设定我们的性能预期。

我们可以从技术能力和潜力、可行性和兼容性、运营成本、安全性和合规性等多个维度来评估 AIGC 工具和平台。

1. 技术能力和潜力

在选择 AIGC 工具时，生成精度是衡量 AIGC 工具技术能力的一个重要因素。生成精度不仅反映了工具的性能，也可以评估它在应用场景中的潜力。生成精度主要体现在以下 4 个维度：

1）生成内容的准确性。AIGC 工具需要能够准确地理解和生成与输入相关的内容，避免出现错误或偏差。准确性是确保生成内容与预期目标相符的基础，对于需要精确信息的场景尤为重要。需要注意的是，"偷懒"和"幻觉"是干扰 AIGC 工具准确性的重要因素，它们在不同的 AIGC 工具中会有不同程度的反馈。到目前为止，我们还不能完全消除这些干扰项。

2）细节丰富度。细节丰富度指的是生成内容中的细节和精细程度，包括图像中的纹理、颜色和光影效果，以及文本中的词汇和表达方式。细节丰富度越高，生成内容越真实、生动，越能吸引用户的注意力。同样注意，细节丰富度和我们的应用场景有关。某些 AIGC 工具，比如通义千问和 Claude 3，擅长细节描述，并且倾向于使用大量形容词和修辞来使文本更加丰富，但某些 AIGC 工具，比如智谱清言和 ChatGPT，则擅长以事实和叙述来丰富细节。

3）真实感或艺术表现力。对于图像和视频生成，真实感指的是生成内容与真实世界的相似程度，包括人物、场景和物体的自然度与逼真度。艺术表现力则指的是生成内容的艺术性和创意性，是否能够展现出独特的风格和视觉冲击力。

4）技术创新性。我们需要了解工具所采用的算法，并评估其在生成内容方面的优势和局限性。我们也需要调研工具使用的训练数据集的规模、多样性和质量，并且了解数据集是否涵盖广泛的主题和风格，以及是否经过精心筛选和清洗，以避免偏见和误导。

2. 兼容性和多样性

营销技术栈的适配性要求所选的 AIGC 工具能够无缝集成到现有的营销技术栈中。这包括检查工具是否提供 API、Webhook 接口等，以便与 CRM 系统、数据资产管理（DAM）系统等其他系统实现数据交换和流程自动化。

一些营销自动化平台，如 HubSpot、Salesforce、Marketo 等，已经提供了与 ChatGPT 等 AIGC 工具的集成方案。企业可以利用这些平台的可视化工具和预置模板，快速实现 ChatGPT 与现有系统的连接，不需要大量编程工作。对于复杂的集成需求，企业可能需要开发定制化的 API。我们熟悉的主流 AIGC 工具都会提供较为丰富的 API，支持内容生成、对话管理、知识检索等功能。

其次，数据对接能力是指工具与现有数据源、数据库以及各种业务和营销管理系统（如 CRM、DAM 等）进行高效数据对接的能力。这涉及数据格式的兼容性、数据同步机制以及是否支持实时数据更新等关键因素。高效的数据对接可以确保营销活动的数据支持，从而提升决策的准确性和及时性。

此外，功能多样性也是选型时需要关注的方面，包括工具是否支持多种模态（文本、图像、音频、视频）的生成，以及是否能够进行跨模态融合或交互式创作。功能多样性决定了 AIGC 工具的适用范围和灵活性，以及是否能够满足不同场景的多样化需求。一个具有高度功能多样性的 AIGC 工具能够为企业提供更多的创新机会和业务拓展的可能性。

3. 运营成本

在选择 AIGC 工具时，成本是一个不容忽视的重要因素。常见的付费方式有订阅、一次性购买或者按使用付费等。许多 AIGC 工具采用订阅模式，按月或按年收费。这种模式适合需要灵活调整资源的企业。某些 AIGC 工具可能提供一次性购买选项，这种模式适合预算充裕且希望进行私有化部署的企业。部分工具可能提供租赁服务，支持按使用付费，这种模式可以降低初始投资，但长期来看，总成本可能会高于一次性购买。我们需要注意的是，如果工具用于商业用途，可能需要额外支付商用和版权费用。

在选择 AIGC 工具时，除了直接采购成本，企业还需考虑实施过程中的各种间接成本。集成 AIGC 工具到现有系统中通常需要额外的投入，包括人力和时间成本，以确保工具能够顺畅地与其他系统协同工作。此外，根据特定需求定制 AIGC 工具的功能可能需要额外的开发费用，但有助于提高工具的适用性和效率。

要确保团队成员能够熟练使用 AIGC 工具，可能需要对其进行培训，这涉及培训时间和资源成本。培训是确保工具被有效利用的关键步骤，可以提高员工的工作效率和创造力。同时，为了保证 AIGC 工具的持续运行和更新，可能需要支付额外的维护费用。

在运行成本方面，运行 AIGC 工具会有一定的能源消耗，尤其是在需要大量计算资源的场景下。随着技术的进步，AIGC 工具可能需要定期升级，这可能涉及额外的升级费用。企业需要确保有足够的资源来支持这些升级，以保持工具的性能和安全性。

如果需要替换现有工具，企业可能需要额外的时间和资源来迁移数据以及重新设计工作流程。替换工具后，企业可能需要重新培训团队成员，以适应新的工具和流程。这些替换成本虽然是一次性的，但对企业的运营和员工的工作效率有重要影响。

4. 安全性和合规性

在选择 AIGC 工具时，我们必须严格审查其数据安全性，确保工具在数据传输、存储和处理过程中采用了加密技术和数据隐私保护策略，以符合当地的数据保护法规，如 GDPR（《通用数据保护条例》）、CCPA（《加州消费者隐私法案》）等。此外，企业还需确认工具具备强大的内容过滤和审核机制，能够有效防止生成违法、侵权或不适宜的内容，包括对敏感信息的识别、版权材料的检测，确保符合当地法律法规及行业规范的要求。这些安全性和合规性措施是确保 AIGC 工具在商业环境中可靠应用的基础。

8.2.3　构建 AIGC 智能营销技术栈的流程

在梳理完营销流程和完成工具选型之后，我们就可以搭建我们的营销技术栈了。我们可以使用 AIGC 的 4A 方法论，把 AIGC 工具融入现有的营销技术栈，构建一个更加高效的 AIGC 智能营销技术栈，如图 8-1 所示。

图 8-1　AIGC 智能营销技术栈示例

1. 全面评估现有营销技术栈

构建 AIGC 智能营销技术栈的第一步是全面评估企业现有的营销技术栈。这一评估可以从 4 个维度展开：

首先，分析现有系统的功能和局限性，明确哪些环节可以通过 AIGC 实现自动化和优化。例如，传统的内容创作过程往往耗时耗力，而引入 AIGC 可以自动生成高质量、个性化的内容，极大地提升创作效率。再如，人工客服难以提供 7×24 小时全天候服务，而 AIGC 驱动的智能客服系统则可以提供无缝的全时服务，显著提升客户体验。

其次，梳理不同营销系统之间的数据流和集成方式，确保数据能够在各系统间有效和有序传递。这需要全面梳理营销数据在各系统间的流转路径，评估当前的集成方式是否支持实时、双向的数据传输，并识别可能存在的数据孤岛问题。

再次，评估现有数据资产的质量和规模。高质量、丰富的数据是 AIGC 实现良好效果的前提。企业需要从准确性、完整性、一致性等维度评估数据质量，从规模、增长速度、多样性等维度评估数据的充足性，以支撑 AIGC

模型的训练和优化。

最后，评估内部团队的 AI 技术能力和实践经验，以确定是否需要引入外部专业支持。这需要从技术能力、项目经验、人力资源等方面入手，全面评估内部团队是否具备成功实施 AIGC 智能营销项目的综合实力。

2. 制定数据集成和管理策略

数据是 AIGC 的核心驱动力，因此需要制定完善的数据集成和管理策略，夯实 AIGC 应用的数据基础。这并不是一项简单的工作，可能需要花费一些时间和资源来完成。

首先，建立统一的数据平台，将分散在各营销系统中的数据进行整合。我们需要评估不同的数据平台方案，设计统一的数据模型，最终形成一个中心化的营销数据资产，方便 AIGC 应用的访问和使用。

其次，制定严格的数据治理规范，确保数据的准确性、一致性和安全性。这需要建立数据质量标准，实施数据质量监控，建立数据安全分类和访问控制机制，以推动数据治理规范的落实。

再次，实现数据处理自动化，减少手动操作。企业需要评估和选择合适的工具，开发标准化的数据处理流程，设置数据质量检查规则，并建立监控机制，以确保数据供给的稳定性和效率。

最后，采用数据增强技术扩充 AIGC 的训练数据。可以利用生成式 AI 自身的能力，基于现有数据自动生成逼真的合成数据；也可以对现有数据进行扰动、混合等处理，产生更加多样化的训练样本，从而提高 AIGC 模型的泛化能力。

我们还要注意，严格的数据访问权限管理机制是必要的，可以防止数据泄露和非法使用。企业需要制定数据访问策略，实施身份认证和授权，开启数据访问审计，并部署数据防泄露系统，全方位保障营销数据的安全。

3. 采用敏捷方式进行迭代

将 AIGC 集成到营销技术栈是一个复杂的系统工程，需要采用敏捷、迭代的方式分步实施，不断优化。我们还需要考虑投入和可行性，大胆尝试，小步快跑。

可以从一个或几个营销场景入手，快速开发和部署 AIGC 应用的最小可行产品（MVP）。这需要评估各场景的收益和难度，选择试点场景，明确 MVP 的核心功能和性能要求，利用成熟的 AI 平台和工具快速开发与部署。

在 MVP 的基础上，企业需要密切监测 AIGC 应用的实际效果，收集用户反馈，发现问题和优化机会。一方面，要建立 AIGC 应用的关键性能指标，实时监测应用表现；另一方面，要通过多种渠道主动收集内外部用户的反馈意见。基于监测数据和反馈意见，深入分析 AIGC 应用的问题根源，识别改进方向。

然后，企业需要持续优化 AIGC 模型和迭代应用功能，不断提升应用价值。企业可以利用真实应用数据对 AIGC 模型进行微调，持续扩充高质量的训练数据，优化模型算法，提高预测的准确性；还要根据新的需求持续迭代应用功能，优化用户体验，为营销用户提供更智能、更友好的服务。

在积累了一定的实践经验后，企业要及时总结、提炼，形成标准化的最佳实践，并将其推广到更多的营销场景中，以实现 AIGC 应用的规模化复制；同时，要将项目过程中的经验教训系统化，编写成案例和文档，建立企业级的 AIGC 应用知识库，促进经验传承。

从长远来看，企业还需要建立 AIGC 应用的持续评估和优化机制，并确保其与整个营销技术栈同步演进；要制定科学的评估指标，定期评估 AIGC 应用的业务价值、技术性能、用户体验等，并据此规划新一轮的迭代优化，形成可持续的良性循环；同时，还要时刻关注生成式 AI 领域的最新技术进展，适时引入新技术，保持营销技术栈的创新活力。

8.3　案例：欧莱雅——AIGC 带来的流程创新

在快速变化的美容行业，准确预测未来趋势并及时推出符合市场需求的产品是欧莱雅面临的主要挑战。传统的市场调研和趋势分析方法往往需要耗费大量时间和资源，难以及时响应市场变化。

为了解决这一问题，欧莱雅引入了 AIGC 技术，通过数据驱动的方法提升预测能力和产品开发效率。

1. 生成式 AI 工具 TrendSpotter

欧莱雅的 TrendSpotter 是一款基于生成式 AI 的工具，能够分析数百万条在线互动数据，包括社交媒体评论、博客文章、搜索引擎查询等。这些数据来源广泛，涵盖了全球范围内的美容趋势和消费者偏好。

TrendSpotter 利用自然语言处理和机器学习算法，实时分析并识别出潜在的美容趋势。例如，某种护肤成分的讨论量突然增加，可能预示着这一成分将成为下一股美容潮流。

通过对历史数据和当前数据的对比分析，TrendSpotter 能够预测未来几个月甚至几年的美容趋势，帮助欧莱雅提前规划产品线和市场策略。

基于趋势预测结果，欧莱雅的研发团队能够快速响应，开发出符合市场需求的新产品。这不仅缩短了研发周期，还降低了试错成本。

2. 成果与影响

通过 TrendSpotter 的应用，欧莱雅的产品研发周期显著缩短。过去可能需要几个月甚至几年的市场调研，现在只需几天或几周即可完成。这大大降低了研发成本，使欧莱雅能够以更快的速度将新产品推向市场。

TrendSpotter 的趋势预测功能确保了欧莱雅的产品始终紧跟市场潮流，满足消费者的最新需求。例如，通过分析消费者对某种护肤成分的关注度，欧莱雅能够迅速推出含有该成分的产品，抢占市场先机。

通过 AI 技术的应用，欧莱雅不仅在产品创新方面取得了显著成就，还提升了品牌的市场竞争力。消费者对欧莱雅的认可度和忠诚度进一步提高，品牌形象也得到了增强。

欧莱雅计划进一步扩展 TrendSpotter 的应用范围，涵盖更多的市场和产品类别。未来，欧莱雅将继续通过 AI 技术进行创新，不断优化产品研发流程，提高市场响应速度，确保在全球美容市场中保持领先地位。

第四部分

未来展望

  未来的 AIGC 智能营销将融合通用人工智能、元宇宙和实时数据分析,实现前所未有的个性化和沉浸式体验。通用人工智能将赋予系统更深层次的理解和学习能力,能够根据用户行为和偏好自动生成高质量、定制化的内容。元宇宙将成为营销的新舞台,品牌可以在虚拟世界中创建互动体验,增强用户参与感。结合这些技术,AIGC 智能营销不仅能精准触达目标受众,还能通过不断优化策略和内容,提高客户满意度和品牌忠诚度,创造高度互动和沉浸的消费体验。

CHAPTER 9

第 9 章

AIGC 智能营销的未来展望

　　未来的 AIGC 智能营销将融合通用人工智能、元宇宙、实时数据分析等前沿技术，实现前所未有的个性化和沉浸式体验。通用人工智能将赋予系统深度理解和学习能力，自动分析市场趋势、竞争动态和消费者行为，生成数据驱动的营销策略。元宇宙将成为新的营销舞台，品牌可以在虚拟世界中创建互动体验，增强用户参与感。结合这些技术，AIGC 智能营销不仅能精准触达目标受众，还能通过实时优化内容和策略，提高客户满意度和品牌忠诚度，提供高度互动和沉浸的消费体验，从而保持自身在竞争中的领先地位。

9.1　AIGC 智能营销的新疆界

未来，随着生成式 AI 技术的发展，智能水平也会逐渐提升，甚至可能迎来通用人工智能的突破。这一进程与元宇宙的持续发展相辅相成，共同为 AIGC 智能营销开辟了崭新的领域。高度人性化的智能与沉浸式体验的融合，将为营销活动注入前所未有的创新动力，拓展其无垠的边界。

9.1.1　通用人工智能

尽管今天生成式 AI 已经展示了它无与伦比的效率和创造力，甚至凭借一己之力重塑科技发展的格局，但它只是一个序章。在这以后，通用人工智能的篇章才会慢慢展开。虽然，我们对通用人工智能的疑虑和怀疑，同我们的坚定和期盼一样多。

通用人工智能（Artificial General Intelligence，AGI）是一个 AI 领域的概念，指的是具有与人类相似甚至超越人类智能的机器或系统。通用人工智能通常具备理解、学习、适应新环境、解决问题、进行创造性思考和执行复杂任务的能力。通用人工智能的目标是使机器能够执行任何智能任务，就像人类一样，而不仅仅是执行特定任务或解决特定问题。

为了清晰地比较通用人工智能（AGI）与生成式人工智能（Generative AI），我们可以通过表 9-1 来了解它们在不同能力方面的主要特征与差异。

表 9-1　通用人工智能和生成式人工智能对比

能力类别	通用人工智能特点	生成式人工智能特点
感知与感官整合能力	能够整合多种感官信息（视觉、听觉等），进行复杂的环境感知	主要聚焦于单一模态，如图像或文本的生成，感知能力相对有限
认知与决策能力	高度复杂的决策能力，能在不确定的环境中进行有效决策	主要依赖特定数据集进行学习，缺乏自主的高级决策能力
执行与操作能力	可以执行多种物理和虚拟的复杂任务，具备高级的操作能力	通常限于虚拟环境中的任务，如文本、图像或音频的生成，不直接操作物理环境
创新与自我改善能力	不断学习和自我改进，能够创造新的解决方案和方法	虽有学习和适应能力，但主要是在现有模型和数据的基础上进行迭代
社交情感与伦理道德能力	具备理解和适应不同社交与文化环境的能力，能够进行伦理和道德判断	主要关注生成的内容质量和多样性，社交情感和伦理道德考量通常不是主要功能
记忆与知识管理能力	高效的长期记忆管理和跨领域的知识整合能力	依赖于对大量数据和模型进行记忆，但缺乏有效的长期记忆和知识跨领域整合

- 能力范围：AGI 旨在模仿人类的智能，使其能够在多种不同的环境和情景中自主学习、适应和执行任务。相比之下，生成式 AI 更专注于使用机器学习模型来生成或模拟特定类型的输出（如文本、图像、音乐等）。

- 应用领域：AGI 的应用领域更广泛，理论上可以涵盖任何人类执行的任务。而生成式 AI 通常被设计用来解决特定的问题或任务，如自动文本生成、艺术作品创作等。

- 自主性和适应性：AGI 强调自主性和适应性，能够在没有人为直接控制的情况下做出决策。生成式 AI 虽然在生成过程中表现出一定的"创造性"，但其行为通常受到预先定义的模型和参数的限制。

- 伦理与道德：AGI 需要考虑伦理和道德问题，因为它可能被应用到更多涉及人类互动的真实世界场景中。生成式 AI 虽然也面临数据偏见和内容安全等问题，但通常不需要进行复杂的道德判断。

- AGI 的潜力及其对营销的潜在影响更为深远。AGI 的核心在于其与人类智能相匹敌的能力，这意味着在营销领域，它不仅能模仿人类的决策过程，还能影响营销的方法和流程。

- 根据现在我们对 AGI 未来发展方向的预期，它将能够实现真正的情感和心理理解。这意味着，在营销领域，AGI 可以深入分析消费者的语言、表情和行为模式，能以几乎完美的精度理解消费者的需求和情绪。这种深度个性化将使企业能够设计出更加个性化的体验，而且可以在根本上改变与消费者的互动方式。

- 除了"情商"上的增强，AI 原本强大的学习、逻辑和推理能力随着算法、算力和数据的增强得到进一步提升。在这种条件下，它能以前所未有的速度和深度浏览与学习网络数据，预测市场趋势并即时调整营销策略。这种能力远超过现有的数据分析工具，因为 AGI 能够理解复杂的经济、社会和政治因素是如何影响市场行为的。

- 利用 AGI 的深度学习和分析能力，我们将能够为每位消费者设计和推荐完全定制化的产品和服务。AGI 可以实时收集消费者反馈，不断调整产品特性以满足其独特的偏好，从而实现前所未有的客户满意度和品牌忠诚度。除了产品和服务的定制化，AGI 甚至可以预测客户在未来的潜在需求，并提前准备解决方案。
- **AGI** 的能力也将扩展到自动监控和确保营销活动的道德和合法性中，它将能够理解并应用复杂的国际法规和公司政策，确保所有营销活动都是透明和公正的。

9.1.2　元宇宙与营销

元宇宙，这一概念源自 1992 年科幻作家尼尔·唐恩·斯蒂芬森的科幻小说《雪崩》，最初意指一个能让人们在其中生活、社交和工作的虚拟世界。随着 Roblox 被誉为"元宇宙第一股"引发资本投资热潮，以及 Facebook 更名为 Meta 所掀起的元宇宙"淘金热"，这一概念逐渐从科幻领域走向现实，引发了广泛的关注和讨论。

2022 年，元宇宙的概念因区块链、Web3.0、虚拟现实、增强现实等技术的进步，以及数字收藏品、虚拟数字人等应用的发展而迎来了爆发。然而，随着虚拟货币市场的波动和虚拟现实场景的预期未达，元宇宙的发展逐渐趋于平缓。其中，虚拟世界体验的局限性成为元宇宙未能突破游戏平台的一个重要原因。

生成式 AI 能够极大地丰富和改善用户的虚拟体验。随着技术的不断进步，AI 将在创造和管理元宇宙方面发挥越来越重要的作用，为用户带来前所未有的虚拟世界体验。以元宇宙游戏平台 Roblox 为例，生成式 AI 和大语言模型（LLM）已被应用于元宇宙世界和游戏编辑器 Roblox Studio，用户可以使用这些工具提升物体建造的效率，并进一步提升游戏机制的设计效率。

生成式 AI 将为元宇宙的发展带来以下改变：

（1）虚拟世界个性化体验增强

在虚拟现实世界的构建中，生成式 AI 正展现出其无尽的潜力。以往，虚拟世界的构建依赖于专业游戏开发者或用户，其丰富程度受限于人工创作。然而，生成式 AI 的出现，不仅能够自动生成或编辑元宇宙中的内容，如虚拟建筑、自然景观和非玩家角色（NPC），还为玩家创造了一个更加丰富、多元的虚拟世界。

生成式 AI 的数据分析能力使其能够根据用户的个人偏好、行为模式和历史互动，定制个性化的元宇宙体验。这种个性化不仅限于内容推荐，还包括生成新的环境、体验以及故事线。OpenAI 的 Sora 等工具，正逐步定义未来虚拟世界构建的规则，即人类提供想象，而 AI 负责将这些想象变为现实。Sora 模型的目标不仅仅是将文本转换为视频，它追求的是成为一个能够模拟真实世界复杂互动和动态环境的通用物理世界模拟器。

此外，生成式 AI 驱动的虚拟助手或 NPC，不仅能提供实时的帮助和支持，还能在虚拟世界中担任玩家的伙伴、导游，甚至扮演特定的角色。例如，Decentraland 与 Inworld 公司合作，为每一个 NPC 赋予个性和智能，使其在虚拟世界中如同《西部世界》的角色一般，为玩家带来沉浸式的体验。

（2）数字替身的智能化

在元宇宙的世界中，数字替身不仅是用户在虚拟世界中的 3D 或 2D 形象，它更是代表个体的数字化身，承载着用户的个性与梦想。这些替身可以是现实个体的虚拟映射，也可以是超越现实的理想化延伸，以超自然生物或动物的形象示人。在元宇宙的广袤空间中，这些数字人不仅拥有"自由"和"自在"的特质，还能够在游戏、生活与工作中建立起独特的身份认同，并形成深厚的社群关系。

生成式 AI 技术的进步，将进一步赋予数字替身以智能化。例如，京东已开始运用虚拟替身进行网络直播，这个数字替身不仅能直播带货，还能自然地与观众互动，展现出高度的真实感。领英联合创始人里德·霍夫曼（Reid Hoffman）的数字分身"Reid AI"，不仅完美地模拟了他的形象和微表情，还能通过 ChatGPT 技术移植他的知识和思考方式。2024 年 4 月，霍夫曼与自己的数字替身进行了一场对话采访，探讨了 AI 的监管、能力，以及霍夫曼应如何改进他的领英个人资料。这种对话展示了 AI 在模仿人类思维和表达方面的巨大进步，同时也预示着未来数字替身在元宇宙中扮演更加复杂和多维角色的可能性。

（3）"造物能力"的提升

在元宇宙的世界里，用户的角色不仅仅是玩家，更是创世者。在 Roblox 等平台，他们可以建造自己的建筑，创作自己的游戏，并通过各种工具铸造数字收藏品，这些收藏品不仅可用于游戏中的道具，还能在市场上进行交易。

生成式 AI 能够辅助玩家在游戏和元宇宙世界中创造新内容，这些内容涵盖建筑、环境、生物，乃至虚拟世界的规则。例如，Decentraland 允许创作者利用 AI 辅助设计个性化的非玩家角色（NPC），为每个 NPC 赋予独特的背景、动机和能力。随着 AI 技术在模拟空间、物理等方面的能力不断增强，玩家甚至能够通过生成式 AI 真实模拟世界。例如，Sensorium 推出的 Sensorium Galax 平台，就运用了生成式 AI 技术，让用户能够创造全新的智慧生命体。

生成式 AI 为数字收藏品带来了新的生产工具。通过 AIGC，NFT 艺术家正在打破传统的界限，产生新的想法，并探索创新的风格，创造更多面向交易和面向游戏的数字收藏品。

在元宇宙这个概念没有提出之前，品牌就已经开始利用虚拟现实和增强现实把体验营销提升到一个新的层次，把用户放入沉浸式的场景之中。在元宇宙世界里，品牌可以向用户提供沉浸式的个性化体验，虚拟产品和新型合作模式让品牌可以直接触达用户并与之建立更紧密的用户关系。

品牌和用户之间也将建立新的沟通和互动模式。这种新的模式将让我们抛开鼠标和屏幕，摆脱空间和时间的限制，甚至耦合现实和虚拟，创造以价值交换为基础、以价值创造为目的的未来。数字替身将成为我们身体的延伸，让现实的体验如虚拟梦境般美妙，同时让美妙的虚拟体验变成现实。

在元宇宙的世界中，去品牌化的趋势将更加明显。在虚拟世界中，任何品牌生产的数字运动鞋都不太可能有功能性的缺陷或者质量上的巨大差异，这就放大了品牌的表达功能和符号价值，也就是品牌的第二个角色的重要性。虽然仍有一些信任因素需要考虑，例如品牌的持久性和连续性，但元宇宙品牌的塑造更多取决于为数字替身提供的沉浸式体验以及持续创造价值的能力。

在元宇宙中，人们不再需要依赖品牌的背书来挑选正确的产品，这种交易过程将由去中心化的区块链协议来保证买卖双方的权益。在决定是否要购买之前，用户已经可以通过试穿和试用来体验品牌的产品和服务。品牌的产品和服务本身的功能与体验，以及产品本身所包含的稀缺性价值、创造力和想象力，将成为影响消费者购买决策的最重要因素。

9.2　AIGC 智能营销的新挑战

本节将分析 AI 给企业带来的数据洞察力、自动化效率等机遇，同时也会讨论算法偏见、隐私泄露等风险，呈现全面的平衡视角。

9.2.1 版权问题

随着生成式 AI 技术的快速发展，围绕 AIGC 的版权问题，包括训练数据侵权、版权归属问题，也逐渐成为我们关注的焦点。

2023 年 1 月 13 日，艺术家莎拉·安德森、凯利·麦克里南和卡拉萨·奥蒂兹在美国加利福尼亚州旧金山地区法院对被告 Stability AI Ltd、Stability AI Inc、Midjourney Inc 和 DeviantArt Inc 提起集体诉讼。原告指控被告未经许可使用他们的作品作为训练和发展各种 AI 图像生成器的输入材料。

原告还声称 Stability AI 生成了原告作品的重建副本，他们认为这些副本属于未经授权的衍生作品。2023 年 3 月 2 日，被告方提交了动议，要求驳回诉讼。他们辩称，AI 生成的图像不是版权作品，他们没有侵犯原告的版权。在经历了数月的听证之后，法官敦促双方进行调解，以避免诉讼。截至目前，该案尚未做出最终判决。双方仍在进行调解谈判。

2024 年 1 月，《纽约时报》（NYT）起诉 OpenAI 和微软，指控这两家公司未经许可使用数百万篇 NYT 文章训练其大语言模型 ChatGPT 和 Dall-E 2，侵犯了 NYT 的版权。NYT 认为这对其知识产权构成"批量批发挪用"，并对其业务造成"重大损害"。

案件的核心争议在于使用受版权保护的材料训练 AI 模型的合法性。NYT 坚持认为其文章受版权法保护，OpenAI 未经许可使用该材料违法。OpenAI 则辩称，根据公平使用原则，训练 AI 模型可以使用受版权保护的材料，这一原则允许在批评、评论或研究等目的下有限使用受版权保护的材料。该案目前处于早期阶段，尚不清楚何时会做出最终裁决。OpenAI 提出驳回案件的动议将于 2024 年 8 月举行听证。

如果这些工具的使用者，在生成内容时使用了未经授权的版权内容，并且用于商用目的，也可能会面临法律诉讼和赔偿的风险。

AIGC 版权的另外一个问题是，用户生成这些作品是否构成受版权保护的作品？如果构成，其版权归属谁？

传统版权法对作品的原创性要求较高，一般认为作品必须是作者独立创作的智力成果。然而，生成式 AI 的创作过程与人类创作存在很大差异。模型通过训练大量数据来学习创作规律，并在此基础上生成新的作品。因此，对于生成式 AI 创作的作品，其原创性认定存在争议。

即使认定生成式 AI 创作的作品具有原创性，其版权归属也存在争议。如果模型的开发者拥有版权，则会阻碍模型的推广应用。如果模型的用户拥有版权，则难以界定用户的贡献程度。

美国版权局于 2023 年发布了一份关于 AI 和版权的报告，建议将版权由模型的开发者和用户共同所有。而日本于 2019 年修订《著作权法》则将 AI 生成作品定义为"由 AI 系统创作的作品"。该法案认为，AI 系统的开发人员为作品的创作提供了技术基础，而用户为作品的创作提供了数据和指令，因此双方都应享有作品的版权。

在 2023 年末，北京互联网法院审结了一起涉及 AI 生成图片的作品署名权和信息网络传播权的纠纷案。原告李某使用开源软件 Stable Diffusion 生成了一张图片，并在小红书平台上发布。后来发现，被告刘某在百家号文章中未经许可使用了这张图片，并去除了署名水印。法院经审理认定，涉案图片体现了李某的独创性智力投入，具有"独创性"和"智力成果"要件，属于美术作品，应受到著作权法的保护。

在法律和法规还未完善的情况下，品牌和内容创作者面临着 AIGC 版权问题的双重挑战：既要确保自己不侵犯他人的版权，也要保护自己的作品不被他人非法使用。

作为短期的应对策略，品牌可以采用版权侵权检测工具，如上面我们提到的 copyleak 等平台，主动识别生成的作品是否构成侵权。

但是工具总是有局限性的，营销人员需要增强法律意识和辨别能力，识别和报告潜在的侵权行为，并避免在工作中无意侵犯他人版权。

此外，我们在使用 AIGC 工具时，尤其是在生成图片和视频时，应当注意以下几点，避免侵权并有效声明版权。

- 避免误导性的指令：不要使用"由某位作家写作或者摄影师拍摄"这样的指令，而应使用"生成作品具有某位作家或者摄影师的风格"。这样可以避免产生误解，避免 AIGC 直接引用作品或者生成的内容和原作雷同。
- 增加智力参与，方便确权：在创作过程中，应尽量增加更多的"智力参与"，突出人机协同中"人"的部分。通过增加个人的创意和努力，使生成的作品包含更多作者自身的影响和贡献。这不仅有助于提升作品的独特性，也能够更好地主张版权。

● 保存底稿，并记录生成流程：在创作过程中，应注意保存所有的底稿和生成流程的记录。这些记录可以作为以后确认版权和解决纠纷的重要证据。

最后，品牌需要了解 AIGC 平台和供应商的版权情况，了解版权归属和商业使用条件，确保其提供的数据和服务符合版权和其他知识产权法规，并建立有效的投诉和维权机制。

作为长期的应对策略，品牌应该建立健全的版权风险防控体系，并主动审查训练数据和生成结果，控制风险。最重要的是，企业应该积极应对风险，不能因噎废食，更不能一叶障目。

（1）构建全面的 AIGC 版权风险防控体系

企业应构建全面的 AIGC 版权风险防控体系，从制度、流程、技术、人员等多个维度入手，系统性地防范版权风险。

● 制定 AIGC 版权管理制度：明确 AIGC 作品的版权归属、使用规则和风险防控要求，为员工和供应商提供行为指引。

● 优化 AIGC 应用流程：在 AIGC 的内容生成、审核、发布等各个环节嵌入版权合规检查，形成闭环管理。

● 采用版权风险防控技术：利用内容指纹、图像识别等技术，自动识别和过滤侵权内容。

（2）严格审查 AIGC 训练数据

AIGC 模型的训练数据是版权风险的高发区。品牌需要了解训练数据，并了解 AIGC 工具是否对数据进行过严格的版权审查和清洗，确保数据来源合法，避免侵权。

● 审查数据来源：了解 AIGC 工具使用的训练数据的来源、训练方式和生成方式。

● 数据版权风险评估：对使用的数据进行版权风险评估，识别潜在的侵权风险。

● 数据清洗和过滤：要求 AIGC 工具或者供应商剔除涉嫌侵权、敏感、低质的数据，提高数据的版权合规性。

● 数据授权和备案：对 AIGC 工具和平台，明确版权授权事宜，购买可以获得版权并可以进行商用的数据的使用权限。

（3）控制 AIGC 商业化风险

将 AIGC 作品商业化应用是版权诉讼的高风险场景。企业应采取积极措施，控制 AIGC 商业化风险。

- 合规性评估：对商用的 AIGC 作品进行版权合规性评估，识别侵权风险，并进行规避或转移。
- 知情同意：在面向用户的 AIGC 服务中，向用户告知 AIGC 生成机制，并征得用户对生成作品进行商用的同意。
- 免责声明：在 AIGC 作品中附加免责声明，声明作品由 AI 生成，不保证其原创性和版权无瑕疵。

（4）积极应对版权侵权指控

面对 AIGC 作品涉嫌侵权的指控，品牌应积极应对，采取恰当的法律措施，维护自身权益。同时品牌应该建立版权投诉响应机制，积极应对版权投诉，及时响应和处理。

如果侵权风险无法完全规避，我们要注意收集证据，证明 AIGC 作品的生成过程体现了独创性，不构成抄袭；同时积极与权利人协商和解，以合理成本化解纠纷。

AIGC 的版权问题和知识产权保护是一个复杂且不断发展的领域。品牌应根据自身的具体情况和风险评估，制定合适的知识产权保护策略，并定期进行调整和完善。同时，品牌也应寻求专业法律顾问的帮助，以确保其知识产权保护措施符合法律法规的要求。

9.2.2　用户隐私和数据安全

随着 AIGC 技术的日益成熟和广泛应用，品牌在利用 AIGC 技术提升营销效果的同时，也面临着潜在的隐私和数据安全风险。这些风险会随着 AIGC 的普及和 AIGC 智能营销的升级变得更加突出。

2020 年，数字人生成工具 Synthesia 被用于生成虚假视频，冒充商业领袖进行欺诈活动，并造成了经济损失。2021 年，智能语音应用 Thisperscope 发生了数据泄露事件，大量用户语音数据被泄露。

1. 隐私风险

AIGC 系统的训练和应用通常需要大量用户数据，包括用户的行为数据、偏好数据等。如果这些数据在收集、存储、使用等环节中处理不当，就可能导致用户隐私侵权风险。这些风险主要包括：

- 过度收集用户数据：为追求更精准的内容生成，有些品牌可能收集过多的用户数据，甚至包括敏感的个人信息，侵犯用户隐私。
- 数据滥用和未授权共享：品牌或其 AIGC 服务提供商可能在未经用户同意的情况下，将用户数据用于超出约定范围的目的，或与第三方共享数据，侵犯用户对个人信息的控制权。
- 数据泄露和非法访问：如果 AIGC 系统的数据安全防护不力，黑客可能通过网络攻击、内部人员窃取等方式非法获取用户数据，导致大规模隐私泄露。
- 用户画像和隐私侵犯：AIGC 系统可能根据用户数据生成详细的用户画像，揭示用户的隐私偏好和行为习惯。这些画像如果被滥用，可能对用户的肖像权、声誉和利益造成损害。

2. 数据安全

除了隐私风险，AIGC 的应用还面临诸多数据安全挑战。这些挑战如果得不到有效应对，可能影响 AIGC 系统的可用性和完整性，损害品牌数据安全。以下是几个主要的数据安全挑战：

- 信息泄露：品牌在接入 AIGC 或者使用 AIGC 时，可能会上传公司文件和敏感信息，如果没有得到妥善保护，这些信息可能会被泄露。
- 训练数据的质量和安全：AIGC 系统的性能很大程度上取决于训练数据的质量。然而，训练数据可能存在噪声、错误、偏差等质量问题，影响生成内容的准确性。训练数据还可能隐藏恶意代码，对 AIGC 系统的安全构成威胁。
- 数据安全隐患：恶意攻击者可能通过数据投毒、对抗样本等方式，误导 AIGC 模型生成错误或有害的内容。这些攻击可能破坏 AIGC 系统的可靠性，甚至导致品牌形象受损。
- API 安全和未授权访问：很多 AIGC 服务通过 API 提供。这些 API 如果缺乏有效的身份认证和权限控制，可能被攻击者利用，非法访问系统功能和数据。

为了更好地保护用户隐私和数据安全，近年来涌现出了一些先进的技术，例如区块链、联邦学习、差分隐私、零知识证明等。区块链是一种分布式账本技术，可以用于安全地存储和共享数据。联邦学习是一种机器学习技术，允许多个数据所有者在不共享数据的情况下进行协作训练模型。差分隐私是一种数据保护技术，可以在发布数据时加入随机噪声，以保护个人隐私。这些先进技术可以为保护用户隐私和数据安全提供有效的解决方案。企业和个人可以根据自身需求，选择合适的技术来保护自己的隐私和数据安全。零知识证明是一种密码学技术，允许一方向另一方证明自己知道某个秘密信息，而无须泄露该信息本身。它可以用于身份验证、数据验证和隐私保护。

作为 AIGC 的使用者，品牌应建立全流程的数据安全管理机制，从数据采集、传输、存储、访问、使用到销毁各环节，均制定严格的管控规范；要根据数据的敏感程度，实行分级分类管理，采取差异化的防护措施。

作为长期策略，品牌在使用 AIGC 工具和系统时，应始终坚持隐私设计（Privacy by Design，PbD）理念，将隐私保护融入技术方案的各个环节，实现隐私保护与功能实现同步规划、同步落地。

隐私设计是一种以保护用户隐私为核心的设计理念和方法论，目的是确保技术产品和服务的开发过程中充分考虑和实施隐私保护措施。隐私设计强调在产品和服务的设计阶段就融入隐私保护措施，而不仅仅是后期添加的附加功能。它要求产品开发者、设计师和工程师从一开始就意识到隐私问题，并在产品设计、开发和实施的每一个阶段都考虑到隐私保护的需求。

隐私设计的几个关键原则包括：

- 最小化数据收集：只收集完成产品或服务所需的最小数据量。
- 数据匿名化：尽可能地使用匿名或聚合的数据，以减少对个人隐私的暴露。
- 透明度和通知：向用户清晰地解释数据收集的目的、数据的使用方式以及隐私保护措施。
- 用户控制：提供用户控制数据收集和使用的机制，例如选择退出某些数据收集或使用。

- 安全性和数据保护：采用适当的技术和管理措施来保护数据的安全性和完整性。
- 合规性和法律遵守：确保产品和服务的设计与实施符合适用的隐私法律和标准。
- 持续评估和改进：定期评估隐私实践的有效性，并根据需要进行改进。

此外，品牌应该在 AI 治理与伦理委员会的指引下，建立数据安全管理制度和流程，在使用生成式 AI 之前，对其进行严格的审查和评估，确保模型安全可靠。同时，品牌应该明确数据安全保护责任，制定数据安全管理制度和操作规范。企业数据分类分级、定期数据安全评估、数据泄露应对流程是三个关键的环节。

数据，如同 AIGC 智能营销的双刃剑，既是创造价值的"金矿"，也是存在隐患的"雷场"。品牌应积极应对这些挑战，通过建立一个可持续的 AIGC 智能营销生态，实现营销创新与隐私安全的双赢。

9.3　案例：Mango——探索 AIGC 的无限可能

西班牙领先时尚集团 Mango，在全球时尚行业中以其独特的设计美学和卓越的商业洞察力著称。随着科技发展的步伐加快，Mango 积极拥抱数字化转型，倾力打造了一系列基于 AI 技术的创新平台，以实现从设计到销售全流程的智能化升级。

1. AIGC 战略核心：Lisa 和 Inspire

作为 AIGC 智能营销策略的核心组成部分，Mango 推出了自主研发的对话生成式 AI 平台 Lisa。Lisa 深度融合了包括 ChatGPT 和 Bard 在内的尖端技术，构建了独特的企业级交互界面。这一平台在短短 9 个月内即告完成，帮助员工和合作伙伴在时装系列开发、市场趋势捕捉、客户服务等方面实现效率提升和质量优化。

Mango 还创新性地推出了图像生成式 AI 平台 Inspire，面向设计团队、摄影工作室和技术架构师等提供跨部门协作。Inspire 帮助团队成员获取灵感，共同创造出超过 20 款基于 AI 技术设计的服装，并成功投放市场，充分展示了 AI 在时尚设计领域的无限潜能。

通过 Lisa 和 Inspire 等 AI 平台的应用，Mango 实现了产品生命周期内关键信息资产（客户、店铺、库存和产品）的深度数字化改造。AI 技术在产品设计、材质选择、纹理生成、空间创作等方面发挥着至关重要的作用，能协助各个团队提升工作效率，同时赋予设计作品更加鲜活和超前的特点。

2. 从营销到全流程

自 2018 年起，Mango 持续搭建并优化各类机器学习平台，目前已在企业价值链上部署了超过 15 个 AI 平台。关键平台包括：

- Midas：用于定价策略管理，确保产品在市场上的竞争力。
- Gaudí：个性化产品推荐系统，基于客户行为数据，提供量身定制的购物建议。
- Iris：多语言客户服务系统，提高了客户互动的效率和质量。

这些平台有效改善了从价格决策、产品推荐至客户服务质量的各个环节，使 Mango 能够更好地满足全球消费者的多样化需求。

3. 探索元宇宙的可能性

为了进一步探索虚拟世界的可能性，Mango 成立了一个由 3D 工程师、AI 专家、区块链工程师和 3D 艺术家组成的虚拟资产团队。该团队在 Metaverse Fashion Week 等活动期间表现活跃，致力于开发适用于数字和实体渠道融合的虚拟内容与项目，从而在元宇宙时代为品牌开拓新的增长点。

凭借上述努力，Mango 展示了如何将人工智能作为品牌发展的强大"副驾驶"，增强员工和利益相关者的创新能力，进而强化品牌的竞争力。通过采取这些策略，Mango 不仅巩固了其在时尚行业的领先地位，也为其他品牌提供了宝贵的经验和灵感。